Studien zum
Bank- und Kapitalmarktrecht

Herausgegeben von

Prof. Dr. Rolf Sethe, Universität Zürich
Prof. Dr. Christian Schröder, Universität Halle-Wittenberg

Band 11

Christian Schmitt

Die Haftung wegen fehlerhafter oder pflichtwidrig unterlassener Kapitalmarktinformationen

Unter besonderer Berücksichtigung der internationalen Zuständigkeit für Anlegerklagen

Nomos

Die Deutsche Nationalbibliothek verzeichnet diese Publikation in der Deutschen Nationalbibliografie; detaillierte bibliografische Daten sind im Internet über http://dnb.d-nb.de abrufbar.

Zugl.: Würzburg, Univ., Diss., 2009

ISBN 978-3-8329-5062-0

1. Auflage 2010

Unwissend zu sein ist schlimm,
nichts wissen zu wollen noch schlimmer.

Sprichwort aus Nigeria

Vorwort

Diese Arbeit wurde von der Juristischen Fakultät der Universität Würzburg im Wintersemester 2008/09 als Dissertation angenommen.

Mein herzlicher Dank gilt zunächst meinem Doktorvater, Professor Dr. Frank Weiß, der mich bei Erstellung dieser Arbeit in jeder Hinsicht hervorragend unterstützt und betreut hat.

Weiterhin möchte ich mich bei Frau Professor Eva-Maria Kieninger sowohl für die rasche Erstellung des Zweitgutachtens als auch für die Beschäftigung an Ihrem Lehrstuhl bedanken, mit der ich diese Promotion finanzieren konnte.

Den Herausgebern der Schriftenreihe „Studien zum Bank- und Kapitalmarktrecht", den Professoren Dr. Rolf Sethe, LL.M und Dr. Christian Schröder, danke ich für die Aufnahme in ihre Schriftenreihe.

Ein wichtiger Dank gilt weiterhin meinem Vater, Helmut Schmitt, und meiner Schwester, Lisa Schmitt, für das sorgfältige Korrekturlesen und die redaktionellen Anmerkungen.

Besonderen Dank schulde ich meiner Freundin, Wiebke Unterstab, die mich durch alle Auf und Abs dieser Arbeit liebevoll begleitet hat.

Ein abschließender Dank gilt meinen Eltern, die die Erstellung dieser Doktorarbeit stets unterstützten. Ihnen widme ich diese Arbeit.

Frankfurt am Main, im August 2009 *Christian Schmitt*

Inhaltsverzeichnis

A. Abkürzungen

ABl.EG	Amtsblatt der EG
a.F.	alte Fassung
AG	Die Aktiengesellschaft (Zeitschrift)
AGB	Allgemeine Geschäftsbedingungen im Sinn der §§ 305 ff. BGB
AktG	Aktiengesetz vom 6.9.1965 (BGBl. I 1965, S. 1089), zuletzt geändert durch Artikel 11 des Gesetzes vom 16.7.2007 (BGBl. I 2007, S. 1330)
AnSVG	Gesetz zur Verbesserung des Anlegerschutzes vom 28.10.2004 (BGBl. I 2004, S. 2630)
AuslInvestmG	Gesetz über den Vertrieb ausländischer Investmentanteile und über die Besteuerung der Erträge aus ausländischen Investmentanteilen (Erster Teil des Gesetzes über den Vertrieb ausländischer Investmentanteile, über die Besteuerung ihrer Erträge sowie zur Änderung und Ergänzung des Gesetzes über Kapitalanlagegesellschaften) (BGBl. I 1969, S. 986) zuletzt geändert durch Art. 2 Nr. 1 des Gesetzes vom 22.2.1990 (BGBl. I 1990, S. 266); aufgehoben durch Art. 17 Abs. 1 Satz 2 des Gesetzes vom 15.12.2003 (BGBl. I 2003, S. 2676) mit Wirkung seit dem 1.1.2004
BaFin	Bundesanstalt für Finanzdienstleistungsaufsicht
BB	Betriebs-Berater (Zeitschrift)
BFHE	Entscheidungssammlung des Bundesfinanzgerichtshofs
BGB	Bürgerliches Gesetzbuch in der Fassung der Bekanntmachung vom 2.1.2002 (BGBl. I 2002, S. 42, 2909; BGBl. I 2003, S. 738), zuletzt geändert durch das Gesetz vom 26.3.2008 (BGBl. I 2008, S. 441)
BGBl. I	Bundesgesetzblatt I
BGH	Bundesgerichtshof
BGHZ	Entscheidungssammlung des Bundesgerichtshofs zu dem Zivilrecht
BGHSt	Entscheidungssammlung des Bundesgerichtshofs zu dem Strafrecht
BKR	Zeitschrift für Bank- und Kapitalmarktrecht
BörsG	Börsengesetz vom 5.1.2007 (BGBl. I 2007, S. 10)
Brüssel I-VO	Synonym für EuGVVO
BT-Drucksache	Bundestagsdrucksache
BVerfG	Bundesverfassungsgericht
DB	Der Betrieb (Zeitschrift)
Der Konzern	Der Konzern (Zeitschrift)
DStR	Das deutsche Steuerrecht (Zeitschrift)
EuGH	Europäischer Gerichtshof
EuGVVO	Verordnung (EG) Nr. 44/2001 des Rates über die gerichtliche Zuständigkeit und die Anerkennung und Vollstreckung von Entscheidungen in Zivil- und Handelssachen vom 22.12.2000 (ABl.EG vom 28.5.2001 Nr. L 12, S. 1)

EuGVÜ	Brüsseler EWG-Übereinkommen über die gerichtliche Zuständigkeit und die Vollstreckung gerichtlicher Entscheidungen in Zivil- und Handelssachen vom 27.9.1968 (BGBl. II 1972, S. 774) in der Fassung des 4. Beitrittsübereinkommens vom 29.11.1996 (BGBl. II 1998, S. 1412); am 1.3.2002 durch die EuGVVO ersetzt
EuZW	Europäische Zeitschrift für Wirtschaftsrecht
EVÜ	Übereinkommen von Rom über das auf vertragliche Schuldverhältnisse anzuwendende Recht von 1980 (ABl.EG vom 26.1.1998 Nr. C 27, S. 34); wird am 17.12.2009 durch die Rom I-Verordnung ersetzt
EWiR	Entscheidungen zum Wirtschaftsrecht (Zeitschrift)
Fn.	Fußnote
GPR	Zeitschrift für Gemeinschaftsprivatrecht
HGB	Handelsgesetzbuch in der im Bundesgesetzblatt Teil III, Gliederungsnummer 4100-1, veröffentlichten bereinigten Fassung, zuletzt geändert durch Artikel 17 des Gesetzes vom 21.12.2007 (BGBl. I 2007, S. 3089)
IPRax	Praxis des Internationalen Privat- und Verfahrensrechts (Zeitschrift)
IPRspr	Die deutsche Rechtsprechung auf dem Gebiete des internationalen Privatrechts in den Jahren ... (Zeitschrift)
InvG	Investmentgesetz vom 15.12.2003 (BGBl. I 2003, S. 2676) zuletzt geändert durch Art. 7 des Gesetzes vom 5.1.2007 (BGBl. I 2007, S. 10)
JR	Juristische Rundschau (Zeitschrift)
JZ	Juristenzeitung (Zeitschrift)
KAGG	Gesetz über Kapitalanlagegesellschaften in der Fassung der Bekanntmachung vom 9.9.1998 (BGBl. I 1998, S. 2726) zuletzt geändert durch Art. 6 des Gesetzes vom 22.12.2003 (BGBl. I 2003, S. 2840); aufgehoben durch Art. 17 Abs. 1 Satz 2 des Gesetzes vom 15.12.2003 (BGBl. I 2003, S. 2676) mit Wirkung seit dem 1.1.2004
KapMuG	Gesetz zur Einführung von Kapitalanleger-Musterverfahren vom 16.8.2005 (BGBl. I 2005, S. 2437), geändert durch Artikel 12 des Gesetzes vom 5.1.2007 (BGBl. I 2007, S. 10)
LugÜ	Luganer Übereinkommen über die gerichtliche Zuständigkeit und die Vollstreckung gerichtlicher Entscheidungen in Zivil- und Handelssachen vom 16.9.1988 (BGBl. II 1994, S. 2660)
mwN	mit weiten Nachweisen
NJW	Neue Juristische Wochenschrift (Zeitschrift)
NZG	Neue Zeitschrift für Gesellschaftsrecht
RabelsZ	Rabels Zeitschrift für ausländisches und internationales Privatrecht
RefE	Referentenentwurf
RegE	Regierungsentwurf
RIW	Recht der internationalen Wirtschaft (Zeitschrift)
Rn.	Randnummer
Rom I-Verordnung	Verordnung (EG) Nr. 593/2008 des Europäischen Parlamentes und des Rates über das auf vertragliche Schuldverhältnisse anzuwendende Recht vom 17.6.2008 (ABl.EG vom 4.7.2008 Nr. L 177, S. 6)

Rom II-Verordnung	Verordnung (EG) Nr. 864/2007 des Europäischen Parlamentes und des Rates über das auf außervertragliche Schuldverhältnisse anzuwendende Recht vom 11.7.2007 (ABl.EG vom 31.7.2007 Nr. L 199, S. 40)
Slg.	Amtliche Entscheidungssammlung der Entscheidungen des Europäischen Gerichtshofs
StGB	Strafgesetzbuch in der Fassung der Bekanntmachung vom 13.11.1998 (BGBl. I 1998, S. 3322), zuletzt geändert durch Artikel 3 des Gesetzes vom 11.3.2008 (BGBl. I 2008, S. 306)
VerkProspG	Wertpapier-Verkaufsprospektgesetz in der Fassung der Bekanntmachung vom 9.9.1998 (BGBl. I 1998, S. 2701), zuletzt geändert durch Art. 8 des Gesetzes vom 16.6.2007 (BGBl. I 2007, S. 1330)
VerkProspG-RefE	Referentenentwurf zum Wertpapier-Verkaufsprospektgesetz
WM	Zeitschrift für Wirtschafts- und Bankrecht mit dem Untertitel Wertpapier-Mitteilungen
WpHG	Wertpapierhandelsgesetz in der Fassung der Bekanntmachung vom 9.9.1998 (BGBl. I 1998, S. 2708), zuletzt geändert durch Artikel 11 des Gesetzes vom 21.12.2007 (BGBl. I 2007, S. 3198)
ZBB	Zeitschrift für Bankrecht und Bankwirtschaft
ZGR	Zeitschrift für Unternehmens- und Gesellschaftsrecht
ZHR	Zeitschrift für das gesamte Handels- und Wirtschaftsrecht
ZIP	Zeitschrift für Wirtschaftsrecht
ZPO	Zivilprozessordnung in der Fassung der Bekanntmachung vom 5.12.2005 (BGBl. I 2005, S. 3202; BGBl. I 2006, S. 431; BGBl. I 2007, S. 1781), zuletzt geändert durch Artikel 2 Gesetz vom 26.3.2008 (BGBl. I 2008, S. 441)
ZPP	Zeitschrift für Zivilprozeß
ZRP	Zeitschrift für Rechtspolitik
ZEuP	Zeitschrift für Europäisches Privatrecht

B. Einführung

I. Situation

Im Zuge der Globalisierung nehmen Kapitalanleger heute weltweite Investitionsmöglichkeiten wahr. Den Anlegern kommen hierbei der technologische Fortschritt und die für den Aktienhandel frühzeitig geöffneten Weltmärkte zu gute. Häufig erwerben sie Anteile an Gesellschaften in fernen Ländern, die aufgrund der ausgegebenen Kapitalmarktinformationen hervorragende Renditen versprechen.

Die Transaktion des Kapitalinvests wird regelmäßig noch keine Probleme aufwerfen. Die Gesellschaft bzw. ein Broker sucht einen Kapitalanleger, dem sie die Gesellschaftsanteile verkaufen möchte, und der Anleger ist auf der Suche nach einer möglichst gewinnträchtigen Kapitalmarktanlage, die er gerade in dieser Gesellschaft sieht. In dieser Situation zeigen sich gewöhnlich noch keine Konflikte, die nicht in einem kurzen Telefonat ausgeräumt werden könnten.

Zu juristischen Problemen kommt es erst, wenn der geprellte Anleger feststellt, falsch informiert worden zu sein, und nunmehr Schadensersatz für seine Fehlinvestition fordert. Dann stellen sich regelmäßig die Fragen, wen der Anleger in Anspruch nehmen kann, vor welchem Gericht ein Rechtsstreit auszutragen ist und schließlich welches Sachrecht auf diesen Rechtstreit anwendbar ist.

II. Gegenstand der Dissertation

Gegenstand dieser Dissertation ist in erster Linie die Untersuchung, wann die deutschen Gerichte für Klagen wegen fehlerhafter Kapitalmarktinformationen international zuständig sind.

Die internationale Zuständigkeit beantwortet die Frage der Gerichtszuständigkeit der Gerichte eines Nationalstaates hinsichtlich Sachverhalten mit einem grenzüberschreitenden Element.[1] Ein Sachverhalt erhält ein grenzüberschreitendes Element beispielsweise dadurch, dass ein inländischer Anleger in Gesellschaftsanteile einer ausländischen Gesellschaft oder umgekehrt eine ausländischer Kapitalanleger in eine inländische Gesellschaft investiert.

Eine spezialgesetzliche Regelung der internationalen Zuständigkeit hinsichtlich Klagen wegen fehlerhafter Kapitalmarktinformationen fehlt in der EuGVVO. Nach prominent vertretener Auffassung hält aber auch das deutsche nationale Recht – zumindest für bestimmte Fallkonstellationen – keine spezielle Regelung der internatio-

1 BGHZ 44, S. 46 f.; *Kropholler*, Internationales Privatrecht, 6. Aufl., 2006, S. 606; *Schack*, Internationales Zivilverfahrensrecht, 4. Aufl., 2006, Rn. 131; *Hüßtege*, Internationales Privatrecht, 4. Aufl., 2005, S. 34.

nalen Zuständigkeit bereit.[2] Daher muss die internationale Zuständigkeit jedenfalls im Anwendungsbereich der EuGVVO unter Rückgriff auf die allgemeinen Regelungen bestimmt werden. Hieraus wiederum folgt das Erfordernis, zunächst die möglichen Haftungstatbestände zu kennen. Diese sind dann in einem zweiten Schritt zu qualifizieren, um dann zu guter Letzt die internationale Zuständigkeit mittels der allgemeinen Normen bestimmen zu können.

Daher erfolgt im Kapitel C. zunächst eine Darstellung der in Betracht kommenden Haftungsnormen. Hierbei wird inzident auf die praktisch relevantesten Kapitalmarktinformationspflichten eingegangen. Die Darstellung der in Betracht kommenden Haftungstatbestände beschränkt sich auf die Wiedergabe der herrschenden Meinung bzw. der Rechtsprechung. Auf in der Rechtslehre vertretene abweichende Ansichten wird aber zumindest in den Fußnoten hingewiesen. Dies gilt grundsätzlich sowohl hinsichtlich der Tatbestandsvoraussetzungen als auch bezüglich der Anwendbarkeit der bestimmten Haftungstatbestände auf die verschiedenen in Betracht kommenden Anspruchsgegner.

Lediglich an ausgewählten Stellen erfolgt eine Darstellung des aktuellen Streit- und Diskussionsstandes. Eine umfassende, vertiefte Auseinandersetzung mit den vielen in der Literatur vertretenen Ansichten würde den Rahmen dieser Dissertation ebenso sprengen. Daher sieht der Verfasser auch von einer Erörterung des rechtspolitisch heiß diskutierten Themas der Schaffung spezieller Haftungsgrundlagen, insbesondere um eine Haftung der Organe der Kapitalgesellschaften zu gewährleisten,[3] ab.

In Kapitel D. erfolgt die Qualifikation der möglichen Anspruchsgrundlagen, die dann im Rahmen des Kapitels E. in eine Bestimmung der internationalen Zuständigkeit der deutschen Gerichte mündet.

2 Vgl.: *Cuypers*, Gerichtliche Zuständigkeiten bei fehlgeschlagener Kapitalanlage, WM 2007, S. 1446, 1448 ff.; *Heinrich*, in: Musielak (Hrsg.), Kommentar zur Zivilprozessordnung, 6. Aufl., 2008, § 32 b Rn. 7; *Patzina*, in: Münchener Kommentar, Zivilprozessordnung, Band 1, 3. Aufl., 2008, § 32 b Rn. 9; *Vollkommer,* in: Zöller, Zivilprozessordnung, 27. Aufl., 2009, § 32 b Rn. 8; *Bachmann*, Die internationale Zuständigkeit für Klagen wegen fehlerhafter Kapitalmarktinformationen, IPRax 2007, S. 77, 84; a.A.: *Hess*, Der Regierungsentwurf für ein Kapitalanlegermusterverfahrensgesetz, WM 2004, S. 2329, 2331 f.

3 Für die Schaffung spezieller Haftungsnormen: *Hopt/Voigt*, Prospekt- und Kapitalmarktinformationshaftung – Recht und Reform in der Europäischen Union, der Schweiz und den USA –, WM 2004, S. 1801, 1803; *Fleischer*, Zur deliktsrechtlichen Haftung der Vorstandsmitglieder für falsche Ad-hoc-Mitteilungen, DB 2004, S. 2031, 2036; *Mülbert/Steup*, Emittentenhaftung für fehlerhafte Kapitalmarktinformation am Beispiel der fehlerhaften Regelpublizität, WM 2005, S. 1633, 1651 ff. (Analogie zu §§ 37 b und 37 c WpHG); *Schäfer*, Effektivere Vorstandshaftung für Fehlinformationen des Kapitalmarktes?, NZG 2005, S. 985, 988; dagegen für eine Lösung über die Deliktshaftung: *Ekkenga*, Fragen der deliktischen Haftungsbegründung bei Kursmanipulationen und Insidergeschäften, ZIP 2004, S. 781 ff.; *Sester*, Gläubiger- und Anlegerschutz bei evidenten Fairnessverstößen über eine deliktsrechtliche Haftung der handelnden Personen, ZGR 2006, S. 1, 18 f.

C. Mögliche Ansprüche geschädigter Anleger

Nach einer kurzen Einleitung erfolgt eine Darstellung der möglichen Ansprüche der geschädigten Anleger. Zunächst werden die Tatbestandsvoraussetzungen erörtert. Hierbei beschränkt sich diese Dissertation auf eine Darstellung der möglichen Ansprüche der geprellten Anleger. Dagegen gehören Binnenregressansprüche der Gesellschaft gegen ihre Organe beispielsweise nach § 93 AktG (gegebenenfalls in Verbindung mit §116 AktG) nicht zum Gegenstand dieser Dissertation. Auf diese Darstellung folgt eine Erläuterung der Rechtsfolgen dieser Schadensersatzansprüche. Schließlich werden die typischerweise gegen die jeweiligen Anspruchsgegner in Betracht kommenden einzelnen Schadensersatzansprüche dargestellt.

I. Einleitung

Die Versorgung der Anleger mit den für ihre Anlageentscheidung relevanten Informationen gehört zu den allgemein anerkannten wesentlichen Funktionsbedingungen eines jeden Kapitalmarktes.[4] Eine möglichst umfassende und richtige Information soll dem Anleger Chancen und Risiken einer Kapitalanlage möglichst realistisch vor Augen führen, um ihm eine wohlüberlegte Anlageentscheidung zu ermöglichen. Hierdurch soll Misstrauen, Marktabwanderung und letztlich einem informationsbedingten Marktversagen vorgebeugt werden. Somit dienen also die Kapitalinformationspflichten sowohl dem Anleger- als auch dem Funktionsschutz der Märkte.[5]

Während es eine Vielzahl von spezialgesetzlich geregelten Melde- und Publikationsregeln gibt, fehlt ein in sich stimmiges, ausgefeiltes Haftungssystem für fehlerhafte Kapitalmarktinformationen. Im deutschen Recht existieren lediglich spezialgesetzliche Haftungstatbestände im Bereich der Prospekthaftung mit den §§ 44 ff. BörsG (ggf. i.V.m. § 13 VerkProspG), sowie der Haftung für fehlerhafte Ad-hoc-Mitteilungen gemäß §§ 37 b, 37 c WpHG. Im Übrigen lassen sich die Haftungslücken nur durch einen Rückgriff auf die allgemeinen zivilrechtlichen Haftungsnormen, insbesondere die §§ 826 und 823 Abs. 2 BGB i.V.m. Schutzgesetzen schließen[6] (nähere Ausführungen zu den in Betracht kommenden Haftungsnormen ab S. 29). Der Bundesgerichtshof greift zur Schließung von Haftbarkeitslücken insbesondere auf § 826 BGB zurück.[7]

4 Anstelle vieler anderer: *Fleischer*, Gutachten F für den 64. Deutschen Juristentag (2002), F 27.
5 *Hopt/Voigt*, in: Hopt/Voigt (Hrsg.), Prospekt- und Kapitalmarktinformationshaftung, 2005, S. 12 f.
6 *Bachmann*, in: Bachmann/Casper/Schäfer/Veil (Hrsg.), Steuerungsfunktion des Haftungsrechts im Gesellschafts- und Kapitalmarktrecht, 1. Aufl., 2007, S. 93, 96.
7 Beispielhaft: BGH, ZIP 2005, S. 1270 ff. („EM.TV"); BGHZ 160, S. 134 ff. („Infomatec I").

In der reichhaltigen Spruchpraxis des Bundesgerichtshofs ging es vor allem um die Aufarbeitung der skandalösen Praktiken am Neuen Markt.[8] Auf dem Neuen Markt wurden Technologiewerte mit fehlerhaften öffentlichen Kapitalmarktinformationen „gehypt". Durch diese fehlerhaften öffentlichen Kapitalmarktinformationen wurden die Kurse der am Neuen Markt gelisteten Unternehmen in völlig unrealistische Höhen getrieben. Anleger nahmen die geschönten Kapitalmarktinformationen als Grundlage ihrer Anlageentscheidung her und kauften hoffnungslos überbewertete Wertpapiere. Die Blase des Neuen Marktes platzte aber als einige Protagonisten desselben Insolvenz anmelden mussten. Hierbei verloren viele Anleger beträchtliche Teile ihres Vermögens, teils sogar in ruinösem Ausmaß.

Nachdem die Instanz- und Obergerichte Schadensersatzklagen geprellter Anleger nahezu immer abgewiesen hatten, läutete der Bundesgerichtshof in den drei Infomatec-Entscheidungen aus dem Jahr 2004 eine Kehrtwende der Rechtsprechung ein. In den Infomatec-Entscheidungen etablierte der Bundesgerichtshof eine kapitalmarktrechtliche Informationsdeliktshaftung auf Grundlage des § 826 BGB.[9] In den Nachfolgeentscheidungen in Sachen Haffa/EM.TV[10] und den Comroad-Entscheidungen[11] führte der Bundesgerichtshof die eingeschlagene Linie fort und schärfte die Konturen dieser kapitalmarktrechtlichen Informationsdeliktshaftung weiter.

II. Fehlerhafte Kapitalmarktinformation

Voraussetzung für das Eingreifen jeglicher vorbeschriebener Haftungsnorm ist das Vorliegen einer fehlerhaften Kapitalmarktinformation. Somit liegt es nahe den Begriff „Kapitalmarktinformation" wie er im Rahmen dieser Dissertation verwendet wird zunächst zu definieren. Die im Rahmen dieser Dissertation erörterten Kapitalmarktinformationen müssen veröffentlicht worden sein. Denn diese Arbeit beschäftigt sich mit der internationalen Zuständigkeit für Klagen aufgrund fehlerhafter Kapitalmarktinformationen.

8 Zu den skandalösen Machenschaften am Neuen Markt: *Tilp*, Anmerkung zu OLG München 30 U 1021/01 (ZIP 2002, S. 1727 ff.), ZIP 2002, S. 1729 f.; hinsichtlich der Berichterstattung in der Presse beispielhaft: FAZ vom 30.4.2001, Neue-Markt-Bereinigungen nehmen zu Weniger freiwillige Verkäufe/Studie von Booz Allen & Hamilton; FAZ vom 30.6.2001, Sanierungsfall Neuer Markt; FAZ vom 25.9.2001, Schadensersatz für Anleger am Neuen Markt Das Landgericht Augsburg verurteilt Vorstände von Infomatec/Falsche Pflichtveröffentlichung; FAZ vom 27.11.2001, Die Opfer von Selbstüberschätzung und Wachstums-Hektik Zu häufig eilten die Verluste den Umsätzen uneinholbar voraus/Die Insolvenzen am Neuen Markt; FAZ vom 26.8.2004, Eine Kette von Skandalen Der „Neue Markt" erwies sich als Goldgrube für Wirtschaftskriminelle; FAZ vom 25.7.2004, Hoffnung für geprellte Anleger.

9 BGHZ 160, S. 134 ff. ("Infomatec I"); BGHZ 160, S. 149 ff. ("Infomatec II"); BGH, NJW 2004, S. 2668 ff. ("Infomatec III").

10 BGH, ZIP 2005, S. 1270 ff. ("EM.TV").

11 BGH, ZIP 2007, S. 681 ff. ("Comroad I"); BGH, ZIP 2007, S. 679 ff. ("Comroad II"); BGH, ZIP 2007, S. 326 ff. ("Comroad III"); BGH, ZIP 2007, S. 1560 ff. ("Comroad IV"); BGH, ZIP 2007, S. 1564 ff. ("Comroad V"); BGH, ZIP 2008, S. 407 ff. ("Comroad VI"); BGH, ZIP 2008, S. 410 ff. ("Comroad VII").

Hierbei beschränkt sich die Untersuchung auf Klagen geschädigter Anleger. Diese müssen zumindest potentiell in Kontakt mit der fehlerhaften Kapitalmarktinformation gekommen sein. Anderenfalls können sie denknotwendig keinen Schaden infolge einer Kapitalanlage aufgrund einer fehlerhaften Kapitalmarktinformation erlitten haben.

Daher wird unter einer Kapitalmarktinformation im Sprachgebrauch dieser Arbeit jede öffentliche Kapitalmarktinformation im Sinne des § 1 Abs. 1 S. 3 KapMuG verstanden. Nach dieser Legaldefinition sind öffentliche Kapitalmarktinformationen „für eine Vielzahl von Kapitalanlegern bestimmte Informationen über Tatsachen, Umstände, Kennzahlen und sonstige Unternehmensdaten, die einem Emittenten von Wertpapieren oder Anbieter von sonstigen Vermögensanlagen betreffen".

Ein aufgrund der Formulierung „insbesondere" nicht abschließender Katalog von Kapitalmarktinformationen findet sich in § 1 Abs. 1 S. 4 KapMuG. Hiernach stellen insbesondere Angaben in Verkaufsprospekten von Wertpapieren, Mitteilungen über Insiderinformationen im Sinne des § 15 WpHG und Informationen jeglicher Art im Rahmen einer Hauptversammlung über die Gesellschaftsverhältnisse im Sinn des § 400 Abs. 1 Nr. 1 AktG öffentliche Kapitalmarktinformationen dar. Außerdem zählen nach § 1 Abs. 1 S. 4 KapMuG Jahresabschlüsse, Lageberichte, Konzernabschlüsse, Konzernlageberichte, Halbjahresfinanzberichte sowie Angebotsunterlagen gemäß § 11 Abs. 1 WpÜG zu den öffentlichen Kapitalmarktinformationen.

Individuelle Anlageberatungen stellen dagegen keine Kapitalmarktinformationen im Sinne des § 1 Abs. 1 S. 3 KapMuG dar. Daher werden die typischen Haftungsfälle der individuellen Informationsvermittlung, insbesondere die Haftung nach §§ 280 Abs. 1, 311 Abs. 2, 241 Abs. 2 BGB[12] und Schadensersatzansprüche nach § 280 Abs. 1 BGB i.V.m. den Grundsätzen des Vertrages zugunsten Dritter,[13] nicht im Rahmen dieser Dissertation behandelt. Anderenfalls würde der Rahmen dieser Arbeit gesprengt.

Zumindest auf dem geregelten Markt werden solche Kapitalmarktinformationen nur selten ohne eine entsprechende Informationsverpflichtung herausgegeben. Denn die Herausgabe von Kapitalmarktinformationen birgt stets ein Haftungsrisiko. Selbst bezüglich fehlerhaften Ad-hoc-Veröffentlichungen, die zu einem höheren Börsenkurs führen, besteht grundsätzlich die Verpflichtung eine solche Information – vorausgesetzt deren Wahrheit – als kursrelevante Tatsache zu publizieren. Auch in diesen Fällen ist also eine Verpflichtung zur Information des Kapitalmarktes der Ursprung der Kapitalmarktinformation. Daher beruhen Kapitalmarktinformationen des geregelten Kapitalmarktes regelmäßig auf der Erfüllung von Mitteilungs- und Publizitätspflichten.

12 Siehe hierzu: *Oechsler,* in: J. von Staudingers Kommentar zum Bürgerlichen Gesetzbuch mit Einführungsgesetz und Nebengesetzen, 13. Aufl., Bearbeitung 2003, § 826 Rn. 200; *Hirte*, Berufshaftung, 1996, S. 394; *Herrmann*, Die Sachwalterhaftung vermögenssorgender Berufe, JZ 1983, S. 422, 427.

13 Beispielhaft zur Auskunftshaftung aufgrund der Grundsätze des Vertrages mit Schutzwirkung zugunsten Dritter: BGH, WM 1986, S. 711, wo eine Bank gegen eine Wirtschaftsprüfungsgesellschaft klagte; Einzelheiten zu den Bemühungen der Konstruktion einer Informationshaftung über die Grundsätze des Vertrages mit Schutzwirkung zugunsten Dritter: *Oechsler,* in: J. von Staudingers Kommentar zum Bürgerlichen Gesetzbuch mit Einführungsgesetz und Nebengesetzen, 13. Aufl., Bearbeitung 2003, § 826 Rn. 202; *Herrmann*, Die Sachwalterhaftung vermögenssorgender Berufe, JZ 1983, S. 422, 424.

Solche Mitteilungs- und Publizitätspflichten bestehen sowohl im Bereich des Gesellschaftsrechts, vor allem nach dem Aktiengesetz, als auch nach den Vorschriften des Kapitalmarktrechts. Durch das 3. Finanzmarktförderungsgesetz sind diese Publizitätspflichten nunmehr miteinander abgeglichen worden. Bestehende Konflikte wurden dadurch gelöst, dass ein Vorrang der kapitalmarktrechtlichen Mitteilungs- und Publizitätspflichten vor denen des Gesellschaftsrechts statuiert wurde.[14] Dieser Vorrang der kapitalmarktrechtlichen Mitteilungs- und Publizitätspflichten wird insbesondere in Gestalt der §§ 20 Abs. 8 und 21 Abs. 5 AktG deutlich. Denn diese Vorschriften nehmen börsennotierte Gesellschaften ausdrücklich von den aktien- und damit gesellschaftsrechtlichen Meldepflichten aus. Für börsennotierte Unternehmen i.S.d. § 21 Abs. 2 WpHG gelten damit allein die Mitteilungs- und Publizitätspflichten des WpHG.

III. Kapitalmarktrechtliche Meldepflichten

Durch zunehmend harmonisierte Rechtsvorschriften werden den Finanzmarktteilnehmern immer umfassendere Publizitätspflichten auferlegt, um die Sicherheit und Transparenz der Kapitalmärkte zu erhöhen. In der gebotenen Kürze, weil allein Veröffentlichungspflichten noch nicht zu einer Haftung führen und im Rahmen dieser Arbeit lediglich die einschlägigen Haftungsvorschriften untersucht werden, wird im Folgenden auf die praktisch bedeutsamsten Melde- und Informationspflichten hingewiesen, bei deren Verletzung keine Haftung ausgelöst wird:

Zu den praktisch bedeutendsten Meldepflichten gehört die Anzeige der Beteiligungsveränderung nach § 21 Abs. 1 WpHG. Hiernach ist der Kapitalmarkt zu unterrichten, sobald die Beteiligungsgrenzen von 3, 5, 10, 25, 50 oder 75 Prozent der Stimmrechte an einer börsennotierten Gesellschaft erreicht, überschritten oder unterschritten werden. Diese Meldepflicht besteht sowohl gegenüber der Gesellschaft als auch gegenüber der Bundesanstalt für Finanzdienstleistungsaufsicht.

Ebenfalls von erheblicher praktischer Bedeutung sind die Meldepflichten, die sich aus dem Börsenzulassungsprospekt ergeben, insbesondere die Pflichten nach § 30 Abs. 3 Nr. 2 BörsG und § 5 WpPG. Diese Meldepflichten nach §§ 30 Abs. 3 Nr. 2 BörsG a.F. und 5 WpPG dienen dem Anlegerschutz und verpflichten ausschließlich den Emittenten der Wertpapiere gegenüber der Bundesanstalt für Finanzdienstleistungsaufsicht. Sie sind allein auf den Zeitpunkt der Zulassung der Wertpapiere zum Börsenhandel bezogen.

Erwähnung verdienen darüber hinaus die Informationspflichten nach § 42 Abs. 1 S. 1 InvG, § 8 f VerkprospG sowie § 15 WpHG, deren Verletzung jeweils eine Schadensersatzpflicht nach sich ziehen kann (siehe S. 75 ff. zu der Schadensersatzpflicht wegen Verstoßes gegen § 42 Abs. 1 S. 1 InvG, S. 63 ff. wegen Verstoßes gegen § 8 f VerkprospG sowie S. 82 ff. wegen Verstoßes gegen § 15 WpHG).

14 *Buck-Heeb*, Kapitalmarktrecht, 2. Aufl., 2007, Rn. 44 ff.

IV. Tatbestandsvoraussetzungen der einzelnen Haftungstatbestände

Zunächst werden nun die Tatbestandsvoraussetzungen der einzelnen Tatbestände einer Kapitalmarktinformationshaftung dargestellt. Denn bereits im Rahmen der Zulässigkeit muss der Kläger schlüssig darlegen, dass die Voraussetzungen eines Gerichtsstandes erfüllt sind.[15] Hierzu bedarf der Kläger der Kenntnis sowohl der konkreten Anspruchsgrundlage, auf die er seine Klage stützen will, als auch der Qualifikation derselben.

Erörtert werden exemplarisch die Haftungstatbestände des deutschen Rechts. Allerdings gibt es vergleichbare Haftungsregime in fast allen wirtschaftlich bedeutenden Ländern. Beispielsweise beruhen die meisten Regelungen zur spezialgesetzlichen Prospekthaftung auf europäischen Richtlinien.[16] Gleiches gilt für die Haftung nach §§ 37 b und 37 c WpHG.[17] Damit gibt es in allen Mitgliedstaaten der Europäischen Union vergleichbare Normen.

Teils wurden von den einzelnen Mitgliedstaaten spezialgesetzliche Regelungen geschaffen. Andere Mitgliedstaaten formten dagegen die vertragliche oder deliktsrechtliche Haftung entsprechend den europäischen Vorgaben aus.[18]

Aber auch bedeutende Wirtschaftsländer, die nicht Mitglied der Europäischen Union sind, kennen spezialgesetzliche Haftungsregelungen für fehlerhafte Prospektangaben.[19] Ebenso ist eine vertragliche und deliktsrechtliche Auskunftshaftung allgemein bekannt.[20]

Die Darstellung der Tatbestandsvoraussetzungen der verschiedenen möglichen Anspruchsgrundlagen beschränkt sich größtenteils auf die Wiedergabe der von der Rechtsprechung bzw. der herrschenden Meinung entwickelten Haftungsgrundsätze. Auf bestehende Meinungsstreitigkeiten wird häufig, allerdings unter Angabe weiterführender

15 Statt aller anderen: OLG Stuttgart, OLGR Stuttgart 2007, S. 632, 633.

16 Richtlinie 89/298/EWG des Rates vom 17.4.1989 zur Koordinierung der Bedingungen für die Erstellung, Kontrolle und Verbreitung des Prospekts, der im Falle öffentlicher Angebote von Wertpapieren zu veröffentlichen ist, ABl.EG Nr. L 124 vom 5.5.1989, S. 8 ff.; Richtlinie 2001/107/EG des Europäischen Parlaments und des Rates vom 21.1.2002 zur Änderung der Richtlinie 85/611/EWG des Rates zur Koordinierung der Rechts- und Verwaltungsvorschriften betreffend bestimmte Organismen für gemeinsame Anlagen in Wertpapieren (OGAW) zwecks Festlegung von Bestimmungen für Verwaltungsgesellschaften und vereinfache Prospekte vom 13.2.2002, ABl.EG Nr. L 41, S. 20 ff.; beispielhaft: in England: Sec. 90 Financial Services and Markets Act 2000; in Irland: Sec. 49 Companies Act 1963, Sec. 4, 10 European Communities (Stock Exchange) Regulations 1984; in Österreich: § 11 Kapitalmarktgesetz, § 80 Börsegesetz.

17 Richtlinie 2003/6/EG des Europäischen Parlaments und des Rates vom 28.1.2003 über Insider-Geschäfte und Marktmanipulation (Marktmissbrauch), Abl.EG Nr. L 096 vom 12.4.2003, S. 16 ff.

18 In Belgien, Frankreich und Luxemburg basiert die Haftung für fehlerhafte Prospektangaben jeweils auf Art. 1382, 1383 Code Civil (deliktsrechtlich); in Italien vermittelt Art. 2043, 1337 Codice Civile (deliktsrechtlich); in Spanien Art. 1101, 1258, 1902 ff. Código Civil (vertragsrechtlich); in den Niederlanden Art. 6:194 Burgerlijk Wetboek (deliktsrechtlich).

19 Für die Schweiz: Art. 752 OR; für die USA: Sec. 11, 12 Securities Act 1933.

20 In Belgien, Frankreich und Luxemburg basiert die Haftung für fehlerhafte Prospektangaben jeweils auf Art. 1382, 1383 Code Civil; in Italien vermittelt Art. 2043, 1337 Codice Civile; in Spanien Art. 1101, 1258, 1902 ff. Código Civil; in den Niederlanden Art. 6:194 Burgerlijk Wetboek die Haftung.

Literatur, nur hingewiesen. Lediglich an ausgewählter Stelle erfolgt eine vertiefte Auseinandersetzung mit dem gegenwärtigen Sach- und Streitstand, sowie die Entwicklung eigener Ansätze. Eine tiefer greifende wissenschaftliche Erörterung würde den Rahmen dieser Arbeit sprengen.

Die Reihenfolge der Darstellung der verschiedenen Haftungsnormen orientiert sich an der nach dem deutschen Zivilrechtsverständnis üblichen Prüfungsreihenfolge.[21] Zunächst werden vertragliche, dann quasivertragliche und zuletzt die deliktsrechtlichen Ansprüche untersucht. Hierbei wird die Frage, ob eine Anspruchsgrundlage auf dem Primärmarkt, dem Sekundärmarkt oder beiden zur Anwendung kommt, jeweils inzident mitbeantwortet.

1. Vertragliche Haftungsnormen

Voraussetzung einer jeden vertraglichen Haftung ist ein Vertragsverhältnis zwischen dem Informationsgeber einerseits und dem Informationsempfänger andererseits. Ein solches wird aber allein durch die Veröffentlichung der Kapitalmarktinformation nicht begründet. Denn mangels eines entsprechenden Rechtsbindungswillens stellen Kapitalmarktinformationen nach heute ganz herrschender Meinung bloße Wissenserklärungen dar.[22]

Zumeist wird daher eine vertragliche Haftung aufgrund des Fehlens eines solchen Vertragsverhältnisses ausscheiden. Dennoch wurde und wird in bestimmten Situationen eine vertragliche Haftung für fehlerhafte Kapitalmarktinformationen begründet:

a. Vertragsfiktionen bzw. stillschweigend abgeschlossene Auskunftsverträge

Die Rechtsprechung stützte in der Vergangenheit die Haftung für fehlerhafte Informationen durch Berufsträger verschiedentlich auf einen stillschweigend abgeschlossenen Auskunftsvertrag.[23]

Verständlich wird dieses Bemühen der Rechtsprechung, eine vertragliche Haftung zu konstruieren, vor dem Hintergrund des § 676 BGB a.F. Dieser ließ eine Haftung für Ratschläge oder Empfehlungen außerhalb eines Vertragsverhältnisses nur bei Vorliegen einer unerlaubten Handlung zu. Eine Deliktshaftung setzt mit Ausnahme der

21 *Medicus,* Bürgerliches Recht, 21. Aufl., 2007, Rn. 1 ff.

22 Statt vieler anderer: *Bachmann*, in: Bachmann/Casper/Schäfer/Veil (Hrsg.), Steuerungsfunktion des Haftungsrechts im Gesellschafts- und Kapitalmarktrecht, 1. Aufl., 2007, S. 93, 101; a.A. lediglich: *Köndgen*, Zur Theorie der Prospekthaftung, AG 1983, S. 85, 90, der in einer Kapitalmarktinformation eine Erklärung mit Versprechenscharakter sieht.

23 BGHZ 74, S. 103, 106; BGHZ 7, S. 371, 374; BGHZ 100, S. 117, 118 (Anlagevermittler); WM 1986, S. 517, 519 („bankgeprüfte" Investition); NJW 2002, S. 2641, 2642; weitere Beispiel bei: *Hopt,* in: Baumbach/Hopt, Handelsgesetzbuch, 33. Aufl., 2008, § 347 Rn. 13.

Schadensverantwortlichkeit gemäß § 826 BGB aber die Verletzung eines absoluten Rechts voraus.[24]

Daher kam für die Verletzung von Informationspflichten quasi nur § 826 BGB als nicht vertraglicher Haftungstatbestand in Betracht. Eine Haftung gemäß § 826 BGB ist aber – zumindest bei einer wortgetreuen Anwendung – an hohe Anforderungen geknüpft, so dass eine Verantwortlichkeit des Falschinformierenden regelmäßig ausgeschlossen war.[25]

Durch die Neufassung des § 676 BGB a.F. (in der aktuellen Nomenklatur: § 675 Abs. 2 BGB) erledigte sich dieses Problem. Denn nunmehr konnte sich die Haftung für Ratschläge oder Empfehlungen auch aus einer „sonstigen gesetzlichen Bestimmung" ergeben. Unter einer solchen „sonstigen gesetzlichen Bestimmung" wurden expressis verbis die Vorschriften zur vorvertraglichen Haftung verstanden,[26] so dass eine außervertragliche Haftung für fehlerhafte Kapitalmarktinformationen nicht länger lediglich auf § 826 BGB gestützt werden konnte. Damit wurde auch ein Rückgriff auf die Rechtsfigur des stillschweigend geschlossenen Auskunftsvertrages obsolet.

Dennoch ist die Rechtsprechung aufgrund des Mangels an Informationsmöglichkeiten, der zumindest häufig vorgegebenen Sachkunde der Anlagevermittler und deren eigenen wirtschaftlichen Interesses an einem Abschluss des Anlagevertrages des Öfteren dazu geneigt, einen stillschweigend zwischen den Parteien abgeschlossenen Vertrag anzunehmen. Voraussetzung ist allerdings, dass für den Vermittler erkennbar ein wesentlicher Teil der Entscheidung von seiner Auskunft abhängt.[27]

Die von der Rechtsprechung entschiedenen Fälle betrafen allerdings stets Situationen, in denen ein Anlagevermittler einen individuellen Ratschlag erteilte[28] und somit die Annahme eines Rechtsbindungswillens nicht fernlag. Keine der Entscheidungen erging zu der anonymen Information von Anlegermassen durch öffentliche Kapitalmarktinformationen. Allein diese Fallgruppe der öffentlichen Kapitalmarktinformationen ist aber Gegenstand der vorliegenden Dissertation. Bei der Information anonymer Anlegermassen fehlt es aber erkennbar an einem auf den Abschluss eines Auskunftsvertrages zwischen Anleger und Informationsgeber gerichteten Rechtsbindungswillens des Informationsgebers (näher hierzu unten S. 32).

Daher kommt durch die öffentliche Kapitalmarktinformation alleine kein (stillschweigend geschlossener) Auskunftsvertrag zu Stande, so dass eine hierauf gestützte vertragliche Haftung ausscheidet.

24 Vgl.: *Sprau*, in: Palandt, BGB, 68. Aufl., 2009, § 826 Rn. 1; *Wagner*, in: Münchener Kommentar, Bürgerliches Gesetzbuch, Band 5 – Schuldrecht Besonderer Teil III, 4. Aufl., 2004, § 826 Rn. 4.

25 *Grigoleit*, Vorvertragliche Informationshaftung, 1997, S. 27 f.

26 *Sprau*, in: Palandt, BGB, 68. Aufl., 2009, § 675 Rn. 40; *Ehmann*, in: Erman, BGB, Band 1, 12. Aufl., 2008, § 675 Rn. 10; *Heermann*, in: Münchener Kommentar, Bürgerliches Gesetzbuch, Band 4 – Schuldrecht Besonderer Teil II, 4. Aufl., 2005, § 675 Rn. 115.

27 Beispielhaft: BGHZ 74, S. 103, 106 f.; BGH, NZG 2008, S. 117, 118.

28 Vgl.: BGH, NZG 2008, S. 117, 118.

b. Information als Haupt- oder Nebenpflicht

Allerdings kommt eine vertragliche Haftung auch weiterhin in Betracht, wenn die richtige und vollständige Information ausdrücklich oder stillschweigend zur Haupt- oder Nebenpflicht gemacht wurde.[29]

Dies ist aber bei einer öffentlichen Information anonymer Anlegermassen regelmäßig nicht der Fall.[30] Denn im Fall öffentlicher Kapitalmarktinformationen kann dem Informationsgeber ein Rechtsbindungswille zum Abschluss eines Vertrages – vorbehaltlich einer ausdrücklichen anderweitigen Äußerung – nicht unterstellt werden.

Zum einen ist der Empfängerkreis unbestimmt. Regelmäßig ist ein Angebot aber nur dann hinreichend bestimmt, wenn es auch die Person des Vertragspartners erkennen lässt.[31] Denn dem Antragenden ist die Person des Vertragspartners in der Regel nicht gleichgültig. Zwar gibt es die Rechtsfigur der so genannten „Offerte ad incertas personas". Ein Rechtsbindungswille zur Abgabe eines solchen Angebots an einen unbestimmten Empfängerkreis kann aber nur in ganz besonderen Fällen, beispielsweise der Aufstellung von Warenautomaten, angenommen werden.[32] Ein solcher Ausnahmefall liegt bei der Erteilung öffentlicher Kapitalmarktinformationen jedoch nicht vor. Folglich ergibt eine Auslegung des Verhaltens des Informationsgebers nach den §§ 157, 133 BGB regelmäßig, dass dieser durch die Abgabe der Kapitalmarktinformation keine vertragliche Haftung eingehen wollte. Eine anderweitige Auslegung liefe dem gesunden Menschenverstand zuwider.

Zum anderen ist auch hier die Wertung des § 675 Abs. 2 BGB zu berücksichtigen. § 675 Abs. 2 BGB stellt fest, dass für eine fehlerhafte Information nur dann gehaftet wird, wenn ausnahmsweise die Voraussetzungen für eine Haftung aufgrund Vertrages, Delikts oder einer sich aus sonstigen gesetzlichen Bestimmungen ergebenden Haftung vorliegen. Die Erteilung eines Rates oder einer Information begründet per se keine vertragliche Haftung.[33]

Wegen dieser Wertung, die die Haftung für fehlerhafte Informationen zur Ausnahme erklärt, ist bei der Unterstellung eines Rechtsbindungswillens zum Abschluss eines Auskunftsvertrages Zurückhaltung geboten.

29 *Czub*, in: Bamberger/Roth (Hrsg.), BGB, Band 2, 2. Aufl., 2008, § 675 Rn. 81; *Sprau*, in: Palandt, BGB, 68. Aufl., 2009, § 675 Rn. 29; *Heermann*, in: Münchener Kommentar, Bürgerliches Gesetzbuch, Band 4 – Schuldrecht Besonderer Teil II, 4. Aufl., 2005, § 675 Rn. 116 ff.

30 *Bachmann*, in: Bachmann/Casper/Schäfer/Veil (Hrsg.), Steuerungsfunktion des Haftungsrechts im Gesellschafts- und Kapitalmarktrecht, 1. Aufl., 2007, S. 93, 102.

31 *Medicus,* Allgemeiner Teil des BGB, 7. Aufl., 1997, Rn. 359.

32 Vgl. *Brox*, Allgemeiner Teil des BGB, 23. Aufl., 1999, Rn 169; *Medicus,* Allgemeiner Teil des BGB, 7. Aufl., 1997, Rn. 362; *Wolf*, in: Larenz/Wolf, Allgemeiner Teil des Bürgerlichen Rechts, 9. Aufl., 2004, § 29 Rn. 23.

33 Mugdan II, S. 310, 960; *Czub*, in: Bamberger/Roth (Hrsg.), BGB, Band 2, 2. Aufl., 2008, § 675 Rn. 79.

c. *Mängelrechte*

Seit der Schuldrechtsreform scheint noch ein weiterer Weg, eine vertragliche Haftung für öffentliche, fehlerhafte Kapitalmarktinformationen zu begründen, gangbar zu sein. Denn § 434 Abs. 1 S. 3 BGB erweitert den objektiven Mangelbegriff des § 434 Abs. 1 Nr. 2 BGB. Hiernach wird die vertraglich vorausgesetzte Beschaffenheit auch durch die öffentlichen Äußerungen des Herstellers und des Verkäufers bestimmt. Hieraus versuchen verschiedene Autoren eine Haftung für fehlerhafte Kapitalmarktinformationen zu konstruieren.[34]

aa. *Anwendbarkeit der §§ 434 ff. BGB*

Problematisch ist aber bereits die Anwendbarkeit der §§ 434 ff. BGB hinsichtlich der Haftung für fehlerhafte öffentliche Kapitalmarktinformationen.

(1) Vorliegen eines Kaufvertrages

Voraussetzung für ein Eingreifen der Mängelrechte nach §§ 434 ff. BGB ist das Bestehen eines Kaufvertrages. Zwar gibt es sowohl auf dem Primär- als auch dem Sekundärmarkt gelegentlich die Möglichkeit, Aktien direkt von dem Emittenten zu erwerben. Typisch ist allerdings vor allem auf dem Sekundärmarkt, aber auch bei der Erstausgabe von Aktien, dass ein Vertrag zwischen der Bank und dem Anleger geschlossen wird.[35] Dieser Vertrag ist als Kommissionsvertrag nach §§ 383 ff. HGB zu qualifizieren.[36] Der Kommissionsvertrag nach §§ 383 ff. HGB stellt aber einen besonderen Geschäftsbesorgungsvertrag und nicht einen Kaufvertrag dar.[37]

Damit scheidet in den meisten Fällen mangels eines Kaufvertrages zwischen Anleger und Bank bzw. Wertpapiervermittler eine direkte Anwendung der §§ 434 ff. BGB aus (zur Anwendbarkeit der §§ 434 ff. BGB im Rahmen der Drittschadensliquidation siehe unten S. 36).

34 *Hopt/Voigt*, in: Hopt/Voigt (Hrsg.), Prospekt- und Kapitalmarktinformationshaftung, 2005, S. 48, *Bernreuther*, Sachmangel und Werbung, MDR 2003, S. 63, 65; sich mit einer solchen Haftung zumindest auseinandersetzend: *Bachmann*, in: Bachmann/Casper/Schäfer/Veil (Hrsg.), Steuerungsfunktion des Haftungsrechts im Gesellschafts- und Kapitalmarktrecht, 1. Aufl., 2007, S. 93, 103 ff.

35 *Bachmann*, Die internationale Zuständigkeit für Klagen wegen fehlerhafter Kapitalmarktinformationen, IPRax 2007, S. 77, 81; näher zur Praxis des Emissionsgeschäfts: *Kümpel*, Bank- und Kapitalmarktrecht, 3. Aufl., 2004, Rn. 9.14 ff, vor allem: Rn. 10.6.

36 *Kümpel*, Bank- und Kapitalmarktrecht, 3. Aufl., 2004, Rn. 9.23 f.

37 *Hopt*, in: Baumbach/Hopt, Handelsgesetzbuch, 33. Aufl., 2008, § 383 Rn. 6.

(2) Reichweite der Verweisung in § 453 Abs. 1 BGB

In den übrigen Fällen, in denen tatsächlich mit dem Anleger ein Kaufvertrag über die Wertpapiere abgeschlossen wird, handelt es sich ungeachtet der Verbriefung der Wertpapiere schwerpunktmäßig um einen Rechtskauf.[38]

Lediglich soweit es um Beschädigungen an dem Wertpapier wie beispielsweise Risse oder Unleserlichkeiten geht, liegt ein Sachkauf vor.[39] Diese Fälle gehören aber nicht zum Untersuchungsgegenstand dieser Arbeit, die lediglich die Haftung für fehlerhafte Kapitalmarktinformationen untersucht.

Für den hier zu untersuchenden Rechtskauf finden nach dem Wortlaut der Verweisungsnorm des § 453 Abs. 1 BGB die „Vorschriften über den Kauf von Sachen" entsprechende Anwendung. Fraglich und in der Rechtsprechung bislang ungeklärt ist, ob diese Verweisung auch die Regelungen der Mängelrechte nach den §§ 434 Abs. 1 und 2 BGB umfasst.

Der Wortlaut des § 453 Abs. 1 BGB verweist auf die gesamten Vorschriften über den Sachkauf. Dies spricht dafür, dass die Verweisung auch die Vorschriften über die Mängelrechte mit einschließt.

Allerdings sollen nach der gesetzgeberischen Intension auf einen nicht sachbezogenen Kauf nur die Regelungen über die Rechtsmängelhaftung Anwendung finden.[40] Dies entspricht auch der Regelung des alten Schuldrechts in den §§ 437 und 445 BGB a.F. Hiernach wurde eine entsprechende Geltung der Sachmängelrechte nur für solche Verträge anordneten, die auf eine Veräußerung einer Sache gegen Entgelt gerichtet waren. Durch das Schuldrechtsmodernisierungsgesetz sollten diese Regelungen nur kompakter gefasst, nicht jedoch geändert werden.

Zum Teil wird aber auch vertreten, ein Recht könne schon begrifflich keinen Sachmangel aufweisen,[41] was folgerichtig gegen eine Verweisung des § 453 Abs. 1 BGB auf die Sachmängelrechte spricht.

Gegen eine Umfassung der §§ 434 Abs. 1 und 2 BGB durch die Verweisung streitet ferner eine systematische Auslegung des § 453 Abs. 1 BGB. Denn § 453 Abs. 3 BGB ordnet die Geltung der Regelungen hinsichtlich der Sachmangelrechte nur für den Verkauf von Rechten, die zum Besitz berechtigen, an. Daher gehen beträchtliche Teile

38 *Oetker/Maultzsch*, Vertragliche Schuldverhältnisse, 2. Aufl., 2004, S. 23; *Weidenkaff*, in: Palandt, BGB, 68. Aufl., 2009, § 453 Rn. 1, 10; *Huber*, in: Soergel, Kommentar zum Bürgerlichen Gesetzbuch, Band 3, 12. Aufl., 1991, § 433 Rn. 41, 42.

39 *Weidenkaff*, in: Palandt, BGB, 68. Aufl., 2009, § 453 Rn. 1, 10; vgl. *Westermann*, in: Münchener Kommentar, Bürgerliches Gesetzbuch, Band 3 – Schuldrecht Besonderer Teil I, 5. Aufl., 2008, § 433 Rn. 14.

40 Begründung zu dem Entwurf eines Gesetzes zur Modernisierung des Schuldrechts vom 14.5.2001, BT-Drucks. 14/6040, S. 242.

41 *Putzo*, in: Palandt, 65. Aufl., 2006, § 453 Rn. 17.

der Rechtslehre davon aus, die Verweisung des § 453 Abs. 1 BGB umfasse beim Kauf von Wertpapieren nicht die §§ 434 Abs. 1 und 2 BGB.[42]

Schließt man sich dieser Ansicht an, scheidet eine Anwendung der §§ 434 Abs. 1 und 2 BGB auf den Wertpapierkauf aus. Folglich kommt nach dieser Ansicht auch keine Haftung für fehlerhafte öffentliche Kapitalmarktinformationen gemäß den Mängelrechten nach §§ 434 Abs. 1 S. 2 Nr. 2 i.V.m. Abs. 1 S. 3 BGB in Betracht.

(3) Analogie zu den §§ 434 ff. BGB

In Betracht kommt allerdings eine Haftungsbegründung über eine Analogie zu den §§ 434 ff. BGB.[43] Ein Analogieschluss ist als Ausfluss des Gleichheitssatzes prinzipiell möglich, soweit keine Analogieverbote vorliegen.[44] Voraussetzung einer Analogie ist jedoch stets das Vorliegen einer vergleichbaren Interessenlage und eine planwidrige Regelungslücke.[45]

Bereits das Vorliegen einer planwidrigen Regelungslücke erscheint jedoch höchst zweifelhaft. Denn trotz Kenntnis um die Problematik, die sich bereits unter der Geltung des alten Schuldrechts stellte, nahm der Gesetzgeber die Gelegenheit, die sich ihm in Form der Schuldrechtsmodernisierung bot, nicht wahr, um eine gesetzliche Regelung für eine vertragliche Haftung für fehlerhafte Kapitalmarktinformationen im Rahmen der Mängelrechte nach §§ 434 ff. BGB zu schaffen. Somit kann nur schwerlich von einer planwidrigen, weil ungewollten, Regelungslücke gesprochen werden.

Eine planwidrige Regelungslücke kann nur damit begründet werden, dass die Haftung für fehlerhafte Kapitalmarktinformationen insgesamt nur rudimentär geregelt ist. Daher sei auch im Zuge der Schuldrechtsmodernisierung nicht mit einer dezidierten Regelung durch den Gesetzgeber zu rechnen gewesen.[46] Dieses Argument kann jedoch nicht überzeugen. Denn im Rahmen der Schuldrechtsmodernisierung schuf der Gesetzgeber eine neue Systematik der Mängelrechte. Es ist daher nicht einsehbar, warum er nicht auch Regelungen über eine Haftung für fehlerhafte Informationen im Zuge dieser Reform hätte schaffen können. Daher ist aus dem Fehlen einer solchen Regelung zu schließen, dass der Gesetzgeber keine Haftung für fehlerhafte Informationen gemäß den Mängelrechten gemäß §§ 434 Abs. 1 und 2 BGB schaffen wollte.

Doch selbst wenn man noch das Vorliegen einer planwidrigen Regelungslücke bejaht, so verböte sich eine Analogie dennoch. Denn unzweifelhaft ist eine Analogie

42 Vgl.: *Schwark,* in: Schwark (Hrsg.), Kapitalmarktrechtskommentar, 3. Aufl., 2004, § 47 BörsG Rn. 3; *Oetker/Maultzsch*, Vertragliche Schuldverhältnisse, 2. Aufl., 2004, S. 62; *Grunewald*, in: Erman, BGB, Band 1, 12. Aufl., 2008, § 453 Rn. 12; vgl. *Weidenkaff,* in: Palandt, BGB, 68. Aufl., 2009, § 453 Rn. 21 b; a.A.: *Westermann*, in: Münchener Kommentar, Bürgerliches Gesetzbuch, Band 3 – Schuldrecht Besonderer Teil I, 5. Aufl., 2008, § 433 Rn. 14.

43 Vgl.: *Bachmann*, in: Bachmann/Casper/Schäfer/Veil (Hrsg.), Steuerungsfunktion des Haftungsrechts im Gesellschafts- und Kapitalmarktrecht, 1. Aufl., 2007, S. 93, 104.

44 *Canaris*, Die Feststellung von Lücken im Gesetz, 2. Aufl., 1983, S. 183 ff.

45 Stellvertretend für alle anderen: BGH, NJW 2007, S. 992, 993; *Heinrichs,* in: Palandt, BGB, 68. Aufl., 2009, Einl. vor § 1 Rn. 48.

46 So: *Bachmann*, in: Bachmann/Casper/Schäfer/Veil (Hrsg.), Steuerungsfunktion des Haftungsrechts im Gesellschafts- und Kapitalmarktrecht, 1. Aufl., 2007, S. 93, 104.

unstatthaft, wenn durch sie spezialgesetzliche Wertungen konterkariert würden. Die Statthaftigkeit eines Analogieschlusses setzt nämlich voraus, dass der zu beurteilende Sachverhalt in rechtlicher Hinsicht mit dem gesetzlich geregelten Tatbestand vergleichbar ist. Diese Vergleichbarkeit kann nur angenommen werden, wenn der Gesetzgeber bei einer Interessenabwägung, bei der er sich von den gleichen Grundsätzen hätte leiten lassen wie bei dem Erlass der herangezogenen Gesetzesvorschrift, zu dem gleichen Abwägungsergebnis gekommen wäre.[47] Werden spezialgesetzliche Wertungen durch den Analogieschluss unterlaufen, fehlt es gerade an dieser Voraussetzung.

Auf dem Primärmarkt konkurriert eine Anwendung der §§ 434 Abs. 1 und 2 BGB mit der in den §§ 44, 45 BörsG spezialgesetzlich geregelten Prospekthaftung. Diese spezialgesetzlich geregelte Prospekthaftung erstreckt sich auch auf die emissionsbegleitenden Kredit- und Finanzdienstleistungsinstitute,[48] die bei der Anwendung der §§ 434 ff. BGB typische Haftungsadressaten wären.

Damit kommt es für die Anwendbarkeit der §§ 434 ff. BGB maßgeblich darauf an, ob eine Heranziehung der kaufrechtlichen Mängelrechte die Wertungen der §§ 45 f. BörsG unterlaufen würde. Die kaufrechtliche Mängelhaftung und die Prospekthaftung gemäß §§ 44, 45 BörsG unterscheiden sich in einigen wesentlichen Punkten:

Nach der Konzeption der kaufrechtlichen Haftung schadet dem Verkäufer nach § 434 Abs. 1 S. 3 BGB i.V.m. § 122 Abs. 2 BGB bereits fahrlässige Unkenntnis der Werbeaussage. Dagegen führt für den Prospektverantwortlichen ausweislich § 45 Abs. 1 BörsG erst grob fahrlässige Unkenntnis zu einer Haftung.

Des Weiteren verjähren die kaufrechtlichen Mängelrechte nach § 438 Abs. 1 Nr. 3, Abs. 2 BGB in zwei Jahren nach der Ablieferung. Prospekthaftungsansprüche verjähren demgegenüber bereits binnen eines Jahres ab Kenntniserlangung, spätestens aber drei Jahre nach Prospektveröffentlichung, § 46 BörsG.

Eine Anwendung der §§ 434 Abs. 1 und 2 BGB würde also die Wertungen der §§ 44 ff. BörsG hinsichtlich der Verjährung und der Ausschlussgründe aus den Angeln heben. Damit würden spezialgesetzlich geregelten Wertungen unterminiert, so dass eine analoge Anwendung ausscheidet.[49]

(4) Drittschadensliquidation

Allerdings könnten die §§ 434 ff. BGB indirekt über die Grundsätze der Drittschadensliquidation zur Anwendung gelangen.[50] Zwischen dem Anleger und dem Wert-

47 BGH, NJW 2003, S. 1932; BGHZ 105, S. 140, 143.

48 *Hopt,* in: Baumbach/Hopt, Handelsgesetzbuch, 33. Aufl., 2008, Anh. § 177 a Rn. 66; *Schwark,* in: Schwark (Hrsg.), Kapitalmarktrechtskommentar, 3. Aufl., 2004, § 45 BörsG Rn. 8.

49 A.A.: *Bachmann,* in: Bachmann/Casper/Schäfer/Veil (Hrsg.), Steuerungsfunktion des Haftungsrechts im Gesellschafts- und Kapitalmarktrecht, 1. Aufl., 2007, S. 93, 106, der die unterschiedlichen Wertungen durch eine einheitliche Bestimmung der Ausschluss- und Verjährungsgründe nach §§ 45 f. BörsG zu eliminieren versucht.

50 Ebenso: *Bachmann,* in: Bachmann/Casper/Schäfer/Veil (Hrsg.), Steuerungsfunktion des Haftungsrechts im Gesellschafts- und Kapitalmarktrecht, 1. Aufl., 2007, S. 93, 107.

papiervermittler wird kein Kauf- sondern ein Kommissionsvertrag geschlossen (siehe oben S. 33).

Allerdings schließt der Wertpapiervermittler, der die Wertpapiere für Rechung des Kunden im eigenen Namen erwirbt, mit dem Wertpapiervermittler, der die Wertpapiere für Rechnung seiner Kunden veräußert, einen Kaufvertrag.

Tritt nun bei dem Anleger infolge der fehlerhaften Kapitalmarktinformation ein Schaden ein, könnte die Rechtsfigur der Drittschadensliquidation Platz greifen. Nach den Grundsätzen dieser Rechtsfigur, wäre der erwerbende Wertpapiervermittler verpflichtet, seine aus dem Kaufvertrag resultierenden Ansprüche gemäß §§ 255, 285 BGB bzw. § 675 Abs. 1 BGB i.V.m. § 667 BGB an den Anleger abzutreten.[51] Zu diesen Ansprüchen gehören auch etwaige Schadensersatzansprüche nach §§ 280 Abs. 1, 437 Nr. 3 BGB, die der Wertpapiervermittler im Wege der Drittschadensliquidation geltend machen kann.

Voraussetzung für das Eingreifen der Drittschadensliquidation ist allerdings neben einer zufälligen Schadensverteilung, dass der Wertpapiervermittler einen Anspruch, aber keinen Schaden hat und der Anleger einen Schaden, aber keinen Anspruch hat.[52]

Die Begründung eines Schadensersatzanspruchs zugunsten des Wertpapiervermittlers gemäß §§ 280 Abs. 1 BGB, 437 Nr. 3, 434 Abs. 1 S. 2 i.V.m. Abs. 1 S. 3 BGB ist de lege lata jedoch nicht möglich. Die §§ 434 ff. BGB sind richtiger Ansicht zufolge nicht anwendbar. Außerdem ist der Informationsgeber nicht Hersteller im Sinn des § 434 Abs. 1 S. 3 BGB (siehe unten S. 38 f.).

Daher scheidet auch eine indirekte Anwendung der §§ 434 ff. BGB über die Grundsätze der Drittschadensliquidation aus.

bb. Probleme der Begründung des Tatbestands des §§ 434 Abs. 1 S. 2 Nr. 2 i.V.m. Abs. 1 S. 3 BGB

Ungeachtet der Anwendungsproblematik ergeben sich aber auch einige konstruktive Schwierigkeiten bezüglich Tatbestandsmäßigkeit des § 434 Abs. 1 S. 2 Nr. 2 i.V.m. Abs. 1 S. 3 BGB:

(1) Mangel

Grundvoraussetzung einer Haftung nach den §§ 434 ff. BGB ist das Vorliegen eines Mangels. Ein solcher liegt vor, wenn die Ist- von der Sollbeschaffenheit abweicht.[53] Die Sollbeschaffenheit wird gemäß dem in § 434 Abs. 1 BGB zum Ausdruck kommenden Stufenverhältnis in erster Linie durch die vereinbarte Beschaffenheit nach

51 *Hopt,* in: Baumbach/Hopt, Handelsgesetzbuch, 33. Aufl., 2008, § 383 Rn. 21.

52 BGH, NJW 1963, S. 2071, 2074; *Heinrichs,* in: Palandt, BGB, 68. Aufl., 2009, Vorb. von § 249 Rn. 112; *Medicus,* Bürgerliches Recht, 21. Aufl., 2007, Rn. 838.

53 *Reinicke/Tiedtke*, Kaufrecht, 7. Aufl., 2004, Rn. 298; *Oetker/Maultzsch*, Vertragliche Schuldverhältnisse, 2. Aufl., 2004, S. 38.

§ 434 Abs. 1 S. 1 BGB bestimmt.[54] An einer solchen konkreten Beschaffenheitsvereinbarung zwischen Informationsgeber und Anleger wird es aber regelmäßig ebenso wie an einer rechtsgeschäftlichen Vereinbarung einer vertraglich vorausgesetzten Verwendung gemäß § 434 Abs. 1 S. 2 Nr. 1 BGB fehlen. Folglich bestimmt sich die Mangelhaftigkeit der Kapitalanlage nach dem objektiven Mangelbegriff des § 434 Abs. 1 S. 2 Nr. 2 BGB.

Die nach dem objektiven Mangelbegriff des § 434 Abs. 1 S. 2 Nr. 2 BGB geschuldete Beschaffenheit wird ausweislich § 434 Abs. 1 S. 3 BGB maßgeblich durch „öffentliche Äußerungen des Verkäufers, des Herstellers oder seines Gehilfen“ geprägt.

(2) Bestimmte Eigenschaft

Voraussetzung ist allerdings, dass sich die Äußerungen auf bestimmte Eigenschaften zur Beschaffenheit beziehen.[55]

Kapitalmarktinformationen werden in der Regel aufgrund bestehender Informationspflichten abgegeben (siehe S. 27). Diese Informationspflichten bestimmen somit in den meisten Fällen den Rahmen und den Umfang der Information. Daher werden in der Masse der Fälle keine pauschalen, reißerischen Werbesprüche, sondern bestimmte Eigenschaften der Wertpapiere beschrieben werden.

Somit kann nicht vorhandenes, aber im Rahmen von fehlerhaften Kapitalmarktinformationen nach außen kommuniziertes Kurspotential einen Mangel begründen.[56]

(3) Öffentliche Äußerung des Verkäufers, Herstellers oder seines Gehilfen

Problematisch erscheint indes, dass die öffentliche Äußerung von dem Verkäufer, dem Hersteller oder seinem Gehilfen stammen muss. Denn die Kapitalmarktinformation stammt meist von dem Emittenten, der regelmäßig nicht als Verkäufer auftritt.[57] Somit stellt sich die Frage, ob der Emittent Hersteller im Sinne des § 434 Abs. 1 S. 3 BGB ist.

§ 434 Abs. 1 S. 3 BGB verweist hinsichtlich des Herstellerbegriffs auf § 4 Abs. 1 und Abs. 2 ProdHaftG. Dieser erklärt denjenigen zum Hersteller, der ein Produkt im Sinn des § 2 ProdHaftG herstellt oder mit Verkaufsabsicht importiert. Als Produkt wird in § 2 ProdHaftG wiederum eine bewegliche Sache definiert.

54 *Oetker/Maultzsch*, Vertragliche Schuldverhältnisse, 2. Aufl., 2004, S. 36.
55 *Weidenkaff*, in: Palandt, BGB, 68. Aufl., 2009, § 434 Rn. 35; *Reinicke/Tiedtke*, Kaufrecht, 7. Aufl., 2004, Rn. 332.
56 Vgl.: BGH, NJW 1995, S. 1547, 1548.
57 Statt aller anderen: *Kümpel*, Bank- und Kapitalmarktrecht, 3. Aufl., 2004, Rn. 10.6.

Es erscheint höchst zweifelhaft, ob ein symbolisch verbrieftes Wertpapier tatsächlich eine solche bewegliche Sache i.S.d. § 2 ProdHaftG darstellt.[58] Daher ist der Emittent nicht Hersteller im Sinne des § 434 Abs. 1 S. 3 BGB.

Folglich scheidet auch eine Haftung nach §§ 434 ff. BGB für fehlerhafte Kapitalmarktinformationen aus.

cc. Fazit

Selbst Befürworter einer mängelrechtlichen Haftung gemäß §§ 434 ff. BGB für fehlerhafte Kapitalmarktinformationen müssen zugestehen, dass sich eine solche nur unter „einiger gedanklicher Anstrengung“[59] konstruieren lässt. Bereits die Anwendbarkeit des § 434 Abs. 1 S. 2 Nr. 2 BGB i.V.m. § 434 Abs. 1 S. 3 BGB erscheint zweifelhaft. Außerdem ergeben sich schwerwiegende Bedenken, ob der Informationsgeber Hersteller im Sinn der §§ 434 Abs. 1 S. 3 BGB, 4 Abs. 1 und 2 ProdHaftG sein kann. Richtiger Ansicht zufolge muss sowohl die Anwendbarkeit der §§ 434 ff. BGB als auch die Eigenschaft des Informationsgebers als Hersteller abgelehnt werden.

Damit verbleibt es auch nach der Schuldrechtsmodernisierung dabei, dass eine vertragliche Haftung für fehlerhafte Kapitalmarktinformationen nur im Rahmen von Verträgen, die die richtige und vollständige Kapitalmarktinformation zu Gegenstand haben, in Betracht kommt. Solche Verträge werden hinsichtlich öffentlicher Kapitalmarktinformationen, wenn überhaupt, nur sehr selten abgeschlossen, weshalb eine vertragliche Haftung regelmäßig ausscheidet.

2. Quasivertragliche Haftungsnormen

Daher ist als nächstes zu untersuchen, ob im Fall von fehlerhaften Kapitalmarktinformationen quasivertragliche Haftungsnormen den Anleger schützen.

a. Haftung für besonderes Vertrauen gemäß §§ 280 Abs. 1, 241 Abs. 2, 311 Abs. 3 BGB

In der Vergangenheit wählte die Rechtsprechung neben der Haftung aufgrund fiktiver Auskunftsverträge den Weg über die Rechtsfigur der culpa in contrahendo, um eine

58 *Bachmann*, in: Bachmann/Casper/Schäfer/Veil (Hrsg.), Steuerungsfunktion des Haftungsrechts im Gesellschafts- und Kapitalmarktrecht, 1. Aufl., 2007, S. 93, 105 will über diese Hürde mit dem Hinweis, dass die §§ 434 ff. BGB lediglich entsprechend angewendet werden, hinwegkommen.

59 *Bachmann*, in: Bachmann/Casper/Schäfer/Veil (Hrsg.), Steuerungsfunktion des Haftungsrechts im Gesellschafts- und Kapitalmarktrecht, 1. Aufl., 2007, S. 93, 107.

Haftung von Sachwaltern und Experten für fehlerhafte Informationen zu begründen.[60] Der gesetzgeberischen Intension zufolge sollen nach der Schuldrechtsreform diese Fallgruppen der culpa in contrahendo einheitlich in § 311 Abs. 3 BGB verortet werden.[61]

Voraussetzung für eine Haftung nach § 280 Abs. 1, 241 Abs. 2, 311 Abs. 3 BGB ist gemäß § 280 Abs. 1 S. 1 BGB ein Schuldverhältnis zwischen dem Anleger und dem jeweiligen Anspruchsgegner. Gemäß § 311 Abs. 3 S. 2 BGB entsteht ein solches Schuldverhältnis zu einem nicht an dem Vertrag Beteiligten, wenn dieser in besonderem Maße Vertrauen für sich beansprucht und dadurch die Vertragsverhandlungen oder den Vertragsschluss erheblich beeinflusst. Hierdurch wird zum einen die Grenze einer Haftung gemäß §§ 280 Abs. 1, 241 Abs. 2, 311 Abs. 3 BGB aufgezeigt. Zum anderen wird zum Ausdruck gebracht, dass sich die erforderliche Sonderverbindung tatbestandsmäßig nicht allzu weit von derjenigen eines rechtsgeschäftlichen Versprechens entfernen darf.[62]

Bei der Information anonymer Anlegermassen besteht allerdings keine von § 311 Abs. 3 S. 2 BGB geforderte konkrete Vertrauensbeziehung. Denn eine solche setzt voraus, dass der Anspruchsgegner unmittelbar oder mittelbar durch eine von ihm beauftragte Person an den Verhandlungen teilgenommen hat.[63] An einer solchen Teilnahme an den Vertragsverhandlungen fehlt es aber gerade.

Damit scheidet eine Haftung gemäß §§ 280 Abs. 1, 241 Abs. 2, 311 Abs. 3 BGB aus.

b. Bürgerlich-rechtliche Prospekthaftung

Eine weitere Möglichkeit eine quasivertragliche Haftung zu begründen ist die bürgerlich-rechtliche Prospekthaftung. Diese wird herkömmlich wie die Haftung für besonderes Vertrauen im Umfeld der culpa in contrahendo angesiedelt.[64] Sie wurde jedoch von Rechtsprechung und Literatur unter Anlehnung an die spezialgesetzliche Pro-

60 BGH, NJW 1990, S. 506; BGH, NJW 1983, S. 2696, 2697; BGH, NJW-RR 2006, S. 993, 994; weitere Nachweise und vertiefende Informationen: *Oechsler,* in: J. von Staudingers Kommentar zum Bürgerlichen Gesetzbuch mit Einführungsgesetz und Nebengesetzen, 13. Aufl., Bearbeitung 2003, § 826 Rn. 198 ff.; *Wagner,* in: Münchener Kommentar, Bürgerliches Gesetzbuch, Band 5 – Schuldrecht Besonderer Teil III, 4. Aufl., 2004, § 826 Rn. 53 ff.; *Hirte*, Berufshaftung, 1996, S. 386 ff, vor allem: S. 394.

61 Begründung zu dem Entwurf eines Gesetzes zur Modernisierung des Schuldrechts vom 14.5.2001, BT-Drucksache 14/6040, S. 163.

62 Ständige Rechtsprechung des BGH, vgl. beispielhaft: BGH, NJW-RR 1991, S. 1241, 1242; BGH, NJW-RR 2005, S. 1137; BGH, NJW 1997, S. 1233, 1234.

63 BGH, NJW 2004, S. 2523, 2525; BGH, NJW-RR 2005, S. 23, 25; *Grüneberg*, in: Palandt, BGB, 67. Aufl., 2008, § 311 Rn. 63; *Emmerich,* in: Münchener Kommentar, Bürgerliches Gesetzbuch, Band 2 – Schuldrecht Allgemeiner Teil, 5. Aufl., 2007, § 311 Rn. 209.

64 BGHZ 71, S. 284, 288; BGHZ 77, S. 172, 177 ff.; BGHZ 79, S. 337; vgl. ferner: *Ehricke,* in: Hopt/Voigt (Hrsg.), Prospekt- und Kapitalmarktinformationshaftung, 2005, S. 190; *Medicus,* Bürgerliches Recht, 21. Aufl., 2007, Rn. 200 c; *Emmerich,* in: Münchener Kommentar, Bürgerliches Gesetzbuch, Band 2 – Schuldrecht Allgemeiner Teil, 5. Aufl., 2007, § 311 Rn. 185; für die bürgerlich-rechtliche Prospekthaftung im engeren Sinn: *Haertlein,* Prospektverantwortlichkeit infolge werbender Äußerungen über Kapitalanlagen, ZIP 2008, S. 726, 727.

spekthaftung ausdifferenziert.[65] Innerhalb der bürgerlich-rechtlichen Prospekthaftung ist eine Prospekthaftung im weiteren Sinne, die so genannte uneigentliche Prospekthaftung, von einer solchen im engeren Sinne (eigentliche Prospekthaftung) zu unterscheiden.[66]

Unter Prospekthaftung im Allgemeinen versteht man die Haftung für die Richtigkeit und Vollständigkeit von Werbeschriften, mit denen für Kapitalanlagen der unterschiedlichsten Art geworben wird.[67] Im Wesentlichen gibt es zwei Formen der Prospekthaftung: Zum einen die spezialgesetzlich geregelte (nähere Ausführungen dazu auf S. 55 ff.) und zum anderen die bürgerlich-rechtliche Prospekthaftung.[68] Gemeinsamer Bezugspunkt einer jeden Prospekthaftung ist die als Prospekt zu qualifizierende Publikation von Anlageinformationen.[69]

Gegenstand der Untersuchung ist zunächst die bürgerlich-rechtliche Prospekthaftung, wobei als erstes die Grundsätze der uneigentlichen bürgerlich-rechtlichen Prospekthaftung dargestellt werden.

aa. Uneigentliche bürgerlich-rechtliche Prospekthaftung

Die uneigentliche bürgerlich-rechtliche Prospekthaftung ist die Haftung für die Inanspruchnahme besonderen Vertrauens einem bestimmten Verhandlungsgegner gegenüber unter Verwendung von Prospekten.[70] Damit stellt die bürgerlich-rechtliche Prospekthaftung lediglich eine Spielart der Haftung für besonderes Vertrauen gemäß §§ 280 Abs. 1, 241 Abs. 2, 311 Abs. 3 BGB dar.[71] Daher kann auf die Ausführungen zur Haftung für die Inanspruchnahme besonderen Vertrauens auf S. 39 f. Bezug genommen werden.

65 Vgl.: *Siol*, in: Schimansky/Bunte/Lwowski (Hrsg.), Bankrechts-Handbuch Band I, 3. Aufl., 2007, § 45 Rn. 72; *Grundmann*, in: Schimansky/Bunte/Lwowski (Hrsg.), Bankrechts-Handbuch Band III, 2. Aufl., 2001, § 112 Rn. 46 ff.

66 Statt aller anderer: *Ehricke,* in: Hopt/Voigt (Hrsg.), Prospekt- und Kapitalmarktinformationshaftung, 2005, S. 191.

67 *Emmerich,* in: Münchener Kommentar, Bürgerliches Gesetzbuch, Band 2 – Schuldrecht Allgemeiner Teil, 5. Aufl., 2007, § 311 Rn. 182.

68 *Ehricke,* in: Hopt/Voigt (Hrsg.), Prospekt- und Kapitalmarktinformationshaftung, 2005, S. 190; *Heinrichs,* in: Palandt, BGB, 68. Aufl., 2009, § 280 Rn. 55; *Emmerich,* in: Münchener Kommentar, Bürgerliches Gesetzbuch, Band 2 – Schuldrecht Allgemeiner Teil, 5. Aufl., 2007, § 311 Rn. 182.

69 *Ehricke,* in: Hopt/Voigt (Hrsg.), Prospekt- und Kapitalmarktinformationshaftung, 2005, S. 193; *Assmann,* in: Assmann/Schütze (Hrsg.), Handbuch des Kapitalanlagerechts, 3. Aufl., 2007, § 6 Rn. 45.

70 Statt aller anderer: *Siol*, in: Schimansky/Bunte/Lwowski (Hrsg.), Bankrechts-Handbuch Band I, 3. Aufl., 2007, § 45 Rn. 41; *Emmerich,* in: Münchener Kommentar, Bürgerliches Gesetzbuch, Band 2 – Schuldrecht Allgemeiner Teil, 5. Aufl., 2007, § 311 Rn. 190.

71 *Kiethe*, Prospekthaftung und grauer Kapitalmarkt, ZIP 2000, S. 216; *Bachmann*, in: Bachmann/Casper/Schäfer/Veil (Hrsg.), Steuerungsfunktion des Haftungsrechts im Gesellschafts- und Kapitalmarktrecht, 1. Aufl., 2007, S. 93, 110; *Emmerich,* in: Münchener Kommentar, Bürgerliches Gesetzbuch, Band 2 – Schuldrecht Allgemeiner Teil, 5. Aufl., 2007, § 311 Rn. 190; *Ehricke,* in: Hopt/Voigt (Hrsg.), Prospekt- und Kapitalmarktinformationshaftung, 2005, S. 191.

Im Ergebnis bleibt damit festzuhalten, dass eine uneigentliche Prospekthaftung für die Verbreitung öffentlicher Kapitalmarktinformationen regelmäßig ausscheidet.

bb. Eigentliche bürgerlich-rechtliche Prospekthaftung

Dagegen ist die eigentliche bürgerlich-rechtliche Prospekthaftung eine Haftung für die Vollständigkeit und Richtigkeit eines Prospekts. Diese Haftung richtet sich gegen die für die inhaltliche Prospektgestaltung verantwortlichen Personen.[72]

Die eigentliche bürgerlich-rechtliche Prospekthaftung geht davon aus, dass der Emissionsprospekt in der Regel die einzige dem Anleger zugängliche Informationsquelle ist.[73] Sie knüpft im Gegensatz zur uneigentlichen bürgerlich-rechtlichen Prospekthaftung nicht an die Inanspruchnahme konkreten Vertrauens, sondern an das typisierte Vertrauen auf die Richtigkeit der Prospektangaben an.[74] Eine Haftung setzt demnach nicht voraus, dass der Anleger die für den Prospekt Verantwortlichen und deren Mitwirkung kannte.[75]

Daher können der eigentlichen bürgerlich-rechtlichen Prospekthaftung unterworfene Prospekte an eine Vielzahl von Anlegern gerichtete, öffentliche Kapitalmarktinformationen im Sinn des § 1 Abs. 1 S. 3 KapMuG sein.

(1) Unterschiede zwischen der bürgerlich-rechtlichen und der spezialgesetzlich geregelten Prospekthaftung

Zum Verständnis des Verhältnisses zwischen der eigentlichen bürgerlich-rechtlichen Prospekthaftung und der spezialgesetzlich geregelten Prospekthaftung sind zunächst die Unterschiede dieser beiden Haftungssysteme zu beleuchten. Hierbei fällt auf, dass insbesondere Unterschiede hinsichtlich des Verschuldensmaßstabes, des der Haftung unterworfenen Personenkreises und der Verjährung bestehen:[76]

Während nach §§ 44 ff. BörsG nur der Emittent und die mit ihm zusammen die Transaktion bearbeitende Bank der Haftung unterworfen sind, erfasst die bürgerlich-rechtlichen Prospekthaftung wesentlich mehr Personen als mögliche Anspruchgegner. Beispielsweise können auch berufliche Sachkenner, insbesondere Wirtschaftsprüfer,

72 BGHZ 123, S. 106, 109 f.; *Drinkuth,* in: Bachmann/Casper/Schäfer/Veil (Hrsg.), Schadensersatzhaftung für fehlerhafte Finanzanalysen, 1. Aufl., 2007, S. 167, 181.

73 BGHZ 111, S. 314, 317.

74 BGHZ 123, S. 106, 109; *Siol,* in: Schimansky/Bunte/Lwowski (Hrsg.), Bankrechts-Handbuch Band I, 3. Aufl., 2007, § 45 Rn. 32; *Heinrichs,* in: Palandt, BGB, 68. Aufl., 2009, § 280 Rn. 54.

75 BGHZ 72, S. 382, 387; BGHZ 79, S. 337, 340.

76 Vgl. zu dem gesamten Themenkomplex: *Hopt/Voigt,* in: Hopt/Voigt (Hrsg.), Prospekt- und Kapitalmarktinformationshaftung, 2005, S. 47; *Emmerich,* in: Münchener Kommentar, Bürgerliches Gesetzbuch, Band 2 – Schuldrecht Allgemeiner Teil, 5. Aufl., 2007, § 311 Rn. 186, 191 ff.; *Bachmann,* in: Bachmann/Casper/Schäfer/Veil (Hrsg.), Steuerungsfunktion des Haftungsrechts im Gesellschafts- und Kapitalmarktrecht, 1. Aufl., 2007, S. 93, 113; *Grigoleit,* Vorvertragliche Informationshaftung, 1997, S. 234; *Rützel,* Der aktuelle Stand der Rechtsprechung zur Haftung bei Ad-hoc-Mitteilungen, AG 2003, S. 69, 70.

Steuerberater und Rechtsanwälte, die einzelne Teile des Prospekts geprüft und deren Einschätzungen Eingang in den Prospekt gefunden haben, haften (siehe unten S. 50).

Des Weiteren genügt zur Begründung der bürgerlich-rechtlichen Prospekthaftung bereits einfache Fahrlässigkeit. Dagegen wird die spezialgesetzliche Prospekthaftung erst durch mindestens grob fahrlässiges Handeln ausgelöst.

Außerdem unterscheiden sich die Verjährungsregelungen maßgeblich. Ansprüche aufgrund der spezialgesetzlich geregelten Prospekthaftung verjähren nach § 46 BörsG innerhalb eines Jahres ab Kenntnis. Die Maximalverjährungsfrist beträgt kenntisunabhängig drei Jahre ab dem Zeitpunkt der Prospektveröffentlichung. Dagegen verjähren Ansprüche aufgrund der bürgerlich-rechtlichen Prospekthaftung grundsätzlich gemäß §§ 195, 199 BGB innerhalb von drei Jahren.

Allerdings wendet die Rechtsprechung zunehmend die spezialgesetzlichen Verjährungsvorschriften, insbesondere § 46 BörsG, analog auf Ansprüche aus der bürgerlich-rechtlichen Prospekthaftung an.[77]

Trotz dieser zunehmenden analogen Anwendung der spezialgesetzlichen Verjährungsregeln stellt sich wegen der aufgezeigten Unterschiede die Frage nach dem Verhältnis der eigentlichen bürgerlich-rechtlichen zur spezialgesetzlich geregelten Prospekthaftung.

(2) Anwendungsbereich und Verhältnis zur spezialgesetzlich geregelten Prospekthaftung

Das Verhältnis zwischen eigentlicher bürgerlich-rechtlicher Prospekthaftung und spezialgesetzlich geregelter Prospekthaftung ist seit jeher umstritten. Eine einheitliche Linie hat sich auch in der Rechtsprechung bislang noch nicht herausgebildet.[78] Um zu bestimmen, in welchem Verhältnis die beiden Haftungsinstitute zueinander stehen, empfiehlt es sich, zunächst den Anwendungsbereich der bürgerlich-rechtlichen Prospekthaftung zu skizzieren. Dieser wird einerseits durch die Art der Kapitalanlagen, auf die sich der Prospekt bezieht, und andererseits durch den Prospektbegriff (siehe unten S. 45 ff.) begrenzt.[79]

Hinsichtlich der Art der Kapitalanlage war bisher ihr wichtigster Anwendungsbereich der Vertrieb von Kapitalanlagen am grauen Kapitalmarkt. Hierbei handelte es sich insbesondere um Beteiligungen an Anlagegesellschaften in der Rechtsform einer KG oder ein GmbH & Co. KG.[80]

77 BGH, NJW 2004, S. 3420, 3421; OLG Jena, ZIP 2005, S. 904, 908; *Emmerich,* in: Münchener Kommentar, Bürgerliches Gesetzbuch, Band 2 – Schuldrecht Allgemeiner Teil, 5. Aufl., 2007, § 311 Rn. 206; *Grüneberg,* in: Palandt, BGB, 68. Aufl., 2009, § 311 Rn. 72.

78 *Emmerich,* in: Münchener Kommentar, Bürgerliches Gesetzbuch, Band 2 – Schuldrecht Allgemeiner Teil, 5. Aufl., 2007, § 311 Rn. 187.

79 *Assmann,* in: Assmann/Schütze (Hrsg.), Handbuch des Kapitalanlagerechts, 3. Aufl., 2007, § 6 Rn. 129.

80 BGH, NJW 1995, S. 1025; *Grüneberg,* in: Palandt, BGB, 68. Aufl., 2009, § 311 Rn. 67; vgl. auch: BGHZ 71, S. 284; BGH, NJW 2001, S. 1203.

Durch die Einführung der §§ 8f und 13 VerkProspG im Zuge des AnSVG vom 28.10.2004[81] wird nunmehr die Mehrzahl dieser Fälle der spezialgesetzlichen Prospekthaftung nach §§ 44 ff. BörsG i.V.m. § 13 VerkProspG unterstellt. So unterfällt gemäß § 8f Abs. 1 S. 1 VerkProspG das öffentliche Angebot von Anteilen, die eine Beteiligung am Ergebnis eines Unternehmens gewähren, nunmehr dem Verkaufprospektgesetz. Zu solchen Anteilen gehören insbesondere Kommanditanteile, stille Beteiligungen und auch Anteile an einer Gesellschaft bürgerlichen Rechts.[82]

Solche Angebote sind damit nunmehr dem Anwendungsbereich der bürgerlich-rechtlichen Prospekthaftung entzogen, obgleich es sich um nicht wertpapiermäßig verbriefte Anlagen handelt.[83] Denn nach heute herrschender Ansicht verdrängt die spezialgesetzlich geregelte Prospekthaftung als lex specialis in ihrem Anwendungsbereich die bürgerlich-rechtliche Prospekthaftung.

Daraus folgt, dass Börsenzulassungsprospekte, Wertpapierprospekte sowie Verkaufsprospekte nach dem VerkProspG und dem InvG nicht der bürgerlich-rechtlichen Prospekthaftung unterworfen sind.

Die eigentliche bürgerlich-rechtliche Prospekthaftung findet auch dann keine Anwendung, wenn eine der zahlreichen Ausnahmen von der Prospektpflicht nach § 8f Abs. 2 VerkProspG vorliegt. Denn diese in § 8f Abs. 2 VerkProspG aufgeführten Ausnahmen betreffen Anteile oder Angebote, die auch die Voraussetzungen der bürgerlich-rechtlichen Prospekthaftung nicht erfüllen. Außerdem ist die bewusste gesetzgeberische Entscheidung, diese Anlagen von der Prospektpflicht auszunehmen, zu re-

81 Gesetz zur Verbesserung des Anlegerschutzes vom 28.10.2004 (BGBl. I 2004, S. 2630).

82 Nach der Begründung zu dem RegE AnSVG vom 24. 5. 2004, BT-Drucksache 15/3174, S. 42, gehören zu den Unternehmensanteilen im Sinn des § 8f Abs. 1 Satz 1 VerkProspG „Unternehmensbeteiligungen an Personenhandelsgesellschaften zum Zwecke der Kapitalanlage, GmbH-Anteile, Anteile an BGB-Gesellschaften, Genossenschaftsanteile sowie stille Beteiligungen an den genannten Gesellschaften oder an bestimmten Vermögensmassen solcher Gesellschaften und auch Beteiligungen an ausländischen Unternehmen anderer Rechtsformen“.

83 Sehr umstritten: OLG Frankfurt/M., NJW-RR 1997, S. 749, 750 f.; LG Frankfurt/M., WM 1996, S. 525, 526; *Hopt*, in: Baumbach/Hopt, Handelsgesetzbuch, 33. Aufl., 2008, § 47 BörsG Rn. 2; *Grüneberg*, in: Palandt, BGB, 68. Aufl., 2009, § 311 Rn. 67 f.; *Assmann*, in: Assmann/Schütze (Hrsg.), Handbuch des Kapitalanlagerechts, 3. Aufl., 2007, § 6 Rn. 133; *Fleischer*, Prospektpflicht und Prospekthaftung für Vermögensanlagen des Grauen Kapitalmarkts nach dem Anlegerschutzverbesserungsgesetz, BKR 2004, S. 339, 343; *Mülbert/Steup*, Emittentenhaftung für fehlerhafte Kapitalmarktinformation am Beispiel der fehlerhaften Regelpublizität, WM 2005, S. 1633, 1648; *Brondics/Mark*, Die Verletzung von Informationspflichten im amtlichen Markt nach der Reform des Börsengesetzes, AG 1989, S. 339, 346; *Siebel/Gebauer*, AG 2001, S. 173, 188; *Waldeck/Süßmann*, Die Anwendung des Wertpapier-Verkaufsprospektgesetzes, WM 1993, S. 361, 367; *Kort*, Neuere Entwicklungen im Recht der Börsenprospekthaftung (§§ 45 ff. BörsG) und der Unternehmensberichtshaftung (§ 77 BörsG), AG 1999, S. 9, 19; a.A.: wohl: BGH, NJW 2006, S. 2042; *Zimmer/Binder*, Prospekthaftung von Experten? Kritik eines Gesetzentwurfs, WM 2005, S. 577, 579; *Spindler*, Kapitalmarktreform in Permanenz – Das Anlegerschutzverbesserungsgesetz, NJW 2004, S. 3449, 3455; *Bachmann*, in: Bachmann/Casper/Schäfer/Veil (Hrsg.), Steuerungsfunktion des Haftungsrechts im Gesellschafts- und Kapitalmarktrecht, 1. Aufl., 2007, S. 93, 113; *Emmerich*, in: Münchener Kommentar, Bürgerliches Gesetzbuch, Band 2 – Schuldrecht Allgemeiner Teil, 5. Aufl., 2007, § 311 Rn. 188 f., der auf die „merkwürdige Folge …, dass die beruflichen Sachkenner (nach BGB) wesentlich strenger als die eigentlich verantwortlichen Emittenten auf Grund (nur) des BörsG (§§ 44 f., 50) und des VerkProspG (§§ 13, 13 a) hafteten, ein merkwürdiger Wertungswiderspruch“ hinweist.

spektieren. Diese bewusste Wertung des Gesetzgebers darf nicht durch einen Rückgriff auf die bürgerlich-rechtliche Prospekthaftung konterkariert werden.[84]

Damit beschränkt sich der Anwendungsbereich der eigentlichen bürgerlich-rechtlichen Prospekthaftung neben Altfällen auf Angebote am grauen Kapitalmarkt, die nicht dem § 8 f Abs. 1 VerkProspG unterfallen. Dies sind insbesondere Anlagen, hinsichtlich derer eine Befreiung von der Prospektpflicht nach § 8 f Abs. 2 VerkProspG besteht. Hierzu zählen vor allem Kapitalanlagen, die einem beruflichen oder gewerbsmäßigen Anlagevermittler angeboten werden, Anlagen in Genossenschaftsanteile einer Genossenschaft nach § 1 Genossenschaftsgesetz und Vermögensanlagen, die von Versicherungsunternehmen oder Pensionsfonds im Sinn der §§ 1 und 122 Versicherungsaufsichtsgesetz emittiert werden.

Im Ergebnis ist die bürgerlich-rechtliche Prospekthaftung damit weiterhin anwendbar im Hinblick auf die Haftungsbewehrung von Schriftstücken, die neben den gesetzlich gebotenen Prospekten oder statt derselben verwandt werden. Denn insoweit besteht kein Konkurrenzverhältnis zu der spezialgesetzlich geregelten Prospekthaftung.[85] Dies gilt aber nur, soweit diese schriftlichen Darstellungen die Voraussetzungen, die an das Vorliegen eines Prospekts im Sinne der bürgerlich-rechtlichen Prospekthaftung gestellt werden (siehe unten S. 45 ff.), erfüllen.

Damit ist also zunächst zu prüfen, ob die schriftliche Darstellung dem Anwendungsbereich der spezialgesetzlich geregelten Prospekthaftung unterliegt. Ist dies nicht der Fall, ist weiterhin entscheidend, ob die Werbemaßnahme dem bürgerlich-rechtlichen Prospektbegriff entspricht. Diese Untersuchung macht eine Abgrenzung zu nicht der Prospekthaftung unterliegenden Werbemaßnahmen erforderlich, weshalb zunächst der maßgebliche Prospektbegriff zu definieren ist.

(3) Prospektbegriff

Dem Anwendungsbereich der bürgerlich-rechtlichen Prospekthaftung unterfallen nur solche Kapitalanlagen, bei deren Anbahnung oder Abschluss auf einen Prospekt verwiesen wurde. Somit ist es erforderlich, den maßgeblichen Prospektbegriff zu definieren.

Hierbei lässt sich als Ausgangspunkt festhalten, dass es für die Einordnung einer Unterlage als Prospekt unmaßgeblich ist, wie die Unterlage bezeichnet ist. Anderenfalls würde den Prospektverantwortlichen ermöglicht, sich durch die Bezeichnung des Prospekts einer Haftung zu entziehen.[86]

84 *Assmann,* in: Assmann/Schütze (Hrsg.), Handbuch des Kapitalanlagerechts, 3. Aufl., 2007, § 6 Rn. 133.

85 *Hopt,* in: Baumbach/Hopt, Handelsgesetzbuch, 33. Aufl., 2008, Anh. § 177 a Rn. 62; *Ehricke,* in: Hopt/Voigt (Hrsg.), Prospekt- und Kapitalmarktinformationshaftung, 2005, S. 211; *Ulmer,* Der Deutsche Corporate Governance Kodex – ein neues Regulierungsinstrument für börsennotierte Aktiengesellschaften, ZHR 166 (2002), S. 150, 169; *Krause,* Ad-hoc-Publizität und haftungsrechtlicher Anlegerschutz, ZGR 2002, S. 799, 828; *Gebauer,* Börsenprospekthaftung und Kapitalerhaltungsgrundsatz in der Aktiengesellschaft, 1999, S. 83.

86 *Ehricke,* in: Hopt/Voigt (Hrsg.), Prospekt- und Kapitalmarktinformationshaftung, 2005, S. 197.

Eine abschließende höchstrichterliche Klärung des Prospektbegriffs steht allerdings noch aus.[87] Unumstrittene Mindestvoraussetzungen für ein Prospekt im hier maßgeblichen Zusammenhang sind jedoch, dass es sich um öffentliche, schriftliche Erklärungen, die der Anbahnung von Transaktionen in Kapitalanlagen dienen, handelt.[88]

Wegen des Aufkommens der neuen Kommunikationsmittel ist das Erfordernis der Schriftlichkeit auch bei elektronischen Medien, die eine dauerhafte Wiedergabe ermöglichen, erfüllt. Voraussetzung bleibt aber, dass nach dem Gesamteindruck ein Prospekt vorliegt. Dies kann insbesondere bei E-Mails und Homepages der Fall sein.[89] Eine andere Sichtweise ist mit dem Schutzzweck der Prospekthaftung unvereinbar, weil sie es in das Belieben der Prospektverantwortlichen stellte, ob diese sich einer Prospekthaftung durch die Wahl neuer Telekommunikationsmedien entzögen.

Nachdem die Rechtsprechung eine Definition des Prospektbegriffs lange Zeit lediglich in obiter dicta andeutete,[90] konkretisierte der Bundesgerichtshof in den Infomatec-Urteilen diese Mindestvoraussetzungen zumindest teilweise. Er entschied, dass nur solche Schriftstücke eine Prospekthaftung im engeren Sinne auslösen können, die bei dem Adressaten jedenfalls den Eindruck erwecken, als enthielten sie die für die Beurteilung der Anlage wesentlichen Angaben.[91]

Der Rechtsprechung des Bundesgerichtshofs kann weiter entnommen werden, dass sich der Prospekt an eine Vielzahl von Personen ohne bestimmten Adressatenkreis richten muss.[92] Ausreichend für eine Ausrichtung auf eine Vielzahl von Personen ohne bestimmten Adressatenkreis ist, wenn sich der Anbieter per Serienbrief an ihm nicht näher – etwa aus früheren Vertragsbeziehungen – bekannte Personen wendet. Hierbei ist es unerheblich, ob diese „mail outs“ in der Form eines persönlichen Anschreibens gehalten sind.[93]

Eine „schriftliche Verkaufsofferte“, die „lediglich der Werbung eines Kapitalanlegers für den Erwerb eines Grundstücks im so genannten Bauherrenmodell“ zu dienen bestimmt ist, stellt nach der höchstrichterlichen Rechtsprechung jedoch auch dann kein Prospekt in dem Sinn der bürgerlich-rechtlichen Prospekthaftung dar, wenn „das Werbeschreiben für eine Mehrzahl von Personen bestimmt gewesen sein sollte“. Denn auch

87 *Ehricke,* in: Hopt/Voigt (Hrsg.), Prospekt- und Kapitalmarktinformationshaftung, 2005, S. 195; *Assmann,* in: Assmann/Schütze (Hrsg.), Handbuch des Kapitalanlagerechts, 3. Aufl., 2007, § 6 Rn. 66.

88 *Köndgen*, Zur Theorie der Prospekthaftung, AG 1983, S. 85, 89; vgl.: *Assmann,* in: Assmann/Schütze (Hrsg.), Handbuch des Kapitalanlagerechts, 3. Aufl., 2007, § 6 Rn. 67; *Meyer*, Haftung für Research Reports und Wohlverhaltensregeln für Analysten, AG 2003, S. 610, 619.

89 *Ehricke,* in: Hopt/Voigt (Hrsg.), Prospekt- und Kapitalmarktinformationshaftung, 2005, S. 198.

90 Beispielsweise: BGH, NJW 1990, S. 389, 390.

91 BGHZ 160, S. 134, 138 („Infomatec I“); BGHZ 123, S. 106, 109 f.; ebenso: *Siol*, in: Schimansky/Bunte/Lwowski (Hrsg.), Bankrechts-Handbuch Band I, 3. Aufl., 2007, § 45 Rn. 49.

92 Vgl. BGH, NJW 1990, S. 389; ebenso: *Assmann,* in: Assmann/Schütze (Hrsg.), Handbuch des Kapitalanlagerechts, 3. Aufl., 2007, § 6 Rn. 69; a.A. *Ehricke,* in: Hopt/Voigt (Hrsg.), Prospekt- und Kapitalmarktinformationshaftung, 2005, S. 199, der darauf verweist, dass die eigentliche bürgerlich-rechtliche Prospekthaftung eine Haftung für typisiertes Vertrauen und keine Folge eines fehlerhaften Angebotes sei.

93 OLG Frankfurt/M., Urteil vom 29.2.1982 (21 U 296/81), S. 8 (unveröffentlicht).

in diesem Falle diene der Prospekt lediglich der Förderung des Abschlusses einzelner noch auszuhandelnder Verträge zwischen einzelnen Privatpersonen.[94]

Welche weiteren Voraussetzungen an das Vorliegen eines solchen Prospekts zu stellen sind und welche Werbemittel im Einzelnen als solche Prospekte anzusehen sind, ist hierdurch jedoch noch nicht in ausreichendem Maße höchstrichterlich geklärt.[95]

Es spricht nach den höchstrichterlichen Vorgaben allerdings vieles dafür, folgende Definition zu verwenden: Prospekt in dem hier maßgeblichen Sinn sind alle an eine Vielzahl von Personen ohne bestimmten Adressatenkreis gerichteten, marktbezogenen, umfassend unterrichtenden oder zumindest den Anschein einer umfassenden Unterrichtung erzeugenden Informationsschriften. Weitere Voraussetzung ist, dass sie sich auf Angebote zum Erwerb von solchen Risikokapitalanlagen beziehen, deren Vertrieb nicht Gegenstand spezialgesetzlicher Bestimmungen ist. Im Übrigen müssen die Informationsschriften jedoch dem gleichen Schutzzweck dienen wie die spezialgesetzlich verlangten und haftungsbewehrten Prospekte.[96]

Diese Definition orientiert sich an dem strafrechtlichen Prospektbegriff in § 264 a StGB. Bei der Schaffung dieser Definition wurde bewusst eine Abstraktion von der jeweiligen Risikokapitalanlage, über die der jeweilige Prospekt informiert, vorgenommen. Vielmehr hebt diese Definition auf die allen Prospekten gemeinsame Funktion, das Publikum über die für eine Anlageentscheidung erheblichen Umstände wahrheitsgemäß und vollständig zu informieren, ab.[97]

Sie gewährleistet, dass die bürgerlich-rechtliche Prospekthaftung nicht zu einem stumpfen Schwert verkommt. Denn die Anbieter sind im Anwendungsbereich der bürgerlich-rechtlichen Prospekthaftung weitgehend in der Ausgestaltung und Festlegung von Informationsmaterialien frei.

Beschränkt man den Anwendungsbereich der bürgerlich-rechtlichen Prospekthaftung im engeren Sinn durch eine Definition, die über die Vorgaben der höchstrichterlichen Rechtsprechung hinaus den Prospektbegriff hinsichtlich der Art der Informationsschrift einengt, läuft man Gefahr, dem Emittenten oder sonstigen Prospektverantwortlichen zu ermöglichen, sich durch die Wahl bzw. Vermeidung bestimmter Werbemittel der Prospekthaftung zu entziehen.[98] Zudem hat die Rückkopplung an die spe-

94 BGH, NJW 1990, S. 389.

95 *Siol*, in: Schimansky/Bunte/Lwowski (Hrsg.), Bankrechts-Handbuch Band I, 3. Aufl., 2007, § 45 Rn. 47; *Assmann*, in: Assmann/Schütze (Hrsg.), Handbuch des Kapitalanlagerechts, 3. Aufl., 2007, § 6 Rn. 67.

96 Ebenso: *Assmann*, in: Assmann/Schütze (Hrsg.), Handbuch des Kapitalanlagerechts, 3. Aufl., 2007, § 6 Rn. 67; ähnlich: *Ehricke*, in: Hopt/Voigt (Hrsg.), Prospekt- und Kapitalmarktinformationshaftung, 2005, S. 195; *Emmerich*, in: Münchener Kommentar, Bürgerliches Gesetzbuch, Band 2 – Schuldrecht Allgemeiner Teil, 5. Aufl., 2007, § 311 Rn. 199; *Mülbert/Steup*, Emittentenhaftung für fehlerhafte Kapitalmarktinformation am Beispiel der fehlerhaften Regelpublizität, WM 2005, S. 1633, 1649 f.

97 Begründung zu dem RegE zu dem 2. Gesetz zur Bekämpfung der Wirtschaftskriminalität vom 26.8.1983, BT-Drucksache 10/318, S. 23; *Cramer/Perron*, in: Schönke/Schröder (Hrsg.), Strafgesetzbuch Kommentar, 27. Aufl., 2006, § 264 a Rn.18 f.

98 *Ehricke*, in: Hopt/Voigt (Hrsg.), Prospekt- und Kapitalmarktinformationshaftung, 2005, S. 196.

zialgesetzlich geregelte Prospekthaftung den Vorteil, eine konturlose Ausweitung der bürgerlich-rechtlichen Prospekthaftung zu verhindern.[99]

Des Weiteren wahrt diese Definition des Prospektbegriffs den Ausgleich zwischen dem Schutzbedürfnis der Anleger und der Freiheit der unternehmerischen Tätigkeit der Anbieter. Denn auf der einen Seite ist es wünschenswert, Anleger hinsichtlich aller auf einen Vertragsschluss zielender Verlautbarungen des Emittenten zu schützen. Andererseits darf die in der Suche nach neuen Interessenten zu erblickende unternehmerische Tätigkeit nicht aufgrund eines ausufernden Haftungsrisikos im Keim erstickt werden.

(4) Andere Unterlagen

An der obigen Definition des Prospektbegriffs ist auch die Einbeziehung anderer als der bei der Emission typischen Unterlagen in den Anwendungsbereich der eigentlichen bürgerlich-rechtlichen Prospekthaftung zu messen. Beispielsweise bei Werbeschriften, Annoncen, Exposés oder auch Handzetteln ist im konkreten Einzelfall zu beantworten, ob diese Unterlagen nach dem Verständnis des Empfängers einen Prospekt im Sinn der oben genannten Definition darstellen.[100] Entscheidend ist vor allem, ob ein verständiger, durchschnittlicher Empfänger die Unterlagen als elementaren Bestandteil und Grund zum Vertragsabschluss ansieht.[101]

(5) Prospektpflichten bzw. Prospektmangel

Eine Prospekthaftung kommt nur in Betracht, wenn der Prospekt unrichtig oder unvollständig ist. Trotz des unbestreitbaren Werbecharakters eines Prospekts muss dieser „über alle Umstände, die für die Kapitalanlage wesentlich sein können, sachlich richtig und vollständig unterrichten".[102] Nachträgliche Änderungen verpflichten grundsätzlich zu entsprechenden Richtigstellungen und Ergänzungen.[103]

Ziel dieser Anforderungen ist es, für den Anleger das mit der entsprechenden Kapitalanlage verbundene Risiko kalkulierbar zu machen,[104] wobei die eigentliche bür-

99 *Assmann,* in: Assmann/Schütze (Hrsg.), Handbuch des Kapitalanlagerechts, 3. Aufl., 2007, § 6 Rn. 67.

100 Vgl. beispielhaft: OLG Hamm, Urteil vom 9.5.2007 – 8 U 61/05 (unveröffentlicht); OLG Hamm, Urteil vom 30.4.2007 – 8 U 160/05 (unveröffentlicht); zu einem Exposé als Prospekt (im Ergebnis ablehnend): OLG München, NJW-RR 2002, S. 1483.

101 *Ehricke,* in: Hopt/Voigt (Hrsg.), Prospekt- und Kapitalmarktinformationshaftung, 2005, S. 197.

102 BGHZ 79, S. 337, 344; BGHZ 123, S. 106, 109 f. mwN; BGH, NJW-RR 2007, S. 1329; BGH, NJW 2004, S. 2228.

103 BGHZ 123, S. 106, 110.

104 *Siol,* in: Schimansky/Bunte/Lwowski (Hrsg.), Bankrechts-Handbuch Band I, 3. Aufl., 2007, § 45 Rn. 51.

gerlich-rechtliche Prospekthaftung davon ausgeht, dass der Emissionsprospekt regelmäßig die einzige Informationsquelle des Anlegers ist.[105]

Die konkreten Anforderungen an den Prospektinhalt differieren im Einzelfall. Sie sind insbesondere von dem Adressatenkreis und dessen Informationsstand abhängig.[106] Dient der Prospekt der Information einer breiten Öffentlichkeit, müssen die Angaben für einen nicht sonderlich fachkundigen, aber aufmerksamen Leser verständlich sein.[107]

Als Mindestangaben muss ein Prospekt demnach zumindest den Prospektherausgeber benennen sowie eine Beschreibung der Kapitalanlage und der für die wirtschaftliche und rechtliche Beurteilung elementaren Fakten enthalten. Außerdem muss er die wichtigsten Vertragspartner nennen und kapitalmäßige und personelle Verflechtungen aufdecken. Ebenso sind sonstige das Anlageobjekt, seine Herstellung, Finanzierung, Nutzung oder Verwertung betreffende Vereinbarungen zwischen den Beteiligten aufzuführen.[108] Darüber hinaus sind für die Anleger in erster Linie Informationen über Fakten, die den Vertragszweck vereiteln könnten, von Bedeutung.[109]

(6) Adressatenkreis der eigentlichen bürgerlich-rechtlichen Prospekthaftung

Adressaten der eigentlichen bürgerlich-rechtlichen Prospekthaftung sind primär die Initiatoren.[110] Initiator im Sinn der eigentlichen bürgerlich-rechtlichen Prospekthaftung ist jeder, der Einfluss und Verantwortung in der Gesellschaft innehat.[111] Dies sind in erster Linie die Personen, welche den Prospekt herausgegeben haben oder für die Prospekterstellung verantwortlich sind. Zu diesem Personenkreis zählen insbesondere die das Management bildende oder beherrschende Gesellschaftergruppe sowie die Gestalter und Gründer der Gesellschaft. Adressat der bürgerlich-rechtlichen Prospekt-

105 BGHZ 111, S. 314, 317.

106 *Siol,* in: Schimansky/Bunte/Lwowski (Hrsg.), Bankrechts-Handbuch Band I, 3. Aufl., 2007, § 45 Rn. 52.

107 Vgl.: BGHZ 79, S. 337, 343 f.; BGH, NJW 1982, S. 2823, 2824; BGH, NJW-RR 1991, S. 1246, 1248; BGH, NJW-RR 1992, S. 879, 881; a.A.: *Wittmann,* Zivilrechtliche Prospekthaftung beim Vertrieb von steuerbegünstigten Kapitalanlagen, DB 1980, 1579, 1583.

108 *Siol,* in: Schimansky/Bunte/Lwowski (Hrsg.), Bankrechts-Handbuch Band I, 3. Aufl., 2007, § 45 Rn. 53.

109 Vgl.: BGH, WM 1978, S. 611 f., BGH, NJW-RR 1988, S. 348, 350; BGHZ 71, S. 284, 289 ff.; BGHZ 74, S. 103, 110 ff.; BGHZ 84, S. 141, 145 f.; BGHZ 76, S. 231, 233; BGH, NJW 1992, S. 228, 230; *Siol,* in: Schimansky/Bunte/Lwowski (Hrsg.), Bankrechts-Handbuch Band I, 3. Aufl., 2007, § 45 Rn. 54; weiterführende Ausführungen zu den einzelnen Prospektpflichten bei: *Ehricke,* in: Hopt/Voigt (Hrsg.), Prospekt- und Kapitalmarktinformationshaftung, 2005, S. 201 ff.

110 *Emmerich,* in: Münchener Kommentar, Bürgerliches Gesetzbuch, Band 2 – Schuldrecht Allgemeiner Teil, wm5. Aufl., 2007, § 311 Rn. 204; *Grüneberg,* in: Palandt, BGB, 68. Aufl., 2009, § 311 Rn. 69; näher zu den einzelnen Prospektverantwortlichen: *Assmann,* in: Assmann/Schütze (Hrsg.), Handbuch des Kapitalanlagerechts, 3. Aufl., 2007, § 6 Rn. 136 ff.

111 *Emmerich,* in: Münchener Kommentar, Bürgerliches Gesetzbuch, Band 2 – Schuldrecht Allgemeiner Teil, 5. Aufl., 2007, § 311 Rn. 194.

haftung ist aber auch die für die Prospektherausgabe verantwortliche „eigentliche Leitungsgruppe".[112]

Außerdem gehören zu dem Kreis der Prospektverantwortlichen die hinter der Anlagegesellschaft stehenden Personen, die einen besonderen Einfluss in der Gesellschaft ausüben und die Mitverantwortung tragen. Sie haften als „maßgebliche Hintermänner" unabhängig davon, ob sie nach außen in Erscheinung getreten sind oder nicht.[113]

Mit Rücksicht auf ihre besondere berufliche oder wirtschaftliche Position haften auch diejenigen Personen, die durch ihr nach außen in Erscheinung tretendes Mitwirken am Emissionsprospekt einen besonderen Vertrauenstatbestand schaffen. Zu dieser Gruppe der haftenden Personen gehören auch berufliche Sachkenner wie Rechtsanwälte, Wirtschaftsprüfer, Sachverständige, Kreditinstitute, welche eine garantenpflichtähnliche Stellung übernommen haben. Diese dritte Personengruppe haftet allerdings nur in dem Umfang, in dem das so geschaffene Vertrauen in Bezug auf den Prospektinhalt reicht.[114]

Schließlich kommen als Adressaten der bürgerlich-rechtlichen Prospekthaftung im engeren Sinne auch die kreditgebenden Banken in Betracht. Diese haften aber nur, wenn sie sich als Mitinitiatoren aktiv in die Gestaltung des Prospekts und die Werbung einschalten.[115]

Die Gesellschaft als Emittentin haftet dagegen nach der ständigen Rechtsprechung nicht.[116] Die Ablehnung von Schadensersatzansprüchen der Anleger gegen die Gesellschaft selbst begründet die Rechtsprechung mit der Nichtbeteiligung der Gesellschaft an dem Beitrittsvertrag.[117] Die fehlerhafte Aufklärung des Anlegers im Zusammenhang mit dessen Beitritt zu der Gesellschaft könne dieser nicht zugerechnet werden.

112 BGHZ 79, S. 337, 341; BGHZ 71, S. 284, 287; BGHZ 72, S. 382, 384 f.; BGHZ 74, 103, 108 f.; BGHZ 77, S. 172, 175; BGHZ 79, S. 337, 340 f.; BGHZ 83, S. 222, 223; BGH, WM 1984, S. 19; BGH, WM 1986, S. 583, 584; BGH, WM 1987, S. 811, 812; BGHZ 111, S. 314, 317 f.; BGH, WM 1990, S. 1658, 1659; BGH, WM 1991, S. 637, 638; BGH WM 1991, S. 1543; BGHZ 115, 213, 218; BGH WM 1992, S. 901, 906 f.; BGH, WM 1993, S. 1787, 1788; BGH WM 1994, S. 1371, 1372; BGH, NJW 1995, S. 1025; BGH, WM 2004, S. 631, 633.

113 BGHZ 83, S. 222, 224; BGHZ 72, S. 382, 387; BGHZ 74, S. 103, 109; BGHZ 77, S. 172, 175; BGHZ 79, S. 337, 340 ff.; BGH, WM 1984, S. 19 f.; BGH, WM 1986, S. 583, 584; BGH, NJW 1995, S. 1025; BGH, ZIP 2000, S. 2114, 2118; BGHZ 145, S. 121, 127; BGH, WM 2004, S. 631, 633; BGH, NJW 2004, S. 1376, 1379; BGH, WM 2006, S. 427, 428.

114 BGHZ 77, S. 172, 176 f.; BGH, WM 1984, S. 19, 20; BGH WM 1986, S. 904, 906; BGHZ 111, S. 314, 319 f.; BGH, WM 1992, S. 901, 906 f.; BGH, WM 1992, S. 1269, 1270; BGH, NJW 1995, S. 1025; BGH, ZIP 2000, S. 2114, 2118; BGH, WM 2004, S. 631, 633; BGH, NJW 2004, S. 1376, 1379; OLG Bamberg, WM 2006, S. 960, 962 f.

115 BGHZ 93, S. 264, 266; KG, WM 2005, S. 553, 556; *Siol*, in: Schimansky/Bunte/Lwowski (Hrsg.), Bankrechts-Handbuch Band I, 3. Aufl., 2007, § 45 Rn. 33 ff.; *Emmerich*, in: Münchener Kommentar, Bürgerliches Gesetzbuch, Band 2 – Schuldrecht Allgemeiner Teil, 5. Aufl., 2007, § 311 Rn. 198.

116 BGH, NJW 1973, S. 1604, 1605; BGH, WM 1978, S. 705; OLG München, NJW-RR 2000, S. 624, 625; OLG Karlsruhe, WM 2003, S. 1218, 1219 f.

117 BGH, NJW 1973, S. 1604, 1605; BGH, WM 1978, S. 705; OLG München, NJW-RR 2000, S. 624, 625; *Ehricke*, in: Hopt/Voigt (Hrsg.), Prospekt- und Kapitalmarktinformationshaftung, 2005, S. 233; *Emmerich*, in: Münchener Kommentar, Bürgerliches Gesetzbuch, Band 2 – Schuldrecht Allgemeiner Teil, 5. Aufl., 2007, § 311 Rn. 192.

Einer Haftung der Mehrzahl der übrigen Gesellschafter steht regelmäßig entgegen, dass diese ebenfalls getäuscht wurden, so dass eine Haftung wegen des Grundsatzes von Treu und Glauben nach § 242 BGB ausgeschlossen ist.[118]

Des Weiteren verbietet sich eine Haftung von Personen, die lediglich bei der Anfertigung des Prospekts in untergeordneter Rolle ohne Einfluss auf den Inhalt des Prospekts mitgewirkt haben.[119] Ebenso wenig haften Personen, die unbekannt und ohne Einfluss auf die Anlagegesellschaft blieben.[120] Denn diesen Personen bringen Anleger kein typisiertes Vertrauen entgegen.

(7) Übrige Tatbestandsvoraussetzungen und Verjährung

Das Vertretenmüssen der Prospektverantwortlichen[121] und die Kausalität zwischen dem unrichtigen Prospekt und der Anlageentscheidung[122] werden grundsätzlich widerleglich vermutet, sofern der Anleger bewusst von einem unrichtigen Prospekt Gebrauch gemacht hat.

Liegen Prospektmängel vor, genügt daher nach der Rechtsprechung zum Nachweis der Kausalität die Behauptung des Anlegers, in Kenntnis der wahren Tatsache hätte er von dem Erwerb der Anlage abgesehen.[123]

Dessen ungeachtet fehlt es mangels Pflichtwidrigkeitszusammenhangs an der Ursächlichkeit des falschen oder unvollständigen Prospekts für die Anlageentscheidung, wenn der Anspruchsgegner nachweist, dass der Schaden auch bei pflichtgemäßem Verhalten eingetreten wäre. Dies ist insbesondere der Fall, wenn sich der Geschädigte über jeden anderweitigen Rat oder Hinweis hinweggesetzt und auch bei zutreffender

118 BGH, NJW 1973, S. 1604, 1605; BGH, WM 1978, S. 705; OLG München, NJW-RR 2000, S. 624, 625; OLG Karlsruhe, WM 2003, S. 1218, 1219 f.

119 Vgl.: BGHZ 88, S. 67, 69 f.

120 BGH, WM 1986, S. 904, 906, der die Prospekthaftung eines unbekannt gebliebenen Verfassers eines dem Prospekt zugrunde gelegten Gutachtens trotz weitgehender anderweitiger Einschaltung in das Projekt und trotz der Bekleidung einer Treuhändertätigkeit mangels mittelbarer oder unmittelbarer Beteiligung an der Anlagegesellschaft ablehnte.

121 BGH, NJW 1992, S. 3296; BGH, NJW 2006, S. 2042, 2043; näher hierzu: *Assmann*, in: Assmann/Schütze (Hrsg.), Handbuch des Kapitalanlagerechts, 3. Aufl., 2007, § 6 Rn. 183 ff.

122 BGHZ 115, S. 213, 223; BGH, NJW 1992, S. 3296, 3296 f.; BGH, NJW-RR 1991, S. 1246, 1248.

123 BGHZ 84, S. 141, 148; BGH, WM 1992, S. 1892, 1893.

Information die fragliche Anlage erworben hätte.[124] Gleiches gilt, wenn der Anleger trotz Kenntnis der wahren Umstände die Kapitalanlage vornahm.[125]

Zur Bestimmung der Verjährung wendet die Rechtsprechung zunehmend die Verjährungsvorschriften der spezialgesetzlich geregelten Prospekthaftung, insbesondere § 46 BörsG, analog auf die eigentliche bürgerlich-rechtliche Prospekthaftung an.[126]

(8) Haftungsfreizeichnung

Bei der Untersuchung der Möglichkeit einer Haftungsfreizeichnung ist zwischen einer formularmäßigen Haftungsfreizeichnung und einer individuell vereinbarten Vertrauensverwahrung zu unterscheiden.

Der Bundesgerichtshof erteilte der Möglichkeit einer Haftungsfreizeichnung für vorvertragliche Rechtsbeziehungen mittels allgemeiner Geschäftsbedingungen in einem Prospekt eine Absage.[127] Dies begründet er damit, dass ein durch konkrete Umstände begründetes Vertrauen nicht nachträglich durch formularmäßige Klauseln, die den Vertrauen schaffenden Umständen nicht ebenbürtig sind, zurückgenommen werden könne. Diesen Aussagen ist zu entnehmen, dass eine Haftungsfreizeichnung in allgemeinen Geschäftsbedingungen stets jedenfalls wegen Verstoßes gegen § 307 Abs. 1 BGB unwirksam ist. Denn bereits der Anschein der Wirksamkeit der Haftungsfreizeichnung durch die Aufnahme der Freizeichnungsklausel in den Prospekt stellt eine unangemessene Benachteiligung des Anlegers dar. Des Weiteren wären eine wirksame Haftungsbeschränkung in allgemeinen Geschäftsbedingungen und damit eine Freizeichnung durch ein einseitiges Diktat der Prospektverantwortlichen mit dem Gedanken eines effektiven Anlegerschutzes unvereinbar.

Bislang hat der Bundesgerichtshof ausdrücklich offen gelassen, ob eine individuelle Haftungsfreizeichnung, die gleichzeitig mit der Begründung des Vertrauenstatbestandes erfolgt und in gleichwertiger Weise wie die Vertrauensbegründung geschieht, möglich ist.[128] Da aber die eigentliche bürgerlich-rechtliche Prospekthaftung eine Haftung für typisiertes Vertrauen ist und Vertrauen nur insoweit schutzwürdig ist als es tatsächlich geweckt wurde, erscheint es nur konsequent, eine solche Haftungsfreizeichnung als wirksam anzusehen.[129]

124 BGH, NJW 1984, S. 1688, 1688 f.; BGH, WM 1990, S. 681, 683; BGH, WM 1990, S.1276, 1280 mwN; BGHZ 115, S. 214, 223; BGHZ 123, S. 106, 114; BGH, NJW-RR 2003, S. 1393, 1395.

125 *Assmann,* in: Assmann/Schütze (Hrsg.), Handbuch des Kapitalanlagerechts, 3. Aufl., 2007, § 6 Rn. 177.

126 BGH, NJW 2004, S. 3420, 3421; OLG Jena, ZIP 2005, S. 904, 908; *Emmerich,* in: Münchener Kommentar, Bürgerliches Gesetzbuch, Band 2 – Schuldrecht Allgemeiner Teil, 5. Aufl., 2007, § 311 Rn. 206; *Grüneberg,* in: Palandt, BGB, 68. Aufl., 2009, § 311 Rn. 72.

127 BGH, WM 1984, S. 1075, 1077.

128 BGH, WM 1984, S. 1075, 1077.

129 Ebenso: *Pleyer/Hegel,* Die Prospekthaftung bei der Publikums-KG, ZIP 1985, S. 1370, 1376.

Eine eingehende Untersuchung dieses Problems gehört allerdings nicht zu dem Gegenstand dieser Arbeit. Denn eine solche individuelle Haftungsfreizeichnung kann jedenfalls nicht im Rahmen von öffentlichen Kapitalmarktinformationen erfolgen.

Damit bleibt als Fazit festzuhalten, dass eine Haftungsfreizeichnung für fehlerhafte öffentliche Kapitalmarktinformationen ausscheidet. Denn die Vereinbarung einer wirksamen individuellen Haftungsbeschränkung ist im Zuge der Verbreitung öffentlicher Kapitalmarktinformationen nicht möglich.

(9) Primärmarkt und Sekundärmarkt

Die spezialgesetzlich geregelte Prospekthaftung verdrängt die eigentliche bürgerlich-rechtliche Prospekthaftung als lex specialis. Dennoch bleibt eine Verantwortlichkeit in Form der eigentlichen bürgerlich-rechtlichen Prospekthaftung auch auf dem Primärmarkt denkbar, soweit diese Verantwortlichkeit durch parallel zu den gesetzlichen Prospekten verwandte schriftliche Darstellungen begründet wird oder Altfälle auf dem Gebiet des grauen Kapitalmarktes betrifft. Denn insoweit besteht kein Konkurrenzverhältnis zu der spezialgesetzlich geregelten Prospekthaftung (siehe S. 43 f.).

Auf dem Gebiet des Sekundärmarkts ist nach dem bereits Gesagten eine Verantwortlichkeit nach den Grundsätzen der eigentlichen bürgerlich-rechtlichen Prospekthaftung ebenso möglich.[130]

Die zum Teil in der Literatur vertretene Ansicht, die eigentliche bürgerlich-rechtliche Prospekthaftung sei auf dem organisierten Markt nicht anwendbar,[131] überzeugt nicht. Der zur Begründung herangezogene Umkehrschluss, der Bundesgerichtshof habe die Grundsätze der bürgerlich-rechtlichen Prospekthaftung bislang nur auf den Aktienerwerb außerhalb des geregelten Marktes angewendet, so dass davon auszugehen sei, eine Anwendung am organisierten Markt scheide von vornherein aus, entbehrt jeder Grundlage.[132] Denn die eigentliche bürgerlich-rechtliche Prospekthaftung wurde aus den Grundsätzen der culpa in contrahendo, die nunmehr in den §§ 280 Abs. 1, 311 Abs. 2 und 3, 241 Abs. 2 BGB positiv gesetzlich geregelt wurde, entwickelt. Die §§ 280 Abs. 1, 311 Abs. 2 und 3, 241 Abs. 2 BGB sind ausweislich ihrer systematischen Stellung im allgemeinen Schuldrecht allgemein gültige Normen, die nicht nur außerhalb, sondern auch auf dem organisierten Markt Geltung verlangen.

Soweit also keine Verdrängung durch spezialgesetzliche Regelungen der Prospekthaftung vorliegt, beanspruchen die §§ 280 Abs. 1, 311 Abs. 2 und 3, 241 Abs. 2 BGB und damit die eigentliche bürgerlich-rechtliche Prospekthaftung Geltung.

130 *Zimmer/Cloppenburg*, Haftung für falsche Informationen des Sekundärmarktes auch bei Kapitalanlagen des nicht geregelten Kapitalmarktes?, ZHR 171 (2007), S. 519, 536.

131 *Assmann*, Die Befreiung von der Pflicht zur Veröffentlichung eines Börsenzulassungsprospektes nach § 45 Nr. 1 BörsZulVO und die Prospekthaftung: Eine Lücke im Anlegerschutz?, AG 1996, S. 508, 512.

132 Ebenso: *Krause*, Ad-hoc-Publizität und haftungsrechtlicher Anlegerschutz, ZGR 2002, S. 799, 828 ff.; *Ehricke*, in: Hopt/Voigt (Hrsg.), Prospekt- und Kapitalmarktinformationshaftung, 2005, S. 269.

Da die spezialgesetzlich geregelte Prospekthaftung vornehmlich im Bereich des Primärmarktes Platz greift (siehe unten S. 63, 74, 82), konkurriert die eigentliche bürgerlich-rechtliche Prospekthaftung auf dem Sekundärmarkt mit nur wenigen Vorschriften der spezialgesetzlich geregelten Prospekthaftung. Damit ist der Anwendungsbereich der eigentlichen bürgerlich-rechtlichen Prospekthaftung hier deutlich breiter als auf dem Gebiet des Primärmarktes.

Voraussetzung für das Eingreifen einer Haftung aufgrund der eigentlichen bürgerlich-rechtlichen Prospekthaftung ist allerdings stets, dass ein Prospekt im maßgeblichen Sinne vorliegt. Dies setzt vor allem voraus, dass zumindest der Anschein einer vollständigen Beschreibung gegeben wird (siehe S. 45 ff.).

Die zum Teil in der Rechtslehre vertretene Ansicht, Sekundärmarktinformationen könnten nie einen Prospekt im Sinn der bürgerlich-rechtlichen Prospekthaftung darstellen, überzeugt nicht. Zur Begründung dieser Meinung wird angeführt, ein Prospekt müsse dem Vertrieb der Kapitalanlage dienen, was bei Sekundärmarktinformationen generell nicht der Fall sei.[133]

Dem ist entgegenzuhalten, dass ein Prospekt, um überhaupt ein Prospekt im hier maßgeblichen Sinn zu sein, zumindest den Anschein der vollständigen Information über die Kapitalanlage erwecken muss. Enthält aber eine Darstellung eine solche vollständige Beschreibung der Kapitalanlage, so kann nicht verleugnet werden, dass sie auch dem Vertrieb dient. Denn nur wenn auch der Vertrieb mit dieser Sekundärmarktinformation angekurbelt werden soll, wird sich ein Prospektverantwortlicher die Mühe machen, einen solchen Prospekt zu erstellen.

Darüber hinaus ist es dem Anleger einerlei, woher er die Informationen, auf die er seine Anlageentscheidung stützt, bezieht. Es spielt für ihn keine Rolle, ob die Darstellung, der er sie entnimmt, einen Verkaufsprospekt oder eine Sekundärmarktinformation, die in eine umfassende Beschreibung der Kapitalanlage eingebettet ist, darstellt. Jede andere Sichtweise, unterläuft das Ziel, einen effektiven Anlegerschutz zu gewährleisten. Denn ein Ausnehmen von Sekundärmarktinformationen aus dem Anwendungsbereich der eigentlichen bürgerlich-rechtlichen Prospekthaftung eröffnet Prospektverantwortlichen die Möglichkeit, sich auf dem Sekundärmarkt trotz Veröffentlichung verkaufsprospektähnlicher Darstellungen einer Haftung nach den Grundsätzen der bürgerlich-rechtlichen Prospekthaftung zu entziehen.

Für die hier vertretene Ansicht streitet auch der gesetzgeberische Wille bei Schaffung der §§ 37 b und 37 c WpHG. Denn im Rahmen dieser bereichspezifischen Haftungsvorschriften geht der Gesetzgeber ausdrücklich von der Maßgeblichkeit von Sekundärmarktinformationen für die Anlageentscheidung aus. So formuliert er im Rahmen des § 37 Abs. 1 WpHG, es sei der Schaden zu ersetzen, „der dadurch entsteht, dass der Dritte auf die Richtigkeit der Insiderinformation vertraut". Damit billigt der Gesetzgeber bereits Insiderinformationen, die lediglich anlassbezogene Kapitalmarktinformationen sind, eine entscheidende Rolle bei der Anlageentscheidung zu. Dies

133 *Groß*, Haftung für fehlerhafte oder fehlende Regel- oder ad-hoc-Publizität, WM 2002, S. 477, 479 f.; *Fleischer*, Zur deliktsrechtlichen Haftung der Vorstandsmitglieder für falsche Ad-hoc-Mitteilungen, DB 2004, S. 2031.

muss erst Recht für Darstellungen, die zumindest den Anschein der vollständigen Beschreibung der Kapitalanlage erwecken, gelten.

Daher gilt die eigentliche bürgerlich-rechtliche Prospekthaftung auch bezüglich Sekundärmarktinformationen, sofern diese die Anforderungen an den Prospektbegriff erfüllen. Dies ist gemäß der Rechtsprechung des Bundesgerichtshofes bei fehlerhaften Ad-hoc-Mitteilungen jedoch nicht der Fall.[134] Eine Ad-hoc-Mitteilung ist nach Ansicht des Gerichts kein Prospekt im maßgeblichen Sinn, weil Mitteilungen nach § 15 WpHG „anlassbezogene" Informationen des Sekundärmarkts sind, die erkennbar nicht den Anspruch haben, „eine das Publikum des Sekundärmarktes umfassend informierende Beschreibung zu sein".[135]

c. Fazit

Eine quasivertragliche Haftung für fehlerhafte öffentliche Kapitalmarktinformationen kommt sowohl auf dem Primär- als auch auf dem Sekundärmarkt letztlich nur in Gestalt der eigentlichen bürgerlich-rechtlichen Prospekthaftung in Betracht. Diese findet aber nur dort Anwendung, wo sie nicht durch spezialgesetzliche Prospekthaftungsvorschriften im Wege der Spezialität verdrängt wird.

3. Spezialgesetzliche Prospekthaftung

Regelungen zur spezialgesetzlichen Prospekthaftung finden sich in den §§ 44 ff. BörsG, § 13 VerkProspG und in § 127 InvG.[136] Diese Regelungen entsprechen sich inhaltlich weitestgehend.[137] Der Anwendungsbereich einer jeden spezialgesetzlich geregelten Prospekthaftung wird vornehmlich durch den jeweiligen Prospektbegriff definiert.[138]

Der jeweils maßgebliche Prospektbegriff wird durch die entsprechenden Gesetze und Verordnungen, die die Prospekthaftung regeln, bestimmt. Hiernach wird als Prospekt ausschließlich das jeweils nach dem entsprechenden Gesetz oder der Verordnung zugrunde gelegte Schriftstück, das der Zulassung, einem öffentlichen Angebot oder

134 BGHZ 160, S. 134, 138 („Infomatec I"); a.A.: *Ehricke,* in: Hopt/Voigt (Hrsg.), Prospekt- und Kapitalmarktinformationshaftung, 2005, S. 269.

135 BGHZ 160, S. 134, 138 („Infomatec I"); ähnlich: OLG München, ZIP 2002, S. 1727, 1728.

136 Die bisher in § 20 Abs. 1 KAGG und §§ 12 Abs. 1, 15 i AuslInvestmG geregelte investmentrechtliche Prospekthaftung ist nunmehr in § 127 InvG aufgegangen. Die Änderungen, die sich daraus für die investmentrechtliche Prospekthaftung ergeben haben, sind aber nur marginal; vgl. *Assmann,* in: Assmann/Schütze (Hrsg.), Handbuch des Kapitalanlagerechts, 3. Aufl., 2007, § 6 Rn. 288.

137 *Schäfer,* Stand und Entwicklungstendenzen der spezialgesetzlich geregelten Prospekthaftung, ZGR 2006, S. 40, 42; *Lenenbach*, Kapital- und Börsenrecht, 2. Aufl., 2005, § 8 Rn. 8.82.

138 *Schäfer,* Stand und Entwicklungstendenzen der spezialgesetzlich geregelten Prospekthaftung, ZGR 2006, S. 40, 44; vgl. auch: *Ehricke,* in: Hopt/Voigt (Hrsg.), Prospekt- und Kapitalmarktinformationshaftung, 2005, S. 193 f.

der Erfüllung der dem Emittenten hinsichtlich der Gestaltung von Verkaufsprospekten obliegenden Pflichten dient, verstanden.[139]

Daher stellen lediglich der Börsenzulassungsprospekt nach § 30 Abs. 2 Nr. 2 BörsG sowie der Unternehmensbericht nach § 51 Abs. 1 Nr. 2 BörsG Prospekte im Sinn des BörsG dar. Ebenso abschließend sind die Prospekte in dem VerkProspG definiert. Hiernach stellen lediglich der Verkaufsprospekt gemäß § 8 f VerkProspG sowie die nach §§ 13 Abs. 1 VerkProspG, 44 Abs. 4 BörsG gleichgestellten schriftlichen Darstellungen, aufgrund deren Veröffentlichung der Emittent von der Pflicht zur Veröffentlichung eines Prospekts befreit wurde, einen Prospekt dar.[140]

Andere Darstellungen und Äußerungen gelten im Gegensatz zur bürgerlich-rechtlichen Prospekthaftung nicht als Prospekt. Damit ist den verschiedenen spezialgesetzlich geregelten Prospekthaftungspflichten gemein, dass ihr Anwendungsbereich abschließend ist.[141]

Die der spezialgesetzlichen Prospekthaftung unterworfenen schriftlichen Darstellungen sind allesamt Kapitalmarktinformation im Sinne des § 1 Abs. 1 S. 3 KapMuG. Denn es handelt sich um öffentliche Kapitalmarktinformationen, die an eine Vielzahl von Kapitalanlegern gerichtet sind und bestimmte Informationen, die die Einschätzung einer Kapitalanlage betreffen, enthalten.

Die meisten spezialgesetzlich geregelten Prospektpflichten betreffen den Primärmarkt. Es existieren aber auch Vorschriften einer spezialgesetzlich geregelten Prospekthaftung auf dem Sekundärmarkt. Beispielsweise werden gemäß § 13 VerkProspG, der durch das AnSVG[142] eingeführt wurde, die §§ 44 ff. BörsG entsprechend für den Aktienerwerb aufgrund öffentlicher Angebote angewandt. Dies führt zu einer Prospekthaftung auf dem Sekundärmarkt, sofern gegen die an einen Verkaufsprospekt gemäß § 8 g VerkProspG zu stellenden Anforderungen verstoßen wird (weitergehende Ausführungen unten auf S. 74).

a. *Börsengesetzliche Prospekthaftung*

Die börsengesetzliche Prospekthaftung bildet den Prototypen der spezialgesetzlichen Prospekthaftung.[143] Eine börsengesetzliche Prospektpflicht und eine damit korrespon-

139 *Hauptmann,* in: Vortmann (Hrsg.), Prospekthaftung und Anlageberatung, 2000, § 3 Rn. 27; *Groß,* Kapitalmarktrecht, 4. Aufl., 2009, §§ 44, 45 BörsG Rn. 23; *Ehricke,* in: Hopt/Voigt (Hrsg.), Prospekt- und Kapitalmarktinformationshaftung, 2005, S. 193; näher zu dem börsengesetzlichen Prospektbegriff: *Assmann,* in: Assmann/Schütze (Hrsg.), Handbuch des Kapitalanlagerechts, 3. Aufl., 2007, § 6 Rn. 218.

140 *Schwark,* in: Schwark (Hrsg.), Kapitalmarktrechtskommentar, 3. Aufl., 2004, § 45 BörsG Rn. 15 f.; *Assmann,* Die Befreiung von der Pflicht zur Veröffentlichung eines Börsenzulassungsprospektes nach § 45 Nr. 1 BörsZulVO und die Prospekthaftung: Eine Lücke im Anlegerschutz?, AG 1996, S. 508 ff.; *Schäfer,* Stand und Entwicklungstendenzen der spezialgesetzlich geregelten Prospekthaftung, ZGR 2006, S. 40, 44 f.

141 *Ehricke,* in: Hopt/Voigt (Hrsg.), Prospekt- und Kapitalmarktinformationshaftung, 2005, S. 193 f.

142 Gesetz zur Verbesserung des Anlegerschutzes vom 28.10.2004 (BGBl. I 2004, S. 2630).

143 Begründung zu dem RegE KapMuG vom 14. 3. 2005, BT-Drucksache 15/5091, S. 16.

dierende Prospekthaftung findet sich bereits in den §§ 38 Abs. 2, 43, 44 BörsG von 1896.[144] Diese unterlag im Laufe der Zeit verschiedenen Änderungen, so dass sich das Haftungsregime in der aktuellen Fassung[145] wie folgt darstellt:

aa. Anwendungsbereich und Prospektbegriff

In der Neufassung des Börsengesetzes wurde im Vergleich zur letzten Fassung vom 5.1.2007[146] die Unterscheidung zwischen den Prospektpflichten auf den verschiedenen Börsensegmenten aufgegeben. Die Bestimmungen zur börsengesetzlichen Prospekthaftung gemäß §§ 44 ff. BörsG finden demgemäß nach § 44 Abs. 1 S. 1 BörsG unmittelbare Anwendung auf Prospekte, aufgrund derer Wertpapiere zum Börsenhandel zugelassen wurden.

Außerdem unterliegen gemäß § 44 Abs. 4 BörsG schriftliche Darstellungen, deren Publikation den Emittenten von der Veröffentlichung eines Prospekts befreite, der börsenrechtlichen Prospekthaftung. Es spielt demnach keine Rolle mehr, auf welchem Markt die Wertpapiere zugelassen wurden. Entscheidend ist allein die Zulassung zum Börsenhandel.

Prospekt im Sinn des § 44 Abs. 1 S. 1 BörsG ist damit ausschließlich der Börsenzulassungsprospekt.[147]

bb. Prospektpflichten bzw. Prospektmangel

Aus einem Umkehrschluss zu § 44 Abs. 1 S. 1 BörsG folgt, dass der Börsenzulassungsprospekt alle für die Beurteilung des Wertpapiers wesentlichen Angaben vollständig und richtig enthalten muss. Anderes ausgedrückt liegt ein Prospektmangel vor, wenn der Prospekt bzw. die Darstellung hinsichtlich der für die Beurteilung der Wertpapiere wesentlichen Angaben unrichtig oder unvollständig ist.[148] Neben Tatsachen zählen auch Werturteile und Prognosen zu diesen für die Beurteilung der Fehlerhaftigkeit des Prospekts wesentlichen Angaben.[149]

Wesentlich sind alle Angaben, die für eine sachliche und fundierte Entscheidung notwendig sind. Ziel dieser Angaben ist, dem durchschnittlichen Anleger, der in der Lage ist, eine Bilanz zu lesen, aber nicht notwendigerweise mit der in eingeweihten Kreisen verwendeten Spezialsprache vertraut ist,[150] Chancen und Risiken der Anlage

144 *Schulz,* Das deutsche Börsengesetz von 1896, 1994, S. 367 ff.
145 Börsengesetz vom 16.7.2007 (BGBl. I 2007, S. 1330).
146 Börsengesetz vom 5.1.2007 (BGBl. I 2007, S. 10).
147 *Groß,* Kapitalmarktrecht, 4. Aufl., 2009, §§ 44, 45 BörsG Rn. 23.
148 *Assmann,* in: Assmann/Schütze (Hrsg.), Handbuch des Kapitalanlagerechts, 3. Aufl., 2007, § 6 Rn. 219; näher zu den einzelnen möglichen Prospektmängeln: *Groß,* Kapitalmarktrecht, 4. Aufl., 2009, §§ 44, 45 BörsG Rn. 39 ff.
149 Vgl.: BGH, WM 1982, S. 862, 863; OLG Frankfurt/M., ZIP 2004, S. 1411, 1412; OLG Frankfurt/M., WM 1994, S. 291, 295; LG Frankfurt/M., WM 1998, S. 1181, 1184.
150 BGH, NJW 1982, S. 2823, 2824.

vor Augen zu führen.[151] Es sind also die wertbildenden Faktoren einer Anlage, die ein durchschnittlicher, verständiger Anleger bei seiner Anlageentscheidung berücksichtigt hätte, offen zu legen.[152]

Vor dem Hintergrund, dem Anleger eine möglichst fundierte Entscheidung zu ermöglichen, erklärt sich, dass es für das Vorliegen eines Prospektmangels unerheblich ist, ob der Prospekt durch die zuständige Stelle gebilligt wurde.[153] Denn die zulassungsrechtlichen Voraussetzungen statuieren nur Mindestanforderungen an den Prospektinhalt. Selbst bei deren Erfüllung kann der Prospektinhalt aber unrichtig und insbesondere unvollständig sein. Dies ist insbesondere der Fall, wenn über den Mindestprospektinhalt hinaus weitere Angaben erforderlich wären. Ein Prospektmangel liegt trotz Billigung durch die Bundesanstalt für Finanzdienstleistungsaufsicht aber auch dann vor, wenn die durch die Zulassungsvoraussetzungen der Bundesanstalt für Finanzdienstleistungsaufsicht angeforderten Angaben nicht in der für eine zutreffende Bewertung des Prospekts erforderlichen Vollständigkeit abgegeben wurden.[154]

Darüber hinaus müssen die Angaben in dem Prospekt nicht nur vollständig und richtig, sondern auch zeitgerecht sein. Der Beurteilungszeitpunkt ist grundsätzlich der der Prospekterstellung bzw. Prospektveröffentlichung.[155] Da jedoch der Börsenzulassungsprospekt nach § 13 WpPG vor seiner Veröffentlichung der Billigung durch die Bundesanstalt für Finanzdienstleistungsaufsicht bedarf, tritt anstelle des Zeitpunktes der Veröffentlichung der der Freigabe bzw. der der Einreichung bei der Zulassungsstelle.[156]

Hinsichtlich nach diesem Zeitpunkt eintretender Änderungen bis zur Einführung der Wertpapiere besteht nach § 16 Abs. 1 S. 1 WpPG für alle Prospektverantwortlichen eine Aktualisierungspflicht.[157] Die zwischenzeitlich eingetretenen Veränderungen sind in einem Nachtrag zu dem Prospekt zu veröffentlichen. Sofern die Prospektverantwortlichen der Aktualisierungspflicht nicht nachkommen, setzen sie sich also ebenfalls der Prospekthaftung aus.

151 OLG Frankfurt/M., AG 2004, S. 267, 268; *Ehricke,* in: Hopt/Voigt (Hrsg.), Prospekt- und Kapitalmarktinformationshaftung, 2005, S. 187, 223 ff. mwN.

152 BGH, NJW 1982, S. 2823, 2824; *Bohlken/Lange*, Die Prospekthaftung im Bereich geschlossener Fonds nach §§ 13 Abs. 1 Nr. 3, 13 a Verkaufsprospektgesetz n.F., DB 2005, S. 1259.

153 OLG Frankfurt/M., WM 1994, S. 291, 297 mwN; *Brondics/Mark*, Die Verletzung von Informationspflichten im amtlichen Markt nach der Reform des Börsengesetzes, AG 1989, S. 339, 342; *Ehricke,* in: Hopt/Voigt (Hrsg.), Prospekt- und Kapitalmarktinformationshaftung, 2005, S. 225; *Kümpel*, Bank- und Kapitalmarktrecht, 3. Aufl., 2004, Rn. 9.355 ff.; *Schwark,* in: Schwark (Hrsg.), Kapitalmarktrechtskommentar, 4. Aufl., 2008, § 45 BörsG Rn. 51.

154 *Keunecke*, Prospekte im Kapitalmarkt, 2005, Rn. 81.

155 *Groß,* Kapitalmarktrecht, 4. Aufl., 2009, §§ 44, 45 BörsG Rn. 43.

156 LG Frankfurt/M., ZIP 2003, S. 400, 404; *Ehricke,* in: Hopt/Voigt (Hrsg.), Prospekt- und Kapitalmarktinformationshaftung, 2005, S. 216.

157 BGHZ 139, S. 225, 232 f.; BGH, WM 1998, S. 1772, 1774 f.; *Ehricke,* in: Hopt/Voigt (Hrsg.), Prospekt- und Kapitalmarktinformationshaftung, 2005, S. 216; *Groß,* Kapitalmarktrecht, 4. Aufl., 2009, §§ 44, 45 BörsG Rn. 58.

cc. Gesetzlicher Haftungsausschluss

Allerdings scheidet eine börsenrechtliche Prospekthaftung aus, wenn einer der Haftungsausschlüsse nach § 45 BörsG eingreift. Die Beweislast für das Vorliegen eines dieser Haftungsausschlussgründe trifft stets die Prospektverantwortlichen.[158]

Gemäß § 45 Abs. 1 BörsG scheidet eine Prospekthaftung aus, wenn die unrichtigen oder unvollständigen Angaben ohne Verschulden der Prospektverantwortlichen getätigt wurde (näher unten S. 61 f.).

Zum anderen besteht ein Haftungsausschluss, wenn sich die die Prospekthaftung begründenden Angaben nicht negativ für den Anleger auswirkten. Sei es, weil er das Wertpapier nicht aufgrund des Prospekts erworben hat, § 45 Abs. 2 Nr. 1 BörsG, oder weil die fehlerhaften Angaben nicht zu einer Minderung des Börsenpreises beigetragen haben, § 45 Abs. 2 Nr. 2 BörsG. In diesen beiden Fällen mangelt es jeweils an der Ursächlichkeit. Während im Fall des § 45 Abs. 2 Nr. 1 BörsG die haftungsbegründende Kausalität fehlt,[159] mangelt es bei Eingreifen des § 45 Abs. 2 Nr. 2 BörsG an dem Kausalzusammenhang zwischen dem Prospektmangel und dem Schaden des Anlegers.[160]

Die haftungsbegründende Kausalität fehlt in erster Linie, wenn beim Wertpapierkauf die Anlagestimmung bereits weggefallen war.[161] Ein solcher Wegfall der Anlagestimmung ist insbesondere dann denkbar, wenn die durch den Prospekt erzeugte Anlagestimmung durch dramatische, anhaltende Kurseinbrüche,[162] Veröffentlichung negativer Jahresabschlüsse[163] oder andere negative Mitteilungen des Emittenten von einigem Gewicht[164] überlagert wird. Dagegen genügen negative Berichterstattungen in der Fachpresse nicht, da solchen Presseberichten von den Anlegern erfahrungsgemäß weniger Glauben geschenkt werden als dem Börsenzulassungsprospekt.[165]

Des Weiteren scheidet bei positiver Kenntnis des Anlegers von der Fehlerhaftigkeit der Angaben zum Zeitpunkt des Erwerbes eine Haftung nach § 45 Abs. 2 Nr. 3 BörsG aus. Hierdurch wird das Mitverschulden des Anlegers berücksichtigt.[166]

Außerdem ist die Haftung gemäß § 45 Abs. 2 Nr. 4 BörsG ausgeschlossen, wenn vor dem Erwerb des Wertpapiers eine deutlich gestaltete Berichtigung der fehlerhaften Angaben im Inland im Rahmen des Jahresabschlusses, Zwischenberichts, einer Veröffentlichung nach § 15 WpHG oder einer vergleichbaren Bekanntmachung veröf-

158 *Groß,* Kapitalmarktrecht, 4. Aufl., 2009, §§ 44, 45 BörsG Rn. 99.
159 *Groß,* Kapitalmarktrecht, 4. Aufl., 2009, §§ 44, 45 BörsG Rn. 91.
160 *Groß,* Kapitalmarktrecht, 4. Aufl., 2009, §§ 44, 45 BörsG Rn. 92.
161 Begründung zu dem RegE 3. Finanzmarktförderungsgesetz vom 6.11.1997, BT-Drucksache 13/ 8933, S. 77.
162 OLG Frankfurt/M., WM 1996, S. 1216, 1219.
163 BGHZ 139, S. 225, 234; OLG Frankfurt/M., WM 1996, S. 1216, 1219, *Groß,* Kapitalmarktrecht, 4. Aufl., 2009, §§ 44, 45 BörsG Rn. 70.
164 BGHZ 139, S. 225, 234: „neuere Unternehmensdaten wie etwa ein Jahresabschluss"; *Schwark,* in: Schwark (Hrsg.), Kapitalmarktrechtskommentar, 3. Aufl., 2004, § 45 BörsG Rn. 44.
165 OLG Düsseldorf, WM 1984, S. 586, 596.
166 *Groß,* Kapitalmarktrecht, 4. Aufl., 2009, §§ 44, 45 BörsG Rn. 93.

fentlicht wurde. Demgemäß ist die ordnungsgemäße Berichtigung als nachträgliche Herstellung eines mangelfreien Prospekts einzuordnen.[167]

Schließlich besteht ein Haftungsausschluss gemäß § 45 Abs. 2 Nr. 5 BörsG für solche Prospektmängel, die allein auf der Unrichtigkeit der Zusammenfassung oder ihrer Übersetzung beruhen. Hintergrund dieses Haftungsausschlusses ist, dass es in der Natur einer jeden Zusammenfassung liegt, dass sie unvollständig und damit unrichtig ist. Gemäß § 5 Abs. 2 S. 1 WpPG muss aber jeder Prospekt für ein öffentlich angebotenes oder an einem organisierten Markt gehandeltes Wertpapier eine solche Zusammenfassung enthalten.

Daher ist der Haftungsausschluss nach § 45 Abs. 2 Nr. 5 BörsG zwingend, soll nicht jeder Prospektverantwortliche unweigerlich der Prospekthaftung ausgesetzt werden.

dd. Adressatenkreis der börsenrechtlichen Prospekthaftung

Der Adressatenkreis der börsenrechtlichen Prospekthaftung wird durch § 44 Abs. 1 S. 1 BörsG abschließend bestimmt.[168] Nach § 44 Abs. 1 S. 1 Nr. 1 BörsG haftet zunächst, wer für den Prospekt die Verantwortung übernommen hat. Dies ist jeder, der nach außen erkennbar zu denen gehört, die den Prospekt erlassen haben.[169] Zu dieser Personengruppe gehören insbesondere diejenigen, die den Prospekt unterzeichnet haben. Dies sind vornehmlich der Emittent und das emissionsbegleitende Kredit- oder Finanzdienstleitungsinstitut, deren Unterschrift nach § 5 Abs. 3 bzw. Abs. 4 WpPG obligatorisch ist. Ausreichend für die Übernahme der Verantwortlichkeit ist aber auch jede andere Form der Kundgabe, für den Inhalt des Prospektes einstehen zu wollen.[170]

Darüber hinaus haften nach § 44 Abs. 1 S. 1 Nr. 2 BörsG diejenigen, von denen der Erlass des Prospekts ausgeht. Damit sollen die hinter dem Prospekt stehenden, tatsächlichen Urheber, die nicht bereits durch die Kundgabe der Verantwortungsübernahme nach § 44 Abs. 1 S. 1 Nr. 1 BörsG haften, in den Kreis der Adressaten der Prospekthaftung nach § 44 Abs. 1 S. 1 BörsG miteinbezogen werden.[171]

Allerdings trifft die Haftung nur diejenigen, die „ein eigenes geschäftliches Interesse an der Emission" haben und die „darauf hinwirkten", dass ein fehlerhafter Prospekt erstellt und veröffentlicht wurde.[172] Von der Haftung ausgenommen sind daher

167 *Assmann*, in: Assmann/Schütze (Hrsg.), Handbuch des Kapitalanlagerechts, 3. Aufl., 2007, § 6 Rn. 219; näher zu dem Haftungsausschluss durch Berichtigung: *Groß*, Kapitalmarktrecht, 4. Aufl., 2009, §§ 44, 45 BörsG Rn. 94 ff.

168 *Assmann*, in: Assmann/Schütze (Hrsg.), Handbuch des Kapitalanlagerechts, 3. Aufl., 2007, § 6 Rn. 224.

169 *Groß*, Kapitalmarktrecht, 4. Aufl., 2009, §§ 44, 45 BörsG Rn. 30; *Assmann*, in: Assmann/Schütze (Hrsg.), Handbuch des Kapitalanlagerechts, 3. Aufl., 2007, § 6 Rn. 222.

170 *Assmann*, in: Assmann/Schütze (Hrsg.), Handbuch des Kapitalanlagerechts, 3. Aufl., 2007, § 6 Rn. 222.

171 Begründung zu dem RegE 3. Finanzmarktförderungsgesetz vom 6.11.1997, BT-Drucksache 13/8933, S. 54, 78; *Groß*, Kapitalmarktrecht, 4. Aufl., 2009, §§ 44, 45 BörsG Rn. 35.

172 Begründung zu dem RegE 3. Finanzmarktförderungsgesetz vom 6.11.1997, BT-Drucksache 13/8933, S. 54, 78.

wie bei der eigentlichen bürgerlich-rechtlichen Prospekthaftung Hilfspersonen, die bei der Erstellung des Prospekts mitgewirkt haben, ohne selbst auf den Inhalt maßgeblichen Einfluss nehmen zu können.[173]

Mehrere Prospektverantwortliche haften nach § 44 Abs. 1 S. 1 BörsG gesamtschuldnerisch.

ee. Verschulden

Die börsenrechtliche Prospekthaftung setzt eine verschuldete Prospektunrichtigkeit bzw. -unvollständigkeit voraus. Gemäß § 45 Abs. 1 BörsG scheidet eine Haftung derjenigen aus, die nachweisen können, die Fehlerhaftigkeit der Prospektangaben nicht gekannt zu haben und deren Unkenntnis nicht auf grober Fahrlässigkeit beruht. Mit anderen Worten stellt die Prospekthaftung nach § 44 Abs. 1 S. 1 BörsG eine Haftung für Vorsatz und grobe Fahrlässigkeit dar, wobei jedoch die Beweislast dem Anspruchsgegner obliegt.

Grobe Fahrlässigkeit ist in diesem Zusammenhang zu bejahen, wenn die erforderliche Sorgfalt bei Erstellung des Prospekts bzw. der Mitwirkung bei der Erstellung in besonders schwerem Maße verletzt wurde.[174] Demnach ist grobe Fahrlässigkeit etwa dann anzunehmen, wenn Prospektverantwortliche trotz konkreter Anhaltspunkte für die Unrichtigkeit des Prospekts[175] oder Informationen, die Zweifel an der Richtigkeit wecken müssen,[176] keine weiteren Nachforschungen anstellen und den Prospekt wie geplant veröffentlichen.

Hinsichtlich des Verschuldens ist weiter zu beachten, dass jeder der Prospektverantwortlichen eigenständig für die Erfüllung seiner Pflichten haftet.[177] Damit ist das Verschulden für jeden einzelnen Adressaten der Prospekthaftung gesondert zu prüfen.

ff. Übrige Tatbestandsvoraussetzung und Verjährung

Daneben muss der geprellte Anleger auch anspruchsberechtigt sein. Zur Geltendmachung des Prospekthaftungsanspruchs ist gemäß § 44 Abs. 1 S. 1 BörsG befugt, wer nach der Prospektveröffentlichung die Wertpapiere innerhalb von sechs Monaten nach deren erstmaliger Einführung im Inland entgeltlich erwirbt, vorausgesetzt, diese Wertpapiere wurden aufgrund eines fehlerhaften Prospekts zum Handel zugelassen.

173 *Assmann*, in: Assmann/Schütze (Hrsg.), Handbuch des Kapitalanlagerechts, 3. Aufl., 2007, § 6 Rn. 223.

174 BGHZ 10, S. 14, 16; BGHZ 89, S. 153, 161; LG Frankfurt/M., WM 1998, S. 1181, 1185.

175 Bereits: RGZ 80, S. 196, 200 f.

176 BGH, WM 1987, S. 495, 497, für die insofern vergleichbare bürgerlich-rechtliche Prospekthaftung.

177 *Groß,* Kapitalmarktrecht, 4. Aufl., 2009, §§ 44, 45 BörsG Rn. 76 ff.; *Assmann*, in: Assmann/Schütze (Hrsg.), Handbuch des Kapitalanlagerechts, 3. Aufl., 2007, § 6 Rn. 240.

Es ist hierbei unerheblich, ob der Erwerb börslich oder außerbörslich erfolgte und ob der Erwerber Erst- oder Zweiterwerber ist.[178] Hinsichtlich der Beurteilung, ob der Erwerb innerhalb der 6-Monats-Frist erfolgte, ist auf den Zeitpunkt des Abschlusses des Verpflichtungsgeschäfts abzuheben.[179]

Eines Nachweises der haftungsbegründenden Kausalität zwischen dem Erwerb des Wertpapiers und der Veröffentlichung des Prospekts bedarf es nicht. Vielmehr obliegt es den Prospektverantwortlichen zu beweisen, dass die Voraussetzungen des Haftungsausschlusses nach § 45 Abs. 2 Nr. 1 BörsG erfüllt sind (siehe oben S. 59).

Ebenso verhält es sich mit der haftungsausfüllenden Kausalität. Hinsichtlich dieser obliegt es ebenfalls den Prospektverantwortlichen zu beweisen, dass diese fehlt, um so in den Genuss des Haftungsausschlusses nach § 45 Abs. 2 Nr. 2 BörsG zu kommen.

Der Prospekthaftungsanspruch nach § 44 BörsG verjährt gemäß § 46 BörsG ein Jahr nach Kenntniserlangung von der Unrichtigkeit oder Unvollständigkeit der Prospektangaben durch den Erwerber, spätestens jedoch drei Jahre nach Veröffentlichung des Prospekts. Soweit § 46 BörsG von Kenntnis spricht, meint er positive Kenntnis. Ein Kennenmüssen bzw. grob fahrlässige Unkenntnis genügt nicht.[180]

Die positive Kenntnis muss sich nach dem Wortlaut des § 46 BörsG auf die Fehlerhaftigkeit der Prospektangaben, nicht aber auf die übrigen Voraussetzungen des Prospekthaftungsanspruchs beziehen. Sie liegt in dem Zeitpunkt vor, in dem der Anspruchsberechtigte aufgrund der ihm bekannt gewordenen Tatsachen eine Klage wegen Prospekthaftung nach § 44 Abs. 1 S. 1 BörsG „mit einigermaßen sicherer Aussicht auf Erfolg“ erheben kann.[181]

gg. Haftungsfreizeichnung

§ 47 Abs. 1 BörsG stellt klar, dass die Regelungen der §§ 44 ff. BörsG zwingendes Recht sind, indem er im Voraus getroffene Haftungsfreizeichnungen und Haftungsbegrenzungen für unwirksam erklärt.

Im Umkehrschluss folgt aus der Formulierung des § 47 Abs. 1 BörsG aber auch die Wirksamkeit von Haftungsfreizeichnungsvereinbarungen, die nach Entstehung des Anspruchs getroffen werden. Dies ist Ausfluss der Möglichkeit nach § 397 Abs. 1 BGB formfrei Erlassverträge zu schließen. Allerdings kann eine solche nach Anspruchsentstehung vereinbarte Haftungsfreizeichnung nicht im Rahmen einer Kapitalmarkt-

178 *Assmann*, in: Assmann/Schütze (Hrsg.), Handbuch des Kapitalanlagerechts, 3. Aufl., 2007, § 6 Rn. 227; *Zimmer/Cloppenburg*, Haftung für falsche Informationen des Sekundärmarktes auch bei Kapitalanlagen des nicht geregelten Kapitalmarktes?, ZHR 171 (2007), S. 519, 525.

179 Begründung zu dem RegE 3. Finanzmarktförderungsgesetz vom 6.11.1997, BT-Drucksache 13/ 8933, S. 77; *Ellenberger,* Prospekthaftung im Wertpapierhandel, 2001, S. 41; *Groß,* Kapitalmarktrecht, 4. Aufl., 2009, §§ 44, 45 BörsG Rn. 71.

180 *Schwark,* in: Schwark (Hrsg.), Kapitalmarktrechtskommentar, 3. Aufl., 2004, § 46 BörsG Rn. 2; *Assmann*, in: Assmann/Schütze (Hrsg.), Handbuch des Kapitalanlagerechts, 3. Aufl., 2007, § 6 Rn. 257.

181 Vgl. hinsichtlich der insoweit wegen des deliktischen Charakters der börsenrechtlichen Prospekthaftung vergleichbaren Rechtslage zu § 852 BGB a.F.: BGH NJW 1993, S. 648, 653.

information erfolgen, so dass diese Möglichkeit der Haftungsfreizeichnung hier nicht näher darzustellen ist.

hh. Primärmarkt und Sekundärmarkt

Der Hauptanwendungsbereich der börsenrechtlichen Prospekthaftung nach §§ 44 ff. BörsG beschränkt sich auf die Prospekthaftung für Börsenzulassungsprospekte, die im Zuge von Neuemissionen und damit bei der erstmaligen Ausgabe von Aktien verwendet werden.[182] Dies folgt aus dem Erfordernis innerhalb von sechs Monaten nach der erstmaligen Einführung der Wertpapiere den Prospekthaftungsanspruch geltend zu machen, § 44 Abs. 1 S. 1 BörsG. Damit stellt die börsenrechtliche Prospekthaftung vornehmlich eine Haftung auf dem Primärmarkt dar.

Allerdings beansprucht die börsengesetzliche Prospekthaftung auch auf dem Sekundärmarkt Geltung. Dies folgt aus der 6-Monats-Frist und der Tatsache, dass der Gesetzeswortlaut die Geltendmachung der Prospekthaftung nicht auf den Ersterwerber als Anspruchsberechtigten beschränkt, sondern vielmehr auch Zweiterwerber den Prospekthaftungsanspruch innehaben können (siehe S. 61).

Gestützt wird diese Ansicht auch durch die Regelung des § 44 Abs. 1 S. 3 BörsG. Hiernach greift die börsengesetzliche Prospekthaftung auch hinsichtlich bereits ausgegebener und möglicherweise mehrfach auf dem Sekundärmarkt gehandelter Wertpapiere ein, auch wenn deren erstmalige Ausgabe bereits mehr als sechs Monate zurückliegt. Erforderlich ist aber, dass die neu ausgegebenen Wertpapiere sich von den bereits im Umlauf befindlichen nicht unterscheiden und die Voraussetzungen der Prospekthaftung bezüglich der neu ausgegebenen Wertpapiere erfüllt sind.

Damit ist die börsengesetzliche Prospekthaftung auch auf dem Sekundärmarkt anwendbar. Tatsächlich besteht im Bereich des geregelten Kapitalmarktes – entgegen der typischen Assoziation, Prospekthaftungsansprüche beträfen fast ausschließlich den Primärmarkt – sogar häufig eine Haftung für bereits zirkulierende Wertpapiere.[183]

b. Prospekthaftung nach dem VerkProspG

1990 wurde zur Umsetzung der Emissionsprospektrichtlinie[184] das VerkProspG verabschiedet. Das VerkProspG führte eine Prospektpflicht und eine mit dieser korrelierende Prospekthaftung für sämtliche erstmals in Deutschland öffentlich angebotenen

182 Ebenso vgl.: *Assmann*, in: Assmann/Schütze (Hrsg.), Handbuch des Kapitalanlagerechts, 3. Aufl., 2007, § 6 Rn. 232.

183 *Baums*, Haftung wegen Falschinformation des Sekundärmarktes, ZHR 167 (2003), S. 139, 149.

184 Richtlinie 89/298/EWG des Rates vom 17.4.1989 zur Koordinierung der Bedingungen für die Erstellung, Kontrolle und Verbreitung des Prospekts, der im Falle öffentlicher Angebote von Wertpapieren zu veröffentlichen ist, ABl.EG Nr. L 124 vom 5.5.1989, S. 8 ff.

Wertpapiere, die nicht zum Handel an einer inländischen Börse zugelassen sind, ein. Hiermit schloss es eine empfindliche Lücke im Anlegerschutz.[185]

§ 8 f VerkProspG definiert zwar einen eigenen Anwendungsbereich und § 8 g VerkProspG stellt eigene Anforderungen an den Prospektinhalt auf. Dennoch sind die Regelungen der Prospekthaftung nah an die Vorschriften über die börsengesetzliche Prospekthaftung angelehnt. Dies belegt bereits die Anordnung der entsprechenden Anwendung der §§ 44 ff. BörsG in § 13 Abs. 1 VerkProspG. Daher kann bei der Darstellung der Grundzüge der Prospekthaftung nach dem VerkProspG zumeist auf die bereits im Rahmen der börsengesetzlichen Prospekthaftung gemachten Ausführungen zurückgegriffen werden.

Nach der letzten Änderung des VerkProspG durch Art. 8 des Gesetzes vom 16.7.2007[186] stellen sich die Besonderheiten der Grundzüge der Prospekthaftung nach dem VerkProspG im Vergleich zu der Prospekthaftung nach den §§ 44 ff. BörsG wie folgt dar:

aa. Anwendungsbereich und Prospektbegriff

Die Prospekthaftung nach dem VerkProspG kann sowohl durch einen fehlerhaften als auch durch einen fehlenden Prospekt ausgelöst werden. Die Prospekthaftung für einen fehlerhaften Prospekt ist in §§ 13 VerkProspG i.V.m. §§ 44 ff. BörsG normiert, während die Haftung für einen entgegen den Anforderungen des § 8 f Abs. 1 VerkProspG gänzlich fehlenden Prospekt durch § 13 a VerkProspG geregelt wird. Daher muss bei der folgenden Darstellung der Tatbestandsvoraussetzungen den sich aus den verschiedenen Anspruchsgrundlagen ergebenden Unterschieden Rechung getragen werden.

(1) Veröffentlichung fehlerhafter Prospekte

Gemäß § 13 Abs. 1 VerkProspG besteht die Prospekthaftung für fehlerhafte Prospekte nach dem VerkProspG hinsichtlich zweier Prospektarten:

Zum einen werden gemäß § 13 Abs. 1 (1. Alt.) VerkProspG i.V.m. § 3 Abs. 1 S. 1 WpPG Prospekte, die Wertpapiere betreffen, die zwar im Inland öffentlich angeboten werden, nicht aber zum Handel an einer inländischen Börse zugelassen sind, erfasst.

Zum anderen betrifft die Prospekthaftung nach § 13 Abs. 1 (2. Alt.) VerkProspG Prospekte über im Inland öffentlich angebotene Vermögensanlagen im Sinn des § 8 f Abs. 1 VerkProspG. Dies sind bestimmte, in § 8 Abs. 1 VerkProspG aufgeführte, nicht wertpapiermäßig verbriefte Vermögensanlagen, für die sich der Begriff „grauer Kapitalmarkt“ eingebürgert hat. Neben den in § 8 f Abs. 1 S. 2 VerkProspG explizit

185 *Schäfer*, Stand und Entwicklungstendenzen der spezialgesetzlich geregelten Prospekthaftung, ZGR 2006, S. 40, 41.
186 BGBl. I 2007, S. 1330.

aufgeführten Namensschuldverschreibungen sind der Gesetzesbegründung zufolge insbesondere GmbH-Anteile, Unternehmensbeteiligungen an Personenhandelsgesellschaften, Anteile an BGB-Gesellschaften, Genossenschaftsanteile und stille Beteiligungen an den genannten Gesellschaften bzw. an bestimmten Vermögensmassen der genannten Gesellschaften, sowie sonstige Beteiligungen an ausländischen Unternehmen anderer Rechtsform Vermögensanlagen im Sinn des § 8 Abs. 1 VerkProspG.[187]

Dagegen sind partiarische Darlehen nicht in den Anwendungsbereich des § 8 f Abs. 1 VerkProspG einbezogen.[188]

Zur Ausfüllung des Begriffs „Wertpapiere" kann die Legaldefinition des § 2 Nr. 1 WpPG herangezogen werden.[189] Denn sowohl § 13 Abs. 1 VerkProspG als auch § 2 Nr. 1 WpPG dienen der Umsetzung der Prospektrichtlinie,[190] so dass die Terminologie beider Gesetze einheitlich ist. Hiernach sind Wertpapiere alle übertragbaren Wertpapiere, die an einem Markt gehandelt werden können.

Unter einem öffentlichen Angebot versteht § 13 Abs. 1 VerkProspG infolge der einheitlichen Terminologie ebenso wie § 2 Nr. 4 WpPG „eine Mitteilung an das Publikum ..., die ausreichende Informationen über die Angebotsbedingungen und die anzubietenden Wertpapiere enthält, um einen Anleger in die Lage zu versetzen, über den Kauf oder die Zeichnung dieser Wertpapiere zu entscheiden".

Erfasst werden nach dem klaren Wortlaut ausschließlich Verkaufsangebote, nicht aber Tauschangebote.[191] Es ist allerdings nicht erforderlich, dass ein Angebot im Sinn des § 145 BGB vorliegt. Vielmehr ist, um den Anlegerschutz zu erhöhen, auch eine invitatio ad offerendum ausreichend, sofern diese Aufforderung zur Abgabe eines Angebots hinreichend konkrete Angaben über das Wertpapier enthält.[192]

In Abgrenzung zu einem private placement liegt ein öffentliches Angebot nur vor, wenn sich das Angebot an das Publikum wendet. Dies ist der Fall, wenn Adressat des Angebots ein unbestimmter Personenkreis ist.[193]

187 Begründung zu dem RegE AnSVG vom 24.5.2004, BT-Drucksache 15/3174, S. 42; näher zu dem Anwendungsbereich des VerkProspG: *Moritz/Grimm*, Licht im Dunkel des „Grauen Marktes"? – Aktuelle Bestrebungen zur Novellierung des Verkaufsprospektgesetzes, BB 2004, S. 1352, 1352 f.

188 Begründung zu dem RegE AnSVG vom 24.5.2004, BT-Drucksache 15/3174, S. 42; *Fleischer*, Prospektpflicht und Prospekthaftung für Vermögensanlagen des Grauen Kapitalmarkts nach dem Anlegerschutzverbesserungsgesetz, BKR 2004, S. 339, 340; *Schäfer*, Stand und Entwicklungstendenzen der spezialgesetzlich geregelten Prospekthaftung, ZGR 2006, S. 40, 72.

189 *Groß*, Kapitalmarktrecht, 3. Aufl., 2006, § 8 k VerkProspG Rn. 4.

190 Richtlinie 2003/71/EG des Europäischen Parlaments und des Rates vom 4.11.2003, betreffend den Prospekt der beim öffentlichen Angebot von Wertpapieren oder bei deren Zulassung zum Handel zu veröffentlichen ist, und zur Änderung der Richtlinie 2001/34/EG (Text von Bedeutung für den EWR) ABl.EG Nr. L 345 vom 31.12.2003, S. 64 ff.

191 *Groß*, Kapitalmarktrecht, 3. Aufl., 2006, § 8 k VerkProspG Rn. 9.

192 *Heidelbach*, in: Schwark (Hrsg.), Kapitalmarktrechtskommentar, 3. Aufl., 2004, § 1 VerkProspG Rn. 8; näher hierzu insbesondere zu der Frage, wann die invitatio ad offerendum hinreichend konkrete Angaben enthält: *Groß*, Kapitalmarktrecht, 3. Aufl., 2006, § 8 k VerkProspG Rn. 10 ff.

193 *Hamann*, in Schäfer (Hrsg.), Wertpapierhandelsgesetz, Börsengesetz mit BörsZulV, Verkaufsprospektgesetz mit VerkProspV, 1999, § 1 VerkProspG Rn. 13; *Groß*, Kapitalmarktrecht, 3. Aufl., 2006, § 8 k VerkProspG Rn. 16; *Heidelbach*, in: Schwark (Hrsg.), Kapitalmarktrechtskommentar, 3. Aufl., 2004, § 1 VerkProspG Rn. 17.

(2) Gänzliche Nichtveröffentlichung eines nach § 8 f VerkProspG erforderlichen Prospekts

Im Gegensatz zur börsengesetzlichen Prospekthaftung vermag nach § 13 a VerkProspG nicht nur die Veröffentlichung fehlerhafter Prospekte, sondern auch das vollständige Unterlassen der Veröffentlichung eines Prospekts, für den § 8 f Abs. 1 VerkProspG eine Veröffentlichungspflicht statuiert, eine Prospekthaftung auszulösen.

§ 8 f Abs. 2 VerkProspG enthält einen Katalog mit verschiedenen Ausnahmen zu der Prospektpflicht nach § 8 f Abs. 1 VerkProspG. Interessant ist von diesen Ausnahmen vor allem die Trias der Befreiungstatbestände nach § 8 f Abs. 2 Nr. 3 VerkProspG.

Hiernach werden nach den ersten beiden Varianten Bagatelltatbestände von der Prospektpflicht ausgenommen. Gemäß der dritten Variante besteht auch bezüglich Wertpapieren, bei denen der Preis jedes einzelnen angebotenen Anteils mindestens 200.000 € beträgt, keine Prospektpflicht. Hintergrund dieser gesetzgeberischen Entscheidung hinsichtlich der letztgenannten Ausnahme ist die Annahme, der Anlegerkreis, der solche Anlagen tätigt, sei auch ohne die in den §§ 8 f, 8 g VerkProspG vorgeschriebenen Prospektinformationen in der Lage, eine fundierte Beurteilung der Chancen und Risiken der Kapitalanlage vorzunehmen.[194]

Soweit eine Ausnahme nach § 8 f Abs. 2 VerkProspG Platz greift, scheidet konsequenterweise mangels einer Prospektpflicht auch eine Prospekthaftung nach § 13 a VerkProspG aus.

Die Haftung für einen gänzlich fehlenden Prospekt stellt eine Besonderheit der Prospekthaftung nach dem VerkProspG dar. Bei der börsengesetzlichen Prospekthaftung ist ein Haftungstatbestand für das vollständige Unterlassen der Veröffentlichung eines Börsenzulassungsprospekts auch obsolet. Denn ein Wertpapier, für das kein Börsenzulassungsprospekt veröffentlicht wurde, kann nicht an einer inländischen Börse gehandelt werden.[195] Damit unterfallen solche Wertpapiere von vornherein nicht dem Anwendungsbereich der börsengesetzlichen Prospekthaftung (siehe S. 57).

Gemäß § 17 Abs. 1 Nr. 1, Abs. 3 VerkProspG wird ein Verstoß gegen die Veröffentlichungspflicht nicht nur mit einer möglichen Prospekthaftung nach § 13 a VerkProspG bedroht. Vielmehr kann diese Pflichtverletzung darüber hinaus auch mit einem Bußgeld von bis zu 500.000 € geahndet werden.

bb. Prospektpflichten bzw. Prospektmangel

Da sich die Haftung für einen fehlerhaften und einen gänzlich fehlenden Prospekt nach verschiedenen Anspruchsgrundlagen richtet, erfolgt hinsichtlich der Prospektpflichten eine getrennte Darstellung.

194 Vgl.: *Weber*, Kapitalmarktrecht, 1999, S. 300.

195 Vgl.: *Fleischer*, Prospektpflicht und Prospekthaftung für Vermögensanlagen des Grauen Kapitalmarkts nach dem Anlegerschutzverbesserungsgesetz, BKR 2004, S. 339, 341; *Barta*, Der Prospektbegriff in der neuen Verkaufprospekthaftung, NZG 2005, S. 305.

(1) Veröffentlichung fehlerhafter Prospekte

Das VerkProspG statuiert in §§ 8 f, 8 g VerkProspG eigene Anforderungen an den Prospektinhalt. Inhaltlich entsprechen die hierin aufgestellten Anforderungen allerdings weitestgehend denen des Börsengesetzes. So muss nach § 8 g Abs. 1 S. 1 VerkProspG der Prospekt „alle tatsächlichen und rechtlichen Angaben enthalten, die notwendig sind, um dem Publikum eine zutreffende Beurteilung des Emittenten und der Vermögensanlagen … zu ermöglichen". Der Anleger soll also wiederum durch die Angaben in die Lage versetzt werden, Chancen und Risiken der Kapitalanlage gegeneinander abwägen zu können, um so eine fundierte Anlageentscheidung treffen zu können.

Darüber hinaus verlangt § 8 g Abs. 1 S. 3 VerkProspG einen Hinweis darauf, dass die inhaltliche Richtigkeit der Prospektangaben nicht Gegenstand der Prospektprüfung durch die Bundesanstalt für Finanzdienstleistungsaufsicht war. Hierdurch soll vermieden werden, dass sich Anleger, geblendet von dem vermeintlichen Gütesiegel der Prüfung durch die Bundesanstalt für Finanzdienstleistungsaufsicht, auf den Inhalt der Prospektangaben verlassen, ohne diesen kritisch zu hinterfragen.

Letzten Endes liegt damit ein fehlerhafter Prospekt vor, wenn die für die Beurteilung der Kapitalanlage wesentlichen Angaben unrichtig oder unvollständig sind. Es handelt sich also letztlich weitestgehend um dieselben Voraussetzungen wie bei dem Börsenzulassungsprospekt. Folglich kann bezüglich der Einzelheiten auf die Darstellungen zu der börsengesetzlichen Prospekthaftung auf S. 57 f. verwiesen werden.

Nach § 11 VerkProspG besteht eine Aktualisierungspflicht, für den Fall der Veränderung wesentlicher Umstände nach Gestattung bzw. Veröffentlichung des Prospekts. Diese Aktualisierungspflicht trifft den Anbieter während der gesamten Dauer des öffentlichen Angebots.

(2) Gänzliche Nichtveröffentlichung eines nach § 8 f VerkProspG erforderlichen Prospekts

Die Prospektpflichten, die durch die §§ 8 f und 8 g VerkProspG aufgestellt werden, gelten wie sich aus der systematischen Stellung vor den §§ 13 f. VerkProspG ergibt, gleichermaßen für die Prospekthaftung für einen fehlerhaften Verkaufsprospekt nach § 13 VerkProspG i.V.m. §§ 44 ff. BörsG und die Prospekthaftung für einen gänzlich fehlenden Verkaufsprospekt nach § 13 a VerkProspG. Daher gelten die oben auf S. 67 gemachten Ausführungen entsprechend.

(3) Abgrenzung fehlerhafter und gänzlich unveröffentlichter Prospekt

Eine Abgrenzung zwischen der Prospekthaftung für einen fehlerhaften Prospekt nach § 13 VerkProspG i.V.m. §§ 44 ff. BörsG und der Prospekthaftung für einen gänzlich fehlenden Verkaufsprospekt nach § 13 a VerkProspG ist dann zweifelsfrei zu treffen, wenn ein Prospekt überhaupt nicht veröffentlicht wurde.

Fraglich ist allerdings, nach welchen Vorschriften die Verantwortlichen haften, wenn eine schriftliche Darstellung verwendet wird, die die Mindestanforderungen an einen Verkaufsprospekt nicht erfüllt.

Es erscheint zweckmäßig in diesen Fällen eine Grenzziehung nach Sinn und Zweck des VerkProspG vorzunehmen.

Durch die Einfügung des § 13 a VerkProspG versuchte der Gesetzgeber Haftungslücken zu schließen.[196] Keinesfalls sollte jedoch infolge der Einführung die Haftung nach § 13 VerkProspG i.V.m. §§ 44 ff. BörsG weitgehend leer laufen. Damit ist deutlich, dass nicht jeder unvollständige Prospekt die strengere Haftung nach § 13 a VerkProspG nach sich zieht.

Es bietet sich daher an, einen Prospekt, der nach seinem Inhalt und seiner Zielrichtung erkennbar zur Erfüllung der Prospektpflichten gemäß §§ 8 f, 8 g VerkProspG erstellt wurde, im Fall seiner Unvollständigkeit – auch wenn diese essentielle Teile der Mindestanforderungen an einen Verkaufsprospekt betrifft – der Prospekthaftung nach § 13 VerkProspG i.V.m. §§ 44 ff. BörsG zu unterwerfen.[197]

Wann ein Prospekt nach seinem Inhalt und seiner Zielrichtung erkennbar zur Erfüllung der Prospektpflichten gemäß §§ 8 f, 8 g VerkProspG erstellt wurde, bestimmt sich anhand einer funktionalen Betrachtungsweise, wobei der Willensrichtung des Emittenten indizielle Bedeutung zukommt.[198]

Damit liegt ein Verkaufsprospekt zur Erfüllung der Prospektpflichten nach §§ 8 f, 8 g VerkProspG jedenfalls dann vor, wenn der Prospekt gemäß § 8 a VerkProspG von der Bundesanstalt für Finanzdienstleistungsaufsicht gestattet und tatsächlich veröffentlicht wurde.[199]

cc. Gesetzlicher Haftungsausschluss

Auch hinsichtlich der einzelnen gesetzlichen Haftungsausschlussnormen ist zwischen der Haftung für einen fehlerhaften und der Haftung für einen gänzlich fehlenden Verkaufsprospekt zu unterscheiden:

196 Begründung zu dem RegE AnSVG vom 24. 05. 2004, BT-Drucksache 15/3174, S. 44.

197 *Fleischer*, Prospektpflicht und Prospekthaftung für Vermögensanlagen des Grauen Kapitalmarkts nach dem Anlegerschutzverbesserungsgesetz, BKR 2004, S. 339, 347.

198 Ebenso: *Fleischer*, Prospektpflicht und Prospekthaftung für Vermögensanlagen des Grauen Kapitalmarkts nach dem Anlegerschutzverbesserungsgesetz, BKR 2004, S. 339, 347; noch stärker auf den Willen des Emittenten abstellend: *Gerber*, Die Prospekthaftung bei Wertpapieremissionen nach dem Dritten Finanzmarktförderungsgesetz, 2001, S. 174; *Hüffer*, Das Wertpapier-Verkaufsprospektgesetz, 1996, S. 133 f.

199 Barta, Der Prospektbegriff in der neuen Verkaufprospekthaftung, NZG 2005, S. 305, 308.

(1) Veröffentlichung fehlerhafter Prospekte

Hinsichtlich der entsprechenden Anwendung des § 45 BörsG gilt auch das auf S. 59 f. zu den gesetzlichen Haftungssauschlüssen Ausgeführte entsprechend. Allerdings bestimmt § 13 Abs. 1 Nr. 3 c VerkProspG die Unanwendbarkeit des Haftungsausschlusses gemäß § 45 Abs. 2 Nr. 5 BörsG hinsichtlich der Prospekthaftung wegen Anlagen des grauen Kapitalmarktes.

(2) Gänzliche Nichtveröffentlichung eines nach § 8f VerkProspG erforderlichen Prospekts

Hinsichtlich der Haftung nach § 13 a VerkProspG ist § 45 BörsG mangels einer gesetzlichen Verweisung nicht anwendbar. Auch eine analoge Anwendung scheidet aus, weil es an einer planwidrigen Regelungslücke fehlt.[200] Denn dem Gesetzgeber standen bei der Schaffung der Haftung nach § 13 a VerkProspG die §§ 44 ff. BörsG und damit auch der § 45 BörsG Vorbild. Dennoch wurden nicht sämtliche in § 45 BörsG genannten Haftungsausschlüsse in § 13 a VerkProspG übernommen. Insoweit liegt also eine bewusste gesetzgeberische Entscheidung gegen die Adaption der übrigen Haftungsausschlüsse des § 45 BörsG vor. Diese würde durch eine analoge Heranziehung des § 45 BörsG konterkariert. Deshalb fehlt es aufgrund der bewussten gesetzgeberischen Entscheidung an der Planwidrigkeit der Regelungslücke.

Allerdings können die Prospektverantwortlichen eine Inanspruchnahme nach § 13 a VerkProspG dennoch vermeiden, wenn sie beweisen, dass der Erwerber die Pflicht zur Veröffentlichung eines Verkaufsprospekts bei Erwerb der Vermögensanlage kannte.

dd. Adressatenkreis der Prospekthaftung nach dem VerkProspG

Hinsichtlich des Adressatenkreises der Haftung nach dem VerkProspG ist wiederum zwischen den verschiedenen Anspruchsgrundlagen zu differenzieren:

(1) Veröffentlichung fehlerhafter Prospekte

Der Kreis der Haftenden für die Veröffentlichung eines fehlerhaften Prospekts wird durch §§ 13 Abs. 1 VerkProspG i.V.m. 44 Abs. 1 S. 1 BörsG abschließend festgelegt. Hiernach haften gemäß §§ 13 Abs. 1 VerkProspG i.V.m. 44 Abs. 1 S. 1 Nr. 1 BörsG die Prospektverantwortlichen.

200 A.A. wohl: *Schäfer,* Stand und Entwicklungstendenzen der spezialgesetzlich geregelten Prospekthaftung, ZGR 2006, S. 40, 52 ff.

Zur Bestimmung der Prospektverantwortlichen kann weitgehend auf die Ausführungen zur börsengesetzlichen Prospekthaftung auf S. 60 zurückgegriffen werden. Allerdings modifiziert § 13 Abs. 1 VerkProspG die Bestimmung des Adressatenkreises der Prospekthaftung nach dem VerkProspG dahingehend, dass insbesondere die Anbieter und die im Verkaufsprospekt ausdrücklich genannten Gesamtverantwortlichen zu dem Kreis der Prospektverantwortlichen gehören.[201]

In erster Linie haften also der Emittent und das Emissionshaus, das am Markt als Anbieter des geschlossenen Fonds auftritt, den Prospekt herausgibt und damit auch für dessen Inhalt die rechtliche Verantwortung übernimmt.[202]

Die zweite Gruppe von Verantwortlichen bilden die Hintermänner, die als die tatsächlichen Urheber des Prospekts anzusehen sind. Diese haften gemäß §§ 13 Abs. 1 VerkProspG i.V.m. 44 Abs. 1 S. 1 Nr. 2 BörsG, wobei auch hier auf das zur börsengesetzlichen Prospekthaftung auf S. 60 Gesagte verwiesen werden kann.

Dagegen haften Experten ebenso wie nach der börsengesetzlichen Prospekthaftung bislang nicht.[203]

Nach §§ 13 Abs. 1 VerkProspG i.V.m. 44 Abs. 1 S. 1 BörsG haften die Verantwortlichen gesamtschuldnerisch.

(2) Gänzliche Nichtveröffentlichung eines nach § 8f VerkProspG erforderlichen Prospekts

Gemäß § 13 a Abs. 1 S. 1 VerkProspG haften Emittent und Anbieter gesamtschuldnerisch. Nach der Begründung des AnSVG ist Anbieter, wer für das öffentliche Angebot verantwortlich ist und gegenüber den Anlegern erkennbar auftritt.[204] Demnach gehört zu dem Kreis der Anbieter insbesondere das Emissionshaus, das den jeweiligen geschlossenen Fonds auflegt und vertreibt.[205]

Emittent ist demgegenüber derjenige, der für seine Rechnung die Vermögensanlage erstmalig auf den Markt bringt oder durch Dritte öffentlich zum Erwerb anbietet.[206] Folge dieser Definition ist, dass Anbieter und Emittent personenidentisch sein können.

201 *Fleischer*, Prospektpflicht und Prospekthaftung für Vermögensanlagen des Grauen Kapitalmarkts nach dem Anlegerschutzverbesserungsgesetz, BKR 2004, S. 339, 343 f.

202 *Bohlken/Lange*, Die Prospekthaftung im Bereich geschlossener Fonds nach §§ 13 Abs. 1 Nr. 3, 13 a Verkaufsprospektgesetz n.F., DB 2005, S. 1259, 1260.

203 *Schäfer,* Stand und Entwicklungstendenzen der spezialgesetzlich geregelten Prospekthaftung, ZGR 2006, S. 40, 58.

204 Begründung zu dem RegE BT-Drucksache 15/3174, S. 42.

205 *Bohlken/Lange*, Die Prospekthaftung im Bereich geschlossener Fonds nach §§ 13 Abs. 1 Nr. 3, 13 a Verkaufsprospektgesetz n.F., DB 2005, S. 1259, 1261.

206 Begründung zu dem RegE AnSVG vom 24. 5. 2004, BT-Drucksache 15/3174 vom 24. 5. 2004, S. 42.

ee. Verschulden

Hinsichtlich des Verschuldensmaßstabes ist abermals zwischen der Haftung nach §§ 13 Abs. 1 VerkProspG i.V.m. 44 ff. BörsG und der Prospekthaftung gemäß § 13 a VerkProspG zu unterscheiden.

(1) Veröffentlichung fehlerhafter Prospekte

Der Verschuldensmaßstab bei der Haftung nach §§ 13 Abs. 1 VerkProspG i.V.m. 45 Abs. 1 BörsG ist eindeutig. Die Prospektverantwortlichen haften nur, wenn die unrichtigen oder unvollständigen Prospektangaben auf Vorsatz oder grober Fahrlässigkeit beruhen. Es gilt das im Rahmen der börsengesetzlichen Prospekthaftung auf S. 61 Gesagte entsprechend.

(2) Gänzliche Nichtveröffentlichung eines nach § 8 f VerkProspG erforderlichen Prospekts

Dagegen enthält § 13 a VerkProspG keine ausdrückliche Regelung über ein Verschuldenserfordernis. Daher sehen beachtliche Teile der Rechtslehre in § 13 a VerkProspG einen verschuldensunabhängigen Haftungstatbestand.[207]

Demgegenüber entnehmen andere Stimmen in der Literatur der Entstehungsgeschichte des § 13 a VerkProspG, dass auch die Prospekthaftung nach § 13 a VerkProspG Vorsatz oder grobe Fahrlässigkeit voraussetze.[208]

Letztgenannte Ansicht vermeidet Unterschiede in den Haftungsvoraussetzungen zwischen der Haftung für einen fehlerhaften Prospekt und der Haftung für die gänzliche Nichtveröffentlichung. Damit werden etwaige aus den unterschiedlichen Haftungsvoraussetzungen erwachsende Wertungswidersprüche bereits im Keim erstickt.

Des Weiteren berufen sich die Befürworter dieser Ansicht auf den Wortlaut der Gesetzesbegründung zu dem AnSVG, durch das § 13 a VerkProspG eingefügt wurde. Dieser spricht durchgängig von „pflichtwidriger" Unterlassung.[209] Hieraus folgern Vertreter dieser Meinung, dass die Haftung nach § 13 a VerkProspG verschuldensabhängig ausgestaltet werden sollte.

Außerdem sollte § 13 a VerkProspG ausweislich der Gesetzesbegründung dem § 13 VerkProspG nachgebildet werden.[210] § 13 Abs. 1 VerkProspG wiederum erklärt

207 *Fleischer*, Prospektpflicht und Prospekthaftung für Vermögensanlagen des Grauen Kapitalmarkts nach dem Anlegerschutzverbesserungsgesetz, BKR 2004, S. 339, 346; Barta, Der Prospektbegriff in der neuen Verkaufprospekthaftung, NZG 2005, S. 305, 306 f.; *Groß*, Kapitalmarktrecht, 4. Aufl., 2009, § 13 a VerkProspG Rn. 4.

208 *Schäfer*, Stand und Entwicklungstendenzen der spezialgesetzlich geregelten Prospekthaftung, ZGR 2006, S. 40, 51; *Bohlken/Lange*, Die Prospekthaftung im Bereich geschlossener Fonds nach §§ 13 Abs. 1 Nr. 3, 13 a Verkaufsprospektgesetz n.F., DB 2005, S. 1259, 1261.

209 Begründung zu dem RegE AnSVG vom 24.5.2004, BT-Drucksache 15/3174, S. 44 f.

210 Begründung zu dem RegE AnSVG vom 24.5.2004, BT-Drucksache 15/3174, S. 44.

die §§ 44 ff. BörsG für entsprechend anwendbar und stellt demgemäß eine Haftung für Vorsatz und grobe Fahrlässigkeit dar. Demzufolge sei auch § 13 a VerkProspG eine verschuldensabhängige Haftungsnorm, die Vorsatz oder grobe Fahrlässigkeit voraussetze. Im Übrigen entspreche es auch den Grundsätzen des deutschen Schadensrechts, Haftungsnormen verschuldensabhängig auszugestalten.[211]

Dennoch erscheint es vorzugswürdig, in § 13 a VerkProspG eine Garantiehaftung zu sehen.

Hierfür streitet neben dem Wortlaut der Norm auch der gesetzgeberische Wille. Denn die bewusste Streichung des Verschuldenserfordernisses in § 13 a Abs. 4 S. 1 VerkProspG-RefE bei gleichzeitiger Beibehaltung anderer Haftungsausschlussgründe lässt lediglich den Schluss zu, dass nach dem Willen des Gesetzgebers eine verschuldensunabhängige Haftung geschaffen werden sollte, um eine noch effektivere Durchsetzung des Prospektzwangs nach § 8 f Abs. 1 VerkProspG zu erreichen.

Hierfür spricht auch die Veränderung des Wortlauts der Begründung zu dem Referentenentwurf im Vergleich zu dem Wortlaut der Begründung zu dem Regierungsentwurf. Die Begründung zu dem Referentenentwurf lautet: „Auch die Ausschlusstatbestände des Abs. 4 sind denen des § 45 I und II Nr. 3 BörsenG nachgebildet. Diese Risikoverteilung zu Lasten des Emittenten bei grober Fahrlässigkeit ist im Interesse eines umfassenden Anlegerschutzes, für den die Einhaltung der Prospektpflicht von entscheidender Bedeutung ist, gerechtfertigt".[212]

Demgegenüber fehlen in der Begründung zu dem Regierungsentwurf sowohl der Verweis auf § 45 Abs. 1 BörsG als auch die Beschränkung auf eine Haftung für grobe Fahrlässigkeit, obwohl eine Erörterung der Risikoverteilung vorgenommen wurde. Die maßgebliche Passage der Begründung des Regierungsentwurfes lautet demgemäß: „Auch der Ausschlusstatbestand des Abs. 4 ist dem § 45 II Nr. 3 des BörsenG … nachgebildet … Diese Risikoverteilung zu Lasten des Emittenten ist im Interesse eines umfassenden Anlegerschutzes, für den die Einhaltung der Prospektpflicht von entscheidender Bedeutung ist, gerechtfertigt".[213]

Des Weiteren lässt sich aus dem Wortlaut der Gesetzesbegründung, die einen „pflichtwidrigen" Verstoß verlangt, nicht folgern, dass der Verstoß notwendigerweise verschuldet sein muss. Vielmehr entspricht es der Terminologie neuerer Gesetze zwischen Pflichtverletzungen einerseits und dem Erfordernis des Vertretenmüssens bzw. einem Verschuldenserfordernisses andererseits zu differenzieren. Dies belegt bereits ein Blick in das allgemeine Schuldrecht, genauer auf § 280 Abs. 1 BGB. Dieser differenziert deutlich zwischen den Tatbestandsvoraussetzungen „Pflichtverletzung" und „Vertretenmüssen", indem § 280 Abs. 1 S. 1 BGB zunächst die Verletzung einer Pflicht fordert und § 280 Abs. 1 S. 2 BGB zudem ein Vertretenmüssen voraussetzt.

Daher streiten die besseren Argumente, insbesondere der gesetzgeberische Wille und das Ziel, einen effektiveren Anlegerschutz zu erreichen, dafür, in § 13 a VerkProspG eine Garantiehaftung zu sehen.

211 *Schäfer,* Stand und Entwicklungstendenzen der spezialgesetzlich geregelten Prospekthaftung, ZGR 2006, S. 50, 51.

212 Begründung zu dem RefE AnSVG, ZBB 2004, S. 168, 194.

213 Begründung zu dem RegE AnSVG vom 24.5.2004, BT-Drucksache 15/3174, S. 44.

ff. Übrige Tatbestandsvoraussetzung und Verjährung

Die übrigen Tatbestandsvoraussetzungen ähneln stark denen der börsengesetzlichen Prospekthaftung, so dass weitestgehend die dort auf S. 61 f. gemachten Ausführungen entsprechend gelten.

(1) Veröffentlichung fehlerhafter Prospekte

Anspruchsberechtigt ist gemäß §§ 13 Abs. 1 Nr. 1 und Nr. 3 VerkProspG i.V.m. 44 Abs. 1 S. 1 BörsG, wer die Vermögensanlage nach Veröffentlichung des Prospekts und innerhalb von sechs Monaten nach dem ersten öffentlichen Angebot im Inland erworben hat.[214]

Prospekthaftungsansprüche nach § 13 Abs. 1 VerkProspG i.V.m. §§ 44 ff. BörsG verjähren gemäß § 13 Abs. 1 VerkProspG i.V.m. § 46 BörsG in einem Jahr seit dem Zeitpunkt, zu dem der Erwerber von der Unrichtigkeit oder Unvollständigkeit der Prospektangaben positive Kenntnis erlangt hat. Die Maximalverjährungsfrist beträgt drei Jahre. Sie beginnt mit der Veröffentlichung des Prospekts. Hinsichtlich der Details wird auf die Ausführungen auf S. 62 verwiesen.

(2) Gänzliche Nichtveröffentlichung eines nach § 8f VerkProspG erforderlichen Prospekts

Nach § 13 a Abs. 1 S. 1 VerkProspG ist jeder Erwerber anspruchsberechtigt, der vor Veröffentlichung eines Prospekts innerhalb von sechs Monaten nach dem ersten öffentlichen Angebot im Inland die Vermögensanlage erwarb.

Nach der Gesetzesbegründung des AnSVG greift die Haftung nach § 13 a VerkProspG ein, wenn der Erwerber bei Erwerb keine Kenntnis von der Prospektpflicht hatte und kein Verkaufsprospekt erstellt wurde.[215] Eine Kausalität zwischen der Anlageentscheidung und der Nichtveröffentlichung des Prospekts wird demnach nicht verlangt. Hintergrund des gesetzgeberischen Verzichts auf das Kausalitätserfordernis ist, dass eine Anlageentscheidung niemals allein auf dem Umstand, dass kein Prospekt veröffentlicht wurde, beruht.[216]

Ansprüche nach § 13 a VerkProspG verjähren gemäß § 13 a Abs. 5 VerkProspG in einem Jahr seit dem Zeitpunkt, zu dem der Erwerber Kenntnis von der Pflicht der Prospektverantwortlichen, einen Verkaufsprospekt zu veröffentlichen, erlangt hat. Die Ansprüche verjähren allerdings spätestens drei Jahre nach dem Abschluss des Erwerbsgeschäfts.

214 Begründung zu dem RegE 3. Finanzmarktförderungsgesetz vom 6.11.1997, BT-Drucks. 13/ 8933, S. 89.
215 Begründung zu dem RegE AnSVG vom 24.5.2004, BT-Drucksache 15/3174, S. 44.
216 *Bohlken/Lange*, Die Prospekthaftung im Bereich geschlossener Fonds nach §§ 13 Abs. 1 Nr. 3, 13 a Verkaufsprospektgesetz n.F., DB 2005, S. 1259, 1261.

gg. *Haftungsfreizeichnung*

Die Regelungen zur Haftungsbeschränkung nach § 13 a Abs. 6 VerkProspG und § 47 BörsG, auf den § 13 Abs. 1 Nr. 3 VerkProspG verweist, sind wortlautgleich. Sie statuieren die Unwirksamkeit im Voraus getroffener Beschränkungen oder Ausschlüsse der Prospekthaftung. Hinsichtlich der Einzelheit kann auf S. 62 verwiesen werden.

hh. *Primärmarkt und Sekundärmarkt*

In erster Linie findet die Prospekthaftung nach dem VerkProspG auf dem Primärmarkt Anwendung, was insbesondere durch das Erfordernis der Geltendmachung des Anspruchs innerhalb der 6-Monats-Frist belegt wird. Denn innerhalb dieser Zeit findet typischer Weise nur ein Handel der Vermögensanlagen auf dem Primärmarkt statt.[217]

Andererseits deutet die sowohl in § 13 Abs. 1 VerkProspG i.V.m. § 44 Abs. 1 S. 1 BörsG als auch in § 13 a Abs. 1 S. 1 VerkProspG statuierte 6-Monats-Frist, innerhalb derer sowohl Erst- als auch Zweiterwerber Prospekthaftungsansprüche geltend machen können, auf eine Anwendbarkeit auch auf dem Sekundärmarkt hin. Hierbei verfangen die gleichen Argumente, die bereits im Rahmen der börsengesetzlichen Prospekthaftung auf S. 63 dargestellt wurden.

Untermauert wird dies auch durch die Verweisung des § 13 Abs. 1 VerkProspG auf § 44 Abs. 1 S. 3 BörsG, nach dem auch nicht unterscheidbare „Alt-Vermögensanlagen" in den Anwendungsbereich der Prospekthaftung mit einbezogen werden.

Dennoch spielt die Prospekthaftung nach dem VerkProspG auf dem Sekundärmarkt regelmäßig keine große Rolle, weil ein Sekundärhandel während der ersten sechs Monate nach dem erstmaligen Angebot typischerweise nicht stattfindet.[218]

In letzter Zeit etablieren sich aber zunehmend börsenähnliche Märkte an Regionalbörsen, an denen ein Sekundärhandel von geschlossenen Fonds im Sinn des § 8 f VerkProspG stattfinden soll. Hierzu zählen zum einen die seit 2003 an der Düsseldorfer Börse eingerichtete GEFOX, zum anderen die Fondbörse an der Hamburger Börse. Hierdurch könnte der Sekundärhandel zunehmen und somit die Bedeutung der Prospekthaftung auf dem Sekundärmarkt in gleichem Maße steigen.

217 Vgl.: *Schäfer,* Stand und Entwicklungstendenzen der spezialgesetzlich geregelten Prospekthaftung, ZGR 2006, S. 40, 73.

218 *Schäfer,* Stand und Entwicklungstendenzen der spezialgesetzlich geregelten Prospekthaftung, ZGR 2006, S. 40, 73.

c. *Prospekthaftung nach dem InvG*

Die spezialgesetzliche Prospekthaftung wurde 2003 durch das InvG[219] ergänzt. Das InvG dient der Umsetzung der Änderungsrichtlinien zur OGAW-Richtlinie der EG[220] und fasst die Vorschriften des AuslInvestmG[221] und des KAGG[222] zusammen.

Ziele des Gesetzes sind vornehmlich die Verbesserung des Anlegerschutzes, die Zusammenfassung steuerrechtlicher Regelungen in Anpassung an europäische Grundsätze für die Besteuerung von Investmentfonds, unter anderem durch die Aufhebung der gesetzlichen Fondstypen, die Einführung eines vereinfachten Verkaufsprospekt und die Schaffung einer Zulassungsregelung hinsichtlich Hedgefonds.[223]

Durch das InvG traten sowohl das AuslInvestmG als auch das KAGG außer Kraft. Die bisher in § 20 Abs. 1 KAGG und §§ 12 Abs. 1, 15 i AuslInvestmG geregelte investmentrechtliche Prospekthaftung ist im Zuge der Neugestaltung des Investmentrechts in § 127 InvG aufgegangen. Die Änderungen, die sich daraus für die investmentrechtliche Prospekthaftung ergeben haben, sind allerdings marginal.[224]

aa. *Anwendungsbereich und Prospektbegriff*

Bezugspunkt der investmentrechtlichen Prospekthaftung gemäß § 127 Abs. 1 S. 1 InvG kann sowohl ein ausführlicher als auch ein vereinfachter Verkaufsprospekt einer Kapitalanlagegesellschaft oder einer ausländischen Investmentgesellschaft im Sinn der §§ 42, 127 InvG sein.

219 Investmentgesetz vom 15.12.2003 (BGBl. I 2003, S. 2676), zuletzt geändert durch Artikel 7 des Gesetzes vom 5.1.2007 (BGBl. I 2007, S. 10).

220 Richtlinie 2001/107/EG des Europäischen Parlaments und des Rates vom 21.1.2002 zur Änderung der Richtlinie 85/611/EWG des Rates zur Koordinierung der Rechts- und Verwaltungsvorschriften betreffend bestimmte Organismen für gemeinsame Anlagen in Wertpapieren (OGAW) zwecks Festlegung von Bestimmungen für Verwaltungsgesellschaften und vereinfache Prospekte vom 13.2.2002, ABl.EG Nr. L 41, S. 20 ff.

221 Gesetz über den Vertrieb ausländischer Investmentanteile und über die Besteuerung der Erträge aus ausländischen Investmentanteilen (Erster Teil des Gesetzes über den Vertrieb ausländischer Investmentanteile, über die Besteuerung ihrer Erträge sowie zur Änderung und Ergänzung des Gesetzes über Kapitalanlagegesellschaften) (BGBl. I 1969, S. 986) zuletzt geändert durch Art. 2 Nr. 1 des Gesetzes vom 22.2.1990 (BGBl. I 1990, S. 266); aufgehoben durch Art. 17 Abs. 1 Satz 2 des Gesetzes vom 15.12.2003 (BGBl. I 2003, S. 2676) mit Wirkung seit dem 1.1.2004.

222 Gesetz über Kapitalanlagegesellschaften in der Fassung der Bekanntmachung vom 9. September 1998 (BGBl. I 1998, S. 2726) zuletzt geändert durch Art. 6 des Gesetzes vom 22. Dezember 2003 (BGBl. I 2003, S. 2840); aufgehoben durch Art. 17 Abs. 1 Satz 2 des Gesetzes vom 15.12.2003 (BGBl. I 2003, S. 2676) mit Wirkung seit dem 1.1.2004.

223 Begründung zu dem RegE zu dem Gesetz zur Modernisierung des Investmentwesens und zur Besteuerung von Investmentvermögen (Investmentmodernisierungsgesetz) vom 19.9.2003, BT-Drucksache 15/1553, S. 1 f.

224 *Assmann,* in: Assmann/Schütze (Hrsg.), Handbuch des Kapitalanlagerechts, 3. Aufl., 2007, § 6 Rn. 288.

Ausweislich § 42 Abs. 1 S. 1 InvG ist ein Verkaufsprospekt für von Kapitalanlagegesellschaften verwaltetes Sondervermögen zu erstellen. Hieraus folgt eine Prospektpflicht auch für den Handel mit Aktien von Investmentaktiengesellschaften.

Allerdings beschränkt sich diese Prospektpflicht und damit auch die Prospekthaftung nach § 127 Abs. 1 S. 1 InvG faktisch auf Verkaufsprospekte für Investmentaktiengesellschaften mit variablem Kapital. Denn gemäß § 101 Abs. 3 InvG dürfen Anteile an Investmentaktiengesellschaften mit festem Kapital nur dann öffentlich angeboten werden, wenn sie zum organisierten Handel an einer inländischen Börse zugelassen sind. Die Zulassung zum organisierten Handel an einer inländischen Börse erfordert aber die Veröffentlichung eines Börsenzulassungsprospekts,[225] bei dessen Unrichtigkeit oder Unvollständigkeit wegen ihrer auf diesen Fall speziell zugeschnittenen, abschließenden Haftungsregelungen allein die §§ 44 ff. BörsG eingreifen.[226] Folglich kann eine Prospekthaftung nach § 127 Abs. 1 S. 1 InvG nur insoweit Platz greifen, wie sie nicht von der börsengesetzlichen Prospekthaftung verdrängt wird.

Im Ergebnis bleibt demnach festzuhalten, dass Verkaufsprospekte hinsichtlich Aktien öffentlich angebotener nicht börsennotierter Investmentaktiengesellschaften, sowie Verkaufsprospekte bezüglich von Kapitalanlagegesellschaften verwalteter Investmentfonds der Prospekthaftung nach § 127 Abs. 1 S. 1 InvG unterliegen.[227] Die inländischen Kapitalanlagegesellschaften müssen hierbei ausweislich § 6 Abs. 1 S. 2 InvG in der Rechtsform einer GmbH oder AG betrieben werden.

bb. Prospektpflichten bzw. Prospektmangel

§ 42 Abs. 1 S. 1 InvG statuiert die Pflicht, für von Kapitalanlagegesellschaften verwaltetes Sondervermögen im Regelfall einen ausführlichen und zusätzlich einen vereinfachten Verkaufsprospekt zu erstellen. Die Pflicht zur zusätzlichen Erstellung eines vereinfachten, weil knapperen und übersichtlicheren Verkaufsprospekts dient der Umsetzung von Art. 28 OGAW-Richtlinie der EG.

Gemäß §§ 42 Abs. 1 S. 1 (1.HS), 117 Abs. 1 InvG darf ein vereinfachter Prospekt aber nicht für den Vertrieb von Anteilen an Immobilien-Sondervermögen oder Dach-Sondervermögen mit zusätzlichen Risiken genutzt werden. Denn die Kriterien des vereinfachten Prospekts entsprechen diesen Sondervermögen aufgrund der Verkaufs-

225 Vgl.: *Fleischer*, Prospektpflicht und Prospekthaftung für Vermögensanlagen des Grauen Kapitalmarkts nach dem Anlegerschutzverbesserungsgesetz, BKR 2004, S. 339, 341; *Barta*, Der Prospektbegriff in der neuen Verkaufprospekthaftung, NZG 2005, S. 305.

226 *Assmann*, in: Assmann/Schütze (Hrsg.), Handbuch des Kapitalanlagerechts, 3. Aufl., 2007, § 6 Rn. 289; *Schäfer,* Stand und Entwicklungstendenzen der spezialgesetzlich geregelten Prospekthaftung, ZGR 2006, S. 40, 70; zu dem Verhältnis der §§ 44 ff. BörsG zu den Vorgängerregelungen des § 127 InvG in KAGG und AuslInvestmG: *Ellenberger,* Prospekthaftung im Wertpapierhandel, 2001, S. 94.

227 *Schäfer,* Stand und Entwicklungstendenzen der spezialgesetzlich geregelten Prospekthaftung, ZGR 2006, S. 40, 71; *Haertlein,* Prospektverantwortlichkeit infolge werbender Äußerungen über Kapitalanlagen, ZIP 2008, S. 726, 727; zu dem Verhältnis der §§ 44 ff. BörsG zu den Vorgängerregelungen des § 127 InvG in KAGG und AuslInvestmG: *Ellenberger,* Prospekthaftung im Wertpapierhandel, 2001, S. 94.

gegenstände und der Anlagestruktur nicht. Ebenso wenig dürfen vereinfachte Verkaufsprospekte für den öffentlichen Vertrieb von ausländischen Nicht-EU-Investmentanteilen genutzt werden.

Im Gegensatz zum Börsenzulassungsprospekt bedürfen die Verkaufsprospekte der Kapitalanlagegesellschaften vor ihrer erstmaligen Verwendung keiner aufsichtsbehördlichen Genehmigung.[228] Gemäß § 42 Abs. 6 InvG sind Verkaufsprospekte lediglich nach ihrer ersten Verwendung der Bundesanstalt für Finanzdienstleistungsaufsicht einzureichen. Umso wichtiger ist die genaue Umschreibung der Anforderungen an einen solchen Verkaufsprospekt.

§ 42 Abs. 1 S. 3 InvG gibt dem Prospektverfasser einen Katalog von Mindestangaben vor. Dieser fordert neben zwingenden Formalien, einer Kurzdarstellung der Steuerrechtslage sowie den Grundsätzen der Anteilswertermittlung als wichtigste Prospektangabe die Definition von Anlagezielen und Anlagepolitik, § 42 Abs. 1 S. 3 Nr. 14 InvG.

Ausweislich § 42 Abs. 1 S. 2 InvG ist Ziel der Prospektpflicht wiederum, dem Anleger Chancen und Risken der Anlage vor Augen zu führen.[229] Einem durchschnittlichen Anleger muss ein richtiges Gesamtbild der Anlagegegenstände, sowie ihrer Auswirkungen und Risiken auf die finanzielle Beurteilung der Anlage vermittelt werden. Je spezialisierter die Anlage ist, umso umfassender muss über die Auswirkungen einer nur eingeschränkten Risikomischung aufgeklärt werden.[230]

Demnach ist nach § 127 Abs. 1 S. 1 InvG ein Prospekt mangelhaft, wenn er in Bezug auf Angaben, die für die Beurteilung der Anteile von wesentlicher Bedeutung sind, unvollständig oder unrichtig ist. Eine mit § 13 a VerkProspG vergleichbare Haftung für die gänzliche Nichtveröffentlichung eines Verkaufsprospekts enthält das InvG nicht.

Für den vereinfachten Verkaufsprospekt enthält § 127 Abs. 2 InvG eine Legaldefinition der wesentlichen Angaben. Hiernach werden ausschließlich die Angaben nach § 42 Abs. 2 bis 4 InvG als Angaben von wesentlicher Bedeutung genannt. Im Übrigen muss für die Beantwortung der Frage, welche Angaben wesentlich sind, auf die allgemeinen Grundsätze zurückgegriffen werden.[231] Die Ausführungen zur börsengesetzlichen Prospekthaftung auf S. 57 f. können entsprechend herangezogen werden.

§ 42 Abs. 5 InvG begründet für die Prospektverantwortlichen eine Aktualisierungspflicht für die Dauer der Verwendung der Verkaufsprospekte. Hiernach sind die Verkaufsprospekte während der gesamten Verwendungszeit hinsichtlich der Angaben von wesentlicher Bedeutung auf dem neuesten Stand zu halten.

228 *Schäfer,* Stand und Entwicklungstendenzen der spezialgesetzlich geregelten Prospekthaftung, ZGR 2006, S. 40, 62; *Köndgen/Schmies,* in: Schimansky/Bunte/Lwowski (Hrsg.), Bankrechts-Handbuch Band II, 3. Aufl., 2007, § 113 Rn. 81.

229 Vgl. auch: *Köndgen/Schmies,* in: Schimansky/Bunte/Lwowski (Hrsg.), Bankrechts-Handbuch Band II, 3. Aufl., 2007, § 113 Rn. 80.

230 BGH, WM 2005, S. 782, 784.

231 *Schäfer,* Stand und Entwicklungstendenzen der spezialgesetzlich geregelten Prospekthaftung, ZGR 2006, S. 40, 65; *Assmann,* in: Assmann/Schütze (Hrsg.), Handbuch des Kapitalanlagerechts, 3. Aufl., 2007, § 6 Rn. 290.

cc. Gesetzlicher Haftungsausschluss

Gemäß § 127 Abs. 3 S. 2 und Abs. 4 S. 2 InvG ist ein Anspruch aus investmentrechtlicher Prospekthaftung ausgeschlossen, wenn der Käufer die Unrichtigkeit oder Unvollständigkeit der Prospektangaben bei Abschluss des Kaufes kannte. Diese haftungsausschließende Kenntnis ist von dem Anspruchsgegner zu beweisen.[232]

dd. Adressatenkreis der Prospekthaftung nach dem InvG

Adressaten der Prospekthaftung sind gemäß § 127 Abs. 1 S. 1 InvG in erster Linie die Prospekturheber, das heißt die Kapitalanlagegesellschaften bzw. die ausländische Investmentgesellschaft.

Außerdem richtet sich die Haftung ausweislich § 127 Abs. 1 S. 1 InvG gegen Personen, die Anteile im eigenen Namen gewerbsmäßig vertreiben, insbesondere Kommissionäre und Eigenhändler.[233]

§ 127 Abs. 4 S. 1 InvG erweitert den Kreis der Haftenden um diejenigen, die beispielsweise als Anlagevermittler oder Abschlussvermittler gewerbsmäßig den Verkauf der Anteile vermitteln oder die Anteile in fremdem Namen verkaufen.[234] Voraussetzung für deren Haftung ist allerdings die positive Kenntnis dieser Personen von der Fehlerhaftigkeit der Prospektangaben.

Gemäß § 127 Abs. 1 S. 1 InvG haften mehrere Anspruchsgegner als Gesamtschuldner.

ee. Verschulden

Die investmentrechtliche Prospekthaftung ist verschuldensabhängig. Dies folgt aus einem Umkehrschluss zu § 127 Abs. 3 InvG. Denn nach § 127 Abs. 3 InvG entfällt die Haftung, wenn der Prospektverantwortliche nachweist, die Unrichtigkeit oder Unvollständigkeit des Prospekts nicht gekannt zu haben und diese Unkenntnis nicht auf grober Fahrlässigkeit beruht. Im Grundsatz ist die investmentrechtliche Prospekthaftung damit eine Haftung für Vorsatz und grobe Fahrlässigkeit.

§ 127 Abs. 4 S. 1 InvG stellt in Hinblick auf das Verschulden eine Sonderregelung zu § 127 Abs. 3 S. 1 InvG dar. Hiernach haften nach § 127 Abs. 4 S. 1 InvG in den

232 *Baur*, Investmentgesetze Band I, 1997, § 20 KAGG Rn. 28; *Assmann*, in: Assmann/Schütze (Hrsg.), Handbuch des Kapitalanlagerechts, 3. Aufl., 2007, § 6 Rn. 299; *Schäfer,* Stand und Entwicklungstendenzen der spezialgesetzlich geregelten Prospekthaftung, ZGR 2006, S. 40, 67.

233 *Schödermeier/Baltzer*, in: Brinkhaus/Scherer, Gesetz über Kapitalanlagegesellschaften (KAGG), Auslandsinvestmentgesetz (AuslInvestmG), 2003, § 20 KAGG Rn. 16 mwN; *Assmann*, in: Assmann/Schütze (Hrsg.), Handbuch des Kapitalanlagerechts, 3. Aufl., 2007, § 6 Rn. 293.

234 *Assmann*, in: Assmann/Schütze (Hrsg.), Handbuch des Kapitalanlagerechts, 3. Aufl., 2007, § 6 Rn. 294; *Schödermeier/Baltzer*, in: Brinkhaus/Scherer, Gesetz über Kapitalanlagegesellschaften (KAGG), Auslandsinvestmentgesetz (AuslInvestmG), 2003, § 20 KAGG Rn. 17.

Kreis der Haftenden einbezogenen Personen nicht, wenn sie nachweisen, dass sie die Fehlerhaftigkeit des Prospekts nicht kannten. Grob fahrlässige Unkenntnis von der Fehlerhaftigkeit des Prospekts schadet nach dem Wortlaut des § 127 Abs. 4 S. 1 InvG nicht. Dem zu Folge wird im Rahmen des § 127 Abs. 4 InvG lediglich für Vorsatz gehaftet.

ff. Übrige Tatbestandsvoraussetzung und Verjährung

Wer aufgrund eines fehlerhaften Verkaufsprospekts Anteile gekauft hat, ist anspruchsberechtigt im Sinn des § 127 Abs. 1 S. 1 InvG. Nach dem eindeutigen Wortlaut des § 127 Abs. 1 S. 1 InvG kommt als Erwerbsform demnach lediglich der Anteilskauf nach §§ 433, 453 BGB in Betracht.

Durch die Formulierung des Gesetzes wird verdeutlicht, dass eine haftungsbegründende Kausalität zwischen der Fehlerhaftigkeit des Prospekts und der Anlageentscheidung Voraussetzung für das Eingreifen der investmentrechtlichen Prospekthaftung ist.

Allerdings ist umstritten, was genau unter einem Kauf „auf Grund des … Verkaufsprospekts" zu verstehen ist. Der Streit rührt daher, dass eine Aushändigung des Verkaufsprospektes nicht mehr erforderlich ist.

Aus der wortgleichen Formulierung des KAGG schlossen Teile der Rechtsprechung, bereits die Existenz eines fehlerhaften Verkaufsprospekts bzw. dessen Bekanntgabe an die Öffentlichkeit vermittele die haftungsbegründende Kausalität.[235] Diese Auslegung vermeidet zum einen Beweisschwierigkeiten. Zum anderen beugt sie einer etwaigen aus den Beweisschwierigkeiten folgenden Rechtsunsicherheit vor. Sie besticht mit klaren Ergebnissen und verwirklicht einen effektiven Anlegerschutz.

Des Weiteren gewährleistet sie durch die Anlehnung der Auslegung an § 45 Abs. 2 Nr. 1 BörsG eine weitgehende Parallelität der Haftungsvoraussetzungen von investmentrechtlicher und börsenrechtlicher Prospekthaftung. Dies vermeidet Wertungswidersprüche, die sich aufgrund des sich teilweise überschneidenden Anwendungsbereichs ergeben könnten.

Allerdings ist sie mit dem Wortlaut des § 127 InvG nicht vereinbar. Denn dieser fordert gerade den Nachweis der haftungsbegründenden Kausalität. Eine Auslegung, nach der zum Nachweis dieser Kausalität bereits die Existenz eines fehlerhaften Prospekts genügt, lässt dieses Tatbestandsmerkmal praktisch leer laufen. Sie ist trotz ihrer rechtspolitischen Vorzüge nicht mit der geltenden Rechtslage vereinbar und damit abzulehnen.

Daher ist die Auslegung vorzugswürdig, nach der Anleger nachweisen müssen, den Verkaufsprospekt im Zeitpunkt des Vertragsabschlusses zur Kenntnis genommen zu

235 So im Ergebnis: LG Frankfurt/M, ZIP 2003, S. 295, 301 f, das in dem Erfordernis des Nachweises der haftungsbegründenden Kausalität ein redaktionelles Versehen sieht.

haben, um einen Prospekthaftungsanspruch geltend machen zu können.[236] Denn nur diese Auslegung wird dem Wortlaut des § 127 Abs. 1 S. 1 InvG gerecht.

Demnach muss der Anleger nachweisen, dass er sich bei dem Kauf der Anteile zumindest auch von den fehlerhaften Prospektangaben leiten ließ.

An den Nachweis der Kausalität sind im Interesse des effektiven Anlegerschutzes aber keine allzu hohen Anforderungen zu stellen.[237] Keinesfalls kann der vollständige Nachweis der Ursächlichkeit zwischen den konkreten fehlerhaften Angaben und der Anlageentscheidung gefordert werden.[238]

Allerdings ist auch eine Kausalitätslockerung nach dem Vorbild der börsengesetzlichen Prospekthaftung, bei der es als ausreichend gilt, wenn die Investition aufgrund einer vorherrschenden Anlagestimmung vorgenommen wurde, nicht auf die investmentrechtliche Prospekthaftung übertragbar.[239] Anderenfalls würde wiederum das Kausalitätserfordernis in nicht gesetzeskonformer Art und Weise ausgehöhlt. Des Weiteren verbietet sich eine Analogie zu den börsengesetzlichen Regelungen aber auch wegen der nicht vergleichbaren Interessenlage. Denn der Vertrieb von Investmentanteilen ist im Vergleich zu dem Vertrieb von Aktien deutlich stärker individualisiert.

Den widerstreitenden Interessen, der Wahrung des Gesetzeswortlautes einerseits und der Verwirklichung eines effektiven Anlegerschutzes andererseits, wird eine widerlegliche Vermutung am besten gerecht. Nach dieser wird widerleglich die Ursächlichkeit des mangelhaften Prospekts für den Anteilserwerb vermutet, wenn dem Anleger der Nachweis gelingt, dass ihm der Prospekt als er die Anlageentscheidung traf tatsächlich vorgelegen hat.[240]

An einer haftungsbegründenden Kausalität fehlt es aber jedenfalls dann, wenn der Anleger die Anteile vor Veröffentlichung des Prospekts gekauft hatte. Denn auch ein nachgereichter Prospekt vermag die fehlende haftungsbegründende Kausalität nicht im Nachhinein herzustellen.[241]

236 *Assmann*, in: Assmann/Schütze (Hrsg.), Handbuch des Kapitalanlagerechts, 3. Aufl., 2007, § 6 Rn. 295; zu der Vorgängerregelung § 20 KAGG: *Schödermeier/Baltzer*, in: Brinkhaus/Scherer, Gesetz über Kapitalanlagegesellschaften (KAGG), Auslandsinvestmentgesetz (AuslInvestmG), 2003, § 20 KAGG Rn. 9; *Baur*, in: Assmann/Schütze (Hrsg.), Handbuch des Kapitalanlagerechts, 2. Aufl., 1997, § 18 Rn. 179.

237 Ganz h. M.: *Schödermeier/Baltzer*, in: Brinkhaus/Scherer, Gesetz über Kapitalanlagegesellschaften (KAGG), Auslandsinvestmentgesetz (AuslInvestmG), 2003, § 20 KAGG Rn. 10; *Baur*, Investmentgesetze Band I, 1997, § 20 KAGG Rn. 14; *Assmann*, in: Assmann/Schütze (Hrsg.), Handbuch des Kapitalanlagerechts, 3. Aufl., 2007, § 6 Rn. 295; *Schäfer,* Stand und Entwicklungstendenzen der spezialgesetzlich geregelten Prospekthaftung, ZGR 2006, S. 40, 66.

238 A.A. soweit ersichtlich lediglich: *Köndgen/Schmies*, in: Schimansky/Bunte/Lwowski (Hrsg.), Bankrechts-Handbuch Band II, 3. Aufl., 2007, § 113 Rn. 81.

239 *Baur*, Investmentgesetze Band I, 1997, § 20 KAGG Rn. 15; *Assmann*, in: Assmann/Schütze (Hrsg.), Handbuch des Kapitalanlagerechts, 3. Aufl., 2007, § 6 Rn. 296; *Köndgen/Schmies*, in: Schimansky/Bunte/Lwowski (Hrsg.), Bankrechts-Handbuch Band II, 3. Aufl., 2007, § 113 Rn. 81.

240 *Köndgen/Schmies*, in: Schimansky/Bunte/Lwowski (Hrsg.), Bankrechts-Handbuch Band II, 3. Aufl., 2007, § 113 Rn. 81; *Assmann*, in: Assmann/Schütze (Hrsg.), Handbuch des Kapitalanlagerechts, 3. Aufl., 2007, § 6 Rn. 295.

241 *Assmann*, in: Assmann/Schütze (Hrsg.), Handbuch des Kapitalanlagerechts, 3. Aufl., 2007, § 6 Rn. 296.

Anspruchsberechtigt ist jeder Erwerber. Dies umfasst sowohl den Erst- als auch den Zweiterwerber.[242] Ausweislich § 127 Abs. 1 S. 2 InvG gilt dies auch für Erwerber, die nicht mehr Inhaber der Anteile sind. Allerdings ist in diesem Fall nach § 127 Abs. 1 S. 2 InvG Voraussetzung, dass der Anleger seine Anteile zu einem Zeitpunkt veräußerte, zu dem er noch keine Kenntnis von der Fehlerhaftigkeit des Verkaufsprospekts hatte. Dagegen ist die rechtsgeschäftliche Form, nach der sich der Anleger seiner Anteile begeben hat, unerheblich.[243]

Gemäß § 127 Abs. 5 InvG tritt ein Jahr nach Kenntniserlangung von der Fehlerhaftigkeit des Prospekts, spätestens aber 3 Jahre nach Abschluss des Kaufvertrages die Verjährung ein. Diese Regelung entspricht inhaltlich der der § 46 BörsG und § 13 a Abs. 5 VerkProspG. Daher gelten die Ausführungen auf S. 62 entsprechend.

gg. Haftungsfreizeichnung

Das InvG enthält keine Regelung hinsichtlich der Zulässigkeit von Haftungsbeschränkungen bzw. -freizeichnungen. Aus der Inexistenz einer entsprechenden Regelung kann nun – quasi durch einen Umkehrschluss – gefolgert werden, der Gesetzgeber habe die Möglichkeit einer Freizeichnung nicht verboten und damit die Zulässigkeit einer solchen anerkannt.

Durch eine solche Gesetzesinterpretation würde die investmentrechtliche Prospekthaftung aber weitgehend zu einem stumpfen Schwert verkommen. Denn die Prospektverantwortlichen hätten es stets selbst in der Hand, die Haftung zu beschränken bzw. auszuschließen. Die Regelungen der investmentrechtlichen Prospekthaftung würden damit quasi ihres zwingenden Charakters beraubt, den sie benötigt, um das Ziel des InvG, das Vertrauen der Anleger in die Kapitalmärkte wiederherzustellen,[244] zu erreichen. Daher ist eine solche Auslegung des Gesetzes abzulehnen.

Zweckmäßig erscheint es vielmehr, die Lücke in dem InvG infolge des Fehlens einer expliziten Regelung durch eine entsprechende Anwendung des § 47 Abs. 1 BörsG zu füllen. Damit sind im Voraus getroffene Haftungsfreizeichnungen und Haftungsbegrenzungen unwirksam. Es gelten die Ausführungen zu der börsengesetzlichen Prospekthaftung auf S. 62 entsprechend.

242 *Assmann*, in: Assmann/Schütze (Hrsg.), Handbuch des Kapitalanlagerechts, 3. Aufl., 2007, § 6 Rn. 292.

243 *Assmann*, in: Assmann/Schütze (Hrsg.), Handbuch des Kapitalanlagerechts, 3. Aufl., 2007, § 6 Rn. 292.

244 Begründung zu dem RegE zu dem Gesetz zur Modernisierung des Investmentwesens und zur Besteuerung von Investmentvermögen (Investmentmodernisierungsgesetz) vom 19.9.2003, BT-Drucks. 15/1553, S. 1.

hh. Primärmarkt und Sekundärmarkt

Die investmentrechtliche Prospekthaftung ist primär – wie jegliche Art der spezialgesetzlichen Prospekthaftung – auf den ersten Handel mit den Anteilen gerichtet.[245] Sie stellt demnach vornehmlich ein Haftungsinstrument auf dem Gebiet des Primärmarktes dar.

Allerdings beansprucht die investmentrechtliche Prospekthaftung auch auf dem Sekundärmarkt Geltung, was aus der Tatsache folgt, dass jeder Erwerber, gleichgültig, ob er Erst- oder Zweiterwerber ist, anspruchsberechtigt ist (siehe S. 81).

4. Haftung nach §§ 37 b, 37 c WpHG wegen Verstößen gegen die Ad-hoc-Publizität

Nach §§ 37 b und 37 c WpHG haftet der Emittent für fehlerhafte und pflichtwidrig unterlassene Ad-hoc-Mitteilungen. Diese bereichsspezifischen Haftungsnormen führte der Gesetzgeber mit dem Vierten Finanzmarktförderungsgesetz[246] als Reaktion auf die Infomatec-Entscheidungen ein. Diese hatten gezeigt, dass die Begründung einer Haftung über die allgemeinen bürgerlich-rechtlichen Haftungsnormen bei Publizitätspflichtverstößen schwierig, wenn auch nicht unmöglich ist.[247] Durch das AnSVG erfolgte im Zug der Umsetzung der Marktmissbrauchsrichtlinie[248] eine Anpassung der §§ 15, 37 b und 37 c WpHG zu der heute noch – trotz anderweitiger Änderungen des WpHG – gültigen Fassung der Normen.[249]

Ad-hoc-Mitteilungen stellen öffentliche Kapitalmarktinformation dar. Denn sie sind einer breiten Masse von Anlegern bekannt zu machen. Durch die Vorgabe der formalen Anforderungen an eine Ad-hoc-Mitteilung in § 15 Abs. 7 WpHG i.V.m. §§ 4, 5 WpAIV, insbesondere § 5 WpAIV, wird gewährleistet, dass die Veröffentlichung über ein anerkanntes elektronisches Medium und auf der Homepage des Emittenten erfolgt. Damit soll gewährleistet werden, dass dem Anlegerpublikum in seiner Gesamtheit die Insiderinformation zeitgleich zur Verfügung steht.[250] Die Ad-hoc-Pu-

245 Vgl.: *Zimmer/Cloppenburg*, Haftung für falsche Informationen des Sekundärmarktes auch bei Kapitalanlagen des nicht geregelten Kapitalmarktes?, ZHR 171 (2007), S. 519, 525.

246 Gesetz zur weiteren Fortentwicklung des Finanzplatzes Deutschland – Viertes Finanzmarktförderungsgesetz vom 21.6.2002 (BGBl. I 2002, S. 2010).

247 *Jungmichel*, Haftung und Schadenskompensation bei Verstößen gegen Ad-hoc-Publizitätspflichten, 2007, S. 27.

248 Richtlinie 2003/6/EG des Europäischen Parlaments und des Rates vom 28.1.2003 über Insider-Geschäfte und Marktmanipulation (Marktmissbrauch), Abl.EG Nr. L 096 vom 12.4.2003, S. 16 ff.

249 Wertpapierhandelsgesetz in der Fassung der Bekanntmachung vom 9.9.1998 (BGBl. I 1998, S. 2708), zuletzt geändert durch Artikel 1 des Gesetzes vom 16.7.2007 (BGBl. I 2007, S. 1330).

250 So bereits die Beschlussempfehlung und Bericht des Finanzausschusses (7. Ausschuss) zu dem 2. Finanzmarktförderungsgesetz vom 15.6.1994, BT-Drucks. 12/7918, S. 101 zur Herstellung der so genannten Bereichsöffentlichkeit nach § 15 Abs. 3 WpHG a.F.

blizität dient demnach der informationellen Chancengleichheit der Marktteilnehmer.[251]

a. *Anwendungsbereich*

Die Haftung nach den §§ 37 b und 37 c WpHG betrifft ausschließlich fehlerhafte oder unterlassene Ad-hoc-Mitteilungen,[252] obwohl nur § 37 c Abs. 1 WpHG auf § 15 WpHG verweist und § 37 b Abs. 1 WpHG von „Insiderinformationen“ spricht.

aa. *Ad-hoc-Mitteilung*

Dennoch sind unter Ad-hoc-Mitteilungen im Sinn des §§ 37 b und 37 c WpHG ausschließlich Veröffentlichungen aufgrund der Veröffentlichungspflicht nach § 15 WpHG zu verstehen.[253] Denn auch § 15 Abs. 1 S. 1 WpHG spricht selbst von „Insiderinformationen“ und setzt hierbei die Legaldefinition des § 13 WpHG voraus.

Hiernach ist eine Insiderinformation eine konkrete Information über nicht öffentlich bekannte Umstände mit Emittentenbezug und der Eignung, im Fall ihres Bekanntwerdens den Börsen- oder Marktpreis erheblich zu beeinflussen, § 13 Abs. 1 S. 1 WpHG.[254]

Zur Auslegung des Begriffs „konkrete Information“ kann auf Art. 1 Abs. 1 S. 1 der Marktmissbrauchsrichtlinie[255] zurückgegriffen werden.[256]

Der Gesetzgeber verzichtete bei der Umsetzung der Marktmissbrauchsrichtlinie bewusst auf den in den §§ 37 b und 37 c WpHG a.F. enthaltenen Begriff „Tatsache“ und ersetzte diesen durch „Umstände“. Neben Tatsachen werden demnach auch Prognosen, überprüfbare Werturteile, insbesondere Meinungsäußerungen und Rechtsauf-

251 OLG Stuttgart, AG 2007, S. 250, 251; *Ehricke,* in: Hopt/Voigt (Hrsg.), Prospekt- und Kapitalmarktinformationshaftung, 2005, S. 251; *Sethe*, in: Assmann/Schneider (Hrsg.), Wertpapierhandelsgesetz, 5. Aufl., 2009, §§ 37 b, 37 c Rn. 4; *Assmann*, in: Assmann/Schneider (Hrsg.), Wertpapierhandelsgesetz, 5. Aufl., 2009, § 15 Rn. 7.

252 *Fleischer*, in: Assmann/Schütze (Hrsg.), Handbuch des Kapitalanlagerechts, 3. Aufl., 2007, § 7 Rn. 5.

253 Begründung zu dem RegE 4. Finanzmarktförderungsgesetz vom 18.1.2002, BT-Drucks. 14/8017, S. 93 f.; *Ehricke,* in: Hopt/Voigt (Hrsg.), Prospekt- und Kapitalmarktinformationshaftung, 2005, S. 250; *Fleischer*, Das Vierte Finanzmarktförderungsgesetz, NJW 2002, S. 2977, 2979.

254 Einzelheiten zu den Tatbestandsvoraussetzungen einer Insiderinformation: *Assmann*, in: Assmann/Schneider (Hrsg.), Wertpapierhandelsgesetz, 5. Aufl., 2009, § 13 Rn. 4 ff.

255 Richtlinie 2003/6/EG des Europäischen Parlaments und des Rates vom 28.1.2003 über Insider-Geschäfte und Marktmanipulation (Marktmissbrauch), Abl.EG Nr. L 096 vom 12.4.2003, S. 16 ff.

256 *Assmann*, in: Assmann/Schneider (Hrsg.), Wertpapierhandelsgesetz, 5. Aufl., 2009, § 13 Rn. 7; *Jungmichel*, Haftung und Schadenskompensation bei Verstößen gegen Ad-hoc-Publizitätspflichten, 2007, S. 69.

fassungen, zu diesen Umständen hinzugerechnet.[257] Unter überprüfbaren Werturteilen versteht der Gesetzgeber vor allem aus überlegener Sachkunde abgegebene und daher überprüfbare Werturteile.[258] Im Übrigen bleibt es aber bei dem Grundsatz, dass Werturteile und Meinungsäußerungen durch Elemente des persönlichen Dafürhaltens geprägt und daher dem Beweis nicht zugänglich sind. Folglich stellen sie grundsätzlich keine konkreten Umstände im Sinn des § 13 WpHG dar.[259]

Eine Insiderinformation betrifft den Emittenten unmittelbar, sofern sie interne Vorgänge der Unternehmen oder die Beziehung der Unternehmen zu ihrer Umwelt betreffen, ohne sich auf Umstände zu beziehen, die nur eine bestimmte Klasse von Insiderpapieren berühren, welche von den fraglichen Unternehmen emittiert wurden.[260] Dies ist nach dem Regelbeispiel des § 15 Abs. 1 S. 2 WpHG insbesondere der Fall, wenn sie sich auf Umstände bezieht, die in dem Tätigkeitsbereich des Emittenten selbst eingetreten sind.

Die Information darf weiterhin nicht öffentlich bekannt sein. Ganz herrschender Meinung zufolge ist eine Information bereits öffentlich bekannt, wenn es einer unbestimmten Anzahl von Personen aus dem Kreis der Marktteilnehmer möglich ist, von ihr Kenntnis zu nehmen.[261]

Des Weiteren muss die Information geeignet sein, bei ihrem Bekanntwerden den Börsen- oder Marktpreis erheblich zu beeinflussen. Durch dieses Tatbestandsmerkmal sollen Bagatellfälle, in denen die Verwertung der unveröffentlichten Information von vornherein keinen nennenswerten wirtschaftlichen Vorteil verspricht und somit der Anreiz, die Information zu verwerten, ohnehin gering ist, von der Veröffentlichungspflicht ausgenommen werden, um eine Informationsüberflutung zu vermeiden.[262]

Ob eine Information geeignet ist, den Börsen- oder Marktpreis erheblich zu beeinflussen, ist durch eine Prognose aus der ex-ante Perspektive eines objektiven Beobachters mit dem Kenntnisstand bezogen auf den Zeitpunkt des Insiderhandels zu er-

257 Begründung zu dem RegE AnSVG vom 24. 5. 2004, BT-Drucksache 15/3174, S. 33; *Nietsch*, Schadensersatzhaftung wegen Verstoßes gegen Ad-hoc-Publizitätspflichten nach dem Anlegerschutzverbesserungsgesetz, BB 2005, S. 785; *Assmann*, in: Assmann/Schneider (Hrsg.), Wertpapierhandelsgesetz, 5. Aufl., 2009, § 13 Rn. 13; vgl. auch: OLG Stuttgart, AG 2007, S. 250, 252; a.A.: *Ehricke,* in: Hopt/Voigt (Hrsg.), Prospekt- und Kapitalmarktinformationshaftung, 2005, S. 252, der nur Tatsachen für veröffentlichungspflichtig hält.

258 Begründung zu dem RegE AnSVG vom 24. 5. 2004, BT-Drucksache 15/3174, S. 33.

259 *Nietsch*, Schadensersatzhaftung wegen Verstoßes gegen Ad-hoc-Publizitätspflichten nach dem Anlegerschutzverbesserungsgesetz, BB 2005, S. 785, 788; *Assmann*, in: Assmann/Schneider (Hrsg.), Wertpapierhandelsgesetz, 5. Aufl., 2009, § 13 Rn. 13.

260 *Assmann*, in: Assmann/Schneider (Hrsg.), Wertpapierhandelsgesetz, 5. Aufl., 2009, § 13 Rn. 48; *Simon*, Die neue Ad-hoc-Publizität, Der Konzern 2005, S. 13, 14 ff.; a.A.: *Tippach*, Marktdaten im künftigen Insiderrecht?, WM 1993, S. 1269, 1271, der nur Informationen, die sich auf betriebsinterne Vorgänge eines oder mehrerer Emittenten beziehen, als emittetenbezogen ansieht.

261 Siehe bereits: Begründung zu dem RegE 2. Finanzmarktförderungsgesetz vom 27.1.1994, BT-Drucks. 12/6679, S. 46; Einzelheiten hierzu: *Ehricke,* in: Hopt/Voigt (Hrsg.), Prospekt- und Kapitalmarktinformationshaftung, 2005, S. 259 ff.; *Assmann*, in: Assmann/Schneider (Hrsg.), Wertpapierhandelsgesetz, 5. Aufl., 2009, § 13 Rn. 31 ff.

262 Einzelheiten hierzu: *Assmann*, in: Assmann/Schneider (Hrsg.), Wertpapierhandelsgesetz, 5. Aufl., 2009, § 13 Rn. 50 ff.

mitteln.[263] Der Beurteilungsmaßstab ist der eines verständigen, mit den Marktgegebenheiten vertrauten und mit Kenntnis aller verfügbaren Informationen ausgestatteten Anlegers.[264] In jedem Fall muss eine Untersuchung, die die besonderen Umstände des jeweiligen Einzelfalls berücksichtigt, erfolgen.[265]

Hinsichtlich der Frage, wann das Potenzial der Information hinsichtlich der Börsen- oder Marktpreisbeeinflussung erheblich ist, entschied sich der Gesetzgeber im Zuge der Neufassung des § 13 Abs. 1 S. 2 WpHG durch das AnSVG gegen eine bestimmte Schwellenwertfixierung und für den so genannten subjektiven Ansatz.[266]

Nach diesem subjektiven Ansatz beurteilt sich die Kursrelevanz danach, welchen Kauf- oder Verkaufsanreiz die Information auf einen verständigen, rational handelnden Anleger ausübt.[267]

bb. Aktualisierungspflicht

Das Problem des Bestehens einer Aktualisierungspflicht stellt sich hinsichtlich Ad-hoc-Mitteilungen nicht.[268] Denn sobald eine neue Insiderinformation vorliegt ist diese als neue Ad-hoc-Mitteilung gemäß § 15 Abs. 1 S. 1 WpHG grundsätzlich zu veröffentlichen.

War eine vorangegangene Ad-hoc-Mitteilung fehlerhaft, folgt die Pflicht zur Veröffentlichung einer berichtigenden Ad-hoc-Mitteilung aus § 15 Abs. 2 S. 2 WpHG.

cc. Das haftungsauslösende Verhalten

Hinsichtlich des haftungsauslösenden Verhaltens differenziert das Gesetz zwischen §§ 37 b und 37 c WpHG. Während § 37 b WpHG die Fälle der haftungsbegründenden Unterlassung der Veröffentlichung einer Ad-hoc-Mitteilung regelt, betrifft § 37 c WpHG deren unrichtige Veröffentlichung.

263 Ganz h.M.: *Assmann*, Das neue deutsche Insiderrecht, ZGR 1994, S. 494, 514; *Ehricke,* in: Hopt/ Voigt (Hrsg.), Prospekt- und Kapitalmarktinformationshaftung, 2005, S. 259; *Hopt*, Europäisches und deutsches Insiderrecht, ZGR 1991, S. 17, 32; *Assmann*, in: Assmann/Schneider (Hrsg.), Wertpapierhandelsgesetz, 5. Aufl., 2009, § 13 Rn. 54.

264 Emittentenleitfaden der BaFin, S. 22; *Assmann*, in: Assmann/Schneider (Hrsg.), Wertpapierhandelsgesetz, 5. Aufl., 2009, § 13 Rn. 58.

265 Siehe bereits: Begründung zu dem RegE 2. Finanzmarktförderungsgesetz vom 27.1.1994, BT-Drucks. 12/6679, S. 48.

266 Begründung zu dem RegE AnSVG vom 24. 05. 2004, BT-Drucksache 15/3174, S. 34; *Claussen/ Florian*, Der Emittentenleitfaden, AG 2005, S. 745, 750; *Koch*, Neuerungen im Insiderrecht und der Ad-hoc-Publizität, DB 2005, S. 267; andeutungsweise: *Möllers*, Insiderinformation und Befreiung von der Ad-hoc-Publizität nach § 15 Abs. 3 WpHG, WM 2005, S. 1393, 1395; *Harbarth*, Ad-hoc-Publizität beim Unternehmenskauf, ZIP 2005, S. 1898, 1902.

267 *Koch*, Neuerungen im Insiderrecht und der Ad-hoc-Publizität, DB 2005, S. 267; *Assmann*, in: Assmann/Schneider (Hrsg.), Wertpapierhandelsgesetz, 5. Aufl., 2009, § 13 Rn. 64; einen nicht abschließenden Katalog kurserheblicher Umständen enthält der Emittentenleitfaden der BaFin, S. 43 ff.

268 Andeutend: *Harbarth*, Ad-hoc-Publizität beim Unternehmenskauf, ZIP 2005, S. 1898, 1908.

Die Abgrenzung zwischen unwahren und pflichtwidrig unterlassenen Ad-hoc-Mitteilungen erfolgt nach dem Schwerpunkt des Lebenssachverhalts.[269]

(1) Pflichtwidriges Unterlassen einer Ad-hoc-Mitteilung

Ein haftungsbegründendes Unterlassen nach § 37 b WpHG wird begründet, wenn nach § 15 Abs. 1 S. 1 WpHG vorgeschriebene Veröffentlichungen gänzlich unterbleiben,[270] verspätet erfolgen[271] oder nicht den Anforderungen des § 15 Abs. 7 WpHG i.V.m. § 4 ff. WpAIV genügen.[272] Pflichtwidrig unterlassene oder verspätete Berichtigungen einer früheren Ad-hoc-Mitteilung sind nach § 15 Abs. 2 S. 2 WpHG ebenso als haftungsbegründendes Unterlassen zu behandeln.[273]

(2) Unwahre Ad-hoc-Mitteilung

Ein haftungsbegründendes Tun im Sinn des § 37 c WpHG liegt vor, wenn der Emittent eine unwahre Insiderinformation veröffentlicht, die ihn unmittelbar betrifft. Hierbei kann sich die Unwahrheit sowohl aus einer inhaltlichen Unrichtigkeit als auch einer Unvollständigkeit der Ad-hoc-Mitteilung ergeben.[274] Denn beide Tatbestandsalternativen können zu einer Irreführung des Anlegers führen.

269 *Schäfer*, in: Marsch-Barner/Schäfer (Hrsg.), Handbuch börsennotierte AG, 2. Aufl., 2009, § 16 Rn. 11; *Fleischer*, in: Assmann/Schütze (Hrsg.), Handbuch des Kapitalanlagerechts, 3. Aufl., 2007, § 7 Rn. 44; *Zimmer*, in: Schwark (Hrsg.), Kapitalmarktrechtskommentar, 3. Aufl., 2004, §§ 37 b, 37 c WpHG Rn. 31.

270 *Sethe*, in: Assmann/Schneider (Hrsg.), Wertpapierhandelsgesetz, 5. Aufl., 2009, §§ 37 b, 37 c Rn. 46.

271 Begründung zu dem RegE 4. Finanzmarktförderungsgesetz vom 18.1.2002, BT-Drucks. 14/8017, S. 93; *Sethe*, in: Assmann/Schneider (Hrsg.), Wertpapierhandelsgesetz, 5. Aufl., 2009, §§ 37 b, 37 c Rn. 46.

272 *Mülbert/Steup*, in: Habersack/Mülbert/Schlitt (Hrsg.), Unternehmensfinanzierung am Kapitalmarkt, 2005, § 26 Rn. 126; *Jungmichel*, Haftung und Schadenskompensation bei Verstößen gegen Ad-hoc-Publizitätspflichten, 2007, S. 118; *Zimmer*, in: Schwark (Hrsg.), Kapitalmarktrechtskommentar, 3. Aufl., 2004, § 37 b, 37 c WpHG Rn. 30; andeutungsweise auch: *Sethe*, in: Assmann/Schneider (Hrsg.), Wertpapierhandelsgesetz, 5. Aufl., 2009, §§ 37 b, 37 c Rn. 46.

273 *Mülbert/Steup*, in: Habersack/Mülbert/Schlitt (Hrsg.), Unternehmensfinanzierung am Kapitalmarkt, 2005, § 26 Rn. 126.

274 *Fleischer*, in: Assmann/Schütze (Hrsg.), Handbuch des Kapitalanlagerechts, 3. Aufl., 2007, § 7 Rn. 44; *Sethe*, in: Assmann/Schneider (Hrsg.), Wertpapierhandelsgesetz, 5. Aufl., 2009, §§ 37 b, 37 c Rn. 56; *Nietsch*, Schadensersatzhaftung wegen Verstoßes gegen Ad-hoc-Publizitätspflichten nach dem Anlegerschutzverbesserungsgesetz, BB 2005, S. 785, 788.

d. Gesetzlicher Haftungsausschluss

Im Rahmen der Haftung für fehlerhafte oder pflichtwidrig unterlassene Ad-hoc-Mitteilungen ist zwischen verschiedenen gesetzlichen Haftungsausschlüssen zu unterscheiden.

aa. Kenntnis

Zunächst ist die Haftung nach §§ 37 b Abs. 3 bzw. 37 c Abs. 3 WpHG ausgeschlossen, wenn der Anleger positive Kenntnis von der pflichtwidrig nicht veröffentlichten oder der Unwahrheit der veröffentlichten Ad-hoc-Mitteilung hatte.[275] Grob fahrlässige Unkenntnis führt dagegen nicht zu einem Anspruchsausschluss.[276] Denn nur bei positiver Kenntnis entfällt die Schutzwürdigkeit des Anlegers.[277]

bb. § 15 Abs. 3 WpHG

Des Weiteren ist eine Haftung gemäß § 37 b WpHG ausgeschlossen, soweit der Emittent von der Veröffentlichungspflicht nach § 15 Abs. 3 WpHG befreit ist.

Obwohl § 37 b Abs. 1 WpHG nur den pflichtauslösenden Tatbestand des § 15 Abs. 1 WpHG wiederholt, will § 37 b WpHG keine von § 15 WpHG abweichende Pflichtenlage für den Emittenten schaffen. Folglich greift die Befreiung von der Veröffentlichungspflicht nach § 15 Abs. 3 WpHG auch im Rahmen des § 37 b WpHG Platz. Damit stellt § 15 Abs. 3 WpHG einen gesetzlichen Haftungsausschluss dar, sofern der Emittent von seinem Wahlrecht Gebrauch macht und die Befreiungsmöglichkeit in Anspruch nimmt.[278]

Voraussetzung der Befreiung von der Veröffentlichungspflicht nach § 15 Abs. 3 S. 1 WpHG ist zunächst, dass berechtigte Emittenteninteressen die Befreiung erfordern.[279]

275 Näher hierzu: *Zimmer*, in: Schwark (Hrsg.), Kapitalmarktrechtskommentar, 3. Aufl., 2004, § 37 b, 37 c WpHG Rn. 77 ff.

276 Begründung zu dem RegE 4. Finanzmarktförderungsgesetz vom 18.1.2002, BT-Drucks. 14/8017, S. 94.

277 *Buck-Heeb*, Kapitalmarktrecht, 2. Aufl., 2007, Rn. 219.

278 *Nietsch*, Schadensersatzhaftung wegen Verstoßes gegen Ad-hoc-Publizitätspflichten nach dem Anlegerschutzverbesserungsgesetz, BB 2005, S. 785, 786; *Sethe*, in: Assmann/Schneider (Hrsg.), Wertpapierhandelsgesetz, 5. Aufl., 2009, §§ 37 b, 37 c Rn. 55; *Jungmichel*, Haftung und Schadenskompensation bei Verstößen gegen Ad-hoc-Publizitätspflichten, 2007, S. 135; *Möllers/Leisch*, Offene Fragen zum Anwendungsbereich der §§ 37 b und 37 c WpHG, NZG 2003, S. 112, 114; *Maier-Reimer/Webering*, Ad-hoc-Publizität und Schadensersatzhaftung, WM 2002, S. 1857, 1858.

279 Einzelheiten hierzu: *Assmann*, in: Assmann/Schneider (Hrsg.), Wertpapierhandelsgesetz, 5. Aufl., 2009, § 15 Rn. 135 ff.

Zur Beurteilung, wann der Emittent ein berechtigtes Interesse an dem Aufschub der Veröffentlichung hat, ist § 6 WpAIV heranzuziehen.[280] Nach der Grundregel des § 6 S. 1 WpAIV ist das dann der Fall, wenn die Interessen des Emittenten an der Geheimhaltung die Interessen des Kapitalmarktes an einer vollständigen und zeitnahen Veröffentlichung überwiegen. Der Emittent muss also eine Prognoseentscheidung treffen.

Zur Konkretisierung der Kriterien für diese Prognoseentscheidung hält § 6 S. 2 WpAIV zwei Regelbeispiele bereit. Hiernach besteht gemäß § 6 S. 2 Nr. 1 WpAIV ein berechtigtes Interesse des Emittenten, sofern das Ergebnis oder der Gang laufender Verhandlungen ernsthaft gefährdet würde. Außerdem überwiegt das Emittenteninteresse an der einstweiligen Geheimhaltung, wenn für die Wirksamkeit der Maßnahme die erforderliche Zustimmung eines anderen Organs des Emittenten erforderlich ist und diese Zustimmung noch nicht erteilt wurde und auch noch nicht als sicher gilt, § 6 S. 2 Nr. 2 WpAIV.

Weiterhin muss nach § 15 Abs. 3 S. 1 WpHG eine Irreführung der Öffentlichkeit ausgeschlossen sein. Vor dem Hintergrund, dass jeder Zurückhaltung von Insiderinformationen die Gefahr innewohnt, den Markt zu einer unzutreffenden Bewertung der Finanzinstrumente zu veranlassen, spricht vieles dafür, dieses Tatbestandsmerkmal restriktiv auszulegen.[281]

Eine Gefahr der Irreführung der Öffentlichkeit liegt demgemäß also in Fällen vor, in denen der Emittent aktiv Signale setzt, die zu der noch nicht veröffentlichten Insiderinformation in Widerspruch stehen.[282] Außerdem ist eine Irreführung anzunehmen, wenn auf dem Markt bereits konkrete Informationen über den nicht veröffentlichten Umstand kursieren.[283]

Weitere Voraussetzung des Befreiungstatbestandes nach § 15 Abs. 3 S. 1 WpHG ist, dass der Emittent die Vertraulichkeit der Insiderinformation gewährleisten kann.

Dieses Tatbestandsmerkmal wird durch § 7 WpAIV weiter ausgestaltet,[284] wonach die Vertraulichkeit gewährleistet ist, solange der Emittent den Zugang zu der Insiderinformation kontrolliert. Hierzu muss er gemäß § 7 Nr. 1 WpAIV wirksame Vorkehrungen treffen, die sicherstellen, dass nur die Personen, deren Kenntnis der Insiderinformation für die Erfüllung ihrer Aufgaben bei dem Emittenten unerlässlich ist, Zugang zu der Information erhalten. Des Weiteren muss er kumulativ gemäß § 7 Nr. 2 WpAIV sicherstellen, die Information unverzüglich bekannt geben zu kön-

280 *Harbarth*, Ad-hoc-Publizität beim Unternehmenskauf, ZIP 2005, S. 1898, 1904; *Nietsch*, Schadensersatzhaftung wegen Verstoßes gegen Ad-hoc-Publizitätspflichten nach dem Anlegerschutzverbesserungsgesetz, BB 2005, S. 785, 788; *Assmann*, in: Assmann/Schneider (Hrsg.), Wertpapierhandelsgesetz, 5. Aufl., 2009, § 15 Rn. 135.

281 *Cahn/Götz*, Ad-hoc-Publizität und Regelberichterstattung, AG 2007, S. 221, 225 f.; *Harbarth*, Ad-hoc-Publizität beim Unternehmenskauf, ZIP 2005, S. 1898, 1905; vgl. auch: *Veith*, Die Befreiung von der Ad-hoc-Publizitätspflicht nach § 15 III WpHG, NZG 2005, S. 254, 257; *Assmann*, in: Assmann/Schneider (Hrsg.), Wertpapierhandelsgesetz, 5. Aufl., 2009, § 15 Rn. 160.

282 Emittentenleitfaden der BaFin, S. 56.

283 *Simon*, Die neue Ad-hoc-Publizität, Der Konzern 2005, S. 13, 20; *Veith*, Die Befreiung von der Ad-hoc-Publizitätspflicht nach § 15 III WpHG, NZG 2005, S. 254, 257.

284 *Assmann*, in: Assmann/Schneider (Hrsg.), Wertpapierhandelsgesetz, 5. Aufl., 2009, § 15 Rn. 161; *Harbarth*, Ad-hoc-Publizität beim Unternehmenskauf, ZIP 2005, S. 1898, 1906.

nen, sobald er die Vertraulichkeit nicht mehr gewährleisten kann. Der Emittent hat daher während des Zeitraumes der Befreiung von der Veröffentlichungspflicht bereits eine Ad-hoc-Mitteilung zu entwerfen oder zumindest entsprechende Vorbereitungen zu treffen.[285]

Des Weiteren erfordert das Eingreifen des Befreiungstatbestandes nach § 15 Abs. 3 S. 1 WpHG eine Entscheidung des Emittenten über den Aufschub der Veröffentlichung.[286] Dies bringt § 15 Abs. 3 S. 4 WpHG zum Ausdruck.

Dem Emittenten steht bei Vorliegen der Voraussetzungen des § 15 Abs. 3 S. 1 WpHG ein Wahlrecht hinsichtlich des Aufschubs der Veröffentlichung zu.[287] Dieses Wahlrecht hat er nach pflichtgemäßem Ermessen auszuüben.[288] Die Entscheidung kann auch mündlich erfolgen und bedarf keiner besonderen Form.[289]

Dagegen stellt die Pflicht zur Mitteilung gegenüber der Bundesanstalt für Finanzdienstleistungsaufsicht gemäß § 15 Abs. 3 S. 4 WpHG keine Voraussetzung einer wirksamen Befreiung nach § 15 Abs. 3 S. 1 WpHG dar.[290] Nach § 39 Abs. 2 Nr. 2 lit. c WpHG kann ein Verstoß gegen die Mitteilungspflicht nach § 15 Abs. 3 S. 4 WpHG aber als Ordnungswidrigkeit geahndet und gemäß § 39 Abs. 4 (2. Var.) WpHG mit einer Geldbuße von bis zu 200.000 € belegt werden.

Nach den allgemeinen Grundsätzen der Beweislastverteilung trägt der Emittent die Beweislast für das Vorliegen der Befreiungsvoraussetzungen, da dies eine für ihn günstige Tatsache ist.[291]

Wichtig ist, dass die Befreiungsmöglichkeit nach § 15 Abs. 3 S. 1 WpHG nur zu einem Aufschub der Veröffentlichungspflicht führt. Sobald die Voraussetzungen des § 15 Abs. 3 WpHG wegfallen, hat der Emittent die Ad-hoc-Mitteilung gemäß § 15 Abs. 3 S. 2 WpHG unverzüglich zu veröffentlichen.[292] Kommt er dieser Pflicht

285 *Jungmichel*, Haftung und Schadenskompensation bei Verstößen gegen Ad-hoc-Publizitätspflichten, 2007, S. 153.

286 Begründung zu dem RegE AnSVG vom 24. 05. 2004, BT-Drucksache 15/3174, S. 35; *Assmann*, in: Assmann/Schneider (Hrsg.), Wertpapierhandelsgesetz, 5. Aufl., 2009, § 15 Rn. 129; *Harbarth*, Ad-hoc-Publizität beim Unternehmenskauf, ZIP 2005, S. 1898, 1903; *Schneider*, Selbstbefreiung von der Pflicht zur Ad-hoc-Publizität, BB 2005, S. 897, 900; a.A.: *Jungmichel*, Haftung und Schadenskompensation bei Verstößen gegen Ad-hoc-Publizitätspflichten, 2007, S. 154; *Kuthe*, Änderungen des Kapitalmarktrechts durch das Anlegerschutzverbesserungsgesetz, ZIP 2004, S. 883, 885; *Nietsch*, Schadensersatzhaftung wegen Verstoßes gegen Ad-hoc-Publizitätspflichten nach dem Anlegerschutzverbesserungsgesetz, BB 2005, S. 785, 786.

287 *Schneider*, Selbstbefreiung von der Pflicht zur Ad-hoc-Publizität, BB 2005, S. 897, 900; *Harbarth*, Ad-hoc-Publizität beim Unternehmenskauf, ZIP 2005, S. 1898, 1906; *Versteegen*, in Kölner Kommentar zum WpHG, 2007, § 15 Rn. 176.

288 *Assmann*, in: Assmann/Schneider (Hrsg.), Wertpapierhandelsgesetz, 5. Aufl., 2009, § 15 Rn. 129; *Diekmann/Sustmann*, Gesetz zur Verbesserung des Anlegerschutzes (Anlegerschutzverbesserungsgesetz – AnSVG), NZG 2004, S. 929, 935.

289 *Schneider*, Selbstbefreiung von der Pflicht zur Ad-hoc-Publizität, BB 2005, S. 897, 900; *Harbarth*, Ad-hoc-Publizität beim Unternehmenskauf, ZIP 2005, S. 1898, 1906.

290 *Harbarth*, Ad-hoc-Publizität beim Unternehmenskauf, ZIP 2005, S. 1898, 1906; vgl. auch: *Assmann*, in: Assmann/Schneider (Hrsg.), Wertpapierhandelsgesetz, 5. Aufl., 2009, § 15 Rn. 133.

291 *Nietsch*, Schadensersatzhaftung wegen Verstoßes gegen Ad-hoc-Publizitätspflichten nach dem Anlegerschutzverbesserungsgesetz, BB 2005, S. 785, 786.

292 *Harbarth*, Ad-hoc-Publizität beim Unternehmenskauf, ZIP 2005, S. 1898, 1904.

nicht nach, kann er wegen Verstoßes gegen die Veröffentlichungspflicht nach § 15 Abs. 3 S. 2 WpHG gemäß § 37 b Abs. 1 WpHG in Anspruch genommen werden.

Zu beachten ist weiterhin, dass § 15 Abs. 3 S. 1 WpHG ausschließlich im Rahmen der Haftung für pflichtwidrig unterlassene Ad-hoc-Mitteilungen gemäß § 37 b WpHG einen Haftungsausschlussgrund darstellt. Denn die Befreiung von der Veröffentlichungspflicht nach § 15 Abs. 3 WpHG rechtfertigt lediglich das Unterlassen der Veröffentlichung, nicht aber die Veröffentlichung einer unwahren Ad-hoc-Mitteilung. Daher scheidet § 15 Abs. 3 WpHG als gesetzlicher Haftungsausschlussgrund im Rahmen der Haftung für fehlerhafte Ad-hoc-Mitteilungen nach § 37 c WpHG aus.

e. Adressatenkreis

Die §§ 37 b und 37 c WpHG legen den Kreis der Haftungsadressaten abschließend fest. Hiernach haften ausschließlich Emittenten von Finanzinstrumenten i.S.d. § 2 Abs. 2 b WpHG, die zum Handel an einer inländischen Börse zugelassen sind,[293] wobei nach der Legaldefinition des § 2 Abs. 2 b WpHG unter Finanzinstrumenten Wertpapiere, Geldmarktinstrumente, Derivate und Wertpapieroptionen zu verstehen sind.[294]

Hinter der ausschließlichen Haftung der Emittenten für unterlassene und fehlerhafte Ad-hoc-Mitteilungen steht die Überlegung, dass sich auch die Veröffentlichungspflicht hinsichtlich Ad-hoc-Mitteilungen allein an den Emittenten und nicht an dessen Organe richtet.[295]

f. Haftungsbegründende Kausalität

Im Rahmen der §§ 37 b und 37 c WpHG ist umstritten, ob eine konkrete Kausalität zwischen der Pflichtverletzung und der Anlageentscheidung Voraussetzung der Haftung ist.

Zum Teil wird wie bei der Haftung gemäß § 826 BGB (siehe S. 121) das Vorliegen einer konkreten haftungsbegründenden Kausalität verlangt, wobei die Darlegungs- und

293 *Fleischer*, in: Assmann/Schütze (Hrsg.), Handbuch des Kapitalanlagerechts, 3. Aufl., 2007, § 7 Rn. 6, 41; *Sethe*, in: Assmann/Schneider (Hrsg.), Wertpapierhandelsgesetz, 5. Aufl., 2009, §§ 37 b, 37 c Rn. 36.

294 Näher hierzu: *Assmann*, Assmann/Schneider (Hrsg.), Wertpapierhandelsgesetz, 5. Aufl., 2009, § 2 Rn. 4 ff.

295 *Ehricke,* in: Hopt/Voigt (Hrsg.), Prospekt- und Kapitalmarktinformationshaftung, 2005, S. 287; zu §§ 37 b, 37 c WpHG a.F. bereits: *Rössner/Bolkart*, Schadensersatz bei Verstoß gegen Ad-hoc-Publizitätspflichten nach dem 4. Finanzmarktförderungsgesetz, ZIP 2002, S. 1471, 1476.

Beweislast grundsätzlich den Anleger trifft.[296] Allerdings werden dem Anleger im Einzelfall Beweiserleichterungen zugebilligt.[297]

Für diese Ansicht streitet, dass der Gesetzgeber im Rahmen der §§ 37 b und 37 c WpHG – anders als bei § 45 Abs. 2 Nr. 1 BörsG – auf eine Beweislastumkehr bezüglich der haftungsbegründenden Kausalität verzichtet hat.

In die gleiche Richtung weist der Wortlaut des § 37 c Abs. 1 WpHG der den Emittenten zu der Haftung für den Schaden, der durch das Vertrauen des Anlegers in die Richtigkeit der Insiderinformation entsteht, verpflichtet. § 37 b Abs. 1 WpHG, nach dem der durch die Unterlassung entstandene Schaden zu ersetzen ist, ist ähnlich formuliert. Damit nimmt sowohl der Wortlaut des § 37 b Abs. 1 WpHG als auch der des § 37 c Abs. 1 WpHG konkret auf die Verletzung der Ad-hoc-Publizität Bezug.

Nach der Gegenauffassung ist eine konkrete haftungsbegründende Kausalität nicht erforderlich.[298] Ausreichend ist hiernach, dass das Vertrauen des Anlegers in die Effizienz der Kapitalmärkte und damit in eine ordnungsgemäße Preisbildung enttäuscht wurde. Nach dieser Ansicht ist die haftungsbegründende Kausalität in aller Regel zu bejahen, weil eine pflichtgemäße Veröffentlichung der Insiderinformation regelmäßig einen abweichenden Börsen- oder Marktpreis nach sich gezogen hätte.[299]

Im Ergebnis entspricht diese Ansicht der amerikanischen Fraud-on-the-Market-Theorie, die in der Leitentscheidung Basic vs. Levinson[300] entwickelt wurde. Sie liegt damit in der internationalen Fließrichtung des Kapitalmarktrechts.[301]

Gerade diese fraud-on-the-market-Theorie lehnte der Bundesgerichtshof aber erst kürzlich im Zusammenhang mit einer kapitalmarktrechtlichen Schadensersatzklage, die allerdings auf § 826 BGB gestützt wurde, ausdrücklich ab (siehe S. 125 f.).[302] Es

296 *Mülbert/Steup*, in: Habersack/Mülbert/Schlitt (Hrsg.), Unternehmensfinanzierung am Kapitalmarkt, 2005, § 26 Rn. 152; *Fleischer*, Das Vierte Finanzmarktförderungsgesetz, NJW 2002, S. 2977, 2980; *Möllers*, Der Weg zu einer Haftung für Kapitalmarktinformationen, JZ 2005, S. 75, 78; *Veil*, Die Ad-hoc-Publizitätshaftung im System kapitalmarktrechtlicher Informationshaftung, ZHR 167 (2003), S. 365, 370; *Rössner/Bolkart*, Schadensersatz bei Verstoß gegen Ad-hoc-Publizitätspflichten nach dem 4. Finanzmarktförderungsgesetz, ZIP 2002, S. 1471, 1475 f.

297 *Mülbert/Steup*, in: Habersack/Mülbert/Schlitt (Hrsg.), Unternehmensfinanzierung am Kapitalmarkt, 2005, § 26 Rn. 152.

298 LG Stuttgart, ZIP 2006, S. 1731; *Hopt/Voigt*, in: Hopt/Voigt (Hrsg.), Prospekt- und Kapitalmarktinformationshaftung, 2005, S. 133 ff.; *Maier-Reimer/Webering*, Ad-hoc-Publizität und Schadensersatzhaftung, WM 2002, S. 1857, 1860; *Zimmer*, in: Schwark (Hrsg.), Kapitalmarktrechtskommentar, 3. Aufl., 2004, § 37 b, 37 c WpHG Rn. 90; *Möllers/Leisch*, Schaden und Kausalität im Rahmen der neu geschaffenen §§ 37 b und 37 c WpHG, BKR 2002, S. 1071, 1079; *Sethe*, in: Assmann/Schneider (Hrsg.), Wertpapierhandelsgesetz, 5. Aufl., 2009, §§ 37 b, 37 c Rn. 83 f.

299 *Hopt/Voigt*, in: Hopt/Voigt (Hrsg.), Prospekt- und Kapitalmarktinformationshaftung, 2005, S. 134; *Sethe*, in: Assmann/Schneider (Hrsg.), Wertpapierhandelsgesetz, 5. Aufl., 2009, §§ 37 b, 37 c Rn. 84; *Schäfer*, in: Marsch-Barner/Schäfer (Hrsg.), Handbuch börsennotierte AG, 2. Aufl., 2009, § 16 Rn. 29.

300 Basic, Inc. v. Levinson, 485 US 224, 241 (1988).

301 *Hopt/Voigt*, in: Hopt/Voigt (Hrsg.), Prospekt- und Kapitalmarktinformationshaftung, 2005, S. 134.

302 BGH, ZIP 2007, S. 679, 680 ("Comroad II"); jüngst bekräftigt in: BGH, ZIP 2007, S. 681, 682 ("Comroad I") BGH, ZIP 2007, S. 326 ("Comroad III"); BGH, ZIP 2007, S. 1560, 1562 ("Comroad IV"); BGH, ZIP 2007, S. 1564, 1565 ("Comroad V").

erscheint daher zweifelhaft, ob er diese Theorie zur Basis seiner Rechtsprechung hinsichtlich der haftungsbegründenden Kausalität im Rahmen der §§ 37 b und 37 c WpHG machen wird.

Für eine der fraud-on-the-market-Theorie-ähnlichen Handhabung des Nachweises der haftungsbegründenden Kausalität sprechen vor allem rechtspolitische und rechtsökonomische Gesichtspunkte. Insbesondere die Aspekte der Effektivität des Anlegerschutzes und der einfacheren kollektiven Durchsetzbarkeit von Anlegeransprüchen[303] streiten für diese Ansicht.

Aber auch die Schutzrichtung der §§ 37 b und 37 c WpHG stützt die These von der Entbehrlichkeit des konkreten Nachweises der haftungsbegründenden Kausalität. Denn der Gesetzesbegründung zufolge schützen die §§ 37 b und 37 c WpHG allein die Funktionsfähigkeit des Marktes.[304] Demnach muss für die Haftung nach den §§ 37 b und 37 c WpHG entscheidend sein, ob der Börsen- oder Marktpreis aufgrund der fehlerhaften oder pflichtwidrig unterlassenen Ad-hoc-Mitteilung falsch gebildet wurde. Dagegen spielt die Frage, ob eine konkrete Kausalität zwischen der Anlageentscheidung und dem Verstoß gegen die Ad-hoc-Publizität vorliegt, vor dem Hintergrund des Gesetzeszwecks keine Rolle.

Obwohl eine Handhabung entsprechend der aufgezeigten rechtspolitischen und rechtsökonomischen Gründe wünschenswert wäre, ist richtigerweise de lege lata der Nachweis der konkreten haftungsbegründenden Kausalität erforderlich. Denn die teleologischen und rechtspolitischen Argumente, die dafür sprechen, auf das Erfordernis eines Nachweises der konkreten haftungsbegründenden Kausalität zu verzichten, können nicht über den klaren Wortlaut der §§ 37 b Abs. 1 und 37 c Abs. 1 WpHG hinweghelfen. Die zum Teil in der Literatur vertretene Meinung, die Formulierung „Ersatz des Schadens …, der dadurch entsteht, dass der Dritte auf die Richtigkeit der Insiderinformation vertraut, …" sei so zu verstehen, dass der Anleger auf die Effizienz der Kapitalmärkte und damit auf eine ordnungsgemäße Preisbildung vertraut,[305] überzeugt nicht. Nach dem eindeutigen Wortlaut des § 37 Abs. 1 WpHG muss der Anleger auf die Richtigkeit der Insiderinformation und nicht auf eine ordnungsmäßige Preisbildung durch den Kapitalmarkt vertrauen.

Bis zu einer – rechtspolitisch durchaus wünschenswerten – Gesetzesänderung kann daher nicht auf den konkreten Nachweis, dass die Anlageentscheidung durch den Verstoß gegen die Ad-hoc-Publizitätspflicht beeinflusst wurde, verzichtet werden.

g. *Verschulden*

Weitere Voraussetzung ist ein Verschulden des Emittenten. Der Emittent kann ausweislich der §§ 37 b Abs. 2 bzw. 37 c Abs. 2 WpHG nicht in Anspruch genommen

303 Näher hierzu: *Fleischer*, Gutachten F für den 64. Deutschen Juristentag (2002), F 104 f.

304 Begründung zu dem RegE 4. Finanzmarktförderungsgesetz vom 14.11.2001, BR-Drucks. 936/01, S. 245.

305 *Sethe*, in: Assmann/Schneider (Hrsg.), Wertpapierhandelsgesetz, 5. Aufl., 2009, §§ 37 b, 37 c Rn. 83.

werden, wenn er nachweist, dass die Fehlerhaftigkeit bzw. das pflichtwidrige Unterlassen weder auf Vorsatz noch auf grober Fahrlässigkeit beruht.

h. Anspruchsberechtigung

Nach §§ 37 b und 37 c WpHG ist anspruchsberechtigt, wer als erwerbender Neuanleger die Finanzinstrumente zu teuer gekauft hat oder als veräußernder Altanleger die Finanzinstrumente zu billig verkauft hat.[306]

Hinsichtlich der Anspruchsberechtigung von erwerbenden Neuanlegern sind zwei Fallgruppen zu unterscheiden:

Erwerbende Neuanleger sind zunächst im Fall pflichtwidrig unterlassener Ad-hoc-Mitteilungen nach §§ 37 b Abs. 1 Nr. 1 WpHG anspruchsberechtigt, wenn sie bei Bekanntwerden der Insiderinformation noch Inhaber der Finanzinstrumente sind.[307] Typische Beispiele für diese Fallgruppe sind die verspätete Gewinnwarnung[308] und die verspätete Bekanntgabe personeller Veränderungen an der Vorstandsspitze börsennotierter Gesellschaften.[309]

Des Weiteren sind sie gemäß § 37 Abs. 1 Nr. 1 WpHG anspruchsberechtigt, wenn sie in Fallkonstellationen unwahrer Ad-hoc-Mitteilungen im Zeitpunkt des Bekanntwerdens der Unwahrheit der Ad-hoc-Mittelung noch Inhaber der Finanzinstrumente sind.[310] Das Paradebeispiel für eine solche Situation vermittelt ein fälschlicherweise vermeldeter Großauftrag.[311]

In beiden vorbeschriebenen Fällen haben die Neuanleger die entsprechenden Finanzinstrumente zu teuer gekauft.[312]

Altanleger, die bereits vor der Ad-hoc-Mitteilungspflichtverletzung Inhaber der Finanzinstrumente waren und nach der Pflichtverletzung die Finanzinstrumente zu günstig verkauft haben, sind ebenfalls in zwei Fällen anspruchsberechtigt:

306 Begründung zu dem RegE 4. Finanzmarktförderungsgesetz vom 18.1.2002, BT-Drucks. 14/8017, S. 93.

307 *Sethe*, in: Assmann/Schneider (Hrsg.), Wertpapierhandelsgesetz, 5. Aufl., 2009, §§ 37 b, 37 c Rn. 44; *Fleischer*, Der Inhalt des Schadensersatzanspruchs wegen unwahrer oder unterlassener unverzüglicher Ad-hoc-Mitteilungen, BB 2002, S. 1869.

308 Klägervortrag AG München, DB 2001, S. 2336; *Fleischer*, Der Inhalt des Schadensersatzanspruchs wegen unwahrer oder unterlassener unverzüglicher Ad-hoc-Mitteilungen, BB 2002, S. 1869.

309 Emittentenleitfaden der BaFin, S. 50.

310 *Fleischer*, Der Inhalt des Schadensersatzanspruchs wegen unwahrer oder unterlassener unverzüglicher Ad-hoc-Mitteilungen, BB 2002, S. 1869.

311 Tatbestand LG München I, ZIP 2001, S. 1814.

312 Begründung zu dem RegE 4. Finanzmarktförderungsgesetz vom 18.1.2002, BT-Drucks. 14/8017, S. 93.

Zum einen erfasst § 37 b Abs. 1 Nr. 2 WpHG die Veräußerung nach einer pflichtwidrig unterlassenen Ad-hoc-Mitteilung,[313] was sich am besten anhand des Beispiels eines verspätet gemeldeten Erdölfundes veranschaulichen lässt.[314]

Altanleger sind nach § 37 c Abs. 1 Nr. 2 WpHG außerdem anspruchsberechtigt, sofern sie ihre Finanzinstrumente vor Veröffentlichung der unwahren Insiderinformation erworben haben und diese veräußern, nachdem die unwahre Insiderinformation veröffentlicht wurde, aber bevor die Unrichtigkeit der Insiderinformation bekannt wird.[315] Als Beispiel für diese Fallgruppe dient die Fehlinformation, gegen den Emittenten sei ein Kartellrechtsverfahren eingeleitet worden.[316]

In allen diesen Sachverhaltsgestaltungen hat der Anleger seine Finanzinstrumente zu billig verkauft.[317]

Dagegen gehören Altanleger, die durch den Verstoß gegen die Ad-hoc-Mitteilungspflicht von einer beabsichtigte Veräußerung des Finanzinstruments Abstand genommen haben, nicht zum Kreis der nach §§ 37 b und 37 c WpHG Anspruchsberechtigten.[318] Ihnen fehlt die Aktivlegitimation zur Geltendmachung des Schadensersatzanspruches nach §§ 37 b Abs. 1 bzw. 37 c Abs. 1 WpHG, weil sie keine Transaktionsentscheidung getroffen haben.[319] Denn nach dem insoweit eindeutigen Wortlaut der §§ 37 b Abs. 1 und 37 c Abs. 1 WpHG werden nur solche Anleger geschützt, die infolge der fehlerhaften Ad-hoc-Mitteilung gekauft oder verkauft haben.

Potentielle Neuanleger, die infolge des Verstoßes gegen die Ad-hoc-Publizitätspflicht von einem beabsichtigten Erwerb der entsprechenden Finanzinstrumente absahen, sind mangels Aktivlegitimation ebenfalls von der Geltendmachung eines An-

313 *Sethe*, in: Assmann/Schneider (Hrsg.), Wertpapierhandelsgesetz, 5. Aufl., 2009, §§ 37 b, 37 c Rn. 51; *Fleischer*, Der Inhalt des Schadensersatzanspruchs wegen unwahrer oder unterlassener unverzüglicher Ad-hoc-Mitteilungen, BB 2002, S. 1869; *Mülbert/Steup*, in: Habersack/Mülbert/Schlitt (Hrsg.), Unternehmensfinanzierung am Kapitalmarkt, 2005, § 26 Rn. 137.

314 *Fleischer*, Der Inhalt des Schadensersatzanspruchs wegen unwahrer oder unterlassener unverzüglicher Ad-hoc-Mitteilungen, BB 2002, S. 1869.

315 *Buck-Heeb*, Kapitalmarktrecht, 2. Aufl., 2007, Rn. 213; *Fleischer*, Der Inhalt des Schadensersatzanspruchs wegen unwahrer oder unterlassener unverzüglicher Ad-hoc-Mitteilungen, BB 2002, S. 1869; *Sethe*, in: Assmann/Schneider (Hrsg.), Wertpapierhandelsgesetz, 5. Aufl., 2009, §§ 37 b, 37 c Rn. 57.

316 *Fleischer*, in: Assmann/Schütze (Hrsg.), Handbuch des Kapitalanlagerechts, 3. Aufl., 2007, § 7 Rn. 50.

317 Begründung zu dem RegE 4. Finanzmarktförderungsgesetz vom 18.1.2002, BT-Drucks. 14/8017, S. 93.

318 *Maier-Reimer/Webering*, Ad-hoc-Publizität und Schadensersatzhaftung, WM 2002, S. 1857, 1859; *Fleischer*, in: Assmann/Schütze (Hrsg.), Handbuch des Kapitalanlagerechts, 3. Aufl., 2007, § 7 Rn. 50; *Reichert/Weller*, Haftung von Kontrollorganen, ZRP 2002, S. 49, 55; *Sethe*, in: Assmann/Schneider (Hrsg.), Wertpapierhandelsgesetz, 5. Aufl., 2009, §§ 37 b, 37 c Rn. 13; *Schäfer*, in: Marsch-Barner/Schäfer (Hrsg.), Handbuch börsennotierte AG, 2. Aufl., 2009, § 16 Rn. 22; *Zimmer*, in: Schwark (Hrsg.), Kapitalmarktrechtskommentar, 3. Aufl., 2004, § 37 b, 37 c WpHG Rn. 75; *Baums*, Anlegerschutz und Neuer Markt, ZHR 166 (2002), S. 375, 379.

319 *Zimmer*, in: Schwark (Hrsg.), Kapitalmarktrechtskommentar, 3. Aufl., 2004, § 37 b, 37 c WpHG Rn. 75; *Fleischer*, in: Assmann/Schütze (Hrsg.), Handbuch des Kapitalanlagerechts, 3. Aufl., 2007, § 7 Rn. 50; *Maier-Reimer/Webering*, Ad-hoc-Publizität und Schadensersatzhaftung, WM 2002, S. 1857, 1859.

spruches nach §§ 37 b, 37 c WpHG ausgeschlossen.[320] Dies folgt bereits aus dem Wortlaut der §§ 37 b Abs. 1 und 37 c Abs. 1 WpHG, die in allen erfassten Fallkonstellationen einen Erwerb der Finanzinstrumente voraussetzen.

i. *Übrige Tatbestandsvoraussetzungen und Verjährung*

Schließlich erfordert ein Schadensersatzanspruch gemäß §§ 37 b und 37 c WpHG einen kausalen Zusammenhang zwischen der Pflichtverletzung des Emittenten und der für den Anleger ungünstigen Kursentwicklung.[321] Die Darlegungs- und Beweislast für diese haftungsausfüllende Kausalität trägt der Anleger.[322]

Die Verjährung von Schadensersatzansprüchen gemäß §§ 37 b Abs. 1 und 37 c Abs. 1 WpHG richtet sich nach den §§ 37 b Abs. 4 und 37 c Abs. 4 WpHG.

Gemäß § 37 b Abs. 4 WpHG verjährt der Anspruch in einem Jahr ab dem Zeitpunkt der positiven Kenntnis des Anlegers von dem pflichtwidrigen Unterlassen, spätestens aber mit Ablauf von drei Jahren seit der Unterlassung.

Fraglich ist in diesem Zusammenhang allerdings, zu welchem Zeitpunkt die absolute Verjährungsfrist zu laufen beginnt. Dies ist – anders als im Rahmen der Verjährung nach § 37 c Abs. 4 WpHG – unklar, da der Emittent gerade keine Handlung vornimmt.

Als maßgeblicher Zeitpunkt kommt daher zum einen der Zeitpunkt in Betracht, zu dem der Emittent erstmals zur Veröffentlichung der Kapitalmarktinformation verpflichtet gewesen wäre, zum anderen der, zu dem die Veröffentlichung spätestens hätte erfolgen müssen.[323]

In Hinblick auf § 15 WpHG, der zu einer frühstmöglichen Veröffentlichung der Kapitalmarktinformation anhält, ist die Frage dahingehend zu beantworten, dass der Zeitpunkt, in dem erstmals die Pflicht zur Veröffentlichung bestand, maßgeblich ist.[324]

Dagegen lässt sich der Verjährungsbeginn bezüglich Ansprüchen gemäß § 37 Abs. 1 WpHG eindeutig bestimmen. § 37 c Abs. 4 WpHG bestimmt, dass Ersatzansprüche nach § 37 c Abs. 1 WpHG innerhalb eines Jahres nach positiver Kenntnis des Anlegers von der Unwahrheit der Ad-hoc-Mitteilung verjähren. Wiederum tritt die Verjährung spätestens drei Jahre nach der Veröffentlichung ein.

320 *Veil*, Die Haftung des Emittenten für fehlerhafte Information des Kapitalmarkts nach dem geplanten KapInHaG, BKR 2005, S. 91, 95; *Hopt/Voigt*, in: Hopt/Voigt (Hrsg.), Prospekt- und Kapitalmarktinformationshaftung, 2005, S. 111; *Fleischer*, in: Assmann/Schütze (Hrsg.), Handbuch des Kapitalanlagerechts, 3. Aufl., 2007, § 7 Rn. 51.

321 *Mülbert/Steup*, in: Habersack/Mülbert/Schlitt (Hrsg.), Unternehmensfinanzierung am Kapitalmarkt, 2005, § 26 Rn. 154.

322 *Mülbert/Steup*, in: Habersack/Mülbert/Schlitt (Hrsg.), Unternehmensfinanzierung am Kapitalmarkt, 2005, § 26 Rn. 160.

323 *Maier-Reimer/Webering*, Ad-hoc-Publizität und Schadensersatzhaftung, WM 2002, S. 1857, 1863; *Ehricke,* in: Hopt/Voigt (Hrsg.), Prospekt- und Kapitalmarktinformationshaftung, 2005, S. 297.

324 Ebenso: *Ehricke,* in: Hopt/Voigt (Hrsg.), Prospekt- und Kapitalmarktinformationshaftung, 2005, S. 297; *Maier-Reimer/Webering*, Ad-hoc-Publizität und Schadensersatzhaftung, WM 2002, S. 1857, 1863.

Letztlich entsprechen diese Verjährungsregeln dem § 46 BörsG, so dass die auf S. 62 gemachten Ausführungen entsprechend gelten.

Mit Wirkung zum 4.8.2009 ist im Zuge des Gesetzes zur Neuregelung der Rechtsverhältnisse bei Schuldverschreibungen aus der Gesamtemission und zur verbesserten Durchsetzbarkeit von Ansprüchen von Anlegern aus Falschberatung vom 31.7.2009 (BGBl. I, S. 2512) § 37 a WpHG ersatzlos gestrichen worden, so dass nunmehr die allgemeinen Verjährungsfristen nach §§ 195 ff. BGB Anwendung finden.

Hiermit erledigen sich gemäß § 43 WpHG n.F. für Ansprüche, die ab dem 5.8.2009 entstanden sind, die oben erörterten Probleme hinsichtlich des Verjährungsbeginns. Dagegen verbleibt es für Ansprüche, die in der Zeit vom 1.4.1998 bis zum Ablauf des 4.8.2009 entstanden sind, bei der Anwendbarkeit des § 37 a WpHG. Folglich sind hinsichtlich solcher Ansprüche die obenstehenden Problemlösungen noch immer virulent.

j. Haftungsfreizeichnung

Ausweislich der §§ 37 b Abs. 6 und 37 c Abs. 6 WpHG ist eine Haftungsfreizeichnung oder -beschränkung vor Entstehung der Schadensersatzansprüche unwirksam. Eine danach erfolgende Vereinbarung über einen Haftungsausschluss oder eine Haftungsbegrenzung ist als Erlassvertrag gemäß § 397 Abs. 1 BGB jedoch grundsätzlich möglich.

Die Regelung der §§ 37 b Abs. 6 und 37 c Abs. 6 WpHG entspricht inhaltlich der des § 47 Abs. 1 BörsG, so dass auf die Darstellungen auf S. 62 Bezug genommen wird.

k. Sekundärmarkt

Die Ad-hoc-Publizität und damit auch die auf ihr aufbauende Haftung gemäß §§ 37 b und 37 c WpHG stellen Börsenzulassungsfolgepflichten dar.[325] Sie existieren demnach erst auf dem Sekundärmarkt, wenn die Finanzinstrumente bereits zum Börsenhandel zugelassen sind.

5. Deliktsrechtliche Haftung

Eine weitreichende Möglichkeit, mit den allgemeinen zivilrechtlichen Instrumenten eine Haftung für fehlerhafte Kapitalmarktinformationen zu begründen, eröffnen die deliktsrechtlichen Haftungsnormen der §§ 823 ff. BGB.

Im Folgenden zu untersuchen ist aber lediglich das Eingreifen dieser Normen im Zusammenhang mit der Veröffentlichung öffentlicher Kapitalmarktinformationen im Sinne des § 1 Abs. 1 S. 3 KapMuG (zur Definition siehe S. 27).

325 OLG Stuttgart, AG 2007, S. 250, 251.

a. *§ 823 Abs. 1 BGB*

Der Anleger kann seinen Schadensersatzanspruch grundsätzlich nicht auf § 823 Abs. 1 BGB stützen, weil § 823 Abs. 1 BGB nur bei der Verletzung absoluter Rechte eingreift.[326] Börsen- und Marktpreis selbst stellen aber kein durch § 823 Abs. 1 BGB geschütztes Rechtsgut dar.[327] Es liegt vielmehr eine reine Vermögensschädigung vor,[328] die nicht durch § 823 Abs. 1 BGB geschützt wird.[329]

Lediglich in Ausnahmefällen, namentlich wenn durch die schädigende Handlung in das Mitgliedschaftsrecht des Anlegers eingegriffen wird, kann eine Haftung auf § 823 Abs. 1 BGB gestützt werden. Erfasst werden allerdings nur Eingriffe, die sich gegen den rechtlichen Bestand der Mitgliedschaftsrechte richten und somit die Mitgliedschaft selbst beeinträchtigen. Dagegen schützt § 823 Abs. 1 BGB nicht vor Vermögensschäden in Form von Kurs- oder Marktpreisverlusten.[330]

Daher scheidet ein Schadensersatzanspruch des Anlegers gemäß § 823 Abs. 1 BGB regelmäßig aus.

b. *§ 823 Abs. 2 BGB i.V.m. Schutzgesetz*

Demgegenüber ist eine Haftung für fehlerhafte Kapitalmarktinformationen nach § 823 Abs. 2 BGB i.V.m. einem Schutzgesetz durchaus denkbar. Hiernach ist eine Haftung für Vermögensschäden immer dann möglich, wenn „gegen ein den Schutz eines anderen bezweckendes Gesetz“ verstoßen wurde.

Allerdings zeigt sich die Rechtsprechung bei der Einordnung einzelner Vorschriften des Aktien-, Kapitalmarkt- und Kernstrafrechts als Schutzgesetz im Sinn des § 823 Abs. 2 BGB sehr zurückhaltend.[331] Nach Auffassung des Bundesgerichtshofs kommen die meisten Vorschriften dem einzelnen Kapitalanleger lediglich als eine „Reflexwirkung des Gesetzes“ zu gute.[332] Zur Begründung führt er aus, diese Vorschriften dienten

326 RGZ 57, S. 353, 356; *Sprau*, in: Palandt, BGB, 68. Aufl., 2009, § 823 Rn. 2 ff.; *Hager*, in: J. von Staudingers Kommentar zum Bürgerlichen Gesetzbuch mit Einführungsgesetz und Nebengesetzen, 13. Aufl., Bearbeitung 1999, § 823 Rn. B 124 ff.; *Wagner*, in: Münchener Kommentar, Bürgerliches Gesetzbuch, Band 5 – Schuldrecht Besonderer Teil III, 4. Aufl., 2004, § 823 Rn. 136; *Spickhoff*, in: Soergel, Kommentar zum Bürgerlichen Gesetzbuch, Band 10, 13. Aufl., 2005, § 823 Rn. 86.

327 *Ehricke*, in: Hopt/Voigt (Hrsg.), Prospekt- und Kapitalmarktinformationshaftung, 2005, S. 272.

328 OLG München, AG 2003, S. 106, 107; LG Bonn, AG 2001, S. 484, 485; *Ehricke*, in: Hopt/Voigt (Hrsg.), Prospekt- und Kapitalmarktinformationshaftung, 2005, S. 272.

329 Statt aller anderen: *Sprau*, in: Palandt, BGB, 68. Aufl., 2009, § 823 Rn. 2; *Hager*, in: J. von Staudingers Kommentar zum Bürgerlichen Gesetzbuch mit Einführungsgesetz und Nebengesetzen, 13. Aufl., Bearbeitung 1999, Vorbem zu § 823 Rn. 20.

330 OLG München, AG 2003, S. 106, 107; LG Bonn, AG 2001, S. 484, 485.

331 *Fleischer*, in: Assmann/Schütze (Hrsg.), Handbuch des Kapitalanlagerechts, 3. Aufl., 2007, § 7 Rn. 12; *derselbe*, Zur deliktsrechtlichen Haftung der Vorstandsmitglieder für falsche Ad-hoc-Mitteilungen, DB 2004, S. 2031.

332 BGHZ 160, S. 134, 140 („Infomatec I“).

vornehmlich dem Funktionsschutz des Kapitalmarktes und damit der Allgemeinheit.[333]

Der Schutz durch § 823 Abs. 2 BGB ist wenig bedeutsam, soweit es um vorsätzliche Verstöße gegen ein Schutzgesetz geht. Denn in diesen Fallgestaltungen greift regelmäßig bereits eine Haftung nach § 826 BGB Platz (siehe unten S. 111).

Die eigentliche Relevanz der Haftung nach § 823 Abs. 2 BGB i.V.m. einem Schutzgesetz zeigt sich damit in jenen Bereichen, in denen der Verstoß gegen das Schutzgesetz keinen Vorsatz voraussetzt. Denn in diesen Konstellationen löst gemäß § 823 Abs. 2 S. 2 BGB bereits fahrlässiges Verhalten die Schadensersatzpflicht aus.

aa. Verletzung eines Schutzgesetzes

Eine Schadensersatzpflicht gemäß § 823 Abs. 2 BGB i.V.m. einem Schutzgesetz erfordert zu aller erst einen Verstoß gegen ein Schutzgesetz, was es erforderlich macht, zunächst zu bestimmen, welche Normen als Schutzgesetz einzuordnen sind.

Nach der tradierten Formel liegt ein Schutzgesetz vor, wenn die fragliche Norm zumindest auch dem Einzelnen zu dienen bestimmt ist, mag sie auch in erster Linie die Interessen der Allgemeinheit schützen.[334]

Diese Formel ist allerdings wenig griffig. Mit ihrer Hilfe lassen sich lediglich Vorschriften, die allein der Allgemeinheit zu dienen bestimmt sind, zuverlässig ausscheiden.

Daher orientiert sich die Rechtspraxis notgedrungen an der umfangreichen ober- und höchstgerichtlichen Kasuistik, die auch zu der Einordnung verschiedener kapitalmarktrechtlicher Vorschriften als Schutzgesetz im Sinn des § 823 Abs. 2 BGB bereits Stellung nahm.[335] Diese Einordnung geschieht meist ohne Einbettung der Begründung in die allgemeine deliktsrechtliche Dogmatik. Die Begründung erschöpft sich häufig in der lapidaren Feststellung, die betreffende Norm diene unzweifelhaft dem Anlegerschutz.[336] Daher ist für jede Norm die Bejahung oder Ablehnung der Einordnung als Schutzgesetz im Sinn des § 823 Abs. 2 BGB jeweils gesondert anhand der einschlägigen Rechtsprechung zu prüfen.

Im Folgenden werden praktisch relevante Normen des Kapitalmarktrechts zum einen auf ihre Eigenschaft als Schutzgesetz zum anderen hinsichtlich ihrer Anwendbarkeit auf öffentliche Kapitalmarktinformationen untersucht:

333 BGHZ 160, S. 134, 139 f. („Infomatec I").

334 Beispielhaft: BGHZ 160, S. 134, 138 f. („Infomatec I"); *Sprau*, in: Palandt, BGB, 68. Aufl., 2009, § 823 Rn. 57; mwN: *Hager*, in: J. von Staudingers Kommentar zum Bürgerlichen Gesetzbuch mit Einführungsgesetz und Nebengesetzen, 13. Aufl., Bearbeitung 1999, § 823 Rn. G 19; *Spickhoff*, in: Soergel, Kommentar zum Bürgerlichen Gesetzbuch, Band 10, 13. Aufl., 2005, § 823 Rn. 195.

335 *Bachmann*, in: Bachmann/Casper/Schäfer/Veil (Hrsg.), Steuerungsfunktion des Haftungsrechts im Gesellschafts- und Kapitalmarktrecht, 1. Aufl., 2007, S. 93, 120; *Hager*, in: J. von Staudingers Kommentar zum Bürgerlichen Gesetzbuch mit Einführungsgesetz und Nebengesetzen, 13. Aufl., Bearbeitung 1999, § 823 Rn. G 16.

336 BGH, NJW 2004, S. 3706, 3709; BGH, NJW 2005, S. 2703.

(1) § 15 WpHG

Erster Untersuchungsgegenstand ist § 15 WpHG. Normen des WpHG sind wegen ihres anlegerschützenden Charakters grundsätzlich als Schutzgesetze im Sinn des § 823 Abs. 2 BGB einzuordnen.[337]

Anderes gilt aber nach ständiger Rechtsprechung und herrschender Meinung für § 15 WpHG. Dieser wird von der ganz überwiegenden Ansicht nicht als Schutzgesetz angesehen.[338] Begründet wird dies in erster Linie mit dem Wortlaut des § 15 Abs. 6 WpHG, der explizit festhält, dass aus der Verletzung des § 15 Abs. 1-3 WpHG keine über §§ 37 b und 37 c WpHG hinausgehenden Schadensersatzansprüche begründet werden.

Aber auch die Gesetzesmaterialien schließen einen Schutzgesetzcharakter des § 15 WpHG ausdrücklich aus. Der Normzweck des § 15 WpHG besteht ausschließlich in dem Schutz der im öffentlichen Interesse liegenden Sicherung der Funktionsfähigkeit des Kapitalmarktes.[339]

Auch eine berichtigende Auslegung aufgrund europarechtlicher Vorgaben durch die Insider-Richtlinie[340] bzw. die Transparenzrichtlinie[341] führt zu keinem anderen Ergebnis.[342]

Daher ist § 15 WpHG kein taugliches Schutzgesetz im Sinn des § 823 Abs. 2 BGB.

337 Zu § 31 Abs. 2 Nr. 2 WpHG: KG, ZIP 2004, S. 1306, 1307; zu § 34 a WpHG: Frankfurt/Main, ZIP 2006, S. 2385, 2387; zu § 15 WpHG a.F.: BGH, NJW 2004, S. 2664; zu § 31 Abs. 1 Nr. 2 WpHG: BGH, NJW 2007, S. 1876, 1877; allgemein hierzu: *Ehricke,* in: Hopt/Voigt (Hrsg.), Prospekt- und Kapitalmarktinformationshaftung, 2005, S. 219.

338 BVerfG, ZIP 2002, S. 1986; BGHZ 160, S. 134, 138 f. („Infomatec I"); *Sethe*, in: Assmann/ Schneider (Hrsg.), Wertpapierhandelsgesetz, 5. Aufl., 2009, §§ 37 b, 37 c Rn. 9; *Zimmer*, in: Schwark (Hrsg.), Kapitalmarktrechtskommentar, 3. Aufl., 2004, § 15 WpHG Rn. 172; *Fleischer*, Zur deliktsrechtlichen Haftung der Vorstandsmitglieder für falsche Ad-hoc-Mitteilungen, DB 2004, S. 2031, 2032; *Spindler*, Persönliche Haftung der Organmitglieder für Falschinformationen des Kapitalmarktes, WM 2004, S. 2089, 2090; *Gottschalk,* Die persönliche Haftung der Organmitglieder für fehlerhafte Kapitalmarktinformationen de lege lata und de lege ferenda, Der Konzern 2005, S. 274, 276 f.

339 Begründung zu dem RegE 4. Finanzmarktförderungsgesetz, BT-Drucks. 14/8017 vom 18.1.2002, S. 87; Bericht des Finanzausschusses zum 2. Finanzmarktförderungsgesetz, BT-Drucks. 12/7918 vom 5.6.1994, S. 96, 102.

340 Richtlinie 89/592/EWG des Rates vom 13.11.1989 zur Koordinierung der Vorschriften betreffend Insider- Geschäfte, ABl.EG Nr. L 334 vom 18.11.1989, S. 30 ff.; nicht mehr rechtskräftig.

341 Richtlinie 2004/109/EG des Europäischen Parlaments und des Rates vom 15.12.2004 zur Harmonisierung der Transparenzanforderungen in Bezug auf Informationen über Emittenten, deren Wertpapiere zum Handel auf einem geregelten Markt zugelassen sind, und zur Änderung der Richtlinie 2001/34/EG, ABl.EG Nr. L 390 vom 31.12.2004, S. 38 ff.

342 BVerfG, ZIP 2002, S. 1986, 1989.

(2) § 20 a WpHG

§ 20 a WpHG, der als Nachfolgevorschrift für § 88 BörsG a.F. im Zuge des 4. Finanzmarktförderungsgesetzes 2002 in das WpHG eingefügt wurde, stellt nach ganz herrschender Meinung ebenfalls kein Schutzgesetz im Sinn des § 823 Abs. 2 BGB dar.[343]

Die Einordnung des § 20 a WpHG als Schutzgesetz läge zwar vor dem Hintergrund der Schutzgesetzqualität der strafrechtlichen Betrugsvorschriften §§ 263, 264 a StGB und dem betrugsrechtlichen Charakter des § 20 a WpHG nahe. Allerdings würde die Anerkennung als Schutzgesetz dem gesetzgeberischen Willen widersprechen.[344] Denn es fehlt in der Einzelbegründung der Kurs- und Marktpreismanipulation jeglicher Hinweis auf den Schutzgesetzcharakter.[345] Daher ist bei einer Auslegung im Lichte der Vorgängernorm die Schutzgesetzeigenschaft des § 20 a WpHG abzulehnen.

Für dieses Ergebnis streiten im Übrigen auch Ungereimtheiten im Gesamtsystem der Haftung für Kurs- und Marktpreismanipulationen, die durch eine Anerkennung des § 20 a WpHG als Schutzgesetz entstünden. Denn im Rahmen des § 823 Abs. 2 BGB i.V.m. § 20 a WpHG würde bereits bei leichter Fahrlässigkeit für eine fehlerhafte Ad-hoc-Mitteilung gehaftet, während eine Haftung gemäß dem Spezialtatbestand § 37 b WpHG ausweislich § 37 b Abs. 2 WpHG zumindest grobe Fahrlässigkeit voraussetzt.[346]

Aus diesen Gründen ist der Schutzgesetzcharakter des § 20 a WpHG abzulehnen, woran auch europarechtliche Vorgaben der Insider- bzw. der Transparenzrichtlinie nichts ändern.[347]

343 BGH, NJW 2004, S. 2668; *Ehricke,* in: Hopt/Voigt (Hrsg.), Prospekt- und Kapitalmarktinformationshaftung, 2005, S. 275; *Fleischer*, Zur deliktsrechtlichen Haftung der Vorstandsmitglieder für falsche Ad-hoc-Mitteilungen, DB 2004, S. 2031, 2032 f.; *Groß*, Haftung für fehlerhafte oder fehlende Regel- oder ad-hoc-Publizität, WM 2002, S. 477, 484; *Krause*, Ad-hoc-Publizität und haftungsrechtlicher Anlegerschutz, ZGR 2002, S. 799, 816 f.; *Maier-Reimer/Webering*, Ad-hoc-Publizität und Schadensersatzhaftung, WM 2002, S. 1857, 1864; *Gottschalk,* Die persönliche Haftung der Organmitglieder für fehlerhafte Kapitalmarktinformationen de lege lata und de lege ferenda, Der Konzern 2005, S. 274, 277; a.A.: LG Augsburg, ZIP 2001, S. 1881, 1883 (aufgehoben durch OLG München, ZIP 2002, S. 1989); *Sprau*, in: Palandt, BGB, 68. Aufl., 2009, § 823 Rn. 71; *Rodewald/Siems*, Haftung für die „frohe Botschaft" – Rechtsfolgen falscher Ad-hoc-Mitteilungen, BB 2001, S. 2437, 2439; differenzierend: *Ekkenga*, Fragen der deliktischen Haftungsbegründung bei Kursmanipulationen und Insidergeschäften, ZIP 2004, S. 781, 790 f.

344 Begründung zu dem RegE 4. Finanzmarktförderungsgesetz, BT-Drucks. 14/8017 vom 18.1.2002, S. 64; bereits zu der Vorgängervorschrift § 88 BörsG a.F.: Begründung zu dem Zweiten Gesetz zur Bekämpfung der Wirtschaftskriminalität vom 26.8.1983, BT-Drucks. 10/318, S. 44 f.

345 *Fuchs/Dühn,* Deliktische Schadensersatzhaftung für falsche Ad-hoc-Mitteilungen, BKR 2002, S. 1063, 1066; *Fleischer,* Das Vierte Finanzmarktförderungsgesetz, NJW 2002, S. 2977, 2979.

346 *Spindler*, Persönliche Haftung der Organmitglieder für Falschinformationen des Kapitalmarktes, WM 2004, S. 2089, 2091; *Fleischer*, Zur deliktsrechtlichen Haftung der Vorstandsmitglieder für falsche Ad-hoc-Mitteilungen, DB 2004, S. 2031, 2033.

347 *Spindler*, Persönliche Haftung der Organmitglieder für Falschinformationen des Kapitalmarktes, WM 2004, S. 2089, 2091; vgl. auch: *Gottschalk,* Die persönliche Haftung der Organmitglieder für fehlerhafte Kapitalmarktinformationen de lege lata und de lege ferenda, Der Konzern 2005, S. 274, 277; *Fleischer*, Zur deliktsrechtlichen Haftung der Vorstandsmitglieder für falsche Ad-hoc-Mitteilungen, DB 2004, S. 2031, 2033.

(3) *§ 37 w WpHG*

Ob § 37 w WpHG bzw. dessen Vorgängervorschrift § 40 BörsG ein Schutzgesetz im Sinn des § 823 Abs. 2 BGB ist, wird in der Literatur kontrovers diskutiert.[348]

Teile der Literatur bejahen die Einordnung als Schutzgesetz unter Hinweis darauf, dass der primäre Zweck eines Zwischenberichts in der Information der Anleger bestehe. Somit diene die Norm, die die Anfertigung eines solchen Zwischenberichts fordert, dem Anlegerschutz.[349]

Zur Bekräftigung dieser These werden auch die Gesetzesmaterialien zu § 40 BörsG herangezogen, in denen in der Stellungnahme des Bundesrates zu lesen ist, dass die vor Einführung des § 40 BörsG „praktizierte Zwischenberichterstattung ihren Zweck des Anlegerschutzes und der Transparenz nicht in hinreichendem Maße" habe erfüllen können.[350]

Demgegenüber fehlt in der Einzelbegründung des Regierungsentwurfs jeglicher Hinweis auf einen bezweckten individuellen Anlegerschutz.[351] Vielmehr wird dort lediglich darauf hingewiesen, dass § 40 BörsG (= § 39 BörsG in der Fassung des RegE) die Funktion des bisherigen § 44 b BörsG a.F. übernehmen soll.[352]

Hinsichtlich des bisherigen § 44 b BörsG war aber zum damaligen Zeitpunkt bereits umstritten, ob dieser drittschützend ist.[353] Dennoch nahm der Gesetzgeber dies nicht zum Anlass, bei der Neuregelung durch § 40 BörsG eindeutig zu dem drittschützenden Charakter des § 40 BörsG Stellung zu nehmen.

348 Den Schutzgesetzcharakter bejahend: *Dühn*, Schadensersatzhaftung börsennotierter Aktiengesellschaften für fehlerhafte Kapitalmarktinformation, 2003, S. 207; *Siebel/Gebauer*, Prognosen im Aktien- und Kapitalmarktrecht – Lagebericht, Zwischenbericht, Verschmelzungsbericht, Prospekt usw. – Teil II, WM 2001, S. 173, 188 f.; *Ehricke,* in: Hopt/Voigt (Hrsg.), Prospekt- und Kapitalmarktinformationshaftung, 2005, S. 303; dagegen den die Eigenschaft als Schutzgesetz ablehnend: *Groß*, Haftung für fehlerhafte oder fehlende Regel- oder ad-hoc-Publizität, WM 2002, S. 477, 482 f. mit Hinweis auf die Gesetzgebungsgeschichte; *Mülbert/Steup*, in: Habersack/Mülbert/Schlitt (Hrsg.), Unternehmensfinanzierung am Kapitalmarkt, 2005, § 26 Rn. 177.

349 *Ehricke,* in: Hopt/Voigt (Hrsg.), Prospekt- und Kapitalmarktinformationshaftung, 2005, S. 303; im Ergebnis ebenfalls so: *Dühn*, Schadensersatzhaftung börsennotierter Aktiengesellschaften für fehlerhafte Kapitalmarktinformation, 2003, S. 207; *Siebel/Gebauer*, Prognosen im Aktien- und Kapitalmarktrecht – Lagebericht, Zwischenbericht, Verschmelzungsbericht, Prospekt usw. – Teil II, WM 2001, S. 173, 188 f.

350 Stellungnahme des Bundesrates zu dem RegE 4. Finanzmarktförderungsgesetz, abgedruckt bei *Reuschle*, Viertes Finanzmarktförderungsgesetz, 2002, S. 98.

351 Begründung zu dem RegE 4. Finanzmarktförderungsgesetz vom 14.11.2001, BR-Drucks. 936/01.

352 Begründung zu dem RegE 4. Finanzmarktförderungsgesetz vom 14.11.2001, BR-Drucks. 936/01, S. 230.

353 Eine Darstellung des Streitstandes findet sich bei: *Groß*, Haftung für fehlerhafte oder fehlende Regel- oder ad-hoc-Publizität, WM 2002, S. 477, 482 f.

Auch bei Umsetzung der Transparenzrichtlinie[354] durch das TUG[355] fehlt nunmehr eine Stellungnahme zur Einordnung des § 37 w WpHG als Schutzgesetz,[356] obwohl das Problem in der Rechtslehre nunmehr seit Jahrzehnten diskutiert wurde.

Aus diesem Unterlassen des Gesetzgebers kann nur der Schluss gezogen werden, dass der Gesetzgeber § 37 w WpHG gerade nicht als Schutzgesetz im Sinn des § 823 Abs. 2 BGB einordnen wollte. Denn hätte der Gesetzgeber gewollt, dass § 37 w WpHG als Schutzgesetz eingeordnet wird, hätte er dies spätestens in der Einzelbegründung zu dem TUG festgehalten.

Für diese Auslegung des § 37 w WpHG streitet im Übrigen auch dessen Wortlaut. Denn dieser normiert lediglich die Pflicht, einen Halbjahresfinanzbericht der „Öffentlichkeit" zugänglich zu machen, bzw. zu „veröffentlichen". Dieser Wortlaut schützt die Allgemeinheit, nicht einen von ihr abgrenzbaren Personenkreis. Daher legt auch der Wortlaut den Schluss nahe, § 37 w WpHG nicht als Schutzgesetz im Sinn des § 823 Abs. 2 BGB zu qualifizieren.

Außerdem sehen weder die Transparenzrichtlinie noch die Zwischenberichtsrichtlinie,[357] deren Umsetzung § 44 b BörsG a.F. bzw. nunmehr § 37 w WpHG dient, haftungsrechtliche Sanktionen vor. Dies spricht ebenfalls dafür, dass § 37 w WpHG kein Schutzgesetz im Sinn des § 823 Abs. 2 BGB ist.

Darüber hinaus besteht auch kein Bedürfnis, § 37 w WpHG als Schutzgesetz einzuordnen. Denn bei einem Verstoß gegen die Berichtspflicht nach § 37 w WpHG liegt gleichzeitig auch ein Verstoß gegen den als Schutzgesetz anerkannten § 400 Abs. 1 Nr. 1 AktG (siehe S. 105 ff.) vor. Folglich kann in jedem Fall eine deliktsrechtliche Haftung begründet werden.[358]

Im Ergebnis ist § 37 w WpHG daher nicht als Schutzgesetz im Sinn des § 823 Abs. 2 BGB anzusehen.

354 Richtlinie 2004/109/EG des Europäischen Parlaments und des Rates zur Harmonisierung der Transparenzanforderungen in Bezug auf Informationen über Emittenten, deren Wertpapiere zum Handel auf einem geregelten Markt zugelassen sind, und zur Änderung der Richtlinie 2001/34/EG vom 15.12.2004, ABl.EG Nr. L 390, S. 38 ff.

355 Gesetz zur Umsetzung der Richtlinie 2004/109/EG des Europäischen Parlaments und des Rates vom 15.12.2004 zur Harmonisierung der Transparenzanforderungen in Bezug auf Informationen über Emittenten, deren Wertpapiere zum Handel auf einem geregelten Markt zugelassen sind, und zur Änderung der Richtlinie 2001/34/EG (Transparenzrichtlinie-Umsetzungsgesetz – TUG), BGBl. I 2007, S. 10.

356 Begründung zu dem RegE TUG vom 4.9.2006, BT-Drucks. 16/2498, S. 44 f.

357 Richtlinie 82/121/EWG vom 15.2.1982 über regelmäßige Informationen, die von Gesellschaften zu veröffentlichen sind, deren Aktien zur amtlichen Notierung an einer Wertpapierbörse zugelassen sind, ABl.EG Nr. L 48, S. 26 ff.

358 BGH, NZG 2005, S. 672, 673; *Fleischer*, in: Assmann/Schütze (Hrsg.), Handbuch des Kapitalanlagerechts, 3. Aufl., 2007, § 7 Rn. 61.

(4) § 37 x WpHG

§ 37 x WpHG normiert die Pflicht, für den Schluss des ersten und des dritten Quartals eines jeden Geschäftsjahres jeweils eine Zwischenmitteilung der Geschäftsführung zu erstellen.

Der Schutzgesetzcharakter dieser Norm ist letztlich mit denselben Argumenten wie zu § 37 w WpHG abzulehnen.[359] Wiederum sprechen sowohl das Schweigen des Gesetzgebers zu der Schutzgesetzqualität[360] als auch der Wortlaut der Norm gegen eine Einordnung als Schutzgesetz. Außerdem fehlt es auch im Fall des § 37 x WpHG an einem praktischen Bedürfnis, die Norm als Schutzgesetz einzuordnen. Denn ebenso wie bei einem Verstoß gegen die Veröffentlichungspflicht des Halbjahresfinanzberichts nach § 37 w WpHG greift bei einem Verstoß gegen die Pflicht gemäß § 37 x WpHG § 400 Abs. 1 Nr. 1 AktG Platz, der als Schutzgesetz anerkannt ist.[361]

Damit ist § 37 x WpHG ebenfalls kein Schutzgesetz im Sinn des § 823 Abs. 2 BGB.

(5) § 331 Nr. 1 und Nr. 2 HGB

Dagegen sind § 331 Nr. 1 und Nr. 2 HGB als Schutzgesetz im Sinn des § 823 Abs. 2 BGB allgemein anerkannt.[362]

Für unrichtige Angaben in der Eröffnungsbilanz, im Jahresabschluss, im Lagebericht, dem Konzernabschluss sowie dem Konzernlagebericht haften die verantwortlichen Vorstands- bzw. Aufsichtsratsmitglieder gemäß § 823 Abs. 2 BGB i.V.m. § 331 Nr. 1 und Nr. 2 HGB. Voraussetzung ist allerdings, dass diese die Falschdarstellung zumindest tatsächlich für möglich halten und billigend in Kauf nehmen.[363]

Die Angaben in der Eröffnungsbilanz, im Jahresabschluss, im Lagebericht, sowie in dem Konzernabschluss und in dem Konzernlagebericht einer Kapitalgesellschaft sind öffentliche Kapitalmarktinformationen, weil sie ausweislich § 325 Abs. 2 HGB einer unbestimmten Vielzahl von Personen bekannt zu geben sind. Dies geschieht durch Veröffentlichung der entsprechenden Bilanz im elektronischen Bundesanzeiger.

359 Ebenso zu der Vorgängervorschrift § 61 BörsO der Frankfurter Börse: *Groß*, Haftung für fehlerhafte oder fehlende Regel- oder ad-hoc-Publizität, WM 2002, S. 477, 483; *Mülbert/Steup*, in: Habersack/Mülbert/Schlitt (Hrsg.), Unternehmensfinanzierung am Kapitalmarkt, 2005, § 26 Rn. 178; dagegen den Schutzgesetzcharakter bejahend: *Dühn*, Schadensersatzhaftung börsennotierter Aktiengesellschaften für fehlerhafte Kapitalmarktinformation, 2003, S. 210; vgl. auch: *Ehricke,* in: Hopt/Voigt (Hrsg.), Prospekt- und Kapitalmarktinformationshaftung, 2005, S. 304 Fn. 611.

360 Begründung zu dem RegE TUG vom 4.9.2006, BT-Drucks. 16/2498, S. 45 f.

361 Zu Verstößen gegen die Quartalsberichterstattung, also Vorgängervorschriften des § 37 x WpHG: BGH, ZIP 2005, S. 78, 80.

362 LG Bonn, AG 2001, S. 484, 486; *Quedenfeld*, in: Münchener Kommentar zum Handelsgesetzbuch, Band 4, 2. Aufl., 2008, § 331 Rn. 2; *Merkt,* in: Baumbach/Hopt, Handelsgesetzbuch, 33. Aufl., 2008, § 331 Rn. 1; *Schnorr*, Geschäftsleiteraußenhaftung für fehlerhafte Buchführung, ZHR 170 (2006), S. 9, 17.

363 *Fleischer*, Buchführungsverantwortung des Vorstands und Haftung der Vorstandsmitglieder für fehlerhafte Buchführung, WM 2006, S. 2021, 2026; *Dannecker*, in: Ulmer (Hrsg.), Großkommentar Bilanzrecht, § 331 HGB Rn. 55.

In den Schutzbereich des § 331 Nr. 1 und Nr. 2 HGB einbezogen sind alle gegenwärtigen und potentiellen Anleger, da die Vorschrift alle aktuellen und potentiellen Gesellschaftsgläubiger schützen soll.[364]

Damit bleibt festzuhalten, dass geprellte Anleger unter den oben skizzierten Voraussetzungen ihren Schaden gemäß § 823 Abs. 2 BGB i.V.m. § 331 HGB ersetzt verlangen können.

(6) § 161 AktG i.V.m. den Empfehlungen des Deutschen Corporate Governance Kodex

Verstöße gegen die Entsprechungserklärung können dagegen keine Haftung gemäß § 823 Abs. 2 BGB i.V.m. § 161 AktG zur Folge haben.[365] Denn die Empfehlungen des Deutschen Corporate Governance Kodex, die über § 161 AktG zum Inhalt der Entsprechungserklärung gemacht werden, sind keine Schutzgesetze im Sinn des § 823 Abs. 2 BGB. Denn die Empfehlungen des Deutschen Corporate Governance Kodex sind weder verbindlich noch Rechtsnormen im Sinn des Art. 2 EGBGB.[366] Voraussetzung für die Einordnung einer Norm als Schutzgesetz im Sinn des § 823 Abs. 2 BGB ist aber, dass die betreffende Vorschrift eine verbindliche Rechtsnorm gemäß Art. 2 EGBGB ist.[367]

Darüber hinaus soll die Abgabe der Entsprechungserklärung in erster Linie das Vertrauen der Kapitalmärkte in einzelne börsennotierte deutsche Aktiengesellschaften schaffen und damit den deutschen Kapitalmarkt stärken. Anleger werden also allenfalls reflexartig geschützt.[368]

Daher führen Verstöße gegen die Entsprechungserklärung des § 161 AktG niemals zu einer Haftung nach § 823 Abs. 2 BGB i.V.m. § 161 AktG.

364 So bereits: RGSt 41, S. 293, 297 f.; *Dannecker*, in: Ulmer (Hrsg.), Großkommentar Bilanzrecht, § 331 HGB Rn. 4; *Quedenfeld*, in: Münchener Kommentar zum Handelsgesetzbuch, Band 9, 2. Aufl., 2001, § 331 Rn. 2.

365 Statt aller anderen: *Fleischer*, in: Assmann/Schütze (Hrsg.), Handbuch des Kapitalanlagerechts, 3. Aufl., 2007, § 7 Rn. 63; *Hüffer*, Aktiengesetz, 7. Aufl., 2006, § 161 Rn. 28.

366 *Hüffer*, Aktiengesetz, 7. Aufl., 2006, § 161 Rn. 3; *Abrams*, Ansprüche von Anlegern wegen Verstoßes gegen Publizitätspflichten oder den Deutschen Corporate Governance Kodex?, NZG 2003, S. 307, 308; *Berg/Stöcker*, Anwendungs- und Haftungsfragen zum Deutschen Corporate Governance Kodex, WM 2002, S. 1569, 1578; *Semler*, in: Münchener Kommentar zum Aktiengesetz, Band 5/1, 2. Aufl., 2003, § 161 Rn. 208.

367 *Sprau*, in: Palandt, BGB, 68. Aufl., 2009, § 823 Rn. 56 a; *Hager*, in: J. von Staudingers Kommentar zum Bürgerlichen Gesetzbuch mit Einführungsgesetz und Nebengesetzen, 13. Aufl., Bearbeitung 1999, § 823 Rn. G 9; *Wagner*, in: Münchener Kommentar, Bürgerliches Gesetzbuch, Band 5 – Schuldrecht Besonderer Teil III, 4. Aufl., 2004, § 823 Rn. 322; *Spickhoff*, in: Soergel, Kommentar zum Bürgerlichen Gesetzbuch, Band 10, 13. Aufl., 2005, § 823 Rn. 186.

368 *Semler*, in: Münchener Kommentar zum Aktiengesetz, Band 5/1, 2. Aufl., 2003, § 161 Rn. 210; *Seibt*, Deutscher Corporate Governance Kodex und Entsprechens-Erklärung (§ 161 AktG-E), AG 2002, S. 249, 256; zweifelnd: *Abram*, Ansprüche von Anlegern wegen Verstoßes gegen § 161 AktG oder den Deutschen Corporate Governance Kodex – ein Literaturbericht, ZBB 2003, S. 41, 46.

(7) § 400 Abs. 1 Nr. 1 AktG

Dagegen ist § 400 Abs. 1 Nr. 1 AktG nach einhelliger Auffassung ein Schutzgesetz im Sinn des § 823 Abs. 2 BGB, das die Anleger schützt.[369] Erst jüngst bekräftigte der Bundesgerichtshof, dass § 400 Abs. 1 Nr. 1 AktG dem Vertrauensschutz potentieller und gegenwärtiger Anleger hinsichtlich der Richtigkeit und Vollständigkeit von bestimmten Angaben über die Geschäftsverhältnisse dient.[370]

Allerdings greift § 400 Abs. 1 Nr. 1 AktG ausweislich seines klaren Wortlauts und seiner Entstehungsgeschichte[371] nur ein, wenn „in Darstellungen oder Übersichten über den Vermögensstand" die Verhältnisse der Gesellschaft unrichtig wiedergegeben oder verschleiert wurden.[372] Für eine Darstellung ist von Nöten, dass sie den Vermögensstand des Unternehmens wiedergibt und hierbei zumindest den Eindruck der Vollständigkeit vermittelt.[373] Übersichten über den Vermögenstand sind Zusammenstellungen von Daten, die einen Gesamtüberblick über die wirtschaftliche Situation des Unternehmens ermöglichen.[374]

Damit ist Darstellungen und Übersichten im Sinn des § 400 Abs. 1 Nr. 1 AktG gemein, dass sie zumindest den Eindruck einer vollständigen Information über den Vermögensstand der Gesellschaft vermitteln.[375]

Daher werden Ad-hoc-Mitteilungen, die typischerweise nur einen punktuellen Einblick in die Verhältnisse der Gesellschaft gewähren, grundsätzlich aus dem Anwendungsbereich der Norm ausgenommen.[376] Aber ausnahmsweise können auch Ad-hoc-Mitteilungen den Tatbestand des § 400 Abs. 1 Nr. 1 AktG erfüllen, wenn sie ein un-

369 BGHZ 149, S. 10, 20; BGHZ 160, S. 134, 140 („Infomatec I"); BGH, ZIP 2005, S. 1270, 1272 ("EM.TV"); *Sprau*, in: Palandt, BGB, 68. Aufl., 2009, § 823 Rn. 61; *Rieckers*, Haftung des Vorstandes für fehlerhafte Ad-hoc-Mitteilungen de lege lata und de lege ferenda, BB 2002, S. 1213, 1215; *Schaal*, in: Münchener Kommentar zum Aktiengesetz, Band 9/2, 2. Aufl., 2006, § 400 Rn. 3; *Spindler*, Persönliche Haftung der Organmitglieder für Falschinformationen des Kapitalmarktes, WM 2004, S. 2089, 2091; *Rützel,* Der aktuelle Stand der Rechtsprechung zur Haftung bei Ad-hoc-Mitteilungen, AG 2003, S. 69, 72; *Thümmel*, Haftung für geschönte Ad-hoc-Mitteilungen: Neues Risikofeld für Vorstände oder ergebnisorientierte Einzelfallrechtsprechung?, DB 2001, S. 2331, 2332; *Fleischer*, Zur deliktsrechtlichen Haftung der Vorstandsmitglieder für falsche Ad-hoc-Mitteilungen, DB 2004, S. 2031, 2033; *Gottschalk,* Die persönliche Haftung der Organmitglieder für fehlerhafte Kapitalmarktinformationen de lege lata und de lege ferenda, Der Konzern 2005, S. 274, 277.

370 BGH, NZG 2005, S. 672, 673.

371 Vgl.: Begründung zu dem RegE bei *Kropff*, Aktiengesetz 1965, S. 502.

372 Näher zu der Tathandlungsalternativen: *Schaal*, in: Münchener Kommentar zum Aktiengesetz, Band 9/2, 2. Aufl., 2006, § 400 Rn. 34 ff.; *Fuhrmann*, in: Geßler/Hefermehl/Eckardt/Kropff (Hrsg.), Aktiengesetz, Band VI, 1994, § 400 Rn. 19 ff.

373 Statt aller anderen: *Fuhrmann*, in: Geßler/Hefermehl/Eckardt/Kropff (Hrsg.), Aktiengesetz, Band VI, 1994, § 400 Rn. 14.

374 *Fuhrmann*, in: Geßler/Hefermehl/Eckardt/Kropff (Hrsg.), Aktiengesetz, Band VI, 1994, § 400 Rn. 15.

375 BGHZ 160, S. 134, 141 („Infomatec I"); a.A.: *Baums*, Bericht der Regierungskommission „Corporate Governance" vom 10.8.2001, BT-Drucks. 14/7515, S. 86; *Wilga*, in: Möllers/Rotter (Hrsg.), Ad-hoc- Publizität, 2003, § 12 Rn. 85 ff.

376 BGHZ 160, S. 134, 141 („Infomatec I").

zutreffendes Gesamtbild über die wirtschaftliche Lage der Gesellschaft zeichnen und zudem den Eindruck von Vollständigkeit vermitteln.[377]

Neben Bilanzen aller Art,[378] insbesondere natürlich der Eröffnungsbilanz nach § 242 Abs. 1 HGB und dem Jahresabschluss nach § 264 Abs. 1 HGB, sind damit vor allem Verkaufsprospekte bezüglich Kapitalanlagen taugliche Tatmittel des § 400 Abs. 1 Nr. 1 AktG.[379] Denn diese vermitteln zumindest den Eindruck der Richtigkeit und Vollständigkeit der Angaben, die für die Beurteilung der Gesellschaftsverhältnisse erforderlich sind (siehe S. 45 ff. für den Prospekt im Sinn der eigentlichen bürgerlich-rechtlichen Prospekthaftung, S. 57 f. für Börsenzulassungsprospekte, sowie S. 67 für Prospekte im Sinn des VerkProspG).

Darüber hinaus können aber auch mündliche Darstellungen im Rahmen einer Hauptversammlung, die den Eindruck der Vollständigkeit der Information erwecken, eine Haftung gemäß § 823 Abs. 2 BGB i.V.m. 400 Abs. 1 Nr. 1 AktG auslösen.[380]

Die genannten tauglichen Tatmittel richten sich typischerweise an eine unbestimmte Vielzahl von Personen und stellen daher öffentliche Kapitalmarktinformationen im Sinn des § 1 Abs. 1 S. 3 KapMuG dar.

Täter können nach dem eindeutigen Wortlaut des § 400 Abs. 1 Nr. 1 AktG lediglich Mitglieder des Vorstandes oder des Aufsichtsrates sowie Abwickler der Gesellschaft im Sinn des § 265 AktG sein.[381] Abwickler sind gemäß § 265 Abs. 1 AktG zunächst die Vorstandsmitglieder einer gemäß § 262 AktG aufgelösten Aktiengesellschaft sowie nach § 265 Abs. 2 und 3 AktG die zur Abwicklung bestellten juristischen oder natürlichen Personen.

In subjektiver Hinsicht setzt § 400 Abs. 1 Nr. 1 AktG eine vorsätzliche Tatbegehung voraus.[382]

Anspruchsberechtigte sind alle Anleger, die infolge eines Verstoßes gegen § 400 Abs. 1 Nr. 1 AktG einen Schaden erlitten haben.

Festzuhalten bleibt damit, dass infolge fehlerhafter Kapitalmarktinformationen geprellte Anleger unter den oben skizzierten Voraussetzungen einen Schadensersatzanspruch nach § 823 Abs. 2 BGB i.V.m. § 400 Abs. 1 Nr. 1 AktG geltend machen können.

377 BGH, ZIP 2005, S. 78, 79 ff.

378 *Fuhrmann*, in: Geßler/Hefermehl/Eckardt/Kropff (Hrsg.), Aktiengesetz, Band VI, 1994, § 400 Rn. 15; *Schaal*, in: Münchener Kommentar zum Aktiengesetz, Band 9/2, 2. Aufl., 2006, § 400 Rn. 20.

379 *Schaal*, in: Münchener Kommentar zum Aktiengesetz, Band 9/2, 2. Aufl., 2006, § 400 Rn. 20; *Fuhrmann*, in: Geßler/Hefermehl/Eckardt/Kropff (Hrsg.), Aktiengesetz, Band VI, 1994, § 400 Rn. 14.

380 Näher hierzu: *Schaal*, in: Münchener Kommentar zum Aktiengesetz, Band 9/2, 2. Aufl., 2006, § 400 Rn. 27 ff.

381 Einzelheiten hierzu: *Fuhrmann*, in: Geßler/Hefermehl/Eckardt/Kropff (Hrsg.), Aktiengesetz, Band VI, 1994, § 400 Rn. 6 ff.; *Schaal*, in: Münchener Kommentar zum Aktiengesetz, Band 9/2, 2. Aufl., 2006, § 400 Rn. 8 ff.

382 *Fuhrmann*, in: Geßler/Hefermehl/Eckardt/Kropff (Hrsg.), Aktiengesetz, Band VI, 1994, § 400 Rn. 27 f.; *Schaal*, in: Münchener Kommentar zum Aktiengesetz, Band 9/2, 2. Aufl., 2006, § 400 Rn. 46.

(8) *§ 263 StGB*

§ 263 StGB stellt nach allgemeiner Ansicht ein Schutzgesetz im Sinn des § 823 Abs. 2 BGB dar.[383]

Dennoch scheidet ein Schadensersatzanspruch geprellter Anlegern gemäß § 823 Abs. 2 BGB i.V.m. § 263 StGB aus. Denn Voraussetzung für den Betrugstatbestand ist die Stoffgleichheit zwischen Vermögensverfügung und dem erstrebten Vermögensvorteil.[384] Dies bedeutet, der erstrebte Vermögensvorteil muss die Kehrseite des Schadens sein. Er muss also unmittelbare Folge der täuschungsbedingten Verfügung sein, welche den Schaden des Opfers herbeiführt.[385]

An eben dieser Stoffgleichheit fehlt es aber im Fall von fehlerhaften öffentlichen Kapitalmarktinformationen. Denn allein die fehlerhafte Kapitalmarktinformation verändert den Preis der Kapitalanlage nicht. Erst die Reaktion der Märkte auf die fehlerhafte Kapitalmarktinformation beeinflusst den Börsen- oder Marktpreis. Somit ist die Begünstigung der Gesellschaft bzw. der für die Falschinformation Verantwortlichen durch den steigenden Börsen- oder Marktpreis lediglich eine mittelbare Folge der Täuschung.[386] Dies reicht zur Begründung der Stoffgleichheit nicht aus.

Mangels Stoffgleichheit scheidet daher ein Schadensersatzanspruch nach § 823 Abs. 2 BGB i.V.m. § 263 StGB aus.

383 BGHZ 160, S. 134, 141 f. („Infomatec I"); BGH, NJW 2002, S. 2117; *Sprau*, in: Palandt, BGB, 68. Aufl., 2009, § 823 Rn. 69; *Hager*, in: J. von Staudingers Kommentar zum Bürgerlichen Gesetzbuch mit Einführungsgesetz und Nebengesetzen, 13. Aufl., Bearbeitung 1999, § 823 Rn. G 42; *Wagner,* in: Münchener Kommentar, Bürgerliches Gesetzbuch, Band 5 – Schuldrecht Besonderer Teil III, 4. Aufl., 2004, § 823 Rn. 359.

384 BGHZ 160, S. 134, 142 („Infomatec I"); *Fischer*, in: Tröndle/Fischer (Hrsg.), Strafgesetzbuch und Nebengesetze, 56. Aufl., 2009, § 263 Rn. 108.

385 BGHSt, 6, S. 115, 116; *Fischer*, in: Tröndle/Fischer (Hrsg.), Strafgesetzbuch und Nebengesetze, 56. Aufl., 2009, § 263 Rn. 108; vgl. auch: BGH, NJW 2002, S. 1643, 1644 f.

386 *Gottschalk,* Die persönliche Haftung der Organmitglieder für fehlerhafte Kapitalmarktinformationen de lege lata und de lege ferenda, Der Konzern 2005, S. 274, 277; *Fleischer*, Zur deliktsrechtlichen Haftung der Vorstandsmitglieder für falsche Ad-hoc-Mitteilungen, DB 2004, S. 2031, 2033; *Wilga*, in: Möllers/Rotter, Ad-hoc- Publizität, (Hrsg.), § 12 Rn. 104; *Rützel,* Der aktuelle Stand der Rechtsprechung zur Haftung bei Ad-hoc-Mitteilungen, AG 2003, S. 69, 73; im Ergebnis ebenso: *Rieckers*, Haftung des Vorstandes für fehlerhafte Ad-hoc-Mitteilungen de lege lata und de lege ferenda, BB 2002, S. 1213, 1218; *Rodewald/Siems*, Haftung für die „frohe Botschaft" – Rechtsfolgen falscher Ad-hoc-Mitteilungen, BB 2001, S. 2437, 2440, die das Problem aber in der mangelnden Nachweisbarkeit des Vorsatzes sehen; a.A.: *Spindler*, Persönliche Haftung der Organmitglieder für Falschinformationen des Kapitalmarktes, WM 2004, S. 2089, 2091.

(9) *§ 264 a StGB*

§ 264 a StGB gehört ebenfalls zu den Schutzgesetzen im Sinn des § 823 Abs. 2 BGB.[387] Denn wie sich bereits aus den Gesetzesmaterialien ergibt, wollte der Gesetzgeber bei Schaffung des § 264 a StGB in erster Linie den Individualschutz vor Schäden durch fehlerhafte Prospektangaben stärken.[388]

Durch § 823 Abs. 2 BGB i.V.m. § 264 a StGB wurde aber auch ein Tatbestand zum zivilrechtlichen Vermögensschutz geschaffen. Allerdings ist die praktische Bedeutsamkeit der Norm angesichts von nur drei Verurteilungen bis zum Jahr 1997 denkbar gering.[389]

Voraussetzung einer Haftung nach § 264 a Abs. 1 StGB ist zunächst das Vorliegen unrichtiger vorteilhafter bzw. das pflichtwidrige Verschweigen nachteiliger Angaben.

Die Angaben sind unrichtig bzw. das Verschweigen ist pflichtwidrig, wenn bei potentiellen oder gegenwärtigen Anlegern Fehlvorstellungen über bestimmte, mit der Kapitalanlage verbundene Risiken erzeugt werden können.[390]

Des Weiteren müssen die Angaben hinsichtlich der Entscheidung über den Erwerb oder die Kapitalerhöhung bezüglich einer solchen Kapitalanlage erheblich sein.

Die Erheblichkeit beurteilt sich nach dem Gesamtzusammenhang des jeweiligen Anlageobjekts, wobei die Grundsätze der eigentlichen bürgerlich-rechtlichen Prospekthaftung zumindest Indizwirkung haben.[391] Daher kann diesbezüglich auf die Ausführungen auf S. 48 f. verwiesen werden.

Gemäß § 264 a Abs. 1 Nr. 1 StGB müssen diese Angaben in Prospekten, Darstellungen und Übersichten über den Vermögensstand gemacht werden. Diese Prospekte, Darstellungen und Übersichten müssen weiterhin im Zusammenhang mit dem Vertrieb von Wertpapieren, Bezugsrechten oder Anteilen, die eine Beteiligung an dem Ergebnis eines Unternehmens gewähren sollen, stehen. Nach § 264 a Abs. 1 Nr. 2 StGB genügt aber auch ein Zusammenhang mit Kapitalerhöhungen hinsichtlich letztgenannter Anteile.

Hierdurch werden zum einen die tauglichen Tatmittel und zum anderen die Kapitalanlagen, bei deren Abschluss § 264 a StGB überhaupt eingreift, bestimmt. Darüber

387 BGHZ 116, S. 7, 13 f.; BGH, ZIP 2000, S. 1296, 1297; *Rützel,* Der aktuelle Stand der Rechtsprechung zur Haftung bei Ad-hoc-Mitteilungen, AG 2003, S. 69, 72; *Gottschalk,* Die persönliche Haftung der Organmitglieder für fehlerhafte Kapitalmarktinformationen de lege lata und de lege ferenda, Der Konzern 2005, S. 274, 277; *Pleyer/Hegel,* Die Bedeutung des neuen § 264 a StGB für die zivilrechtliche Prospekthaftung bei der Publikums-KG, ZIP 1987, S. 79, 80.

388 Begründung zu dem RegE zu dem 2. Gesetz zur Bekämpfung der Wirtschaftskriminalität vom 26.8.1983, BT-Drucksache 10/318, S. 12, 21 f.

389 *Fischer,* in: Tröndle/Fischer (Hrsg.), Strafgesetzbuch und Nebengesetze, 56. Aufl., 2009, § 264 a Rn. 2 a.

390 *Fischer,* in: Tröndle/Fischer (Hrsg.), Strafgesetzbuch und Nebengesetze, 56. Aufl., 2009, § 264 a Rn. 14.

391 Beschlussempfehlung und Bericht des Rechtsausschusses (6. Ausschuss) zu dem Entwurf eines Zweiten Gesetzes zur Bekämpfung der Wirtschaftskriminalität vom 10.2.1986, BT-Drucks. 10/5058, S. 31; BGH, NJW 2000, S. 3346; *Tiedemann,* in: Strafgesetzbuch Leipziger Kommentar, Band 7, 11. Aufl., 1997, § 264 a Rn. 48; *Cramer/Perron,* in: Schönke/Schröder (Hrsg.), Strafgesetzbuch Kommentar, 27. Aufl., 2006, § 264 a Rn. 32.

hinaus wird durch die Formulierung „... im Zusammenhang mit dem Vertrieb ...“ der Kreis der Haftungsverpflichteten umrissen.

Unter Wertpapieren versteht § 264 a StGB Kapitalmarktwertpapiere, also Urkunden, die ein privates Recht in einer Weise verkörpern, dass zur Rechtsausübung die Innehabung der Urkunde erforderlich ist.[392]

Weiter zum Kreis der von § 264 a StGB geschützten Anlagen gehören Bezugsrechte. Dies sind nach herrschender Auffassung gesellschaftsrechtliche Leistungsrechte aus der Mitgliedschaft, die weder verbrieft noch untrennbar mit der Mitgliedschaft verbunden sind.[393]

Darüber hinaus werden mit der dritten im Gesetz genannten Art der Anlagen stille Beteiligungen, Beteiligungen an geschlossenen Immobilienfonds, partiarische Darlehen,[394] aber auch Anteile an ausländische Kapitalgesellschaften erfasst.[395]

Die tauglichen Tatmittel sind die in § 264 a Abs. 1 StGB aufgeführten Werbemittel.

Unter Prospekten im hier maßgeblichen Sinn versteht der Bundesgerichtshof jegliche Schriftstücke, die für die Beurteilung der Geldanlage erhebliche Angaben enthalten oder den Eindruck eines solchen Inhalts erwecken sollen.[396]

Hinsichtlich der Begriffe „Darstellungen“ und „Übersichten“ gelten die Ausführungen auf S. 105 zu § 400 Abs. 1 Nr. 1 AktG entsprechend.[397]

Da alle in § 264 a Abs. 1 StGB aufgeführten Werbemittel voraussetzen, dass sie zumindest den Eindruck der vollständigen Information erwecken, stellen Ad-hoc-Mitteilungen kein taugliches Tatmittel dar.[398] Darüber hinaus fehlt es bei ihnen an dem Zusammenhang mit dem „Vertrieb von Anteilen“ bzw. dem „Angebot, die Einlagen zu erhöhen“.[399]

Die Tathandlung muss in Zusammenhang mit dem Vertrieb von Anteilen oder dem Angebot auf eine Kapitalerhöhung stehen. Damit wird der Täterkreis eingeschränkt, so dass neben dem Emittenten nur diejenigen Personen Täter sein können, die mit der

392 *Cramer/Perron*, in: Schönke/Schröder (Hrsg.), Strafgesetzbuch Kommentar, 27. Aufl., 2006, § 264 a Rn. 5; *Fischer*, in: Tröndle/Fischer (Hrsg.), Strafgesetzbuch und Nebengesetze, 56. Aufl., 2009, § 264 a Rn. 6.

393 *Fischer*, in: Tröndle/Fischer (Hrsg.), Strafgesetzbuch und Nebengesetze, 56. Aufl., 2009, § 264 a Rn. 7; *Wohlers*, in: Münchener Kommentar zum Strafgesetzbuch, Band 4, 2006, § 264 a Rn. 21 ff.

394 Begründung zu dem RegE zu dem 2. Gesetz zur Bekämpfung der Wirtschaftskriminalität vom 26.8.1983, BT-Drucksache 10/318, S. 22; *Tiedemann*, in: Strafgesetzbuch Leipziger Kommentar, Band 7, 11. Aufl., 1997, § 264 a Rn. 28; *Wohlers*, in: Münchener Kommentar zum Strafgesetzbuch, Band 4, 2006, § 264 a Rn. 26.

395 Näher hierzu: *Cramer/Perron*, in: Schönke/Schröder (Hrsg.), Strafgesetzbuch Kommentar, 27. Aufl., 2006, § 264 a Rn. 9 ff.

396 BGHSt 40, S. 385, 388.

397 *Fischer*, in: Tröndle/Fischer (Hrsg.), Strafgesetzbuch und Nebengesetze, 56. Aufl., 2009, § 264 a Rn. 12.

398 Statt aller anderen: *Fleischer*, in: Assmann/Schütze (Hrsg.), Handbuch des Kapitalanlagerechts, 3. Aufl., 2007, § 7 Rn. 18.

399 BGHZ 160, S. 134, 142 („Infomatec I“).

Kapitalanlage werben. Zuvorderst ist hier an unseriöse Vertriebsgesellschaften zu denken.[400] Allerdings ist eine Identität von Anbieter und Täter nicht erforderlich.[401]

Außerdem ist erforderlich, dass die Angaben gegenüber einem größeren Kreis von Personen gebraucht werden. Damit sind Verkaufsprospekte, die öffentliche Kapitalmarktinformationen darstellen, das typische Tatmittel im Rahmen des § 264 a Abs. 1 StGB.

In subjektiver Hinsicht setzt § 264 a Abs. 1 StGB zumindest bedingten Vorsatz voraus.[402]

Haftungsverpflichtete nach § 823 Abs. 2 BGB i.V.m. § 264 a StGB sind in erster Linie der Emittent selbst, sowie Personen und Gesellschaften, die Kapitalanlagen an einen unbestimmten Personenkreis vertreiben.

Der Kreis der Anspruchsberechtigten differiert zwischen Fällen des § 264 a Abs. 1 Nr. 1 StGB und solchen des § 264 a Abs. 1 Nr. 2 StGB. Während im erstgenannten Fall alle geprellten Anleger, die einen Schaden erlitten haben, anspruchsberechtigt sind, können Schäden im Zuge einer Kapitalerhöhung nur Personen, die bereits zuvor Anteile erworben hatten, geltend machen.[403] Erforderlich ist aber stets, dass die Anleger die Kapitalanlage zu teuer gekauft haben, sei es wegen der unrichtigen vorteilhaften Angaben oder wegen des pflichtwidrigen Verschweigens der nachteiligen Angaben.

(10) Fazit taugliche Schutzgesetze

Als Quintessenz der vorstehenden Ausführungen bleibt damit festzuhalten, dass lediglich § 331 Nr. 1 und Nr. 2 HGB, § 400 Abs. 1 Nr. 1 AktG sowie § 264 a StGB praktisch relevante Schutzgesetze hinsichtlich fehlerhafter öffentlicher Kapitalmarktinformationen sind.

bb. Haftungsbegründende Kausalität

Die Verletzung des Schutzgesetzes kumuliert mit der Zugehörigkeit des Anspruchsinhabers zum Kreis der persönlich durch das Schutzgesetz geschützten Personen vermittelt – zumindest für die hier untersuchten Schutzgesetze – einen Anschein für die

400 *Fischer*, in: Tröndle/Fischer (Hrsg.), Strafgesetzbuch und Nebengesetze, 56. Aufl., 2007, § 264 a Rn. 11.

401 Begründung zu dem RegE zu dem 2. Gesetz zur Bekämpfung der Wirtschaftskriminalität vom 26.8.1983, BT-Drucksache 10/318, S. 23.

402 OLG Hamburg, WM 1998, S. 522, 523; *Wohlers*, in: Münchener Kommentar zum Strafgesetzbuch, Band 4, 2006, § 264 a Rn. 60; *Cramer/Perron,* in: Schönke/Schröder (Hrsg.), Strafgesetzbuch Kommentar, 27. Aufl., 2006, § 264 a Rn. 36.

403 Begründung zu dem RegE zu dem 2. Gesetz zur Bekämpfung der Wirtschaftskriminalität vom 26.8.1983, BT-Drucksache 10/318, S. 24.

haftungsbegründende Kausalität.[404] Folge dieses Anscheins ist es, dass der Schädiger den Anschein zerstören oder sich entlasten muss.[405] Anderenfalls gilt der Nachweis der haftungsbegründenden Kausalität als erbracht.

cc. Verschulden

Weitere Haftungsvoraussetzung ist ein Verschulden des Haftungsverpflichteten. Dieses Verschulden muss sich nach ganz herrschender Meinung allein auf die Schutzgesetzverletzung, nicht dagegen auf den Verletzungserfolg beziehen.[406]

Allgemein anerkannt ist weiterhin, dass die Verschuldensform des Schutzgesetzes heranzuziehen ist.[407]

Dies führt dazu, dass eine Haftung gemäß § 823 Abs. 2 BGB i.V.m. den hier untersuchten Schutzgesetzen jeweils zumindest bedingten Vorsatz voraussetzt. Damit verliert § 823 Abs. 2 BGB für die Haftung aufgrund fehlerhafter Kapitalmarktinformationen seine praktische Relevanz neben § 826 BGB. Denn in Fällen vorsätzlicher Verstöße gegen die hier untersuchten Schutzgesetze ist auch § 826 BGB jeweils einschlägig. Denn jede vorsätzliche Veröffentlichung fehlerhafter Kapitalmarktinformationen begründet den Vorwurf der Sittenwidrigkeit (siehe unten S. 116 ff.).

Das hier gefundene Ergebnis wird zumindest indirekt auch durch die Rechtsprechung des Bundesgerichtshofes bestätigt. Denn dieser stützt die Haftung wegen der vorsätzlichen Veröffentlichung fehlerhafter Kapitalmarktinformationen zumeist vornehmlich auf § 826 BGB.[408]

404 Vgl.: *Spickhoff,* in: Soergel, Kommentar zum Bürgerlichen Gesetzbuch, Band 10, 13. Aufl., 2005, § 823 Rn. 216 f., 233 f.; *Wagner,* in: Münchener Kommentar, Bürgerliches Gesetzbuch, Band 5 – Schuldrecht Besonderer Teil III, 4. Aufl., 2004, § 823 Rn. 356; ebenso: *Sprau,* in: Palandt, BGB, 68. Aufl., 2009, § 823 Rn. 58, der allerdings im Rahmen der Haftung nach § 823 Abs. 2 BGB i.V.m. Schutzgesetz ausschließlich die haftungsausfüllende Kausalität prüft.

405 *Wagner,* in: Münchener Kommentar, Bürgerliches Gesetzbuch, Band 5 – Schuldrecht Besonderer Teil III, 4. Aufl., 2004, § 823 Rn. 356; *Sprau,* in: Palandt, BGB, 68. Aufl., 2009, § 823 Rn. 81, der allerdings im Rahmen der Haftung nach § 823 Abs. 2 BGB i.V.m. Schutzgesetz ausschließlich die haftungsausfüllende Kausalität prüft; vgl. auch: *Spickhoff,* in: Soergel, Kommentar zum Bürgerlichen Gesetzbuch, Band 10, 13. Aufl., 2005, § 823 Rn. 233 f.

406 *Wagner,* in: Münchener Kommentar, Bürgerliches Gesetzbuch, Band 5 – Schuldrecht Besonderer Teil III, 4. Aufl., 2004, § 823 Rn. 350; *Hager,* in: J. von Staudingers Kommentar zum Bürgerlichen Gesetzbuch mit Einführungsgesetz und Nebengesetzen, 13. Aufl., Bearbeitung 1999, § 823 Rn. G 19; *Spickhoff,* in: Soergel, Kommentar zum Bürgerlichen Gesetzbuch, Band 10, 13. Aufl., 2005, § 823 Rn. 209.

407 *Spickhoff,* in: Soergel, Kommentar zum Bürgerlichen Gesetzbuch, Band 10, 13. Aufl., 2005, § 823 Rn. 210; *Sprau,* in: Palandt, BGB, 68. Aufl., 2009, § 823 Rn. 60; *Wandt,* Wandt/Schwarz (Hrsg.), Gesetzliche Schuldverhältnisse, 2. Aufl., 2006, § 17 Rn. 11; *Hager,* in: J. von Staudingers Kommentar zum Bürgerlichen Gesetzbuch mit Einführungsgesetz und Nebengesetzen, 13. Aufl., Bearbeitung 1999, § 823 Rn. G 37.

408 BGHZ 160, S. 149, 151 ("Infomatec II"); BGH, NJW 2004, S. 2668, 2669 ("Infomatec III"); BGH, ZIP 2005, S. 1270, 1271 ("EM.TV"); BGH, ZIP 2007, S. 681 ("Comroad I"); BGH, ZIP 2007, S. 679, 680 ("Comroad II"); BGH, ZIP 2007, S. 326 ("Comroad III"); BGH, ZIP 2007, S. 1560, 1561 ("Comroad IV"); BGH, ZIP 2007, S. 1564 ("Comroad V"); BGH, ZIP 2008, S. 407, 408 ("Comroad VI"); BGH, ZIP 2008, S. 410 ("Comroad VII").

dd. Übrige Tatbestandsvoraussetzungen und Verjährung

Die weiterhin als Tatbestandsvoraussetzung erforderliche Rechtswidrigkeit der Verletzungshandlung wird durch die Schutzgesetzverletzung indiziert.[409]

Weitere Haftungsvoraussetzung ist die haftungsausfüllende Kausalität, das heißt der Schaden muss gerade durch die Schutzgesetzverletzung verursacht worden sein.[410] Die Darlegungs- und Beweislast hinsichtlich der haftungsausfüllenden Kausalität trifft den Anspruchsteller.[411] Allerdings greift zu seinen Gunsten ein Anscheinsbeweis ein, wenn das verletzte Schutzgesetz – wie die hier untersuchten – typischen Gefährdungen entgegenwirken will und zeitlich nach der Schutzgesetzverletzung gerade der Schaden eintrat, vor dem das Schutzgesetz schützen wollte.[412] Die untersuchten tauglichen Schutzgesetze schützen allesamt das Vermögen der Anleger. Wird dieses infolge der fehlerhaften Kapitalmarktinformation geschädigt, tritt der typische Schaden ein, vor dem die Schutzgesetze den Anleger bewahren wollen. Damit kommt dem geprellten Anleger stets der Anscheinsbeweis zu gute.[413]

Die Verjährung deliktischer Ansprüche richtet sich nach den allgemeinen Vorschriften. Gemäß § 195 BGB beträgt die Verjährungsfrist grundsätzlich drei Jahre. Ausweislich § 199 Abs. 1 BGB beginnt diese 3-Jahres-Frist mit dem Schluss des Jahres zu laufen, in dem der Anspruchsinhaber Kenntnis von den Umständen der Verletzungshandlung und der Person des Anspruchsgegners erlangt hat oder hätte erlangen müssen.

Nach § 199 Abs. 3 S. 1 Nr. 1 BGB verjähren die hier untersuchten Ansprüche kenntnisunabhängig spätestens innerhalb von 10 Jahren ab ihrer Entstehung bzw. gemäß § 199 Abs. 1 S. 1 Nr. 2 BGB nach Ablauf von 30 Jahren nach der schädigenden Handlung.

Nach § 199 Abs. 3 S. 2 BGB richtet sich die Verjährung stets nach der früher endenden Frist.

ee. Haftungsfreizeichnung

Eine Beschränkung und sogar der Ausschluss der Haftung nach § 823 Abs. 2 BGB i.V.m. einem Schutzgesetz durch eine entsprechende Vereinbarung zwischen Schädi-

409 BGHZ 122, S. 1, 6; BGH, NJW 2005, S. 2923, 2925; *Wandt*, Wandt/Schwarz (Hrsg.), Gesetzliche Schuldverhältnisse, 2. Aufl., 2006, § 17 Rn. 10; *Sprau*, in: Palandt, BGB, 68. Aufl., 2009, § 823 Rn. 59.

410 BGH, NJW 2005, S. 3721, 3722.

411 Statt aller anderen: *Sprau*, in: Palandt, BGB, 68. Aufl., 2009, § 823 Rn. 81.

412 *Sprau*, in: Palandt, BGB, 68. Aufl., 2009, § 823 Rn. 81; *Wagner*, in: Münchener Kommentar, Bürgerliches Gesetzbuch, Band 5 – Schuldrecht Besonderer Teil III, 4. Aufl., 2004, § 823 Rn. 356; *Spickhoff*, in: Soergel, Kommentar zum Bürgerlichen Gesetzbuch, Band 10, 13. Aufl., 2005, § 823 Rn. 216 f., 233 f.

413 Zu der Haftung gemäß § 823 Abs. 2 BGB i.V.m. § 264 a StGB im Ergebnis ebenso: *Pleyer/ Hegel*, Die Bedeutung des neuen § 264 a StGB für die zivilrechtliche Prospekthaftung bei der Publikums-KG, ZIP 1987, S. 79, 82.

ger und Geschädigtem ist grundsätzlich möglich.[414] Diese Möglichkeit der Haftungsfreizeichnung ist jedoch gemäß §§ 276 Abs. 3, 138 und 242 BGB sowie im Fall der Verwendung von AGB durch die §§ 305 ff. BGB, begrenzt.[415] Bei der Verwendung von AGB schließt § 309 Nr. 7 b BGB insbesondere eine formularmäßige Freizeichnung für grobe Fahrlässigkeit aus.

Einem Haftungsausschluss bezüglich der hier untersuchten Schutzgesetze steht namentlich § 276 Abs. 3 BGB entgegen. Hiernach ist ein Haftungsausschluss für eine auf Vorsatz beruhende Haftung im Voraus, das heißt vor Anspruchsentstehung, nicht möglich. Eine entsprechende Vereinbarung ist unwirksam. Alle hier untersuchten Schutzgesetze erfordern zumindest ein bedingt vorsätzliches Handeln.

Folglich ist eine Vereinbarung hinsichtlich eines Haftungsausschlusses vor oder bei der Veröffentlichung der Kapitalmarktinformation unwirksam.

Dagegen sind haftungsausschließende Vereinbarungen nach Anspruchsentstehung nicht ausgeschlossen. Denn diese stellen einen formlos möglichen Erlassvertrag nach § 397 Abs. 1 BGB dar. Diese Vereinbarungen können aber denknotwendig erst nach Veröffentlichung der fehlerhaften Kapitalmarktinformation geschlossen werden. Daher gehören sie nicht zum Gegenstand dieser Dissertation.

ff. Primärmarkt und Sekundärmarkt

Ob die Haftung nach § 823 Abs. 2 BGB i.V.m. Schutzgesetz auf dem Primärmarkt, dem Sekundärmarkt oder auf beiden Geltung beansprucht, bestimmt sich nach der Schutzrichtung des Schutzgesetzes und dem Verhältnis zu spezialgesetzlichen Vorschriften.

Hinsichtlich des Verhältnisses zu spezialgesetzlichen Haftungsvorschriften ist davon auszugehen, dass § 823 Abs. 2 BGB i.V.m. dem jeweils einschlägigen Schutzgesetz neben den entsprechenden spezialgesetzlichen Regelungen zur Anwendung kommt.[416] Dies wird von einigen spezialgesetzlichen Vorschriften, namentlich § 47 Abs. 2 BörsG, § 13 Abs. 1 VerkProspG i.V.m. § 47 Abs. 2 BörsG und § 13 a Abs. 6 S. 2 VerkProspG sowie §§ 37 b Abs. 5 und 37 c Abs. 5 WpHG, sogar ausdrücklich normiert. Dies folgt aber auch aus Sinn und Zweck der spezialgesetzlichen Haftungstatbestände, die allesamt den Anlegerschutz verbessern sollen. Diesem Ziel können sie aber nur gerecht werden, wenn sie eine bereits nach den allgemeinen Vorschriften des

414 *Sprau,* in: Palandt, BGB, 68. Aufl., 2009, Einf. vor § 823 Rn. 14; *Spickhoff,* in: Soergel, Kommentar zum Bürgerlichen Gesetzbuch, Band 10, 13. Aufl., 2005, Vor § 823 Rn. 99; vgl. auch: *Wagner,* in: Münchener Kommentar, Bürgerliches Gesetzbuch, Band 5 – Schuldrecht Besonderer Teil III, 4. Aufl., 2004, Vor § 823 Rn. 67.

415 *Sprau,* in: Palandt, BGB, 68. Aufl., 2009, Einf. vor § 823 Rn. 14; *Spickhoff,* in: Soergel, Kommentar zum Bürgerlichen Gesetzbuch, Band 10, 13. Aufl., 2005, Vor § 823 Rn. 99; vgl. auch: *Wagner,* in: Münchener Kommentar, Bürgerliches Gesetzbuch, Band 5 – Schuldrecht Besonderer Teil III, 4. Aufl., 2004, Vor § 823 Rn. 67.

416 *Spickhoff,* in: Soergel, Kommentar zum Bürgerlichen Gesetzbuch, Band 10, 13. Aufl., 2005, Vor § 823 Rn. 68; *Sprau,* in: Palandt, BGB, 68. Aufl., 2009, Einf. vor § 823 Rn. 4.

Zivilrechts begründbare Haftung nicht ausschließen, sondern im Verhältnis der Anspruchskonkurrenz zu dieser stehen.

Die hier untersuchten tauglichen Schutzgesetze, namentlich § 331 Nr. 1 und Nr. 2 HGB, § 400 Abs. 1 Nr. 1 AktG sowie § 264 a StGB, knüpfen allesamt an Veröffentlichungen verschiedener Bilanzen und Übersichten an, die einen Gesamteindruck von dem Zustand des Unternehmens vermitteln sollen.

Diese Veröffentlichungen betreffen typischerweise den Sekundärmarkt. Deshalb stand in den durch den Bundesgerichtshof geklärten Fällen[417] stets eine Haftung für Verfehlungen auf dem Sekundärmarkt in Frage.

Allerdings werden Bilanzen unabhängig davon, ob die Wertpapiere bereits gehandelt werden, veröffentlicht. Beispielsweise trifft die Veröffentlichungspflicht gemäß § 325 Abs. 2 HGB hinsichtlich der Eröffnungsbilanz, des Jahresabschlusses, des Lageberichts usw. jede Kapitalgesellschaft, unabhängig davon, ob ihre Anteile noch auf dem Primär- oder bereits auf dem Sekundärmarkt gehandelt werden.

Die Veröffentlichungen, an deren unrichtige Angaben die Haftung nach dem jeweils einschlägigen Schutzgesetz im Sinn des § 823 Abs. 2 BGB anknüpft, kommen also sowohl auf dem Primär- als auch auf dem Sekundärmarkt vor. Daher greift § 823 Abs. 2 BGB i.V.m. den hier untersuchten tauglichen Schutzgesetzen ebenfalls sowohl auf dem Primär- als auch dem Sekundärmarkt ein.

c. § 826 BGB

Die zentrale Anspruchsgrundlage für Klagen aufgrund fehlerhafter Kapitalmarktinformationen stellt de lege lata § 826 BGB dar.[418] Insbesondere für fehlerhafte freiwillige Kapitalmarktinformationen stellt § 826 BGB – neben den höchst seltenen Fällen, in denen durch die Kapitalmarktinformation ein stillschweigend abgeschlossener Auskunftsvertrag zu Stande kommt – letztlich die einzige taugliche Anspruchsgrundlage für den geprellten Anleger dar.[419] Dementsprechend entwickelte der Bundesgerichtshof auf Grundlage dieser Norm in den Infomatec-Entscheidungen[420] eine Rechtspre-

417 Beispielhaft für die Haftung wegen fehlerhafter Ad-hoc-Mitteilungen als Inbegriff der Sekundärmarkthaftung: BGHZ 160, S. 134 ff. ("Infomatec I"); BGHZ 160, S. 149 ff. ("Infomatec II"); BGH, NJW 2004, S. 2668 ff. ("Infomatec III"); BGH, ZIP 2005, S. 1270 ff. ("EM.TV").

418 Vgl.: BGHZ 160, S. 134 ff. ("Infomatec I"); BGHZ 160, S. 149 ff. ("Infomatec II"); BGH, NJW 2004, S. 2668 ff. ("Infomatec III"); BGH, ZIP 2005, S. 1270 ff. ("EM.TV"); BGH, ZIP 2007, S. 681 ff. ("Comroad I"); BGH, ZIP 2007, S. 679 ff. ("Comroad II"); BGH, ZIP 2007, S. 326 ff. ("Comroad III"); BGH, ZIP 2007, S. 1560 ff. ("Comroad IV"); BGH, ZIP 2007, S. 1564 ff. ("Comroad V"); BGH, ZIP 2008, S. 407 ff. ("Comroad VI"); BGH, ZIP 2008, S. 410 ff. ("Comroad VII"); *Ehricke,* in: Hopt/Voigt (Hrsg.), Prospekt- und Kapitalmarktinformationshaftung, 2005, S. 279; *Fleischer*, Zur deliktsrechtlichen Haftung der Vorstandsmitglieder für falsche Ad-hoc-Mitteilungen, DB 2004, S. 2031, 2033; *Rützel,* Der aktuelle Stand der Rechtsprechung zur Haftung bei Ad-hoc-Mitteilungen, AG 2003, S. 69, 73.

419 Vgl.: *Ehricke,* in: Hopt/Voigt (Hrsg.), Prospekt- und Kapitalmarktinformationshaftung, 2005, S. 305; *Zimmer/Cloppenburg*, Haftung für falsche Informationen des Sekundärmarktes auch bei Kapitalanlagen des nicht geregelten Kapitalmarktes?, ZHR 171 (2007), S. 519, 552.

420 BGHZ 160, S. 134 ff. ("Infomatec I"); BGHZ 160, S. 149 ff. ("Infomatec II"); BGH, NJW 2004, S. 2668 ff. ("Infomatec III").

chung, deren Konturen durch die jüngsten höchstrichterlichen Entscheidungen immer deutlicher herausgearbeitet werden.[421]

aa. *Anwendungsbereich*

Eine Haftung nach § 826 BGB ist für jedwede fehlerhafte oder unterlassene Kapitalmarktinformation denkbar. Denn § 826 BGB steht als Norm des Deliktsrechts in keinerlei Konkurrenzverhältnis zu anderen Normen. Es besteht weder hinsichtlich der §§ 37b und 37c WpHG noch hinsichtlich der Regelungen zur Prospekthaftung ein Konkurrenzproblem.[422] Hinsichtlich der spezialgesetzlichen Prospekthaftung und §§ 37b und 37c WpHG wird dies durch § 47 Abs. 2 BörsG, § 13 Abs. 1 VerkProspG i.V.m. § 47 Abs. 2 BörsG und § 13a Abs. 6 S. 2 VerkProspG sowie §§ 37b Abs. 5 und 37c Abs. 5 WpHG ausdrücklich festgeschrieben. Im Übrigen folgt dies aus der Überlegung, dass die spezialgesetzlich geregelten Haftungstatbestände der Verbesserung des Anlegerschutzes dienen.

Voraussetzung für das Eingreifen einer Haftung nach § 826 BGB ist allerdings die Sittenwidrigkeit der Veröffentlichung der fehlerhaften Kapitalmarktinformation bzw. des Unterlassens derselben.

bb. *Sittenwidrigkeit*

§ 826 BGB setzt zunächst einen Verstoß gegen die guten Sitten, das heißt das Anstandsgefühl aller billig und gerecht denkenden Deutschen,[423] voraus. Maßgeblich sind die Anschauungen der in Betracht kommenden Kreise, beispielsweise der Masse der Anleger, wobei ein Durchschnittsmaß an Anstand und Redlichkeit vorausgesetzt wird.[424]

Zur Begründung des Vorwurfs der Sittenwidrigkeit genügen weder ein Verstoß gegen gesetzliche Vorschriften noch die Schädigung des Vermögens anderer allein. Vielmehr muss die besondere Verwerflichkeit der Tat sich aus dem verfolgten Ziel, den eingesetzten Mitteln, der zu Tage getretenen Gesinnung oder den eingetretenen

421 BGH, ZIP 2005, S. 1270 ff. ("EM.TV"); BGH, ZIP 2007, S. 681 ff. ("Comroad I"); BGH, ZIP 2007, S. 679 ff. ("Comroad II"); BGH, ZIP 2007, S. 326 ff. ("Comroad III"); BGH, ZIP 2007, S. 1560 ff. ("Comroad IV"); BGH, ZIP 2007, S. 1564 ff. ("Comroad V"); BGH, ZIP 2008, S. 407 ff. ("Comroad VI"); BGH, ZIP 2008, S. 410 ff. ("Comroad VII").

422 *Hönn,* in: Soergel, Kommentar zum Bürgerlichen Gesetzbuch, Band 10, 13. Aufl., 2005, § 826 Rn. 185 ff.; *Sprau,* in: Palandt, BGB, 68. Aufl., 2009, § 826 Rn. 2; *Wagner,* in: Münchener Kommentar, Bürgerliches Gesetzbuch, Band 5 – Schuldrecht Besonderer Teil III, 4. Aufl., 2004, § 826 Rn. 40; *Spindler*, in: Bamberger/Roth (Hrsg.), BGB, Band 2, 2. Aufl., 2008, § 826 Rn. 2; vgl. auch: BGH, ZIP 2007, S. 1560, 1563 ("Comroad IV"); BGH, ZIP 2008, S. 407, 409 ("Comroad VI"); BGH, ZIP 2008, S. 410, 411 ("Comroad VII"); *Hönn,* in: Soergel, Kommentar zum Bürgerlichen Gesetzbuch, Band 10, 13. Aufl., 2005, § 826 Rn. 185 ff.

423 Ständige Rechtsprechung seit RGZ 48, S. 114, 124.

424 *Wandt*, Wandt/Schwarz (Hrsg.), Gesetzliche Schuldverhältnisse, 2. Aufl., 2006, § 17 Rn. 23.

Folgen ergeben.[425] Hierzu wurde eine umfangreiche Kasuistik entwickelt, anhand derer in der Praxis bestimmt wird, wann ein Verhalten sittenwidrig ist.

(1) Veröffentlichung fehlerhafter Kapitalmarktinformationen

Nach der bisherigen Rechtsprechung des Bundesgerichtshofs zu dem Tatbestandsmerkmal der Sittenwidrigkeit darf als gesichert gelten, dass wissentliche Falschmitteilungen jedenfalls dann den Vorwurf der Sittenwidrigkeit begründen, wenn sie zumindest auch der Förderung eigener Interessen des Informationsveröffentlichers dienen.[426] Denn ein solches Verhalten verstößt derart gegen die Mindestanforderungen des Kapitalmarktrechts, dass ein Ausgleich der durch dieses Verhalten entstehenden Vermögensschäden geboten ist.

Darüber hinaus bejaht die herrschende Lehre den Vorwurf der Sittenwidrigkeit auch bei wissentlich fehlerhaften Kapitalmarktinformationen, die, ohne eigenen Interessen zu dienen, veröffentlicht werden.[427] Zur Begründung wird darauf verwiesen, dass auch der Bundesgerichtshof die Eigennützigkeit der fehlerhaften Kapitalmarktinformation eher als verstärkendes Element und nicht als konstitutive Voraussetzung sieht.[428] Außerdem spricht der Schutzzweck des § 826 BGB, der die Integrität der Willensentscheidung des potentiellen Anlegers vor irreführenden Beeinträchtigungen durch fehlerhafte Kapitalmarktinformationen schützt,[429] für die Bejahung der Sittenwidrigkeit.

Die Gegenauffassung argumentiert, dass auch der Bundesgerichtshof davon ausgehe, dass allein die Verletzung gesetzlicher Vorschriften den Vorwurf der Sittenwidrigkeit nicht stützen könne. Es müssten vielmehr noch weitere Umstände hinzutreten, die mit der wissentlich fehlerhaften Unterrichtung des Kapitalmarktes zusammen den Vorwurf der Sittenwidrigkeit begründen.

Die wissentliche Veröffentlichung fehlerhafter Kapitalmarktinformationen versto-ße aber regelmäßig lediglich gegen gesetzliche Bestimmungen, wie beispielsweise § 15 WpHG bzw. § 20 a WpHG. Beide Vorschriften sind nicht als Schutzgesetze im Sinn des § 823 Abs. 2 BGB anerkannt (siehe S. 99). Folglich stehe die Qualifizierung eines solchen Verhaltens als sittenwidrig in einem Wertungswiderspruch zu der Ab-

425 BGHZ 160, S. 149, 157 f. („Infomatec II"); BGH, NJW 2004, S. 2668, 2670 („Infomatec III").
426 BGHZ 160, S. 149, 157 („Infomatec II"); BGH, NJW 2004, S. 2668, 2670 („Infomatec III").
427 *Sprau*, in: Palandt, BGB, 68. Aufl., 2009, § 826 Rn. 30; *Fleischer,* Zur deliktsrechtlichen Haftung der Vorstandsmitglieder für falsche Ad-hoc-Mitteilungen, DB 2004, S. 2031, 2033 f.; *Möllers/Leisch*, in: Möllers/Rotter (Hrsg.), Ad-hoc- Publizität, 2003, § 15 Rn. 17 ff., insbesondere Rn. 21; *Reichert/Weller*, Haftung von Kontrollorganen, ZRP 2002, S. 49, 53; *Krause*, Ad-hoc-Publizität und haftungsrechtlicher Anlegerschutz, ZGR 2002, S. 799, 823; a.A.: *Spindler*, Persönliche Haftung der Organmitglieder für Falschinformationen des Kapitalmarktes – de lege lata und de lege ferenda –, WM 2004, S. 2089, 2092; *Rützel,* Der aktuelle Stand der Rechtsprechung zur Haftung bei Ad-hoc-Mitteilungen, AG 2003, S. 69, 73; *Gottschalk,* Die persönliche Haftung der Organmitglieder für fehlerhafte Kapitalmarktinformationen de lege lata und de lege ferenda, Der Konzern 2005, S. 274, 278; so wohl auch: BGH, ZIP 2007, S. 1560, 1561 ("Comroad IV"); BGH, ZIP 2008, S. 407, 408 ("Comroad VI").
428 Vgl.: BGHZ 160, S. 149, 158; BGH, ZIP 2008, S. 407, 408 ("Comroad VI").
429 BGH, ZIP 2007, S. 1560, 1563 ("Comroad IV"); BGH, ZIP 2008, S. 407, 409 ("Comroad VI"); BGH, ZIP 2008, S. 410, 411 ("Comroad VII").

lehnung der Einordnung dieser Vorschriften als Schutzgesetz im Sinn des § 823 Abs. 2 BGB.[430]

Der angesprochene Wertungswiderspruch zu einer Ablehnung der Einordnung als Schutzgesetz im Sinn des § 823 Abs. 2 BGB besteht aber nicht. Denn § 826 BGB stellt eine von § 823 Abs. 2 BGB völlig unabhängige, eigenständige Anspruchsgrundlage dar. Im Rahmen des § 826 BGB spielt es daher keine Rolle, ob gegen ein Schutzgesetz verstoßen wurde. Es ist unerheblich, ob das Gesetz, gegen das verstoßen wurde, nach dem gesetzgeberischen Willen zumindest auch dem Individualschutz zu dienen bestimmt ist.

Allein entscheidend ist vielmehr, ob der Gesetzesverstoß in besonderem Maße verwerflich ist. Dies kann auch bei Verstößen gegen Gesetze, die vornehmlich dem Funktionsschutz des Marktes dienen, der Fall sein. Denn die besondere Verwerflichkeit ergibt sich in Fällen der vorsätzlichen Veröffentlichung fehlerhafter Kapitalmarktinformationen nicht aus der Gesetzesverletzung allein, sondern aus einer Vielzahl von Faktoren.

Zu nennen ist vor allem die Enttäuschung des Vertrauens der Anleger in die Richtigkeit der Kapitalmarktinformation. Dies spielt für die Begründung des Vorwurfs der Sittenwidrigkeit daher eine herausragende Rolle, weil die vollständige und richtige Information der Kapitalmärkte Grundvoraussetzung des Funktionierens derselben ist (siehe S. 25).

Aber auch die Monopolstellung der Emittenten hinsichtlich der verbreiteten Kapitalmarktinformationen[431] ist in Bezug auf die Beurteilung der besonderen Verwerflichkeit angemessen zu berücksichtigen. Häufig treffen Anleger nämlich lediglich auf Grundlage der durch die Emittenten veröffentlichten Kapitalmarktinformationen bzw. Analysen von Finanzmarktexperten, die auf diesen Informationen aufbauen, ihre Anlageentscheidung. Daher haben die Emittenten eine sensible Stellung inne, die sie in besonders verwerflicher Art und Weise ausnutzen, wenn sie vorsätzlich fehlerhafte Kapitalmarktinformationen veröffentlichen.

Dennoch wird gegen eine Einordnung wissentlich fehlerhafter Kapitalmarktinformationen, die ohne Eigeninteresse veröffentlich werden, als sittenwidrig vorgetragen, die Geschäftsleitung des Emittenten verfolge bei Abgabe der Kapitalmarktinformationen stets auch das Eigeninteresse des Emittenten, was auch für jeden Empfänger ersichtlich sei.[432]

Offensichtlich soll hiermit darauf angespielt werden, dass das Vertrauen in solche Kapitalmarktinformationen ohnehin nicht sonderlich groß sein könne.

Faktisch ist aber das Gegenteil der Fall. Dies belegen die vielen gerichtskundig gewordenen Anlageentscheidungen aufgrund fehlerhafter Kapitalmarktinformationen. Anlageentscheidungen werden in aller Regel allein auf Grundlage der durch den

430 *Spindler*, Persönliche Haftung der Organmitglieder für Falschinformationen des Kapitalmarktes – de lege lata und de lege ferenda –, WM 2004, S. 2089, 2092.

431 Statt aller anderen: *Möllers*, Die unterlassene Ad-hoc-Mitteilung als sittenwidrige Schädigung gem. § 826 BGB, WM 2003, S. 2393, 2394.

432 *Rützel*, Der aktuelle Stand der Rechtsprechung zur Haftung bei Ad-hoc-Mitteilungen, AG 2003, S. 69, 73.

Emittenten veröffentlichten Kapitalmarktinformationen getroffen. Denn der Emittent hat letztlich das Informationsmonopol inne.[433]

Die überzeugenderen Argumente streiten daher für die Ansicht der herrschenden Lehre, nach der wissentlich fehlerhafte Kapitalmarktinformationen stets zur Sittenwidrigkeit führen. Denn nur diese Ansicht wird dem Schutzzweck des § 826 BGB, den Schutz der Integrität der Willensentscheidung des potentiellen Anlegers zu gewährleisten, gerecht.

Richtigerweise ist der Vorwurf der Sittenwidrigkeit vor dem Hintergrund dieses Schutzzwecks sogar in solchen Fällen zu bejahen, in denen lediglich bedingt vorsätzlich fehlerhafte Informationen an den Kapitalmarkt weitergegeben werden.[434]

Zu denken ist hierbei insbesondere an freiwillige Kapitalmarktinformationen ins Blaue hinein.[435] Denn nach der Rechtsprechung des Bundesgerichtshof ist bereits eine Auskunft, die aufgrund grob fahrlässigen Verhaltens leichtfertig in unrichtiger Weise erteilt wird, dann als sittenwidrig zu werten, wenn die Auskunft für die Entschließung des Empfängers – für den Auskunftgeber erkennbar – von Bedeutung ist und dieser unter Verfolgung eigener Interessen in dem Bewusstsein einer möglichen Schädigung des Empfängers handelt.[436]

Diese Voraussetzungen sind bei der vorsätzlichen Veröffentlichung fehlerhafter Kapitalmarktinformationen stets erfüllt. Denn die Kapitalmarktinformationen sind erkennbar für aktuelle und potentielle Anleger von großer Bedeutung. Maßgeblich ist hierbei wiederum die Überlegung, dass das Anlegerpublikum auf diese Informationen wegen des Informationsmonopols des Emittenten vertrauen muss.

Aber auch wenn man fälschlich die Verfolgung eigener Interessen durch die fehlerhafte Kapitalmarktinformation als Voraussetzung für den Sittenwidrigkeitsvorwurf annimmt, kommt man zu keinem anderen Ergebnis. Denn die Geschäftsleitung, die diese Informationen veröffentlicht, handelt zumindest mittelbar in eigenem Interesse, weil die Verbreitung positiver Nachrichten über den Emittenten über einen Anstieg des Börsen- oder Marktpreises auch ihren Arbeitsplatz sichert.

Wegen der überragenden Bedeutung der Richtigkeit der Kapitalmarktinformationen für das Funktionieren der Kapitalmärkte und der Abhängigkeit der Anleger von der Richtigkeit der Kapitalmarktinformationen, ist demnach jede vorsätzliche Fehlinformation der Kapitalmärkte als in besonderem Maße verwerflich und damit als sittenwidrig anzusehen.

433 Statt aller anderen: *Möllers,* Die unterlassene Ad-hoc-Mitteilung als sittenwidrige Schädigung gem. § 826 BGB, WM 2003, S. 2393, 2394.

434 Für die Auskunftshaftung außerhalb des Kapitalmarktes: BGH, NJW 1987, S. 1758, 1759; BGH, NJW 1992, S. 3167, 3174; *Oechsler,* in: J. von Staudingers Kommentar zum Bürgerlichen Gesetzbuch mit Einführungsgesetz und Nebengesetzen, 13. Aufl., Bearbeitung 2003, § 826 Rn. 156 f.; *Hönn,* in: Soergel, Kommentar zum Bürgerlichen Gesetzbuch, Band 10, 13. Aufl., 2005, § 826 Rn. 173.

435 A.A.: *Rützel,* Der aktuelle Stand der Rechtsprechung zur Haftung bei Ad-hoc-Mitteilungen, AG 2003, S. 69, 73.

436 Hinsichtlich gesellschaftsrechtlicher Auskunftspflichten außerhalb des Kapitalmarktrechts: BGH, NJW 1987, S. 1758, 1759; BGH, NJW 1992, S. 3167, 3174.

(2) Pflichtwidriges Unterlassen der Veröffentlichung von Kapitalmarktinformationen

Bislang wurden pflichtwidrig unterlassene Kapitalmarktinformationen noch nicht von der ober- oder höchstrichterlichen Rechtsprechung hinsichtlich des Vorwurfs der Sittenwidrigkeit untersucht.

Allerdings lässt sich die Sittenwidrigkeit direkt vorsätzlich pflichtwidrig unterlassener Kapitalmarktinformationen mit einer ähnlichen Argumentation wie der zu der Veröffentlichung fehlerhafter Kapitalmarktinformationen begründen.[437] Der Vorwurf der Sittenwidrigkeit knüpft auch hier an das Bestehen des Informationsmonopols, die Bedeutung der Kapitalmarktinformation für das Funktionieren der Märkte und die hieraus erwachsenden besonderen Sorgfaltspflichten für den Emittenten an.

Dagegen sind pflichtwidrig, aber nicht direkt vorsätzlich unterlassene Kapitalmarktinformationen nur bei dem Hinzutreten den Sittenwidrigkeitsvorwurf stützender Umstände als sittenwidrig anzusehen.[438] Denn anders als bei fehlerhaften Kapitalmarktinformationen wird im Fall unterlassener Kapitalmarktinformationen kein Vertrauenstatbestand geschaffen, auf den die Anleger vertrauen könnten.[439]

Aus diesem Grund wird zum Teil sogar vertreten, ein Unterlassen könne niemals den Vorwurf der Sittenwidrigkeit begründen.[440]

Richtigerweise ist ein solch pauschaler Ausschluss des Vorwurfs der Sittenwidrigkeit jedoch abzulehnen. Es sind vielmehr erhöhte Anforderungen an das Vorliegen derselben zu stellen:

Zum einen muss die Veröffentlichung der Kapitalmarktinformation einer sittlichen Pflicht entsprechen. Dies ist aufgrund des Informationsmonopols des Emittenten regelmäßig der Fall, wenn eine Veröffentlichungspflicht nach § 15 WpHG besteht.

Des Weiteren muss die Unterlassung der Kapitalmarktinformation pflichtwidrig sein. Dies setzt voraus, dass der Mitteilungspflichtige Kenntnis von den mitteilungspflichtigen Tatsachen hat. Zudem muss die Veröffentlichungsbedürftigkeit für den Mitteilungspflichtigen offenkundig sein, wobei sich die Offenkundigkeit aus der Gefährlichkeit des Geschäfts ergeben kann.[441]

Für Wertpapiergeschäfte, die Risikogeschäfte darstellen,[442] ist die Veröffentlichungspflicht in § 15 WpHG positiv gesetzlich geregelt. Diese Pflicht muss auch jedem Emittenten bekannt sein. Folglich ist die Veröffentlichungsbedürftigkeit von Umstän-

437 Ebenso: *Möllers,* Die unterlassene Ad-hoc-Mitteilung als sittenwidrige Schädigung gem. § 826 BGB, WM 2003, S. 2393, 2394 f.; wohl auch: *Mülbert/Steup,* in: Habersack/Mülbert/Schlitt (Hrsg.), Unternehmensfinanzierung am Kapitalmarkt, 2005, § 26 Rn. 172.

438 Vgl.: *Fleischer,* Zur deliktsrechtlichen Haftung der Vorstandsmitglieder für falsche Ad-hoc-Mitteilungen, DB 2004, S. 2031, 2033 f.; *Möllers,* Die unterlassene Ad-hoc-Mitteilung als sittenwidrige Schädigung gem. § 826 BGB, WM 2003, S. 2393, 2394; *Krause,* Ad-hoc-Publizität und haftungsrechtlicher Anlegerschutz, ZGR 2002, S. 799, 824.

439 *Möllers,* Die unterlassene Ad-hoc-Mitteilung als sittenwidrige Schädigung gem. § 826 BGB, WM 2003, S. 2393, 2394.

440 *Rützel,* Der aktuelle Stand der Rechtsprechung zur Haftung bei Ad-hoc-Mitteilungen, AG 2003, S. 69, 73; ähnlich auch: *Holzborn/Foelsch,* Schadensersatzpflichten von Aktiengesellschaften und deren Management bei Anlegerverlusten – Ein Überblick, NJW 2003, S. 932, 939.

441 Näher hierzu: *Möllers,* Die unterlassene Ad-hoc-Mitteilung als sittenwidrige Schädigung gem. § 826 BGB, WM 2003, S. 2393, 2394 f.

442 Statt aller anderen: BFH, NJW 2005, S. 1456.

den, die dem § 15 WpHG unterfallen, offenkundig. Es kommt demnach im Anwendungsbereich des WpHG für die Begründung des Sittenwidrigkeitsvorwurfs vor allem auf die Kenntnis des Emittenten von dem zu veröffentlichenden Umstand an.

Liegt diese positive Kenntnis des Emittenten von dem Umstand und der Veröffentlichungspflicht vor und unterlässt er dennoch die Veröffentlichung der Kapitalmarktinformation, wird er regelmäßig auch direkt vorsätzlich handeln. Daher sind außer dem direkt vorsätzlichen, pflichtwidrigen Unterlassen der Veröffentlichung von Kapitalmarktinformationen weitere den Sittenwidrigkeitsvorwurf stützende Umstände kaum praktisch denkbar.

Als Ergebnis lässt sich dennoch festhalten, dass auch die pflichtwidrige Unterlassung der Veröffentlichung von Kapitalmarktinformationen sittenwidrig sein kann. Voraussetzung hierfür ist, dass Umstände, die den Vorwurf der Sittenwidrigkeit stützen, zu dem Unterlassen hinzutreten. Ein solcher die Sittenwidrigkeit stützender Umstand ist insbesondere ein direkt vorsätzliches Handeln.

cc. Adressatenkreis

Zum Adressatenkreis der Haftung nach § 826 BGB gehört jeder, der sittenwidrig eine fehlerhafte Kapitalmarktinformation veröffentlicht bzw. die Veröffentlichung einer solchen unterlässt.

dd. Vorsatz

Das Vorsatzerfordernis dient als Korrektiv gegen ein Ausufern der Haftung nach § 826 BGB für fehlerhafte Kapitalmarktinformationen.[443]

Jede Haftung nach § 826 BGB setzt zumindest ein bedingt vorsätzliches Handeln voraus.[444] Zu dem Vorsatz im Rahmen des § 826 BGB gehört, dass der Täter spätestens im Zeitpunkt des Schadenseintritts Art und Richtung des Schadens sowie die Schadensfolgen vorausgesehen und zumindest billigend in Kauf genommen hat.[445]

Diese Voraussetzungen werden regelmäßig bei der öffentlichen Verbreitung fehlerhafter Kapitalmarktinformationen vorliegen. Denn diejenigen Personen, die überhaupt öffentlich Kapitalmarktinformationen verbreiten, sind regelmäßig mit den Me-

443 *Wagner,* in: Münchener Kommentar, Bürgerliches Gesetzbuch, Band 5 – Schuldrecht Besonderer Teil III, 4. Aufl., 2004, § 826 Rn. 19.

444 BGHZ 160, S. 149, 156 („Infomatec II"); OLG München, ZIP 2005, S. 901, 902; OLG München, ZIP 2005, S. 1141, 1142; *Sprau,* in: Palandt, BGB, 68. Aufl., 2009, § 826 Rn. 9; *Wagner,* in: Münchener Kommentar, Bürgerliches Gesetzbuch, Band 5 – Schuldrecht Besonderer Teil III, 4. Aufl., 2004, § 826 Rn. 19; *Hönn,* in: Soergel, Kommentar zum Bürgerlichen Gesetzbuch, Band 10, 13. Aufl., 2005, § 826 Rn. 61; *Oechsler,* in: J. von Staudingers Kommentar zum Bürgerlichen Gesetzbuch mit Einführungsgesetz und Nebengesetzen, 13. Aufl., Bearbeitung 2003, § 826 Rn. 75.

445 Ständige Rechtsprechung, beispielhaft: BGH, NJW 1991, S. 634, 636 mwN; BGH, NJW 2000, S. 2896, 2897; BGH, NJW 2004, S. 446, 448; BGH, NJW 2004, S. 2664, 2670 („Infomatec III").

chanismen der Kapitalmärkte vertraut. Folglich liegt die Annahme, sie könnten spätestens bei Schadenseintritt Art und Richtung des Schadens sowie die Schadensfolgen voraussehen und würden deren Eintritt billigend in Kauf nehmen, sehr nahe.[446]

Der Bundesgerichtshof hebt in diesem Zusammenhang hervor, dass auch der Nachweis einer euphorischen Stimmung der Informationsgeber nicht dazu führe, einen auf diese Weise festgestellten Eventualvorsatz in bloße bewusste Fahrlässigkeit umzudeuten.[447] Denn die Informationsgeber seien regelmäßig mit den Marktmechanismen so firm, dass eine momentane Euphorie ihnen nicht den Verstand völlig vernebeln könne.[448]

ee. Haftungsbegründende Kausalität

Weiteres Tatbestandsmerkmal des § 826 BGB ist die haftungsbegründende Kausalität. Das bedeutet, dass der einzelne Anleger nachweisen muss, die Kapitalanlage aufgrund der fehlerhaften Kapitalmarktinformation erworben, verkauft oder von einem fest beabsichtigten Verkauf bzw. Kauf Abstand genommen zu haben.[449]

Im Gegensatz zu der Haftung gemäß §§ 37 b und 37 c WpHG enthält der Tatbestand des § 826 BGB kein Transaktionserfordernis. Daher bejahte der Bundesgerichtshof in der EM.TV-Entscheidung auch die Anspruchsberechtigung von Altanlegern, ohne sich differenziert mit dem Problem auseinanderzusetzen.[450]

Allerdings deutet der Bundesgerichtshof an, einem Überhandnehmen missbräuchlicher Klagen mit Hilfe beweisrechtlicher Mittel entgegentreten zu wollen. Denn nach den Ausführungen des Bundesgerichtshofs sind nur diejenigen Altanleger anspruchsberechtigt, die „nachweisbar von dem zu einem bestimmten Zeitpunkt fest beabsichtigten“ Verkauf aufgrund der fehlerhaften Kapitalmarkinformation Abstand genom-

446 Hinsichtlich Vorstandsmitgliedern als Informationsgebern im konkreten Fall: BGHZ 160, S. 149, 154 ff. („Infomatec II“); BGH, NJW 2004, S. 2668, 2670 („Infomatec III“); zustimmend: *Möllers*, Der Weg zu einer Haftung für Kapitalmarktinformationen, JZ 2005, S. 75, 76; *Edelmann*, Haftung von Vorstandsmitgliedern für fehlerhafte Ad-hoc-Mitteilungen – Besprechung der Infomatec-Urteile des BGH, BB 2004, S. 2031, 2032 f.; *Kort*, Die Haftung von Vorstandsmitgliedern für falsche Ad-hoc-Mitteilungen, AG 2005, S. 21, 25; *Spindler*, Persönliche Haftung der Organmitglieder für Falschinformationen des Kapitalmarktes – de lege lata und de lege ferenda –, WM 2004, S. 2089, 2092.

447 BGHZ 160, S. 149, 156 („Infomatec II“).

448 BGHZ 160, S. 149, 156 („Infomatec II“); BGH, ZIP 2007, S. 681 (“Comroad I”); BGH, ZIP 2007, S. 679, 680 (“Comroad II”); BGH, ZIP 2008, S. 407, 408 (“Comroad VI”); BGH, ZIP 2008, S. 410, 411 (“Comroad VII”).

449 BGHZ 160, S. 134, 144 („Infomatec I“); BGH, ZIP 2005, S. 1270, 1273 f. (“EM.TV”); *Rützel*, Der aktuelle Stand der Rechtsprechung zur Haftung bei Ad-hoc-Mitteilungen, AG 2003, S. 69, 74; *Bachmann*, in: Bachmann/Casper/Schäfer/Veil (Hrsg.), Steuerungsfunktion des Haftungsrechts im Gesellschafts- und Kapitalmarktrecht, 1. Aufl., 2007, S. 93, 134; *Gottschalk*, Die persönliche Haftung der Organmitglieder für fehlerhafte Kapitalmarktinformationen de lege lata und de lege ferenda, Der Konzern 2005, S. 274, 278; *Spindler*, Persönliche Haftung der Organmitglieder für Falschinformationen des Kapitalmarktes – de lege lata und de lege ferenda –, WM 2004, S. 2089, 2092.

450 BGH, ZIP 2005, S. 1270, 1273 f. („EM.TV“).

men haben.[451] Zu potentiellen Neuanlegern, die nachweisbar von einem fest beabsichtigten Kauf abgesehen haben, hat sich der Bundesgerichtshof bislang nicht geäußert. Aber konsequenterweise müssen sie ebenso anspruchsberechtigt sein wie Altanleger, die von einem Verkauf infolge der fehlerhaften Kapitalmarktinformation Abstand nahmen.[452]

Letztlich hat der Bundesgerichtshof damit die Frage nach dem Transaktionserfordernis zu einem Beweisproblem im Rahmen der haftungsbegründenden Kausalität gemacht.

Der Nachweis der haftungsbegründenden Kausalität ist auch im Fall der Geltendmachung des Differenzschadens zu erbringen.[453] Denn § 826 BGB schützt jeweils die konkrete Anlageentscheidung kaufwilliger Anleger vor unzutreffenden Angaben.[454] Eine Dauerkausalität lehnt der Bundesgerichtshof ausdrücklich ab.[455]

Regelmäßig ist dieser Nachweis der haftungsbegründenden Kausalität aber nur schwer zu erbringen.[456] Die Rechtslehre diskutiert daher verschiedene Ansätze der Beweiserleichterung zu Gunsten der geprellten Anleger. Diesen hat die höchstrichterliche Rechtsprechung aber allesamt eine Absage erteilt:

(1) Anscheinsbeweis

Zu Recht hält der Bundesgerichtshof einen Anscheinsbeweis hinsichtlich des Kausalzusammenhangs zwischen der fehlerhaften Kapitalmarktinformation und der Anlage-

451 BGH, ZIP 2005, S. 1270, 1273 f. („EM.TV"); OLG Stuttgart, ZIP 2006, S. 511, 513; zustimmend: *Hutter/Stürwald*, EM.TV und die Haftung für fehlerhafte Ad-hoc-Mitteilungen, NJW 2005, S. 2428, 2431; kritisch: *Gottschalk*, Die deliktische Haftung für fehlerhafte Ad-hoc-Mitteilungen – Zugleich eine Besprechung der BGH-Entscheidung vom 9. 5. 2005 – EM.TV, DStR 2005, S. 1648, 1654.

452 *Hopt/Voigt,* in: Hopt/Voigt (Hrsg.), Prospekt- und Kapitalmarktinformationshaftung, 2005, S. 9, 111; *Fleischer*, in: Assmann/Schütze (Hrsg.), Handbuch des Kapitalanlagerechts, 3. Aufl., 2007, § 7 Rn. 31.

453 BGH, ZIP 2007, S. 679, 680 ("Comroad II").

454 BGH, ZIP 2007, S. 1560, 1564 ("Comroad IV"); BGH, ZIP 2008, S. 407, 409 ("Comroad VI"); BGH, ZIP 2008, S. 829, 830 ("Comroad VIII"); zustimmend: *Findeisen*, Die Bedeutung der haftungsbegründenden Kausalität einer fehlerhaften Ad-hoc-Mitteilung für die Anlageentscheidung des Schadensersatzklägers, NZG 2007, S. 692, 693.

455 BGH, ZIP 2007, S. 1560, 1561 f. ("Comroad IV"); BGH, ZIP 2007, S. 1564, 1565 ("Comroad V"); BGH, ZIP 2008, S. 407, 409 ("Comroad VI"); BGH, ZIP 2008, S. 410, 411 ("Comroad VII"); BGH, ZIP 2008, S. 829, 831 ("Comroad VIII").

456 BGHZ 160, S. 134, 144 („Infomatec I"); *Spindler*, Persönliche Haftung der Organmitglieder für Falschinformationen des Kapitalmarktes – de lege lata und de lege ferenda –, WM 2004, S. 2089, 2092; *Gottschalk,* Die persönliche Haftung der Organmitglieder für fehlerhafte Kapitalmarktinformationen de lege lata und de lege ferenda, Der Konzern 2005, S. 274, 278; *Rützel,* Der aktuelle Stand der Rechtsprechung zur Haftung bei Ad-hoc-Mitteilungen, AG 2003, S. 69, 74.

entscheidung für nicht begründbar.[457] Denn das Eingreifen eines Anscheinsbeweises knüpft daran an, dass bei Feststehen eines bestimmten Sachverhaltes die Lebenserfahrung auf eine bestimmte Ursache oder einen bestimmten Geschehensablauf hinweist. Folglich gilt, soweit der Fall das typische Gepräge des Üblichen und Gewöhnlichen trägt, die bestimmte Ursache bzw. der typische Geschehensablauf als bewiesen.[458] Die Anlageentscheidung des Anlegers ist aber ein individuell geprägter Willensentschluss, der durch „vielfältige rationale und irrationale Faktoren, insbesondere teils spekulative Elemente" beeinflusst wird.[459] Damit beruht die Anlageentscheidung nicht monokausal auf der Veröffentlichung der fehlerhaften Kapitalmarktinformation, weshalb auch kein Erfahrungssatz für einen typischen Geschehensablauf gebildet werden kann.

Mangels eines Erfahrungssatzes für ein bestimmtes Anlegerverhalten scheidet daher die Anwendbarkeit eines Anscheinsbeweises hinsichtlich der haftungsbegründenden Kausalität aus.

(2) Anlagestimmung

Ebenso überträgt der Bundesgerichtshof die Figur der Anlagestimmung zu Recht nicht ohne weiteres von der börsengesetzlichen Prospekthaftung auf die deliktische Haftung nach § 826 BGB.[460]

Im speziellen Bereich der Emissionsprospekthaftung nach §§ 45 ff. BörsG in der Fassung des 2. Finanzmarktförderungsgesetzes[461] ging die Rechtsprechung zugunsten des hinsichtlich der haftungsbegründenden Kausalität darlegungs- und beweispflichtigen Anlegers davon aus, dass der Emissionsprospekt die Einschätzung des Wertpapiers in Fachkreisen maßgeblich beeinflusst und somit eine regelrechte Anlagestimmung erzeugen kann. Diese Anlagestimmung konnte der Anleger als eine Art tatsäch-

457 Ständige Rechtsprechung seit: BGHZ 160, S. 134, 144 („Infomatec I"); BGH, ZIP 2005, S. 1270, 1274 ("EM.TV"); BGH, ZIP 2007, S. 681, 682 ("Comroad I"); BGH, ZIP 2007, S. 679, 680 ("Comroad II"); BGH, ZIP 2007, S. 326 ("Comroad III"); BGH, ZIP 2007, S. 1560, 1561 ("Comroad IV"); BGH, ZIP 2007, S. 1564, 1565 ("Comroad V"); ähnlich: BGH, ZIP 2008, S. 407, 409 ("Comroad VI"); BGH, ZIP 2008, S. 410, 411 ("Comroad VII").

458 Statt aller anderen: BGHZ 160, S. 134, 144 („Infomatec I"); *Heinrichs*, in: Palandt, BGB, 68. Aufl., 2009, Vorb. Vor § 249 Rn. 163; *Reichold*, in: Thomas/Putzo (Hrsg.), Zivilprozessordnung, 29. Aufl., 2008, § 286 Rn. 12 f.

459 BGHZ 160, S. 134, 144 („Infomatec I"); BGH, ZIP 2007, S. 1560, 1561 ("Comroad IV"); BGH, ZIP 2007, S. 1564, 1564 f. ("Comroad V"); ähnlich: ZIP 2005, S. 1270, 1274 ("EM.TV"); BGH, ZIP 2007, S. 681, 682 ("Comroad I"); BGH, ZIP 2007, S. 679, 680 ("Comroad II"); BGH, ZIP 2007, S. 326 ("Comroad III").

460 BGHZ 160, S. 134, 146 („Infomatec I"); BGH, ZIP 2007, S. 681, 682 ("Comroad I"); BGH, ZIP 2007, S. 679, 680 ("Comroad II"); BGH, ZIP 2007, S. 326 ("Comroad III"); BGH, ZIP 2007, S. 1560, 1561 ("Comroad IV"); BGH, ZIP 2007, S. 1564, 1565 ("Comroad V").

461 Gesetz über den Wertpapierhandel und zur Änderung börsenrechtlicher und wertpapierrechtlicher Vorschriften (Zweites Finanzmarktförderungsgesetz) vom 26.7.1994 (BGBl. I 1994, S. 1749).

licher Vermutung für den Kausalzusammenhang zwischen dem fehlerhaften Prospekt und seiner Anlageentscheidung heranziehen.[462]

Anknüpfungspunkt für die Erzeugung einer Anlagestimmung ist, dass ein Börsenzulassungsprospekt umfassend über alle anlagerelevanten Umstände aufklären muss (siehe S. 57 f.) und somit eine relativ fundierte Einschätzung der Chancen und Risiken der Kapitalanlage ermöglicht.[463]

Eine Anlagestimmung kann somit grundsätzlich nur durch Kapitalmarktinformationen erzeugt werden, die umfassend über sämtliche anlagerelevanten Tatsachen informieren.

Folgerichtig lehnt der Bundesgerichtshof grundsätzlich ein Eingreifen der Beweiserleichterung in Form der Anlagestimmung im Fall fehlerhafter Ad-hoc-Mitteilungen ab.[464] Denn der Informationsgehalt von Ad-hoc-Mitteilungen beschränkt sich im Allgemeinen ausschnittartig auf wesentliche, aktuelle Tatsachen aus dem Unternehmensbereich, die zumeist für eine individuelle zeitnahe Entscheidung zum Kauf oder Verkauf der Aktien relevant sein können, regelmäßig aber nicht geeignet sind, eine Anlagestimmung zu erzeugen.[465]

Lediglich in Ausnahmefällen, in denen die Tragweite der verbreiteten Information extrem hoch ist, hält der Bundesgerichtshof die Erzeugung einer Anlagestimmung durch eine Ad-hoc-Mitteilung für möglich.[466]

Hinsichtlich der Dauer, der durch eine fehlerhafte Kapitalmarktinformation erzeugten Anlagestimmung, hält sich der Bundesgerichtshof bedeckt. Als sicher gilt nach den Ausführungen des Bundesgerichtshofs lediglich, dass „die Wirkung von positiven Informationen mit zeitlichem Abstand zur Veröffentlichung abnimmt".[467]

Außerdem kann eine Anlagestimmung durch die Veröffentlichung erheblicher negativer Meldungen über das Unternehmen beseitigt werden. Hierzu gelten die auf S. 59 gemachten Ausführungen sinngemäß.

Die Heranziehung einer Anlagestimmung verbietet sich von vornherein, soweit es um eine Haftung wegen des sittenwidrigen Unterlassens einer Kapitalmarktinformation geht. Denn eine Anlagestimmung kann prinzipiell nur durch eine Veröffentlichung einer Kapitalmarktinformation ausgelöst werden. Außerdem – und dies ist das schlagende Argument – wird die Rechtsfigur der Anlagestimmung der börsengesetzlichen Prospekthaftung entlehnt, in deren Rahmen lediglich für die fehlerhafte Veröffentlichung, nicht aber das Unterlassen von Kapitalmarktinformationen gehaftet wird (siehe S. 56 ff., 66).

462 Vgl.: BGHZ 139, S. 225, 233 mwN.

463 Umkehrschluss aus: BGHZ 160, S. 134, 146 („Infomatec I"); BGH, ZIP 2007, S. 1560, 1561 ("Comroad IV"); BGH, ZIP 2007, S. 1564, 1565 ("Comroad V"); *Rützel,* Der aktuelle Stand der Rechtsprechung zur Haftung bei Ad-hoc-Mitteilungen, AG 2003, S. 69, 74.

464 BGHZ 160, S. 134, 146 („Infomatec I"); BGH, ZIP 2007, S. 1560, 1561 ("Comroad IV"); BGH, ZIP 2007, S. 1564, 1565 ("Comroad V").

465 BGH, ZIP 2007, S. 1564, 1565 ("Comroad V").

466 BGHZ 160, S. 134, 146 („Infomatec I"); BGH, ZIP 2007, S. 681, 682 ("Comroad I"); BGH, ZIP 2007, S. 679, 680 ("Comroad II"); BGH, ZIP 2007, S. 1560, 1561 ("Comroad IV"); BGH, ZIP 2007, S. 1564, 1565 ("Comroad V").

467 BGHZ 160, S. 134, 146 („Infomatec I").

Zusammenfassend lässt sich also festhalten, dass die Heranziehung einer Anlagestimmung als Begründung der haftungsbegründenden Kausalität im Fall unterlassener Kapitalmarktinformationen stets ausscheidet.

Gleiches gilt grundsätzlich für eine Heranziehung der Anlagestimmung als Beweis der haftungsbegründenden Kausalität bei der Veröffentlichung fehlerhafter Kapitalinformationen.

Abhängig von der Art und vor allem dem Informationsgehalt der fehlerhaften Kapitalmarktinformation ist allerdings im Einzelfall ein Rückgriff auf die Figur der Anlagestimmung erlaubt. Zu denken ist hierbei vor allem an Fälle, in denen § 826 BGB als weitere Anspruchsgrundlage neben die börsengesetzliche Prospekthaftung nach §§ 44 ff. BörsG tritt. Aber auch bei Kapitalmarktinformationen, deren werbender Charakter im Vordergrund steht und die daher ein einem Verkaufsprospekt ähnliches Vertriebsinstrument sind, wird man von der Erzeugung einer Anlagestimmung ausgehen müssen.[468]

Liegt ein solcher Ausnahmefall, in dem eine Anlagestimmung begründet wird, vor, scheidet eine Heranziehung der Anlagestimmung als Beweis der haftungsbegründenden Kausalität dennoch aus, wenn ein zu großer Zeitraum zwischen der Veröffentlichung der fehlerhaften Kapitalmarktinformation und der Anlageentscheidung liegt.

(3) Fraud-on-the-Market-Theorie

Ebenso lehnt der Bundesgerichtshof in nunmehr gefestigter Rechtsprechung zu Recht den Nachweis der haftungsbegründenden Kausalität durch die Enttäuschung des allgemeinen Anlegervertrauens in die Integrität der Märkte ab.[469]

Der Ansatz, den Nachweis der haftungsbegründenden Kausalität durch die Enttäuschung des allgemeinen Anlegervertrauens zu begründen, entstammt dem US-amerikanischen Recht. Er wird als so genannte Fraud-on-the-Market-Theorie bezeichnet (siehe bereits oben S. 91).

Im Hinblick auf die allgemeine deliktsrechtliche Dogmatik ist aber selbst bei extrem unseriösen Kapitalmarktinformationen erforderlich, deren Kausalität für Willensentschluss des Anlegers darzulegen. Die Kausalität liegt nach der Rechtsprechung des Bundesgerichtshofs auch in diesen extremen Fällen nicht auf der Hand.[470]

468 Ebenso: *Fleischer*, Zur deliktsrechtlichen Haftung der Vorstandsmitglieder für falsche Ad-hoc-Mitteilungen, DB 2004, S. 2031, 2034; ähnlich: *Gottschalk*, Die deliktische Haftung für fehlerhafte Ad-hoc-Mitteilungen – Zugleich eine Besprechung der BGH-Entscheidung vom 9. 5. 2005 – EM.TV, DStR 2005, S. 1648, 1650; *Hennrichs*, Haftung für falsche Ad-hoc-Mitteilungen und Bilanzen, in: Festschrift für Kollhosser, 2004, Band II, S. 201, 204.

469 BGH, ZIP 2007, S. 681, 682 ("Comroad I"); BGH, ZIP 2007, S. 679, 680 ("Comroad II"); BGH, ZIP 2007, S. 326 ("Comroad III"); BGH, ZIP 2007, S. 1560, 1562 ("Comroad IV"); BGH, ZIP 2007, S. 1564, 1565 ("Comroad V"); BGH, ZIP 2008, S. 407, 409 ("Comroad VI"); BGH, ZIP 2008, S. 410, 411 ("Comroad VII"); BGH, ZIP 2008, S. 829, 831 ("Comroad VIII"); an der Richtigkeit der Ablehnung der fraud-on-the-market-Theorie zweifelnd: *Findeisen*, Die Bedeutung der haftungsbegründenden Kausalität einer fehlerhaften Ad-hoc-Mitteilung für die Anlageentscheidung des Schadensersatzklägers, NZG 2007, S. 692, 694 f.

470 BGH, ZIP 2007, S. 679, 680 ("Comroad II"); BGH, ZIP 2008, S. 410, 411 ("Comroad VII").

Dies begründet der Bundesgerichtshof überzeugend mit der Überlegung, dass eine solche Aufweichung der Darlegungs- und Beweislast hinsichtlich der haftungsbegründenden Kausalität zu einer „uferlosen Ausweitung des ohnehin offenen Haftungstatbestandes“ des § 826 BGB führen würde. Dies gilt es zu verhindern.[471]

(4) Vermutung aufklärungsrichtigen Verhaltens

Ebenso abzulehnen ist die Vermutung aufklärungsrichtigen Verhaltens, die im Bereich vertraglichen und vorvertraglichen Bereich als Beweiserleichterung anerkannt ist.[472]

Zum einen wurde die Vermutung aufklärungsrichtigen Verhaltens bislang nur im vertraglichen und vorvertraglichen Bereich angewendet.

Zum anderen streitet gegen die Anwendung der Vermutung, dass diese voraussetzt, dass für den Geschädigten vernünftigerweise nur eine Reaktionsmöglichkeit bestand.[473] Eine Anlageentscheidung ist aber ein von einer Vielzahl komplexer, teils auch irrationaler und spekulativer Faktoren bestimmter Willensentschluss (siehe auch S. 123). Ob ein vernünftiger Anleger nicht auch bei einer ordnungsgemäßen Information des Kapitalmarktes die gleiche Anlageentscheidung getroffen hätte, lässt sich daher nicht feststellen.

Folglich findet die Vermutung des aufklärungsrichtigen Verhaltens, die eine Unterart des von dem Bundesgerichtshof ausdrücklich abgelehnten Anscheinsbeweises ist,[474] im Rahmen des § 826 BGB keine Anwendung.[475]

(5) Anhaltspunkte für die haftungsausfüllende Kausalität und Parteieinvernahme von Amts wegen

Es obliegt damit dem Anleger, die haftungsbegründende Kausalität darzulegen und zu beweisen. Hierzu genügt aber – wie die obergerichtliche Rechtsprechung übereinstimmend betont – der Nachweis, dass die fehlerhafte Kapitalmarktinformation mitursächlich für die Anlageentscheidung war.[476]

Einen Anhaltspunkt für die haftungsbegründende Kausalität gibt immerhin die Zeitspanne zwischen fehlerhafter Kapitalmarktinformation und Anlageentscheidung. Je zeitnäher die Anlageentscheidung im Hinblick auf die fehlerhafte Kapitalmarktin-

471 BGH, ZIP 2007, S. 681, 682 ("Comroad I"); BGH, ZIP 2007, S. 679, 680 ("Comroad II"); BGH, ZIP 2007, S. 1560, 1562 ("Comroad IV"); BGH, ZIP 2007, S. 1564, 1565 ("Comroad V"); BGH, ZIP 2008, S. 410, 411 ("Comroad VII"); BGH, ZIP 2008, S. 829, 830 ("Comroad VIII").

472 BGHZ 61, S. 118, 121 ff.; BGHZ 72, S. 92, 106; *Heinrichs*: in: Palandt, BGB, 68. Aufl., 2009, § 280 Rn. 39.

473 Statt aller anderen: BGH, NJW 2007, S. 357, 360.

474 BGHZ 123, S. 311, 315; BGHZ 126, S. 217, 222.

475 Ebenso: *Rützel,* Der aktuelle Stand der Rechtsprechung zur Haftung bei Ad-hoc-Mitteilungen, AG 2003, S. 69, 75.

476 Beispielhaft: OLG Frankfurt, ZIP 2005, S. 710, 712; OLG München, ZIP 2005, 298, 299.

formation erfolgte, desto stärker spricht dies zumindest für eine Mitursächlichkeit der fehlerhaften Kapitalmarktinformation.[477]

Die obergerichtliche Spruchpraxis formuliert keine starren zeitlichen Grenzen. Aber sie neigt dazu, bei einem Zeitraum von circa zwei Monaten zwischen fehlerhafter Kapitalmarktinformation und Anlageentscheidung in der Zeitspanne einen Anhaltspunkt für die haftungsbegründende Kausalität sehen.[478]

Zur Überwindung von Beweisschwierigkeiten kann des Weiteren eine Parteivernehmung von Amts wegen gemäß § 448 ZPO angeordnet werden.

Voraussetzung einer solchen Parteivernehmung ist neben einem nicht ausreichenden Beweisergebnis trotz Erhebung aller angebotenen, zulässigen und erheblichen Beweismittel vor allem, dass ein Anfangsbeweis erbracht wurde.[479]

Ein solcher Anfangsbeweis liegt nur vor, wenn nach dem bisherigen Ergebnis der Beweisaufnahme zumindest eine gewisse Wahrscheinlichkeit für die zu beweisende Tatsache spricht, so dass bereits „einiger Beweis" erbracht ist.[480]

An eben dieser Anfangswahrscheinlichkeit fehlt es regelmäßig, wenn eine „erhebliche Zeitdistanz" zwischen der fehlerhaften Kapitalmarktinformation und der Anlageentscheidung liegt.[481]

Umgekehrt spricht aber die zeitliche Nähe zwischen fehlerhafter Kapitalmarktinformation und Anlageentscheidung für die Erbringung eines solchen Anfangsbeweises. In der EM.TV-Entscheidung sah der Bundesgerichtshof gerade in dieser zeitlichen Nähe das ausschlaggebende Moment für die Anfangswahrscheinlichkeit.[482]

Sollte der geprellte Anleger einen Anfangsbeweis nicht erbringen können, kann die Abtretung der Schadensersatzansprüche gemäß § 398 BGB beispielsweise an den Ehepartner sinnvoll sein. Denn nach der wirksamen Abtretung kann der geschädigte Anleger als Zeuge vernommen werden.[483]

477 In: BGHZ 160, S. 134, 147 („Infomatec I") sah der BGH bei einer Zeitspanne von sechs bis neun Monaten „keine Anhaltspunkte" für die haftungsbegründende Kausalität; ebenso entschied das OLG München in der Zurückverweisung der Sache: BGH, NJW 2004, S. 2668 ff. („Infomatec III") in: OLG München, WM 2005, S. 1311, 1312, wo eine Zeitspanne von fünf bis achteinhalb Monaten zwischen der Kapitalmarktinformation und der Anlageentscheidung lagen; dagegen bejaht der BGH in: BGHZ 160, S. 149, 151 („Infomatec II") bei einer Zeitspanne von gut zwei Monaten einen Anspruch gemäß § 826 BGB und inzident auch den Nachweis der haftungsbegründenden Kausalität durch den Anleger.

478 BGHZ 160, S. 149, 151 („Infomatec II").

479 *Greger*, in: Zöller, Zivilprozessordnung, 27. Aufl., 2009, § 448 Rn. 3 f.

480 Ständige Rechtsprechung des BGH, vgl. beispielhaft: BGH, NJW 1989, S. 3222, 3223 mwN; BGHZ 160, S. 134, 147 („Infomatec I").

481 BGHZ 160, S. 134, 148 („Infomatec I"); OLG München, WM 2005, S. 1311, 1312.

482 BGH, ZIP 2005, S. 1270, 1274 ("EM.TV"); ebenso: OLG München, ZIP 2006, S. 1247, 1248.

483 Beispielhaft: OLG Frankfurt, ZIP 2005, S. 710, 712.

ff. Übrige Tatbestandsvoraussetzungen und Verjährung

Weitere Voraussetzung einer jeden Haftung wegen unerlaubter Handlung ist die Rechtswidrigkeit. Diese wird durch die Sittenwidrigkeit der Tat impliziert.[484] Denn die Sittenwidrigkeit stellt eine qualifizierte Form der Rechtswidrigkeit dar.[485]

Darüber hinaus bedarf es einer Kausalität zwischen der Verletzungshandlung und dem eingetretenen Schaden, der so genannten haftungsausfüllenden Kausalität.[486] Der Anleger muss demnach einen Kausalzusammenhang zwischen der fehlerhaften Kapitalmarktinformation und dem eingetretenen Schaden beweisen.

Die Rechtsprechung verlangt hierbei einen substantiierten Vortrag zu dem hypothetischen Wertpapierkauf oder -verkauf und vor allem zu dessen Zeitpunkt, da hiervon insbesondere bei volatilen Wertpapieren der eingetretene Schaden maßgeblich abhängt.[487]

Die Verjährung der Ansprüche auf Grundlage des § 826 BGB richten sich nach den allgemeinen Regelungen gemäß §§ 195, 199 BGB, weshalb die auf S. 112 gemachten Ausführungen entsprechend gelten.

gg. Haftungsfreizeichnung

Die Wirksamkeit eines etwaig vor oder bei der Veröffentlichung der Kapitalmarktinformation vereinbarten Haftungsausschlusses bzw. -beschränkung scheitert stets an § 276 Abs. 3 BGB. Denn eine Haftung gemäß § 826 BGB erfordert ein vorsätzliches Handeln. Hinsichtlich der Einzelheiten der Begründung wird auf die auf S. 112 f. gemachten Ausführungen Bezug genommen.

Dieses Ergebnis wird durch die Stellungnahme des Finanzausschusses des deutschen Bundestages gestützt. Dieser führte aus, ein Haftungsausschluss in Fällen betrügerischer oder sittenwidriger Schädigung Dritter sei mit den Grundsätzen der Rechtsordnung unvereinbar.[488] Diese Formulierung greift auch der Bundesgerichtshof auf und macht sie sich zu Eigen.[489]

484 BGH, NJW 1979, S. 162, 163; *Hönn,* in: Soergel, Kommentar zum Bürgerlichen Gesetzbuch, Band 10, 13. Aufl., 2005, § 826 Rn. 12; *Oechsler,* in: J. von Staudingers Kommentar zum Bürgerlichen Gesetzbuch mit Einführungsgesetz und Nebengesetzen, 13. Aufl., Bearbeitung 2003, § 826 Rn. 45; *Wagner,* in: Münchener Kommentar, Bürgerliches Gesetzbuch, Band 5 – Schuldrecht Besonderer Teil III, 4. Aufl., 2004, § 826 Rn. 5.

485 *Krause*, Ad-hoc-Publizität und haftungsrechtlicher Anlegerschutz, ZGR 2002, S. 799, 820; *Wandt*, Wandt/Schwarz (Hrsg.), Gesetzliche Schuldverhältnisse, 2. Aufl., 2006, § 17 Rn. 23.

486 *Wandt*, Wandt/Schwarz (Hrsg.), Gesetzliche Schuldverhältnisse, 2. Aufl., 2006, § 17 Rn. 33; *Ehricke,* in: Hopt/Voigt (Hrsg.), Prospekt- und Kapitalmarktinformationshaftung, 2005, S. 294 f.; *Holzborn/Foelsch*, Schadensersatzpflichten von Aktiengesellschaften und deren Management bei Anlegerverlusten – Ein Überblick, NJW 2003, S. 932, 939.

487 Beispielhaft: OLG Köln, WM 1989, S. 1529, 1530 f. mwN.

488 Beschlussempfehlung und Bericht des Finanzausschusses (7. Ausschuss) zu dem 2. Finanzmarktförderungsgesetz vom 15.6.1994, BT-Drucks. 12/7918, S. 102 zu einem etwaigen gesetzlichen Haftungsausschluss infolge des § 15 Abs. 6 S. 1 WpHG.

489 BGH, NJW 2004, S. 2668, 2669 („Infomatec III").

hh. Primärmarkt und Sekundärmarkt

Eine Haftung nach § 826 BGB ist sowohl auf dem Primär- als auch auf dem Sekundärmarkt denkbar.[490] Denn der Haftungstatbestand des § 826 BGB differenziert nicht zwischen der Haftung für fehlerhafte Informationen hinsichtlich des Primär- und Sekundärmarktes.

Entscheidend ist vielmehr, ob durch die fehlerhafte Information der Vorwurf der Sittenwidrigkeit begründet werden kann. Für das Eingreifen der Sittenwidrigkeit ist entscheidend, ob die Tat in besonderem Maße vorwerfbar ist (siehe S. 117). Die Beurteilung dieser Frage ist eine Sache des konkreten Einzelfalls, wobei die Anforderungen an die Sittenwidrigkeit hinsichtlich der Information des Primär- sowie des Sekundärmarktes parallel sind.

Somit schützt § 826 BGB sowohl auf dem Primär- als auch auf dem Sekundärmarkt die Integrität der Willensentscheidung der potentiellen Anleger vor unlauterer irreführender Beeinflussung durch fehlerhafte Kapitalmarktinformationen.[491]

V. Rechtsfolge und Schadensersatzumfang

Um die Zulässigkeit der Klage zu sichern, muss der Kläger noch keine präzisen Ausführungen hinsichtlich der genauen Rechtsfolge und dem exakten Schadensersatzumfang machen. Es ist ausreichend, wenn er die Tatsachen vorträgt, die zur Anspruchsbegründung erforderlich sind.

Ein Hauptanliegen dieser Dissertation ist die Bestimmung der internationalen Zuständigkeit. Diese ist Teil der Zulässigkeit, so dass zur Festlegung der internationalen Zuständigkeit die genauen Rechtsfolgen noch nicht vorgetragen worden sein müssen.

Allerdings werden geprellte Anleger etwaige Klagen stets ausgehend von dem Wissen um die Rechtsfolge und dem zu erreichenden Schadensersatzumfang anstrengen. Ohne das Wissen über die konkrete Rechtsfolge und den nach dieser Anspruchsgrundlage ersatzfähigen Schaden kann der geprellte Anleger nicht die für ihn günstigste Anspruchsgrundlage bestimmen. Hieran anknüpfend kann er auch nicht die internationale Zuständigkeit des Gerichts bestimmen, weil ihm eine Qualifikation mangels Anspruchsgrundlage nicht möglich ist. Daher werden im Folgenden die Rechtsfolgen und der Schadensersatzumfang der einzelnen im Rahmen dieser Arbeit erörterten Anspruchsgrundlagen dargestellt.

490 So ausdrücklich: BGH, ZIP 2007, S. 1560, 1563 ("Comroad IV"); BGH, ZIP 2008, S. 407, 409 ("Comroad VI"); BGH, ZIP 2008, S. 410, 411 ("Comroad VII").

491 BGH, ZIP 2007, S. 1560, 1563 ("Comroad IV"); BGH, ZIP 2008, S. 407, 409 ("Comroad VI"); BGH, ZIP 2008, S. 410, 411 ("Comroad VII").

1. Eigentliche bürgerlich-rechtliche Prospekthaftung

Der Schadensersatz bei der eigentlichen bürgerlich-rechtlichen Prospekthaftung gemäß §§ 249 Abs. 1, 280 Abs. 1, 311 Abs. 2 und 3, 241 Abs. 2 BGB ist in erster Linie auf Vertragsaufhebung und Rückzahlung des Anlagebetrags nebst Zinsen gerichtet.[492] Hierbei haften die verschiedenen Prospektverantwortlichen gesamtschuldnerisch nach §§ 421 ff. BGB.

Dagegen besteht kein Anspruch auf den Ersatz des positiven Interesses. Der Anleger ist demnach nicht so zu stellen als wären die zu beanstandenden Angaben richtig gewesen. Er hat lediglich einen Anspruch darauf, so gestellt zu werden als habe er nicht auf die Angaben vertraut.[493] Deshalb kann der Anleger auf Grundlage der eigentlichen bürgerlich-rechtlichen Prospekthaftung keinen Anspruch auf den vollen, im Prospekt fehlerhaft zu hoch angegebenen Steuervorteil der Kapitalanlage geltend machen.[494]

Bei der Schadensberechnung muss sich der Geschädigte erlangte Vorteile anrechnen lassen, wenn diese adäquat kausal auf dem schädigenden Ereignis beruhen, die Anrechnung dem Anleger zumutbar ist und diese Anrechnung den Schädiger nicht unbillig entlastet.[495] Daher muss der Anleger eine schadensmindernde Berücksichtigung von erlangten Steuervorteilen hinnehmen, wenn feststeht, dass diese ihm auch weiterhin verbleiben.[496]

Soweit trotz des Wortlauts des § 249 Abs. 1 BGB, der die Verpflichtung ausspricht, den Geschädigten so zu stellen, wie er ohne das schädigenden Ereignis stünde, als Voraussetzung für die Vertragsaufhebung ein Vermögensschaden verlangt wird,[497] liegt dieser bereits in der Belastung mit der in dieser Form nicht gewünschten Anlage begründet.[498]

Voraussetzung ist allerdings, dass der eingetretene Schaden in einem inneren Zusammenhang mit der Unrichtigkeit des Prospekts steht. Eine Haftung entfällt demnach, soweit sich die unrichtigen Angaben nicht negativ ausgewirkt haben.[499]

2. Börsengesetzliche Prospekthaftung

Im Rahmen der börsenrechtlichen Prospekthaftung ist der Schadensersatz nach §§ 44 Abs. 1 S. 1 und 2 bzw. 44 Abs. 2 BörsG im Grundsatz auf die Erstattung des Erwerbspreises, begrenzt auf den erstmaligen Ausgabepreis gerichtet.

492 BGHZ 79, S. 337, 346 f.; *Emmerich,* in: Münchener Kommentar, Bürgerliches Gesetzbuch, Band 2 – Schuldrecht Allgemeiner Teil, 5. Aufl., 2007, § 311 Rn. 204.
493 Vgl.: BGHZ 116, S. 209, 214; BGHZ 115, S. 214, 220 f.; BGH, WM 1998, S. 142, 143; BGH, WM 1990, S. 145, 148.
494 OLG Köln, WM 1987, S. 1292, 1293 f.; OLG Hamburg, WM 1986, S. 13.
495 BGHZ 74, S. 103, 113 f.; BGHZ 91, S. 206, 210; BGHZ 109, S. 380, 392; BGHZ 136, S. 52, 54; BGH, NJW 2006, S. 2042, 2043.
496 BGH, NJW 2006, S. 499; BGH, NJW 2006, S. 2042, 2043.
497 So: BGHZ 145, S. 121, 130; BGH, NJW 1998, S. 302, 303.
498 BGHZ 145, S. 121, 131.
499 OLG Frankfurt/M., WM 1992, S. 572, 574 f.

Hierbei unterscheidet § 44 BörsG zwischen Fällen, in denen der Anleger noch Inhaber der Wertpapiere ist, und Situationen, in denen der Anleger nicht mehr Wertpapierinhaber ist.

a. Anspruchsberechtigter noch Inhaber der Wertpapiere

Ist der Anspruchsberechtigte noch Inhaber der Wertpapiere, kann er gemäß § 44 Abs. 1 S. 1 BörsG als Schadensersatz die Übernahme der Wertpapiere Zug um Zug gegen die Erstattung des Erwerbspreises verlangen. Um ein Ausufern der Haftung zu verhindern, legt § 44 Abs. 1 S. 1 BörsG fest, dass der Erwerbspreis maximal in Höhe des erstmaligen Ausgabepreises zu ersetzen ist.

Ist ein Ausgabepreis in dem Prospekt nicht festgelegt, gilt gemäß § 44 Abs. 1 S. 2 BörsG der erste nach Einführung festgelegte oder gebildet Börsenpreis bzw. im Fall der gleichzeitigen Einführung an mehreren inländischen Börsen der höchste solche Börsenpreis als der Ausgabepreis.

Kumulativ zu der Erstattung des Erwerbspreises kann der geprellte Anleger auch den Ersatz der üblichen Kosten verlangen. Übliche Kosten sind die bei dem Erwerb von Wertpapieren typischerweise entstehenden Erwerbsnebenkosten wie etwa eine Maklercourtage oder Provisionen, die dem Anleger in dem Verhältnis zu dem mit dem Wertpapierkauf betrauten Finanzdienstleister entstanden.[500]

Dagegen kommt ein Ersatz des entgangenen Gewinns nach dem eindeutigen Wortlaut des § 44 Abs. 1 S. 1 BörsG nicht in Betracht.[501]

Mehrere Prospektverantwortliche haften gesamtschuldnerisch.[502]

b. Anspruchsberechtigter nicht mehr Inhaber der Wertpapiere

Ist der Anleger nicht mehr Inhaber der Wertpapiere, kann er gemäß § 44 Abs. 2 S. 1 BörsG die Zahlung des Unterschiedsbetrages zwischen dem Erwerbspreis und dem Veräußerungspreis der Wertpapiere, sowie Ersatz der üblichen Kosten verlangen.

Hinsichtlich der Berechnung des Erwerbspreises gelten die obigen Ausführungen entsprechend.

Als Veräußerungspreis ist regelmäßig der zum Zeitpunkt der Veräußerung erzielbare Börsenpreis anzusetzen.[503]

500 *Schwark,* in: Schwark (Hrsg.), Kapitalmarktrechtskommentar, 3. Aufl., 2004, § 45 BörsG Rn. 61; *Assmann*, in: Assmann/Schütze (Hrsg.), Handbuch des Kapitalanlagerechts, 3. Aufl., 2007, § 6 Rn. 248.

501 *Ellenberger,* Prospekthaftung im Wertpapierhandel, 2001, S. 59 f; *Fleischer*, Prospektpflicht und Prospekthaftung für Vermögensanlagen des Grauen Kapitalmarkts nach dem Anlegerschutzverbesserungsgesetz, BKR 2004, S. 339, 345.

502 *Schwark,* in: Schwark (Hrsg.), Kapitalmarktrechtskommentar, 3. Aufl., 2004, § 45 BörsG Rn. 69.

503 Vgl.: *Groß,* Kapitalmarktrecht, 4. Aufl., 2009, §§ 44, 45 BörsG Rn. 86; *Assmann*, in: Assmann/Schütze (Hrsg.), Handbuch des Kapitalanlagerechts, 3. Aufl., 2007, § 6 Rn. 253.

Verkauft der Anleger die Wertpapiere unterhalb des Börsenpreises, verstößt er gegen die Schadensminderungsobliegenheit nach § 254 Abs. 2 S. 1 (2. Alt.) BGB. Folge dieses Verstoßes ist, dass der Anspruchsberechtigte die Differenz zwischen tatsächlich erzieltem und dem erzielbaren Börsenpreis nicht ersetzt verlangen kann.[504]

Die Schadensminderungsobliegenheit geht allerdings nicht so weit, dass eine Veräußerungspflicht im Fall des Bekanntwerdens von Prospektmängeln bestünde.[505] Denn zum einen könnte durch die Pflicht zum Verkauf ein weiterer Kursverfall, der noch weitergehende Prospekthaftungspflichten nach sich zieht, ausgelöst werden, was die eigentlich bezweckte Schadensminderung in ihr Gegenteil verkehren würde.

Zum anderen würde auf den in der Regel unkundigen Anleger das Risiko der Bestimmung des ohnehin nur schwer beurteilbaren Zeitpunktes, ab dem eine Verkaufspflicht bestehen soll, abgewälzt. Dies würde eine unzumutbare Belastung des Anlegers begründen.

3. Prospekthaftung nach dem VerkProspG

Hinsichtlich des Haftungsumfangs der Prospekthaftung nach dem VerkProspG ist wiederum zwischen Fällen, in denen der Anspruchsberechtigte noch Inhaber der Vermögensanlage ist, und Fällen, in denen er nicht mehr Inhaber der Vermögensanlage ist, zu differenzieren.

a. Anspruchsberechtigter noch Inhaber der Vermögensanlage

Ist der Anspruchsberechtigte noch immer Inhaber der Vermögensanlage, kann er gemäß § 13 Abs. 1 VerkProspG i.V.m. § 44 Abs. 1 S. 1 BörsG von den Prospektverantwortlichen als Gesamtschuldnern die Übernahme der Vermögensanlage gegen Erstattung des Erwerbspreises und der mit dem Erwerb verbundenen üblichen Kosten verlangen.

Die Haftung nach § 13 Abs. 1 Nr. 3 b VerkProspG i.V.m. § 44 Abs. 1 S. 1 BörsG ist ebenfalls auf den ersten Erwerbspreis begrenzt. Da es bei Kapitalanlagen am grauen Kapitalmarkt keinen Ausgabepreis, sondern nur einen ersten Erwerbspreis gibt, schließt § 13 Abs. 1 Nr. 3 c VerkProspG konsequent die Anwendung des § 44 Abs. 1 S. 2 BörsG aus.

504 Begründung zu dem RegE 3. Finanzmarktförderungsgesetz vom 6.11.1997, BT-Drucks. 13/ 8933, S. 79.

505 *Schwark,* in: Schwark (Hrsg.), Kapitalmarktrechtskommentar, 3. Aufl., 2004, § 45 BörsG Rn. 68; eingehend: *Fleischer/Kalss*, Kapitalmarktrechtliche Schadensersatzhaftung und Kurseinbrüche an der Börse, AG 2002, S. 329; 334 f.; *Ellenberger,* Prospekthaftung im Wertpapierhandel, 2001, S. 67 f.; a.A.: *Sittmann*, Die Prospekthaftung nach dem Dritten Finanzmarktförderungsgesetz, NZG 1998, S. 490, 495.

Dies entspricht weitestgehend der Rechtsfolge der börsengesetzlichen Prospekthaftung, wenn der Anspruchsberechtigte noch Inhaber der Wertpapiere ist, so dass die auf S. 131 gemachten Ausführungen entsprechend gelten.

Ein spezielles Problem kann auftreten, soweit es um Vermögensanlagen im Sinn des § 8 f Abs. 1 VerkProspG geht. Bei diesen Vermögensanlagen handelt es sich meist um Beteiligungen an Personengesellschaften in der Form der GbR, einer KG oder einer GmbH & Co. KG.[506]

Soweit nun die Rechtsfolge der Prospekthaftung die Übernahme der Vermögensanlage gegen Erstattung des Erwerbspreises sowie der üblichen Kosten ist, bedeutet dies, dass die Personengesellschaft die Gesellschaftsanteile an sich selbst übernehmen muss.

Problematisch ist hieran, dass das Personengesellschaftsrecht – anders als das Kapitalgesellschaftsrecht – keine gesellschaftseigenen Anteile kennt.[507]

Daher ist die Rechtsfolge der Prospekthaftung in diesen Fällen die Einräumung eines Rechts zur Austrittskündigung für den getäuschten Anleger.[508] Hierbei richtet sich die Höhe der Abfindung des austretenden Gesellschafters nach den Vorschriften der Prospekthaftung, die die allgemeinen Regeln der § 105 HGB und § 738 BGB als lex specialis verdrängen. Die Höhe der Abfindung beträgt also den Erwerbspreis zuzüglich der mit dem Erwerb verbundenen üblichen Kosten, höchstens jedoch den ersten Erwerbspreis.[509]

Im Fall der gänzlichen Nichtveröffentlichung eines nach § 8 f VerkProspG erforderlichen Prospekts richtet sich die Haftung nach § 13 a Abs. 1 VerkProspG. Allerdings ergeben sich hinsichtlich des Haftungsumfangs keinerlei Unterschiede zu der Haftung für die Veröffentlichung eines fehlerhaften Verkaufsprospekts, so dass auf die obigen Ausführungen verwiesen wird.

b. Anspruchsberechtigter nicht mehr Inhaber der Vermögensanlage

Die nachfolgenden Ausführungen zu dem Haftungsumfang in Fällen, in denen sich der Anspruchsberechtigte der Vermögensanlage bereits entledigt hat, gelten gleicherma-

506 *Schäfer,* Stand und Entwicklungstendenzen der spezialgesetzlich geregelten Prospekthaftung, ZGR 2006, S. 40, 75.

507 Statt aller anderen: *Hopt,* in: Baumbach/Hopt, Handelsgesetzbuch, 33. Aufl., 2008, § 105 Rn. 30; *Ulmer/Dopfer*, Anlegerschutz und Gesellschaftsrecht, BB 1978, S. 461, 464.

508 Ebenso: *Zimmer/Cloppenburg*, Haftung für falsche Informationen des Sekundärmarktes auch bei Kapitalanlagen des nicht geregelten Kapitalmarktes?, ZHR 171 (2007), S. 519, 539.

509 Ebenso: *Fleischer*, Prospektpflicht und Prospekthaftung für Vermögensanlagen des Grauen Kapitalmarkts nach dem Anlegerschutzverbesserungsgesetz, BKR 2004, S. 339, 345; *Schäfer,* Stand und Entwicklungstendenzen der spezialgesetzlich geregelten Prospekthaftung, ZGR 2006, S. 40, 75; allgemein zur Möglichkeit einer solchen Austrittskündigung mwN: *Schmidt*, Gesellschaftsrecht, 4. Aufl., 2002, S. 1454 ff.

ßen für die Haftung gemäß § 13 Abs. 1 VerkProspG i.V.m. § 44 Abs. 2 BörsG und die Haftung nach § 13 a Abs. 2 VerkProspG.

Der Anspruchsberechtigte kann in diesen Fällen den Unterschiedsbetrag zwischen dem Erwerbs- und dem Veräußerungspreis ersetzt verlangen, soweit dieser den ersten Erwerbspreis nicht überschreitet. Dies entspricht wiederum weitgehend dem Haftungsumfang der börsengesetzlichen Prospekthaftung, so dass auf die Ausführungen auf S. 131 f. Bezug genommen wird.

4. Prospekthaftung nach dem InvG

Auch bei der Darstellung der Rechtsfolgen der investmentrechtlichen Prospekthaftung ist zwischen Fällen, in denen der Anspruchsberechtigte noch Inhaber der Anteile ist, und zwischen Konstellationen, in denen sich der Anspruchsberechtigte bereits seiner Anteile begeben hat, zu unterscheiden:

a. Anspruchsberechtigter noch Inhaber der Anteile

Ist der Käufer noch Inhaber der Anteile, kann er ausweislich § 127 Abs. 1 S. 1 InvG von den Prospekthaftungsverpflichteten als Gesamtschuldnern die Übernahme der Anteile Zug um Zug gegen die Erstattung des von ihm gezahlten Betrages verlangen.

Eine Begrenzung der Haftungssumme enthält § 127 Abs. 1 S. 1 InvG nicht. Dies erklärt sich aus Sinn und Zweck der Begrenzung der Haftungssumme im Rahmen der börsengesetzlichen Prospekthaftung. Die Begrenzung verfolgt den Zweck, das Haftungsrisiko für die Prospekthaftungsverpflichteten kalkulierbar zu halten.[510] Dies ist bei der börsenrechtlichen Prospekthaftung auch durchaus sinnvoll, denn der Kurs und damit der Kaufspreis von Wertpapieren kann sich innerhalb kürzester Zeit erheblich von dem ersten Ausgabepreis entfernen.

Dagegen vertreiben Kapitalanlagegesellschaften in der Regel ihre Anteile selbst, so dass ihnen der Erwerbspreis als Ausgabepreis zufließt.

Des Weiteren zeigt die Vergangenheit, dass sich der Börsenpreis von offenen Fonds regelmäßig nahe dem jeweils aktuellen Ausgabepreis bewegt,[511] so dass sich das Haftungsrisiko für die Prospekthaftungsverantwortlichen in der Regel nicht unüberschaubar potenziert. Somit bedarf es im Rahmen der investmentrechtlichen Prospekthaftung – anders als bei der börsengesetzlichen Prospekthaftung – einer solchen Begrenzung der Haftungssumme nicht.

Daher scheidet mangels vergleichbarer Interessenlage auch eine analoge Heranziehung der Haftungssummenbegrenzung der börsengesetzlichen Prospekthaftung aus.

510 Begründung zu dem RegE 3. Finanzmarktförderungsgesetz vom 6.11.1997, BT-Drucks. 13/ 8933, S. 78.

511 *Schäfer,* Stand und Entwicklungstendenzen der spezialgesetzlich geregelten Prospekthaftung, ZGR 2006, S. 40, 68.

Im Übrigen gelten die Ausführungen zur börsengesetzlichen Prospekthaftung auf S. 131 entsprechend.

b. Anspruchsberechtigter nicht mehr Inhaber der Anteile

Wenn der Käufer sich bereits seiner Anteile begeben hat, kann er gemäß § 127 Abs. 1 S. 2 InvG Zahlung des Unterschiedsbetrages verlangen, um den der von ihm gezahlte Kaufpreis den Rücknahmepreis der Anteile im Zeitpunkt der Veräußerung übersteigt.

Dies entspricht weitestgehend der Rechtsfolge der börsengesetzlichen Prospekthaftung, so dass auf die Ausführungen auf S. 131 f. Bezug genommen wird.

5. Haftung nach §§ 37 b, 37 c WpHG wegen Verstößen gegen die Ad-hoc-Publizität

Im Rahmen der Haftung gemäß §§ 37 b, 37 c WpHG ist der Umfang der Schadensersatzpflicht streitig, weil der Reformgesetzgeber bei der Schaffung dieser neuen Haftungstatbestände keine eindeutige Aussage darüber traf, in welchem Umfang der Schaden zu ersetzen ist.[512] Die Regierungsbegründung zu dem 4. Finanzmarktförderungsgesetz erklärt lediglich, der Anleger sei so zu stellen, wie er stünde, wäre der Emittent seiner Veröffentlichungspflicht ordnungsgemäß nachgekommen.[513]

Unumstritten ist in Literatur und Rechtsprechung, dass nur das negative Interesse ersatzfähig ist.[514] Streitig ist aber, wie der konkrete Schaden zu bestimmen ist.[515] Im Wesentlichen stehen sich hierbei zwei Ansichten gegenüber.

Teile der Literatur billigen dem Anleger einen Anspruch auf Rückabwicklung der Kapitalanlage wie im Rahmen des Schadensersatzes nach § 826 BGB zu.[516] Der Schaden des Anlegers besteht dieser Ansicht zufolge in der willenswidrigen vertraglichen

512 *Jungmichel*, Haftung und Schadenskompensation bei Verstößen gegen Ad-hoc-Publizitätspflichten, 2007, S. 155; *Fleischer*, in: Assmann/Schütze (Hrsg.), Handbuch des Kapitalanlagerechts, 3. Aufl., 2007, § 7 Rn. 52; *Buck-Heeb*, Kapitalmarktrecht, 2. Aufl., 2007, Rn. 220.

513 Begründung zu dem RegE 4. Finanzmarktförderungsgesetz vom 18.1.2002, BT-Drucks. 14/8017, S. 93.

514 *Sethe*, in: Assmann/Schneider (Hrsg.), Wertpapierhandelsgesetz, 5. Aufl., 2009, §§ 37 b, 37 c Rn. 71; *Möllers/Leisch*, Schaden und Kausalität im Rahmen der neu geschaffenen §§ 37 b und 37 c WpHG, BKR 2002, S. 1071, 1072;.

515 Einzelheiten hierzu: *Möllers/Leisch*, Schaden und Kausalität im Rahmen der neu geschaffenen §§ 37 b und 37 c WpHG, BKR 2002, S. 1071, 1072 ff.; *Jungmichel*, Haftung und Schadenskompensation bei Verstößen gegen Ad-hoc-Publizitätspflichten, 2007, S. 155 ff.

516 *Möllers*, Das europäische Kapitalmarktrecht im Umbruch, ZBB 2003, S. 390, 400 f.; *Möllers*, Effizienz als Maßstab des Kapitalmarktrechts, AcP 208 (2008), S. 1, 27 f.; *Rössner/Bolkart*, Schadensersatz bei Verstoß gegen Ad-hoc-Publizitätspflichten nach dem 4. Finanzmarktförderungsgesetz, ZIP 2002, S. 1471, 1475; *Ehricke*, in: Hopt/Voigt (Hrsg.), Prospekt- und Kapitalmarktinformationshaftung, 2005, S. 295 f.; *Leisch*, Vorstandshaftung für falsche Ad-hoc-Mitteilungen – ein höchstrichterlicher Beitrag zur Stärkung des Finanzplatzes Deutschland, ZIP 2004, S. 1573, 1578 f.

Bindung. Daher ist der Schaden unabhängig von der weiteren Entwicklung des Börsen- oder Marktpreises.

Zu Gunsten dieser Ansicht wird vor allem der Wortlaut der §§ 37b Abs. 1 und 37c Abs. 1 WpHG ins Feld geführt. Der Wortlaut lasse nicht klar erkennen, ob ausschließlich der Kursdifferenz- oder der Vertrauensschaden erfasst ist. § 37c Abs. 1 WpHG könne aufgrund der Formulierung „auf die Richtigkeit der Insiderinformation vertraut“ sogar entnommen werden, der Vertragsabschlussschaden sei zu ersetzen, was gegen die ausschließliche Rechtsfolge des Kursdifferenzschadens spreche.[517]

Außerdem sei der Anleger ausweislich der Gesetzesbegründung so zu stellen, als habe der Emittent seine Publizitätspflicht ordnungsgemäß erfüllt.[518] Diese Formulierung entspreche weitestgehend der des § 249 Abs. 1 BGB, nach dem Naturalrestitution geschuldet wird.[519]

Dagegen hält die überwiegende Meinung des Schrifttums lediglich den Kursdifferenzschaden für ersatzfähig.[520]

Dies ist der Schaden, der durch einen zu billigen Verkauf oder zu teuren Erwerb entstanden ist.[521] Er wird durch die Differenz zwischen dem tatsächlichen Transaktionspreis und dem Preis, der sich bei pflichtgemäßem Publizitätsverhalten gebildet hätte, ermittelt.[522]

Zur Stützung dieser Ansicht lässt sich zunächst die Gesetzesbegründung anführen, wonach die getäuschten Anleger ihre Finanzinstrumente entweder „zu teuer gekauft“

517 *Leisch*, Vorstandshaftung für falsche Ad-hoc-Mitteilungen – ein höchstrichterlicher Beitrag zur Stärkung des Finanzplatzes Deutschland, ZIP 2004, S. 1573, 1579.

518 Begründung zu dem RegE 4. Finanzmarktförderungsgesetz vom 18.1.2002, BT-Drucks. 14/8017, S. 93.

519 *Leisch*, Vorstandshaftung für falsche Ad-hoc-Mitteilungen – ein höchstrichterlicher Beitrag zur Stärkung des Finanzplatzes Deutschland, ZIP 2004, S. 1573, 1579.

520 *Fleischer*, Der Inhalt des Schadensersatzanspruchs wegen unwahrer oder unterlassener unverzüglicher Ad-hoc-Mitteilungen, BB 2002, S. 1869, 1870; *Schäfer/Weber/Wolf*, Berechnung und Pauschalierung des Kursdifferenzschadens bei fehlerhafter Kapitalmarktinformation, ZIP 2008, S. 197; *Hopt/Voigt*, in: Hopt/Voigt (Hrsg.), Prospekt- und Kapitalmarktinformationshaftung, 2005, S. 130 ff.; *Maier-Reimer/Webering*, Ad-hoc-Publizität und Schadensersatzhaftung, WM 2002, S. 1857, 1860 f.; *Fuchs/Dühn*, Deliktische Schadensersatzhaftung für falsche Ad-hoc-Mitteilungen, BKR 2002, S. 1063, 1069; *Sethe*, in: Assmann/Schneider (Hrsg.), Wertpapierhandelsgesetz, 5. Aufl., 2009, §§ 37b, 37c Rn. 75 f.; *Schäfer*, in: Marsch-Barner/Schäfer (Hrsg.), Handbuch börsennotierte AG, 2. Aufl., 2009, § 16 Rn. 26; *Zimmer*, in: Schwark (Hrsg.), Kapitalmarktrechtskommentar, 3. Aufl., 2004, §§ 37b, 37c WpHG Rn. 87; *Rützel,* Der aktuelle Stand der Rechtsprechung zur Haftung bei Ad-hoc-Mitteilungen, AG 2003, S. 69, 77; *Reichert/Weller*, Haftung von Kontrollorganen, ZRP 2002, S. 49, 55; *Langenbucher*, Kapitalerhaltung uns Kapitalmarkthaftung, ZIP 2005, S. 239, 240 f.; *Mülbert/Steup*, Emittentenhaftung für fehlerhafte Kapitalmarktinformation am Beispiel der fehlerhaften Regelpublizität, WM 2005, S. 1633, 1636 f.

521 Stellvertretend für alle anderen: *Fleischer*, in: Assmann/Schütze (Hrsg.), Handbuch des Kapitalanlagerechts, 3. Aufl., 2007, § 7 Rn. 52.

522 *Reichert/Weller*, Haftung von Kontrollorganen, ZRP 2002, S. 49, 55; *Fleischer,* Der Inhalt des Schadensersatzanspruchs wegen unwahrer oder unterlassener unverzüglicher Ad-hoc-Mitteilungen, BB 2002, S. 1869, 1870; *Sethe*, in: Assmann/Schneider (Hrsg.), Wertpapierhandelsgesetz, 5. Aufl., 2009, §§ 37b, 37c Rn. 79; *Zimmer*, in: Schwark (Hrsg.), Kapitalmarktrechtskommentar, 3. Aufl., 2004, §§ 37b, 37c WpHG Rn. 91.

oder „zu billig verkauft" haben und nur der hieraus entstandene Schaden ersetzt werden soll.[523]

Des Weiteren wird für diese Ansicht vorgebracht, bei Ad-hoc-Mitteilungen werde nicht ein Näheverhältnis wie beispielsweise durch einen Verkaufsprospekt begründet. Folglich sei lediglich die Gewährung des Differenzschadens gerechtfertigt.[524]

Außerdem streitet die enumerative Bestimmung der Ersatzberechtigten für den Ersatz lediglich des Kursdifferenzschadens. Denn der Gesetzgeber wollte nur Anlegern, die aufgrund der fehlerhaften Information zu teuer gekauft oder zu billig verkauft haben, einen Ersatzanspruch geben. Dagegen gehören Anleger, die aufgrund allgemeiner Kursverluste Schäden erlitten haben, nicht zu dem Kreis der Anspruchsberechtigten. Hätte sich der Gesetzgeber für die Naturalrestitution als Rechtsfolge eines Anspruches nach §§ 37 b Abs. 1, 37 c Abs. 1 WpHG entschieden, hätte er auch die letztgenannte Gruppe von Anlegern in den Kreis der Anspruchsberechtigten mit einbeziehen müssen, weil auch diese bei ihrer Anlageentscheidung einem Irrtum unterlegen waren.[525]

Hauptargument für die Ersatzfähigkeit lediglich des Kursdifferenzschadens ist aber die sachgerechte Verteilung der Kapitalmarktrisiken.[526] Bei einem Vermögensschaden, der die Naturalrestitution ermöglicht, würde dem Emittenten bei der Rückabwicklung auch das allgemeine Kursrisiko auferlegt werden. Nach der allgemeinen Risikoverteilung am Kapitalmarkt muss aber allein der Anleger das allgemeine Kursrisiko tragen,[527] weil Börsenpapiere Risikopapiere sind.[528] Dies ist das Pendant dafür, dass auch er alleiniger Profiteur der Chancen aufgrund einer positiven Kursentwicklung am Kapitalmarkt ist.

Nachteilig bei der Gewährung lediglich des Kursdifferenzschadens ist dessen konkrete Ermittlung.

Noch vor wenigen Jahren hielten Gerichte diesen Schaden gar für nicht ermittelbar.[529] Mittlerweile ist aber höchstrichterlich anerkannt, dass sich der Kursdifferenzschaden mittels moderner Kapitalmarkttheorie und sachverständiger Hilfe zumindest insoweit sicher ermitteln lässt, dass der ermittelte Schaden Grundlage einer richterli-

523 Begründung zu dem RegE 4. Finanzmarktförderungsgesetz vom 18.1.2002, BT-Drucks. 14/8017, S. 93.

524 *Fleischer,* Der Inhalt des Schadensersatzanspruchs wegen unwahrer oder unterlassener unverzüglicher Ad-hoc-Mitteilungen, BB 2002, S. 1869, 1871.

525 *Maier-Reimer/Webering*, Ad-hoc-Publizität und Schadensersatzhaftung, WM 2002, S. 1857, 1860.

526 *Fuchs/Dühn*, Deliktische Schadensersatzhaftung für falsche Ad-hoc-Mitteilungen, BKR 2002, S. 1063, 1069; *Fleischer,* Der Inhalt des Schadensersatzanspruchs wegen unwahrer oder unterlassener unverzüglicher Ad-hoc-Mitteilungen, BB 2002, S. 1869, 1871; *Sethe*, in: Assmann/Schneider (Hrsg.), Wertpapierhandelsgesetz, 5. Aufl., 2009, §§ 37 b, 37 c Rn. 78; für künftige Reformprojekte in diese Richtung weisend: *Sauer*, Kausalität und Schaden bei der Haftung für falsche Kapitalmarktinformation, ZBB 2005, S. 24, 30 f.

527 Statt aller anderen: *Sethe*, in: Assmann/Schneider (Hrsg.), Wertpapierhandelsgesetz, 5. Aufl., 2009, §§ 37 b, 37 c Rn. 78; *Fleischer,* Der Inhalt des Schadensersatzanspruchs wegen unwahrer oder unterlassener unverzüglicher Ad-hoc-Mitteilungen, BB 2002, S. 1869, 1871; *Rützel,* Der aktuelle Stand der Rechtsprechung zur Haftung bei Ad-hoc-Mitteilungen, AG 2003, S. 69, 76.

528 Aus ökonomischer Sicht: *Engels*, in: Engels (Hrsg.), Anlegerschutz und Vertrauensbildung an Finanzmärkten, 1992, S. 11.

529 OLG München, NZG 2002, S. 1110, 1111.

chen Schätzung nach § 287 ZPO sein kann.[530] Denn der Transaktionspreis ist bekannt und der hypothetische Wert des Finanzinstruments kann mit der Hilfe von Sachverständigen zumindest näherungsweise bestimmt werden.

Problematisch bleibt die Schadensermittlung allerdings, soweit die Fehlinformation nur nach und nach zu Tage tritt und somit lediglich schichtweise in den Börsen- oder Marktpreis eingearbeitet wird.[531]

Dagegen bietet die Gewährung der Naturalrestitution vor allem den Vorteil der problemlosen Schadensbestimmung. Denn der Schaden besteht stets in dem Abschluss der ungünstigen Kapitalanlage, die dann im Wege der Naturalrestitution rückabgewickelt werden muss. Die Heranziehung sachverständiger Hilfe ist daher entbehrlich.

Demgegenüber lässt sich der Kursdifferenzschaden nur mit Hilfe von Sachverständigen ermitteln und selbst dann teilweise nur mit Schwierigkeiten. Dies stellt einen erheblichen Nachteil dar.

Dennoch ist die zweitgenannte Ansicht, nach der lediglich der Kursdifferenzschaden ersatzfähig ist, vorzugswürdig. Vor allem das Argument der sachgerechten Verteilung der Kapitalmarktrisiken überzeugt. Die Gewährung der Naturalrestitution ist mit dem Schutzzweck der §§ 37 b und 37 c WpHG nicht vereinbar.

Daher ist im Rahmen der §§ 37 b und 37 c WpHG lediglich der Kursdifferenzschaden ersatzfähig.

6. *Deliktische Haftung nach § 823 Abs. 2 BGB i.V.m. Schutzgesetz und § 826 BGB*

Umfang und Art des Schadensersatzes hinsichtlich sämtlicher deliktischer Schadensersatzansprüche richten sich nach den §§ 249 ff. BGB.

Gemäß § 249 Abs. 1 BGB schulden die Anspruchsverpflichteten danach vorrangig Naturalrestitution. Der geprellte Anleger ist demnach so zu stellen, wie er ohne den Verstoß gegen die Informationspflichten stünde.[532]

Dies eröffnet dem Anspruchsinhaber ein Wahlrecht zwischen dem Ersatz des Differenzschadens und der Naturalrestitution in Form der Erstattung des Kaufpreises.[533] Denn für den Schadensersatz aufgrund der deliktischen Anspruchsgrundlagen bestehen hinsichtlich der Art und dem Umfang des Schadensersatzes keine generellen Beschränkungen.[534] Dies gilt auch für Investitionen in hochspekulative Kapitalanlagen

530 BGH, ZIP 2005, S. 1270, 1271 und vor allem 1274 („EM.TV“).

531 Näher hierzu: *Fleischer,* Der Inhalt des Schadensersatzanspruchs wegen unwahrer oder unterlassener unverzüglicher Ad-hoc-Mitteilungen, BB 2002, S. 1869, 1873 f.; *Mülbert/Steup*, in: Habersack/Mülbert/Schlitt (Hrsg.), Unternehmensfinanzierung am Kapitalmarkt, 2005, § 26 Rn. 158; *Zimmer*, in: Schwark (Hrsg.), Kapitalmarktrechtskommentar, 3. Aufl., 2004, §§ 37 b, 37 c WpHG Rn. 93; wegen dieser Schwierigkeiten plädieren *Schäfer/Weber/Wolf*, Berechnung und Pauschalierung des Kursdifferenzschadens bei fehlerhafter Kapitalmarktinformation, ZIP 2008, S. 197, 200 f., für eine Pauschalierung des Kursdifferenzschadens.

532 BGHZ 160, S. 149, 153 („Infomatec II“); BGH, NJW 2004, S. 2668, 2669 ("Infomatec III"); BGH, ZIP 2005, S. 1270, 1272 ("EM.TV").

533 BGHZ 160, S. 149, 153 („Infomatec II“); BGH, ZIP 2005, S. 1270, 1271 f. ("EM.TV").

534 BGHZ 160, S. 149, 154 („Infomatec II“).

des Neuen Marktes.[535] Denn eine Haftungsbeschränkung oder gar ein Haftungsausschluss ist in Fällen der betrügerischen oder sittenwidrigen Schädigung Dritter mit den Grundsätzen der Rechtsordnung nicht vereinbar.[536]

Zum Teil wird in der Rechtslehre gegen die Naturalrestitution hinsichtlich gegen Vorstandsmitglieder gerichteter Schadensersatzansprüche eingewendet, das Vorstandsmitglied habe dem geschädigten Anleger die Kapitalanlage nicht verkauft. Deshalb müsse auch ein Vorstandsmitglied die Kapitalanlage nicht zurücknehmen.[537]

Diese Argumentation verkennt aber, dass es im Rahmen der Naturalrestitution ausschließlich auf die Wiederherstellung des Vermögenszustandes auf Seiten des Geschädigten ankommt.[538] Daher kann dieses Argument nicht verfangen.

Ebenso wenig steht der Naturalrestitution entgegen, dass dem Schädiger das Risiko schwankender Kurse aufgebürdet wird.[539] Denn unter Präventionsgesichtspunkten ist es sogar wünschenswert dem Schädiger ein hohes finanzielles Risiko zu überbürden.[540]

Soweit eine Personenhandelsgesellschaft ihre eigenen Anteile im Rahmen des Schadensersatzes zurücknehmen muss, gelten die Ausführungen auf S. 133 sinngemäß.

Wählt der Anleger den Schadensersatz in Form der Naturalrestitution, kann er die Erstattung des von ihm gezahlten Kaufpreises Zug um Zug gegen die Übertragung der Kapitalanlage verlangen.[541] Hat er zwischenzeitlich die Kapitalanlage veräußert, muss er sich anstelle der Übertragung der Kapitalanlage auf den Schädiger den Veräußerungspreis auf seinen Schadensersatzanspruch anrechnen lassen.[542]

Altanleger, die aufgrund der fehlerhaften Kapitalmarktinformation von einem fest beabsichtigten Verkauf Abstand genommen haben, können nach den Ausführungen des Bundesgerichtshofs den hypothetischen Verkaufspreis mit dem Börsen- oder Marktpreis des beabsichtigten Verkaufstermins verlangen. Auch sie sind allerdings verpflichtet, die Kapitalanlage auf den Schädiger zu übertragen bzw. sich den Veräußerungserlös auf den eigenen Anspruch anrechnen zu lassen.[543]

535 BGH, NJW 2004, S. 2668, 2669 ("Infomatec III").

536 BGHZ 160, S. 149, 154 („Infomatec II"); BGH, NJW 2004, S. 2668, 2669 ("Infomatec III").

537 *Fuchs/Dühn,* Deliktische Schadensersatzhaftung für falsche Ad-hoc-Mitteilungen, BKR 2002, S. 1063, 1068; *Reichert/Weller*, Haftung von Kontrollorganen, ZRP 2002, S. 49, 55.

538 *Leisch*, Vorstandshaftung für falsche Ad-hoc-Mitteilungen – ein höchstrichterlicher Beitrag zur Stärkung des Finanzplatzes Deutschland, ZIP 2004, S. 1573, 1575; *Möllers*, Der Weg zu einer Haftung für Kapitalmarktinformationen, JZ 2005, S. 75, 77; *Mülbert/Steup*, in: Habersack/Mülbert/Schlitt (Hrsg.), Unternehmensfinanzierung am Kapitalmarkt, 2005, § 26 Rn. 173; *Spindler*, Persönliche Haftung der Organmitglieder für Falschinformationen des Kapitalmarktes, WM 2004, S. 2089, 2093.

539 *Fleischer,* Zur deliktsrechtlichen Haftung der Vorstandsmitglieder für falsche Ad-hoc-Mitteilungen, DB 2004, S. 2031, 2035.

540 Ähnlich: *Hutter/Stürwald*, EM.TV und die Haftung für fehlerhafte Ad-hoc-Mitteilungen, NJW 2005, S. 2428, 2430; *Fleischer* in: Assmann/Schütze (Hrsg.), Handbuch des Kapitalanlagerechts, 3. Aufl., 2007, § 7 Rn. 35.

541 BGHZ 160, S. 149, 153 („Infomatec II"); BGH, NJW 2004, S. 2668, 2669 ("Infomatec III"); BGH, ZIP 2005, S. 1270, 1272 ("EM.TV").

542 BGH, ZIP 2005, S. 1270, 1272 ("EM.TV").

543 BGH, ZIP 2005, S. 1270, 1272 ("EM.TV"): zustimmend: *Fleischer*, in: Assmann/Schütze (Hrsg.), Handbuch des Kapitalanlagerechts, 3. Aufl., 2007, § 7 Rn. 34.

Entscheidet sich der Anleger für die Geltendmachung des Differenzschadens, ist ihm der Unterschiedsbetrag zwischen dem tatsächlich gezahlten Transaktionspreis und dem Preis, der sich bei einem pflichtgemäßen Publizitätsverhalten gebildet hätte, zu ersetzen.[544] Hierzu gelten die auf den S. 136 ff. gemachten Ausführungen entsprechend.

Den geprellten Anleger trifft weder eine Kursbeobachtungspflicht noch eine Verkaufspflicht bei sinkenden Kursen.[545] Dementsprechend scheidet eine Anspruchskürzung gemäß § 254 Abs. 2 S. 1 BGB wegen eines Verstoßes gegen die Schadensminderungsobliegenheit infolge des Nichtverkaufens bei sinkenden Kursen aus. Hinsichtlich der Einzelheiten zu diesem Problemkreis wird auf die Ausführungen auf der S. 132 Bezug genommen.

VI. Schadensersatzansprüche gegen die verschiedenen Anspruchsgegner

Der folgende Abschnitt dient der Herausarbeitung der praktisch relevanten Anspruchsgrundlagen gegen die typischen Haftungsverpflichteten. Hierbei orientiert sich die Darstellung an den typischerweise von der Rechtsprechung angenommenen Haftungsnormen. Sie erhebt weder den Anspruch alle jemals als Anspruchsgrundlage herangezogenen Normen zu behandeln, noch versucht sie die jeweilige Haftung bis ins letzte Detail zu untersuchen. Es sollen lediglich die typischen Anspruchsgrundlagen und ihr Verhältnis zu den einzelnen Haftungsverpflichteten dargestellt werden.

1. Schadensersatz aufgrund vertraglicher Übernahme der Gewähr für die Richtigkeit und Vollständigkeit der Information, Haftung für die Inanspruchnahme persönlichen Vertrauens und uneigentliche bürgerlich-rechtliche Prospekthaftung

Die Gewähr für die Richtigkeit und Vollständigkeit der Information kann vertraglich von jedem nur erdenklichen Anspruchsgegner übernommen werden. Eine solche vertragliche Verpflichtung zur vollständigen und richtigen Information stellt allerdings einen zu vernachlässigenden, extremen Ausnahmefall dar.

Des Weiteren ist eine solche vertragliche Haftung keine Haftung für öffentliche Kapitalmarktinformationen. Vielmehr wird dort für individuelle Kapitalmarktinformationen gehaftet. Daher wird von einer gesonderten Darstellung dieser vertraglichen

544 BGH, ZIP 2005, S. 1270, 1271 ("EM.TV").

545 *Möllers/Leisch*, in: Möllers/Rotter (Hrsg.), Ad-hoc- Publizität, 2003, § 14 Rn. 130; *Mülbert/Steup*, in: Habersack/Mülbert/Schlitt (Hrsg.), Unternehmensfinanzierung am Kapitalmarkt, 2005, § 26 Rn. 162; *Fleischer*, in: Assmann/Schütze (Hrsg.), Handbuch des Kapitalanlagerechts, 3. Aufl., 2007, § 7 Rn. 37; *Rützel,* Der aktuelle Stand der Rechtsprechung zur Haftung bei Ad-hoc-Mitteilungen, AG 2003, S. 69, 78; *Gottschalk,* Die persönliche Haftung der Organmitglieder für fehlerhafte Kapitalmarktinformationen de lege lata und de lege ferenda, Der Konzern 2005, S. 274, 279; im Ergebnis aus tatsächlichen Gründen ebenso: LG Augsburg, WM 2001, S. 1944, 1946.

Schadensersatzansprüche im Rahmen der Darstellung der typischen Haftungsgrundlagen gegen die einzelnen Anspruchsgegner abgesehen.

Von einer näheren Darstellung der Haftung für die Inanspruchnahme besonderen persönlichen Vertrauens wird ebenfalls abgesehen. Zwar wurde von der Rechtsprechung in der Vergangenheit des Öfteren ein Schadensersatzanspruch auf die §§ 280 Abs. 1, 311 Abs. 2 und 3, 241 Abs. 2 BGB gestützt.[546] Aber auch diese Haftung entspringt einer persönlichen Beziehung bzw. Verhandlungsführung zwischen dem Anleger und dem jeweiligen Anspruchsgegner. Es handelt sich daher ebenfalls nicht um eine Haftung wegen einer fehlerhaften öffentlichen Kapitalmarktinformation, so dass sich eine weitere Erörterung dieser Ansprüche erübrigt.

Ebenso wenig näher zu erörtern sind Ansprüche aufgrund der uneigentlichen bürgerlich-rechtlichen Prospekthaftung. Denn diese stellt ebenfalls eine Haftung für die Inanspruchnahme persönlichen Vertrauens dar, welches im Fall der öffentlichen Kapitalmarktinformation nicht begründet wird (siehe oben S. 41).

2. Schadensersatz gegen die Gesellschaft/Emittentin

Typischerweise richten sich kapitalmarktrechtliche Schadensersatzansprüche zumindest auch gegen die Gesellschaft als Emittentin. Allerdings gibt es auch Anspruchsgrundlagen, die gerade den Emittenten aus ihrem Adressatenkreis ausnehmen. Daher muss auch vor der Erhebung einer Klage gegen den Emittenten genau ermittelt werden, ob sich die Anspruchsgrundlage, auf die die Klage gestützt werden soll, auch tatsächlich gegen den Emittenten als Haftungsverpflichteten richtet.

a. Vorrang kapitalmarktrechtlicher Haftungsregeln vor dem Gläubigerschutz

Früher wurde sogar vertreten, einer Inanspruchnahme der Gesellschaft stünden die Regelungen der Kapitalerhaltung und des gesellschaftsrechtlichen Gläubigerschutzes generell entgegen.[547]

Nach heute ganz herrschender Meinung schließen die Regelungen des gesellschaftsrechtlichen Gläubigerschutzes aber eine Inanspruchnahme der Gesellschaft als Emittentin nicht aus.[548]

546 Hinsichtlich der Wertpapierdienstleister: BGHZ 74, S. 103, 108; hinsichtlich der Emissionshelfer: BGHZ 74, S. 103, 108; BGHZ 56, S. 81, 83 ff.; BGHZ 63, S. 382; BGHZ 70, S. 337; BGH, WM 1984, S. 1075, 1076.

547 RGZ 54, S. 128, 132; RGZ 62, S. 29, 31; *Baums*, Bericht der Regierungskommission „Corporate Governance" vom 10.8.2001, BT-Drucks. 14/7515, S. 85.

548 BGH, ZIP 2005, S. 1270, 1272 ("EM.TV"); BGH, ZIP 2007, S. 681 ("Comroad I"); BGH, ZIP 2007, S. 326, 327 ("Comroad III"); BGH, ZIP 2007, S. 1560, 1561 ("Comroad IV"); BGH, ZIP 2007, S. 1564 ("Comroad V"); BGH, ZIP 2008, S. 407, 408 ("Comroad VI"); BGH, ZIP 2008, S. 410, 411 ("Comroad VII"); BGH, ZIP 2008, S. 829, 830 ("Comroad VIII"); *Buck-Heeb*, Kapitalmarktrecht, 2. Aufl., 2007, Rn. 51; *Assmann*, in: Assmann/Schütze (Hrsg.), Handbuch des Kapitalanlagerechts, 3. Aufl., 2007, § 6 Rn. 139.

Wird die Emittentin in der Rechtsform einer Aktiengesellschaft betrieben, verbietet sich eine Haftung der Aktiengesellschaft selbst weder aus Gesichtspunkten der Kapitalerhaltung, dem Verbot der Einlagenrückgewähr nach § 57 AktG noch dem Verbot des Erwerbs eigener Aktien nach §§ 71 ff. AktG. Dies gilt jedenfalls dann, wenn es sich um einen derivativen, das heißt auf einem „Umsatzverkehr" bzw. einem „Verkehrsgeschäft am Markt" beruhenden Erwerb handelt.[549]

Zur Begründung dieses Ergebnisses werden zumeist die Grundsätze herangezogen, dass es sich bei den kapitalmarktrechtlichen Haftungsregeln um später entwickelte, ausdifferenzierte Regelungen, die als lex posterior (lex posterior derogat legi priori) bzw. lex specialis (lex specialis derogat legis generalis) Vorrang verlangen.[550]

Entsprechendes gilt auch für Emittenten, die in der Rechtsform einer Personengesellschaft betrieben werden.[551] Denn die Argumente, die gegen eine eigene Haftung der Personenhandelsgesellschaft als Emittentin vorgebracht werden, sind dieselben, die auch gegen eine Haftung einer Aktiengesellschaft selbst ins Feld geführt wurden. Auch dort konnten sie nicht überzeugen.

Dies gilt erst Recht im Hinblick auf Emittenten, die in der Rechtsform einer Personengesellschaft betrieben werden. Denn die Erstattung des Erwerbspreises schwächt die Kapitalverfassung einer Personengesellschaft in gleichem Maße und nicht etwa stärker als die einer Kapitalgesellschaft.

Ausgangspunkt der weiteren Überlegung ist, dass die Kapitalerhaltungsvorschriften der Aktiengesellschaft die strengsten aller deutschen Gesellschaftsformen sind. Vor

549 Begründung zu dem RegE 3. Finanzmarktförderungsgesetz vom 6.11.1997, BT-Drucks. 13/8933, S. 78, mit dem Hinweis, dass die börsengesetzliche Prospekthaftung eine abschließende Spezialregelung ist; RG, JW 1909, S. 433; OLG Frankfurt/M., ZIP 1999, S. 1005, 1008; LG Frankfurt/M., WM 1998, S. 1181, 1185 f., die in der börsengesetzlichen Prospekthaftung ein lex specialis und lex posterior sehen; *Groß,* Kapitalmarktrecht, 4. Aufl., 2009, §§ 44, 45 BörsG Rn. 14 ff.; *Schwark,* in: Schwark (Hrsg.), Kapitalmarktrechtskommentar, 3. Aufl., 2004, § 45 BörsG Rn. 13; *Ellenberger,* Prospekthaftung im Wertpapierhandel, 2001, S. 74 ff.; *Keusch/Wankerl,* Die Haftung der Aktiengesellschaft für fehlerhafte Kapitalmarktinformationen im Spannungsfeld zum Gebot der Kapitalerhaltung, BKR 2003, S. 744, 745; *Krämer/Baudisch,* Neues zur Börsenprospekthaftung und zu den Sorgfaltsanforderungen beim Unternehmenskauf, WM 1998, S. 1161, 1164 ff.; *Renzenbrink/Holzner,* Das Verhältnis von Kapitalerhaltung und Ad-Hoc-Haftung, BKR 2002, S. 434, 435 f.; *Schäfer,* Stand und Entwicklungstendenzen der spezialgesetzlich geregelten Prospekthaftung, ZGR 2006, S. 40, 56; *Bayer,* in: Münchener Kommentar zum Aktiengesetz, Band 2, 3. Aufl., 2008, § 57 Rn. 21 f.; *Ziegler,* Die Rechtsfolgen der §§ 13, 13 a VerkProspG n.F. und der Kapitalerhaltungsgrundsatz, NZG 2005, S. 301, 303; näher hierzu mit einem Plädoyer für eine ausdifferenzierte Lösung: *Langenbucher*, Kapitalerhaltung uns Kapitalmarkthaftung, ZIP 2005, S. 239, 245.

550 LG Frankfurt/M., WM 1998, S. 1181, 1185 f.; *Huber,* Anmerkung zu LG Frankfurt/M., Urteil vom 7.10.1997 – 3/11 O 44/96, ZIP 1998, S. 645, 646; vgl. auch: OLG Frankfurt/M., ZIP 1999, S. 1005, 1008.

551 *Zimmer/Cloppenburg*, Haftung für falsche Informationen des Sekundärmarktes auch bei Kapitalanlagen des nicht geregelten Kapitalmarktes?, ZHR 171 (2007), S. 519, 526; *Fleischer*, Prospektpflicht und Prospekthaftung für Vermögensanlagen des Grauen Kapitalmarkts nach dem Anlegerschutzverbesserungsgesetz, BKR 2004, S. 339, 345; *Schäfer,* Stand und Entwicklungstendenzen der spezialgesetzlich geregelten Prospekthaftung, ZGR 2006, S. 40, 75; wohl ebenfalls in diese Richtung tendierend: *Benecke*, Haftung für Inanspruchnahme von Vertrauen – Aktuelle Fragen zum neuen Verkaufsprospektgesetz, BB 2006, S. 2597, 2601; a.A.: *Ziegler*, Die Prospekthaftung am nichtorganisierten Kapitalmarkt im Spannungsverhältnis zu personengesellschaftlichen Grundsätzen, DStR 2005, S. 30, 33.

diesem Hintergrund erscheint es wenig überzeugend, bei Emittenten, die in Form einer Aktiengesellschaft betrieben werden, von einem Vorrang der Kapitalmarkthaftung auszugehen, aber in dem Fall einer Personenhandelsgesellschaft als Emittentin, diesen Vorrang unter Hinweis auf die Kapitalerhaltungsregeln zu verneinen.

Ebenso kritisch zu hinterfragen ist das Argument, die Befriedigung eines kapitalmarktrechtlichen Anspruchs lasse die Kommanditistenhaftung nach § 172 Abs. 4 HGB wieder aufleben.[552]

Dieses Argument korrespondiert im Fall einer Aktiengesellschaft als Emittentin mit der Frage nach einem Rückgewähranspruch der Gesellschaft nach § 62 Abs. 1 AktG. Geht man mit der ganz herrschenden Auffassung bei der Aktiengesellschaft davon aus, dass kapitalmarktrechtliche Schadensersatzansprüche das Verbot der Einlagenrückgewähr nach § 57 AktG nicht berühren, weil der Anleger als Drittgläubiger der Gesellschaft gegenübertritt, scheidet folgerichtig mangels einer verbotenen Leistung auch ein Anspruch nach § 62 Abs. 1 AktG aus.[553]

Gleiches – nämlich, dass der Anleger der Gesellschaft als Drittgläubiger gegenübertritt – gilt bei den Personengesellschaften.[554] Folglich werden Schadensersatzansprüche wegen fehlerhafter Kapitalmarkinformationen gegen die Emittentin nicht vor dem Hintergrund der Kapitalerhaltungsregeln oder dem Gläubigerschutz ausgeschlossen.

Im Folgenden ist allerdings zu untersuchen, mit welchen Anspruchsgrundlagen geprellte Anleger erfolgreich Schadensersatzansprüche gegen die Gesellschaft als Emittentin geltend machen können.

b. Eigentliche bürgerlich-rechtliche Prospekthaftung

Nach ständiger Rechtsprechung des Bundesgerichtshofs scheidet eine Verantwortlichkeit der Gesellschaft als Emittentin im Rahmen der eigentlichen bürgerlich-rechtlichen Prospekthaftung aus.[555] Denn es fehlt an einer Zurechenbarkeit der fehlerhaften Aufklärung des Anlegers im Zusammenhang mit dessen Beitritt zu der Gesellschaft (siehe oben S. 50).

Statt eines Schadensersatzanspruches steht geprellten Anlegern gegen die Gesellschaft in Ausnahmefällen ein Recht zur außerordentlichen, fristlosen Kündigung zu. Dieses Recht wird den Anlegern auch dann zugebilligt, wenn der Gesellschaftsvertrag ein solches nicht kennt.[556]

552 So: *Ulmer/Dopfer*, Anlegerschutz und Gesellschaftsrecht, BB 1978, S. 461, 464.
553 BGH, ZIP 2005, S. 1270, 1273 („EM.TV").
554 Im Ergebnis ebenso: *Zimmer/Cloppenburg*, Haftung für falsche Informationen des Sekundärmarktes auch bei Kapitalanlagen des nicht geregelten Kapitalmarktes?, ZHR 171 (2007), S. 519, 526.
555 BGH, NJW 1973, S. 1604, 1605; BGH, WM 1978, S. 705; OLG München, NJW-RR 2000, S. 624; OLG Koblenz, WM 2002, S. 2456, 2459; OLG Karlsruhe, WM 2003, S. 1218, 1219 f.
556 *Emmerich*, in: Münchener Kommentar, Bürgerliches Gesetzbuch, Band 2 – Schuldrecht Allgemeiner Teil, 5. Aufl., 2007, § 311 Rn. 192.

c. *Börsengesetzliche Prospekthaftung*

Der Emittent ist nach § 44 Abs. 1 S. 1 Nr. 1 BörsG der typische Adressat der börsengesetzlichen Prospekthaftung.[557] Denn der Emittent muss nach § 5 Abs. 3 S. 2 WpPG den Börsenzulassungsprospekt unterzeichnen bzw. durch seine Organe unterzeichnen lassen. Damit übernimmt der Emittent nach außen erkennbar die Verantwortung für den Inhalt des Prospekts, was im Fall der Fehlerhaftigkeit des Prospekts zu einer Haftung nach § 44 Abs. 1 S. 1 Nr. 1 BörsG führt.

d. *Prospekthaftung nach dem VerkProspG*

Gemäß § 13 Abs. 1 VerkProspG i.V.m. § 44 Abs. 1 S. 1 Nr. 1 BörsG sind Emittenten auch typische Haftungsadressaten der Prospekthaftung nach dem VerkProspG wegen der Veröffentlichung fehlerhafter Prospekte.

Ebenso haften Emittenten gemäß § 13 a Abs. 1 S. 1 VerkProspG als ursprüngliche Adressaten der Prospektpflichten nach §§ 8 f, 8 g VerkProspG für die gänzliche Nichtveröffentlichung eines nach § 8 f VerkProspG erforderlichen Verkaufsprospekts.

e. *Investmentrechtliche Prospekthaftung*

Gemäß § 127 Abs. 1 InvG sind in erster Linie die Kapitalanlagegesellschaften bzw. die ausländischen Investmentgesellschaften als Emittenten Prospekthaftungsverpflichtete der investmentrechtlichen Prospekthaftung.

f. *Haftung nach §§ 37 b, 37 c WpHG wegen Verstößen gegen die Ad-hoc-Publizität*

Ausweislich des eindeutigen Wortlauts der §§ 37 b Abs. 1 und 37 c Abs. 1 WpHG richtet sich die Haftung für Verstöße gegen die Ad-hoc-Publizitätspflichten allein gegen den Emittenten. Denn nur der (Inlands-) Emittent ist gemäß § 15 Abs. 1 S. 1 WpHG zur Ad-hoc-Publizität verpflichtet (siehe S. 90). Die Gesellschaft als Emittentin ist damit Haftungsadressatin im Sinn des §§ 37 b und 37 c WpHG.

557 Ebenso: *Groß*, Kapitalmarktrecht, 4. Aufl., 2009, §§ 44, 45 BörsG Rn. 31.

g. *Haftung gemäß § 823 Abs. 2 BGB i.V.m. Schutzgesetz*

Die Gesellschaft als Emittentin ist selbst nicht handlungsfähig. Sie handelt durch ihre Organe, insbesondere ihre Geschäftsführer bzw. Vorstandsmitglieder.[558] Verstoßen diese gegen ein Schutzgesetz im Sinn des § 823 Abs. 2 BGB wird diese unerlaubte Handlung der Gesellschaft unter den Voraussetzungen des § 31 BGB zugerechnet. Hierbei wendet der Bundesgerichtshof § 31 BGB in entsprechender Anwendung nicht nur auf alle juristischen Personen, sondern nunmehr auch auf OHG, KG und GbR an.[559]

Nach dem Wortlaut des § 31 BGB haftet die Gesellschaft lediglich für die Handlungen ihres Vorstandes bzw. eines anderen verfassungsmäßig berufenen Vertreters. Allerdings ist eine entsprechende Anwendung des § 31 BGB auf andere Organe wie beispielsweise Mitglieder des Aufsichtsrates seit langem in Rechtsprechung und Lehre anerkannt.[560]

Die Gesellschaft haftet damit über § 31 BGB für Handlungen ihrer Organe, wenn diese in Ausführung der ihnen zustehenden Verrichtung begangen werden. Dies bedeutet, dass zwischen der schädigenden Handlung und dem Aufgabenkreis des Organs ein sachlicher und nicht bloß ein zufälliger, rein tatsächlicher, zeitlicher Zusammenhang bestehen muss.[561] Mit anderen Worten darf sich das Organ bei der Handlung nicht so weit von seinem Aufgabenkreis entfernt haben, dass es für Außenstehende erkennbar außerhalb des Rahmens seiner Aufgaben handelt.[562]

Übertragen auf die hier untersuchten tauglichen Schutzgesetze im Sinn des § 823 Abs. 2 BGB bedeutet dies, dass die Gesellschaft grundsätzlich gemäß § 31 BGB für fehlerhafte Kapitalmarktinformationen durch ihre Organe haftet. Denn für außen stehende Dritte drängt sich bei der Weitergabe von Kapitalmarktinformationen weder durch Mitglieder des Vorstandes bzw. der Geschäftsführung noch durch Aufsichtsratsmitglieder auf, dass diese außerhalb ihres Aufgabenbereiches handeln. Der erforderliche Zusammenhang mit der Handlung für die Gesellschaft besteht damit regelmäßig. Daher haftet die Gesellschaft auch für vorsätzliches und betrügerisches Han-

558 Vgl. zum Verein: *Hadding*, in: Soergel, Kommentar zum Bürgerlichen Gesetzbuch, Band 1, 13. Aufl., 2000, § 31 Rn. 1; zur GmbH: *Grunewald*, Gesellschaftsrecht, 6. Aufl., 2005, S. 205 f., Rn. 61; zur OHG: *Kindler*, Grundkurs Handels- und Gesellschaftsrecht, 2. Aufl. 2007, § 10 Rn. 85.

559 BGH, NJW 1952, S. 537, 538; BGH, NJW 2003, S. 1445; BGH, NJW 2003, S. 2984, 2985.

560 BGHZ 36, S. 296, 309 (im Ergebnis eine Haftung über § 31 BGB ablehnend); LG München I, Urteil vom 4.6.1992 (27 O 17626/91), S. 1 (unveröffentlicht); *Heinrichs/Ellenberger*, in: Palandt, BGB, 68. Aufl., 2009, § 31 Rn. 5; *Hadding*, in: Soergel, Kommentar zum Bürgerlichen Gesetzbuch, Band 1, 13. Aufl., 2000, § 31 Rn. 11; *Schwarz/Schöpflin*, Bamberger/Roth (Hrsg.), Kommentar zum Bürgerlichen Gesetzbuch, Band 1, 2. Aufl., 2007, § 31 Rn. 9.

561 BGHZ 49, S. 19, 23.

562 BGHZ 98, S. 148, 152; BGHZ, 99, S. 298, 300.

deln dieser Organe, selbst wenn diese hierbei ihre tatsächlichen Zuständigkeiten überschritten haben.[563]

Dagegen scheidet eine Haftung der Gesellschaft für fehlerhafte Kapitalmarktinformationen, die durch Emissionshelfer, berufliche Sachkenner und andere Dritte in Umlauf gebracht wurden, aus. Denn diese Personen sind keine Organe, so dass die Gesellschaft nicht für deren Handeln nach § 31 BGB einstehen muss.

h. Haftung gemäß § 826 BGB

Hinsichtlich einer Haftung der Gesellschaft nach § 826 BGB gelten die obigen Ausführungen zur Haftung gemäß § 823 Abs. 2 BGB i.V.m. einem Schutzgesetz sinngemäß. Wiederum muss die Gesellschaft für ein Handeln ihrer Organe gemäß § 31 BGB einstehen, unabhängig davon, ob dieses vorsätzlich oder gar betrügerisch war. Voraussetzung ist allerdings, dass die Schädigungshandlung in Ausführung der dem jeweiligen Organ zugewiesenen Verrichtung erfolgte.[564]

3. Schadensersatz gegen Vorstand/Geschäftsführer

Vorstand und Geschäftsführer leiten die Gesellschaften und vertreten diese nach außen gemäß §§ 76 Abs. 1, 78 Abs. 1 AktG bzw. § 35 Abs. 1 GmbHG. Vorstände und Geschäftsführer haben demnach eine exponierte Stellung an der Spitze der Gesellschaften inne. Aus dieser Stellung erwachsen Leitungs- und Einflussnahmemöglichkeiten, aufgrund derer sich die Frage nach der persönlichen Haftung der Vorstände und Geschäftsführer für fehlerhafte Kapitalmarktinformationen stellt.

a. Eigentliche bürgerlich-rechtliche Prospekthaftung

Vorstände und Geschäftsführer der Emittentin unterliegen als Initiatoren des Prospekts regelmäßig der eigentlichen bürgerlich-rechtlichen Prospekthaftung. Sie bilden das Management und nehmen insofern eine Tätigkeit als Gestalter der Emittentin wahr.

Darüber hinaus bilden sie regelmäßig auch die für die Prospektherausgabe verantwortliche Leitungsgruppe. Sie sind wegen ihres Einflusses und ihrer Verantwortung

563 BGH, ZIP 2005, S. 1270, 1272 („EM.TV"); BGH, ZIP 2007, S. 326, 327 ("Comroad III"); BGH, ZIP 2007, S. 1560, 1561 ("Comroad IV"); BGH, ZIP 2007, S. 1564 ("Comroad V"); BGH, ZIP 2008, S. 407, 408 ("Comroad VI"); BGH, ZIP 2008, S. 410, 411 ("Comroad VII"); BGH, ZIP 2008, S. 829, 830 ("Comroad VIII"); *Schwarz/Schöpflin*, Bamberger/Roth (Hrsg.), Kommentar zum Bürgerlichen Gesetzbuch, Band 1, 2. Aufl., 2007, § 31 Rn. 17.

564 BGH, ZIP 2005, S. 1270, 1272 („EM.TV"); BGH, ZIP 2007, S. 326, 327 ("Comroad III"); BGH, ZIP 2007, S. 1560, 1561 ("Comroad IV"); BGH, ZIP 2007, S. 1564 ("Comroad V"); BGH, ZIP 2008, S. 407, 408 ("Comroad VI"); BGH, ZIP 2008, S. 410, 411 ("Comroad VII").

innerhalb der Gesellschaft die typischen Verantwortlichen im Rahmen der eigentlichen bürgerlich-rechtlichen Prospekthaftung.[565]

b. Börsenrechtliche Prospekthaftung

Bei juristischen Personen ist stets die Gesellschaft selbst der Emittent.[566] Vorstand und Geschäftsführer gehören daher grundsätzlich nicht zu dem Adressatenkreis der börsenrechtlichen Prospekthaftung.

Allerdings kommt eine Verantwortlichkeit nach den §§ 44 ff. BörsG ausnahmsweise in Betracht, wenn Vorstand oder Geschäftsführer ein eigenes geschäftliches Interesse an der Emission haben.[567] Dann haften sie nach § 44 Abs. 1 S. 1 Nr. 2 BörsG.

Allein aus der Stellung als Vorstandsmitglied wird dagegen keine börsengesetzliche Prospekthaftung begründet.[568]

c. Prospekthaftung nach dem VerkProspG

Ebenso wie bei der börsengesetzlichen Prospekthaftung gehören Vorstand und Geschäftsführer grundsätzlich nicht zu den Haftungsverpflichteten der Prospekthaftung nach § 13 Abs. 1 VerkProspG i.V.m. §§ 44 ff. BörsG.

Lediglich ausnahmsweise, bei Vorliegen eines eigenen wirtschaftlichen Interesses, kommt eine Verantwortlichkeit nach § 13 Abs. 1 VerkProspG i.V.m. § 44 Abs. 1 S. 1 Nr. 2 BörsG in Betracht.

d. Investmentrechtliche Prospekthaftung

Dagegen haften Vorstand und Geschäftsführer nicht nach § 127 Abs. 1 und Abs. 4 InvG. Denn sie gehören nicht zu dem von § 127 Abs. 1 und Abs. 4 InvG abschließend festgelegten Kreis der Prospekthaftungsverpflichteten.

565 Vgl.: *Emmerich,* in: Münchener Kommentar, Bürgerliches Gesetzbuch, Band 2 – Schuldrecht Allgemeiner Teil, 5. Aufl., 2007, § 311 Rn. 194.

566 *Ehricke,* in: Hopt/Voigt (Hrsg.), Prospekt- und Kapitalmarktinformationshaftung, 2005, S. 227.

567 *Groß,* Kapitalmarktrecht, 4. Aufl., 2009, §§ 44, 45 BörsG Rn. 35; *Hopt/Voigt*, in: Hopt/Voigt (Hrsg.), Prospekt- und Kapitalmarktinformationshaftung, 2005, S. 66.

568 *Fleischer*, Gutachten F für den 64. Deutschen Juristentag (2002), F 62 ff; *Groß,* Kapitalmarktrecht, 4. Aufl., 2009, §§ 44, 45 BörsG Rn. 35.

e. *Haftung nach §§ 37 b, 37 c WpHG wegen Verstößen gegen die Ad-hoc-Publizität*

Organe haften nicht für Verstöße gegen die Ad-hoc-Publizitätspflichten, so dass eine Haftung des Vorstandes bzw. der Geschäftsführer nach §§ 37 b und 37 c WpHG ausscheidet (siehe S. 90).

f. *Haftung gemäß § 823 Abs. 2 BGB i.V.m. Schutzgesetz*

Vorstandsmitglieder sind taugliche Täter im Sinn des § 400 Abs. 1 Nr. 1 AktG. Daher sind sie bei Verletzung dieser Norm Haftungsverpflichtete gemäß § 823 Abs. 2 BGB i.V.m. § 400 Abs. 1 Nr. 1 AktG.

Gleiches gilt für Geschäftsführer und Vorstandsmitglieder hinsichtlich des § 331 Nr. 1 und Nr. 2 HGB.

Hinsichtlich beider Haftungsnormen kommt es nicht darauf an, ob Geschäftsführer oder Vorstand tatsächlich wirksam bestellt wurden. Entscheidend ist vielmehr, dass der Haftungsverpflichtete tatsächlich die mit dem Amt des Vorstandes bzw. des Geschäftsführers verbundenen Aufgaben wahrgenommen hat. Ausreichend ist also eine faktische Organstellung.[569]

Des Weiteren können Mitglieder des Vorstandes und Geschäftsführer Täter hinsichtlich des § 264 a StGB sein. Denn dieser begrenzt den Kreis der tauglichen Täter nicht. Sofern sich also Geschäftsführer oder Vorstandsmitglieder nach § 264 a StGB strafbar machen, haften sie auch zivilrechtlich für den von ihnen verursachten Schaden gemäß §§ 823 Abs. 2 BGB i.V.m. 264 a StGB.

Sind die Voraussetzungen des § 830 Abs. 1 S. 1 BGB erfüllt, haften mehrere verantwortliche Vorstandsmitglieder bzw. Geschäftsführer als Mittäter.[570] Dies erfordert aber, dass mehrere Haftungsverpflichtete gegen ein Schutzgesetz verstoßen haben.

Ein solcher Verstoß lässt sich im Rahmen des § 400 Abs. 1 Nr. 1 AktG unschwer begründen. Denn der Bundesgerichtshof konstruierte im Rahmen der Verantwortlichkeit nach § 823 Abs. 2 BGB i.V.m. § 400 Abs. 1 Nr. 1 AktG eine Pflicht aller Vorstandsmitglieder, fehlerhafte Kapitalmarktinformationen ihrer Vorstandskollegen nicht unwidersprochen zu lassen.[571]

Diese Pflicht zur Berichtigung setzt aber selbstverständlich die Kenntnis von der fehlerhaften Kapitalmarktinformation voraus.

569 Hinsichtlich § 400 Abs. 1 Nr. 1 AktG: *Schaal*, in: Münchener Kommentar zum Aktiengesetz, Band 9/2, 2. Aufl., 2006, § 400 Rn. 14; *Fuhrmann*, in: Geßler/Hefermehl/Eckardt/Kropff (Hrsg.), Aktiengesetz Band VI, 1994, § 400 Rn. 7; Einzelheiten zur faktischen Organstellung: *Schaal*, in: Münchener Kommentar zum Aktiengesetz, Band 9/2, 2. Aufl., 2006, § 399 Rn. 23 ff.; hinsichtlich § 331 Nr. 1 und Nr. 2 HGB: *Quedenfeld*, in: Münchener Kommentar zum Handelsgesetzbuch, Band 4, 2. Aufl., 2008, § 331 Rn. 14.

570 *Fleischer*, in: Assmann/Schütze (Hrsg.), Handbuch des Kapitalanlagerechts, 3. Aufl., 2007, § 7 Rn. 39; vgl. auch: *Ehricke*, in: Hopt/Voigt (Hrsg.), Prospekt- und Kapitalmarktinformationshaftung, 2005, S. 279.

571 BGHZ 149, S. 10, 20.

Diese Ausführungen des Bundesgerichtshofs lassen sich dahingehend verallgemeinern, dass Vorstandskollegen eine Pflicht trifft, Kapitalmarktinformationen über ihre Ressortgrenzen hinaus zu beobachten und bei Verdachtsmomenten einzuschreiten.[572]

g. *Haftung gemäß § 826 BGB*

Nach § 826 BGB haftet jeder, der durch eine sittenwidrige Handlung einem Dritten einen Schaden zufügt. Veröffentlichen Geschäftsführer bzw. die Vorstandsmitglieder sittenwidrig fehlerhafte Kapitalmarktinformation bzw. unterlassen deren Veröffentlichung sittenwidrigerweise, haften sie nach § 826 BGB.

Da die Verbreitung von Kapitalmarktinformationen zu dem typischen Aufgabenbereich von Geschäftsführern und Vorstandsmitgliedern gehört, sind sie typische Haftungsadressaten im Rahmen des § 826 BGB. Somit verwundert es nicht, dass die Leitentscheidungen des Bundesgerichtshofs zur Haftung für fehlerhafte Kapitalmarktinformationen stets aufgrund von durch Mitglieder des Vorstandes veröffentlichten Kapitalmarktinformationen ergingen.[573]

Bezüglich der Haftung mehrerer Vorstandsmitglieder gelten obige Ausführungen auf S. 148 entsprechend.

4. *Schadensersatz gegen den Aufsichtsrat*

Der gesetzlichen Verfassung einer Aktiengesellschaft zufolge zählen zu den wichtigsten Aufgaben des Aufsichtsrates die Bestellung und Abberufung des Vorstandes nach § 84 Abs. 1 AktG bzw. § 84 Abs. 3 AktG, die Kontrolle der Geschäftsführung durch den Vorstand nach § 111 Abs. 1 AktG sowie dessen laufende Beratung.[574]

Dagegen können die Aufgaben eines fakultativen Aufsichtsrates bei einer GmbH durch die Satzung frei bestimmt werden. Typischerweise steht aber auch bei fakultativen Aufsichtsräten die Beratung und Kontrolle der Geschäftsführer im Vordergrund.

Vor dem Hintergrund dieser typischen Aufgaben des Aufsichtsrates stellt sich die Frage, ob und wenn ja, nach welchen Vorschriften der Aufsichtsrat für fehlerhafte Kapitalmarktinformationen haftet.

572 Ebenso: *Fleischer*, in: Assmann/Schütze (Hrsg.), Handbuch des Kapitalanlagerechts, 3. Aufl., 2007, § 7 Rn. 39; *Leisch*, Vorstandshaftung für falsche Ad-hoc-Mitteilungen – ein höchstrichterlicher Beitrag zur Stärkung des Finanzplatzes Deutschland, ZIP 2004, S. 1573, 1576.

573 BGHZ 160, S. 134 ff. ("Infomatec I"); BGHZ 160, S. 149 ff. ("Infomatec II"); BGH, NJW 2004, S. 2668 ff. ("Infomatec III"); BGH, ZIP 2005, S. 1270 ff. ("EM.TV"); BGH, ZIP 2007, S. 681 ff. ("Comroad I"); BGH, ZIP 2007, S. 679 ff. ("Comroad II"); BGH, ZIP 2007, S. 326 ff. ("Comroad III"); BGH, ZIP 2007, S. 1560 ff. ("Comroad IV"); BGH, ZIP 2007, S. 1564 ff. ("Comroad V"); BGH, ZIP 2008, S. 407 ff. ("Comroad VI"); BGH, ZIP 2008, S. 410 ff. ("Comroad VII").

574 *Vetter*, in: Marsch-Barner/Schäfer (Hrsg.), Handbuch börsennotierte AG, 2. Aufl., 2009, § 23 Rn. 1.

a. *Eigentliche bürgerlich-rechtliche Prospekthaftung*

Die Mitglieder des Aufsichtsrates der Emittentin können je nach dem Grad ihrer Einflussnahme auf den Prospekt und die Emission im Allgemeinen als Initiatoren oder Gestalter des Prospekts der eigentlichen bürgerlich-rechtlichen Prospekthaftung unterliegen.

Regelmäßig beschränkt sich die Tätigkeit der Mitglieder des Aufsichtsrates aber gemäß der ihnen durch das Gesetz in § 111 Abs. 1 AktG zugedachten Rolle auf die Kontrolle des Vorstandes. In diesen Fällen scheidet eine Verantwortlichkeit nach der eigentlichen bürgerlich-rechtlichen Prospekthaftung aus.

b. *Börsengesetzliche Prospekthaftung*

Eine börsengesetzliche Prospekthaftung gegen einzelne Mitglieder des Aufsichtsrates kommt ebenso wie bei Vorständen lediglich dann in Betracht, wenn diese ein eigenes wirtschaftliches Interesse an der Emission haben und entsprechenden Einfluss auf die Gestaltung des Prospekts nehmen. In diesen Fällen haften die Mitglieder des Aufsichtsrates gemäß § 44 Abs. 1 S. 1 Nr. 2 BörsG.[575]

c. *Prospekthaftung nach dem VerkProspG*

Hinsichtlich der Prospekthaftung einzelner Aufsichtsratsmitglieder nach dem VerkProspG gelten obige Ausführungen zu der börsengesetzlichen Prospekthaftung entsprechend.

Eine Haftung der einzelnen Mitglieder des Aufsichtsrates scheidet damit grundsätzlich aus.

d. *Investmentrechtliche Prospekthaftung*

Mitglieder des Aufsichtsrates gehören auch nicht zu den Prospekthaftungsverantwortlichen der investmentrechtlichen Prospekthaftung, was aus einem Umkehrschluss zu § 127 Abs. 1 und Abs. 4 InvG folgt.

e. *Haftung nach §§ 37 b, 37 c WpHG wegen Verstößen gegen die Ad-hoc-Publizität*

Eine Haftung der Mitglieder des Aufsichtsrates nach §§ 37 b, 37 c WpHG ist ausgeschlossen, weil der Emittent selbst alleiniger Haftungsadressat ist (siehe S. 90).

575 *Groß,* Kapitalmarktrecht, 4. Aufl., 2009, §§ 44, 45 BörsG Rn. 35.

f. Haftung gemäß § 823 Abs. 2 BGB i.V.m. Schutzgesetz

Gemäß dem Wortlaut des § 400 Abs. 1 Nr. 1 AktG gehören die Mitglieder des obligatorischen Aufsichtsrates einer AG zu dem Kreis der Haftungsverpflichteten nach § 823 Abs. 2 BGB i.V.m. § 400 Abs. 1 Nr. 1 AktG.

Gleiches gilt im Rahmen der Haftung gemäß § 823 Abs. 2 BGB i.V.m. § 331 Nr. 1 und Nr. 2 HGB hinsichtlich Mitgliedern eines obligatorischen Aufsichtsrates. Sie sind stets Haftungsadressaten des § 331 Nr. 1 und Nr. 2 HGB.[576]

Ein obligatorischer Aufsichtsrat besteht bei Aktiengesellschaften gemäß §§ 95 ff. AktG und bei Kommanditgesellschaften auf Aktien nach § 278 Abs. 3 AktG i.V.m. §§ 95 ff. AktG. Außerdem existiert ein obligatorischer Aufsichtsrat bei einer GmbH, wenn dies durch § 77 BetrVG 1952, § 6 Abs. 1 MitbestG, § 4 MontanMitbestG, § 5 Mitbestimmungs-ErgG oder § 3 KAAG angeordnet ist.[577]

In den übrigen Fällen besteht lediglich ein fakultativer Aufsichtsrat. Dessen Mitglieder haften nach § 331 Nr. 1 und Nr. 2 HGB nur, wenn ihnen die Prüfungspflichten der §§ 171, 337 HGB übertragen worden sind.[578] Eine Übertragung der Pflichten gemäß §§ 171, 337 HGB findet ausweislich § 52 GmbHG ipso iure statt, wenn nicht etwas anderes durch den Gesellschaftsvertrag bestimmt wird.

Bezüglich der Stellung als Mitglied des Aufsichtsrates ist die Wirksamkeit der Bestellung sowohl hinsichtlich einer Haftung nach § 400 Abs. 1 AktG als auch nach § 331 Nr. 1 und Nr. 2 HGB unerheblich. Maßgeblich ist allein die faktische Organstellung.[579] Die Ausführungen hierzu auf S. 148 gelten entsprechend.

Ebenso wie Mitglieder des Vorstandes können sich auch Aufsichtsratsmitglieder gemäß § 264 a StGB strafbar machen. Hinsichtlich der Haftung gemäß § 823 Abs. 2 BGB i.V.m. § 264 a StGB wird ebenso wie zu der Frage der Verantwortlichkeit mehrerer Aufsichtsratsmitglieder auf die S. 148 Bezug genommen.

g. Haftung gemäß § 826 BGB

Bezüglich einer möglichen Haftung der Aufsichtsratsmitglieder nach § 826 BGB gelten keine Besonderheiten, so dass die Ausführungen auf S. 149 sinngemäß gelten.

Gleiches gilt für die Haftung mehrerer. Hierzu wird auf die Ausführungen auf S. 148 Bezug genommen.

576 *Quedenfeld*, in: Münchener Kommentar zum Handelsgesetzbuch, Band 4, 2. Aufl., 2008, § 331 Rn. 26.

577 *Quedenfeld*, in: Münchener Kommentar zum Handelsgesetzbuch, Band 4, 2. Aufl., 2008, § 331 Rn. 24.

578 *Quedenfeld*, in: Münchener Kommentar zum Handelsgesetzbuch, Band 4, 2. Aufl., 2008, § 331 Rn. 28.

579 *Schaal*, in: Münchener Kommentar zum Aktiengesetz, Band 9/2, 2. Aufl., 2006, § 400 Rn. 14.

5. Schadensersatz gegen berufliche Sachkenner

Unter beruflichen Sachkennern versteht man Experten, die kraft ihres Berufes oder ihres Amtes ein besonderes Vertrauen wegen ihrer außergewöhnlichen Sachkunde für sich in Anspruch nehmen. Zu dem Kreis dieser beruflichen Sachkenner gehören insbesondere Gutachter, Sachverständige, Wirtschaftsprüfer und Experten im Allgemeinen.[580] Im Folgenden ist die Haftung dieses Personenkreises wegen fehlerhafter öffentlicher Kapitalmarktinformationen näher zu untersuchen.

a. Eigentliche bürgerlich-rechtliche Prospekthaftung

Experten, Gutachter und Sachverständige unterliegen einer Haftung aufgrund eigener Prospekterklärungen.[581] Hierdurch wird insbesondere eine Prospekthaftung der Wirtschaftsprüfer begründet.[582] Die genannten berufsmäßigen Sachkenner haften für das Vertrauen, das sich aus einer Art Garantenstellung herleitet, die kraft Amtes oder Berufes entsteht oder auf einer allgemein anerkannten, hervorgehobenen beruflichen oder wirtschaftlichen Stellung beruht.[583]

Allerdings haftet der berufsmäßige Sachkenner, der mit seiner Zustimmung im Prospekt als Sachverständiger aufgeführt wird oder dessen eigene Erklärung im Prospekt erscheint, nur für die Richtigkeit und Vollständigkeit der Angaben, die ihm zurechenbar sind. Er muss also nur für das von ihm zurechenbar erzeugte typisierte Vertrauen einstehen.[584]

Eine Erklärung, durch die ein solches Vertrauen erzeugt wird, ist dem beruflichen Sachkenner zurechenbar, wenn sie mit dessen Wissen und Wollen in den Prospekt aufgenommen wurde.[585]

Die Zurechenbarkeit ist aber auch dann zu bejahen, wenn ein beruflicher Sachkenner ohne seine Zustimmung in einem Prospekt aufgeführt wird und er diesen Zustand bewusst duldet. Eine solche Duldung kann aber nur angenommen werden, wenn der Betreffende auch Kenntnis von den Umständen hat. Sie ist abzulehnen, sobald der

580 Vgl.: *Emmerich,* in: Münchener Kommentar, Bürgerliches Gesetzbuch, Band 2 – Schuldrecht Allgemeiner Teil, 5. Aufl., 2007, § 311 Rn. 196 f.

581 BGHZ 77, S. 172, 176 f.; BGH, WM 1984, S.19 f.; BGH, WM 1986, S. 904, 906; BGHZ 111, S. 314, 319 f.; BGH, WM 1992, S. 901, 906; BGH, WM 1992, S. 1269, 1270; BGH, NJW 1995, S. 1025; BGH, ZIP 2000, S. 2114, 2118; BGH, WM 2004, S. 631, 633; BGH, NJW 2004, S. 1376, 1379; näher zu der Haftung von beruflichen Sachkennern: *Assmann*, in: Assmann/Schütze (Hrsg.), Handbuch des Kapitalanlagerechts, 3. Aufl., 2007, § 6 Rn. 155 ff.

582 BGHZ 77, S. 172, 177; BGHZ 111, S. 314, 319 f.; BGHZ 158, S. 110, 115 f.; OLG Hamburg, NZG 2000, S. 658.

583 BGH, WM 2006, S. 423, 425; BGHZ 158, S. 110, 115.

584 BGH, WM 1984, S. 19, 20; BGH, WM 2006, S. 423, 425; OLG Bamberg, WM 2006, S. 960, 964.

585 Stellvertretend für alle anderen: *Assmann*, in: Assmann/Schütze (Hrsg.), Handbuch des Kapitalanlagerechts, 3. Aufl., 2007, § 6 Rn. 157.

Betroffene die Unterlassung und den Widerruf bzw. die Richtigstellung der Erklärung gefordert hat.[586]

Voraussetzung der Haftung ist aber stets, dass der berufsmäßige Sachkenner identifizierbar ist,[587] was jedoch nicht notwendigerweise dessen namentliche Nennung erfordert.[588]

Der Umfang der Haftung richtet sich nach dem jeweils erteilten Testat. Erstreckt sich das Testat des Sachkenners ohne Vorbehalt auf den gesamten Prospekt, so haftet er dementsprechend umfassend für die Richtigkeit und Vollständigkeit des Prospekts.[589] Sind dem Prospekt dagegen Einschränkungen hinsichtlich des Umfangs des Testats zu entnehmen, ist dem dogmatischen Ansatz der Haftung der beruflichen Sachkenner zufolge auch die Prospekthaftung hinsichtlich ihres Umfangs auf die Teile beschränkt, auf die sich das Testat bezieht.[590] Denn die Einstandspflicht beschränkt sich auf die dem beruflichen Sachkenner zurechenbaren Prospektaussagen.[591]

Demzufolge haftet beispielsweise ein Abschlussprüfer lediglich für die Richtigkeit seines Testats zum Zeitpunkt der Abschlussprüfung. Es trifft ihn mangels einer Prospektverantwortlichkeit keine Aktualisierungspflicht.[592]

b. Börsengesetzliche Prospekthaftung

Nach dem eindeutigen Wortlaut des § 44 Abs. 1 S. 1 BörsG gehören berufliche Sachkenner grundsätzlich nicht zu dem Adressatenkreis der börsengesetzlichen Prospekthaftung.

Die zum Teil vertretene gegenteilige Auffassung[593] ist mit dem geltenden Recht nicht vereinbar. Anders ist nicht erklärbar, warum in dem Diskussionsentwurf zu dem KapInHaG[594] der – zumindest vorerst – gescheiterte Versuch unternommen wurde, durch Einführung eines neuen § 44 a BörsG eine Haftung beruflicher Sachkenner zu etablieren. Die Einführung dieses vorgeschlagenen § 44 a BörsG wäre obsolet, wenn berufliche Sachkenner bereits de lege lata in den Adressatenkreis der börsengesetzlichen Prospekthaftung miteinbezogen wären.

586 *Assmann,* Prospekthaftung beruflicher Sachkenner de lege lata und de lege ferenda, AG 2004, S. 439.

587 BGHZ 111, S. 314, 320; *Assmann,* in: Assmann/Schütze (Hrsg.), Handbuch des Kapitalanlagerechts, 3. Aufl., 2007, § 6 Rn. 156; *Zacher/Stöcker,* Die Haftung von Wirtschaftsprüfern bei steuerorientierten Kapitalanlagen – Überblick und aktuelle Tendenzen (Teil I), DStR 2004, S. 1494, 1495; vgl. auch: BGH, NJW 1990, S. 2461, 2462.

588 BGH, NJW 1990, S. 2461, 2462.

589 BGHZ 111, S. 314, 320.

590 Ebenso: *Assmann,* in: Assmann/Schütze (Hrsg.), Handbuch des Kapitalanlagerechts, 3. Aufl., 2007, § 6 Rn. 159.

591 BGH, WM 2006, S. 423, 425; BGH, WM 1984, S. 19, 20.

592 BGH, WM 2006, S. 423, 426.

593 *Groß,* Die börsengesetzliche Prospekthaftung, AG 1999, S. 199, 201; *Bosch,* Expertenhaftung gegenüber Dritten – Überlegungen aus Sicht der Bankpraxis, ZHR 163 (1999), S. 274, 279 ff.

594 Diskussionsentwurf vom 7.10.2004, NZG 2004, S. 1042 ff.

Denkbar – allerdings praktisch kaum vorstellbar – ist aber eine Haftung von beruflichen Sachkennern nach § 44 Abs. 1 S. 1 Nr. 2 BörsG, wenn diese die tatsächlichen Urheber des Prospekts sind. Dies setzt aber voraus, dass sie selbst ein eigenes geschäftliches Interesse an der Emission haben und einen maßgeblichen Einfluss auf die Prospektgestaltung nehmen.[595]

c. *Prospekthaftung nach dem VerkProspG*

Experten haften ebenso wie nach der börsengesetzlichen Prospekthaftung bislang weder nach den §§ 13 Abs. 1 VerkProspG i.V.m. 44 Abs. 1 S. 1 BörsG noch nach § 13 a VerkProspG. Denn sie gehören nicht zu dem durch diese Spezialgesetze abschließend festgelegten Kreis der Haftungsadressaten.[596]

d. *Investmentrechtliche Prospekthaftung*

Nach dem eindeutigen Wortlaut des § 127 Abs. 1 und Abs. 4 InvG gehören berufliche Sachkenner auch nicht zu dem Adressatenkreis der investmentrechtlichen Prospekthaftung.

e. *Haftung nach §§ 37 b, 37 c WpHG wegen Verstößen gegen die Ad-hoc-Publizität*

Ebenso wenig haften berufliche Sachkenner nach den §§ 37 b, 37 c WpHG. Denn nur die Gesellschaft als Emittentin ist Haftungsverpflichtete dieser Normen (siehe S. 90).

f. *Haftung gemäß § 823 Abs. 2 BGB i.V.m. Schutzgesetz*

Berufliche Sachkenner gehören nicht zu dem von den § 400 Abs. 1 AktG bzw. § 331 Nr. 1 und Nr. 2 HGB abschließend bestimmten Kreis der tauglichen Täter. Folglich scheidet eine Verantwortlichkeit nach diesen Vorschriften aus.

Allerdings können sich auch Experten nach § 264 a StGB strafbar machen. Hieraus resultiert dann eine zivilrechtliche Verantwortlichkeit nach § 823 Abs. 2 BGB i.V.m. § 264 a StGB.

Mehrere berufliche Sachkenner haften unter den Voraussetzungen des § 830 Abs. 1 S. 1 BGB als Mittäter.

595 Ebenso: *Ehricke,* in: Hopt/Voigt (Hrsg.), Prospekt- und Kapitalmarktinformationshaftung, 2005, S. 228; *Lenenbach*, Kapital- und Börsenrecht, 2. Aufl., 2005, § 8 IV Rn. 8.95.

596 *Schäfer,* Stand und Entwicklungstendenzen der spezialgesetzlich geregelten Prospekthaftung, ZGR 2006, S. 40, 58.

g. *Haftung gemäß § 826 BGB*

Des Weiteren können Experten gemäß § 826 BGB haften, wenn sie sittenwidrig gegen die Anforderungen an Kapitalmarkinformationen verstoßen. Insoweit ergeben sich keine Besonderheiten.

Wiederum haften sie unter den Voraussetzungen des § 830 Abs. 1 S. 1 BGB als Mittäter.

6. *Schadensersatz gegen Emissionshelfer*

Emissionshelfer sind mit dem Vertrieb einer Kapitalanlage befasste Anlagevermittler, Anlageberater, Vertriebsgesellschaften, Kapitalanlagen vermittelnde Kreditinstitute, Makler usw. Aber auch das die Emission begleitende Kreditinstitut zählt zu den Emissionshelfern.[597]

Im Fall größerer Emissionen handelt es sich bei den Emissionshelfern in der Regel um ein aus mehreren Mitgliedern bestehendes Bankenkonsortium. Dieses hat einen Lead Manager, einen Konsortialführer, dem die Leitung und Kontrolle der Prospekterstellung obliegt.[598]

Dagegen nehmen einfache Konsortialmitglieder regelmäßig keinen großen Einfluss auf die Prospekterstellung.[599]

Die Verantwortlichkeit dieser Personengruppe ist im Folgenden darzustellen.

a. *Eigentliche bürgerlich-rechtliche Prospekthaftung*

Soweit die Emissionshelfer als berufliche Sachkenner auftreten, richtet sich ihre Verantwortlichkeit nach den auf S. 50 dargestellten Grundsätzen der Prospekthaftung beruflicher Sachkenner.

Darüber hinaus haften Emissionshelfer nach den Regeln der eigentlichen bürgerlich-rechtlichen Prospekthaftung, wenn sie sich Prospektangaben zur Erfüllung eigener Aufklärungspflichten zu Eigen gemacht haben.[600] Eigene Aufklärungspflichten von Emissionshelfern entstehen insbesondere aufgrund stillschweigend abgeschlossener Auskunftsverträge.[601]

Außerdem trifft Emissionshelfer eine Verantwortlichkeit aufgrund der eigentlichen bürgerlich-rechtlichen Prospekthaftung, soweit sie einen zusätzlichen persönlichen

597 *Assmann*, in: Assmann/Schütze (Hrsg.), Handbuch des Kapitalanlagerechts, 3. Aufl., 2007, § 6 Rn. 162.
598 *Fleischer*, Gutachten F für den 64. Deutschen Juristentag (2002), F 64.
599 *Hindl*, Zivil- und spezialgesetzliche Haftung für wahrheitswidrige und unterlassene Prospektangaben, in: Jahrbuch Junger Zivilrechtswissenschaftler – Verantwortung und Haftung, 2006, S. 391,403.
600 BGHZ 79, S. 337, 348.
601 BGHZ 74, S. 103, 107.

Vertrauenstatbestand schaffen, der sie als Garanten für die Richtigkeit eines Prospekts erscheinen lässt.[602]

Keine Emissionshelfer und damit auch nicht zum Kreis der Verantwortlichen der eigentlichen bürgerlich-rechtlichen Prospekthaftung gehörig sind solche Kreditinstitute, die lediglich als Darlehensgeber für die Emission auftreten. In diesen Fällen kann auch ein Hinweis in dem Prospekt auf die Rolle als Finanzier keinen Vertrauenstatbestand begründen.[603] Entsprechendes gilt für Hinweise in Prospekten auf eine Rolle als Treuhandkontoführer oder Hausbank des Anlageprojekts.[604]

b. Börsengesetzliche Prospekthaftung

Eine börsengesetzliche Prospekthaftung der Emissionshelfer ist nur in Fällen denkbar, in denen diese ein eigenes wirtschaftliches Interesse an der Emission haben und entsprechenden Einfluss auf die Prospektgestaltung nehmen, § 44 Abs. 1 S. 1 Nr. 2 BörsG.[605] Dies ist beispielsweise bei den Emissionshäusern, die am Markt als Anbieter auftreten und die Gestaltung des Prospekts maßgeblich beeinflussen, der Fall.

Allerdings genügt zur Begründung eines solchen eigenen wirtschaftlichen Interesses das reine Provisionsinteresse nicht.[606]

c. Prospekthaftung nach dem VerkProspG

Nach § 13 Abs. 1 VerkProspG i.V.m. § 44 Abs. 1 S. 1 BörsG ist eine Prospekthaftung von Emissionshelfern lediglich in Ausnahmefällen denkbar.

Voraussetzung für eine solche Haftung ist, dass die Emissionshelfer ein eigenes wirtschaftliches Interesse an der Emission haben und entsprechenden Einfluss auf die Prospektgestaltung nehmen, so dass die Grenze zur Prospektverantwortlichkeit nach § 13 Abs. 1 VerkProspG i.V.m. § 44 Abs. 1 S. 1 Nr. 2 BörsG überschritten wird.

Regelmäßig haftet daher lediglich das Emissionshaus, das am Markt als Anbieter der Vermögensanlagen auftritt, den Prospekt herausgibt und damit auch für dessen Inhalt die rechtliche Verantwortung übernimmt.[607]

602 BGHZ 74, S. 103, 109; BGHZ 77, S. 172, 176; BGHZ 79, S. 337, 348; BGH, WM 1986, S. 517, 519.

603 BGH, WM 1988, S. 561, 562.

604 BGH, NJW 2004, S. 1376, 1379.

605 *Groß,* Kapitalmarktrecht, 4. Aufl., 2009, §§ 44, 45 BörsG Rn. 35.

606 *Ehricke,* in: Hopt/Voigt (Hrsg.), Prospekt- und Kapitalmarktinformationshaftung, 2005, S. 187, 229; *Groß,* Kapitalmarktrecht, 3. Aufl., 2006, §§ 44, 45 BörsG Rn. 35.

607 *Bohlken/Lange*, Die Prospekthaftung im Bereich geschlossener Fonds nach §§ 13 Abs. 1 Nr. 3, 13 a Verkaufsprospektgesetz n.F., DB 2005, S. 1259, 1260.

Emissionshelfer sind aber neben dem Emittenten die wichtigste Gruppe der Verantwortlichen der Prospekthaftung nach § 13 a VerkProspG. Sie haften als Anbieter i.S.d. § 13 a Abs. 1 S. 1 VerkProspG.[608]

d. Investmentrechtliche Prospekthaftung

Nach § 127 Abs. 1 S. 1 InvG haften Personen, die Anteile im eigenen Namen gewerbsmäßig vertreiben. Dies sind vor allem Kommissionäre und Eigenhändler, die solche Anteile gewerbsmäßig verkaufen.[609]

Ebenso haften gemäß § 127 Abs. 4 S. 1 InvG Personen, die den Verkauf der Anteile gewerbsmäßig vermitteln oder die Anteile in fremden Namen gewerbsmäßig verkaufen, beispielsweise als Anlagevermittler oder Abschlussvermittler.[610]

Zu dieser Gruppe von Prospekthaftungsverpflichteten gehören auch die Emissionshelfer, die sowohl als Kommissionäre bzw. Eigenhändler als auch als Anlagevermittler oder Abschlussvermittler auftreten können.

e. Haftung nach §§ 37 b, 37 c WpHG wegen Verstößen gegen die Ad-hoc-Publizität

Eine Haftung der Emissionshelfer gemäß §§ 37 b, 37 c WpHG ist ausgeschlossen, weil sich die Haftung nach dem eindeutigen Wortlaut der §§ 37 b Abs. 1 und 37 c Abs. 1 WpHG nur gegen den Emittenten richtet.

f. Haftung gemäß § 823 Abs. 2 BGB i.V.m. Schutzgesetz

Emissionshelfer können sich ebenso wie berufliche Sachkenner lediglich nach § 264 a StGB strafbar machen. Folglich kommt für sie auch nur eine zivilrechtliche Verantwortlichkeit nach § 823 Abs. 2 BGB i.V.m. § 264 a StGB in Betracht. Die zu der Expertenhaftung auf S. 154 gemachten Ausführungen gelten entsprechend.

608 *Bohlken/Lange*, Die Prospekthaftung im Bereich geschlossener Fonds nach §§ 13 Abs. 1 Nr. 3, 13 a Verkaufsprospektgesetz n.F., DB 2005, S. 1259, 1261.

609 *Schödermeier/Baltzer*, in: Brinkhaus/Scherer, Gesetz über Kapitalanlagegesellschaften (KAGG), Auslandsinvestmentgesetz (AuslInvestmG), 2003, § 20 KAGG Rn. 16 mwN; *Assmann*, in: Assmann/Schütze (Hrsg.), Handbuch des Kapitalanlagerechts, 3. Aufl., 2007, § 6 Rn. 293.

610 *Assmann*, in: Assmann/Schütze (Hrsg.), Handbuch des Kapitalanlagerechts, 3. Aufl., 2007, § 6 Rn. 294; *Schödermeier/Baltzer*, in: Brinkhaus/Scherer, Gesetz über Kapitalanlagegesellschaften (KAGG), Auslandsinvestmentgesetz (AuslInvestmG), 2003, § 20 KAGG Rn. 17.

g. *Haftung gemäß § 826 BGB*

Schließlich können Emissionshelfer auch unter den Voraussetzungen des § 826 BGB haften. Diesbezüglich ergeben sich keine Besonderheiten. Es wird daher auf die Ausführungen auf S. 155 Bezug genommen.

D. Qualifikation der einzelnen Schadensersatzansprüche

Im Rahmen des folgenden Kapitels werden die in Betracht kommenden Anspruchsgrundlagen qualifiziert. Um die internationale Zuständigkeit bestimmen zu können, ist es häufig, insbesondere wenn diese auf einen besonderen Gerichtsstand gestützt werden soll, unerlässlich, zu wissen, welche Rechtsnatur der geltend gemachte Anspruch hat. Denn es existieren ausschließliche und besondere Gerichtsstände, deren Anwendbarkeit an die Rechtsnatur der jeweiligen Anspruchsgrundlage anknüpfen. Beispielsweise hält das deutsche autonome Recht in § 29 ZPO einen besonderen Gerichtsstand des Erfüllungsortes bereit. Der Gerichtsstand des Erfüllungsortes greift aber ausweislich des Wortlautes des § 29 Abs. 1 ZPO nur für Verpflichtungen aus Verträgen ein.[611] Will nun ein geprellter Anleger an dem Erfüllungsort klagen, muss er zunächst ermitteln, ob der von ihm geltend gemachte Anspruch überhaupt vertraglicher Natur ist.

Neben besonderen Gerichtsständen für vertragliche Ansprüche gibt es aber auch solche, an denen Ansprüche aus unerlaubter Handlung geltend gemacht werden können. Zu nennen sind auf nationaler Ebene § 32 ZPO und auf Ebene des Gemeinschaftsrechts Art. 5 Nr. 3 EuGVVO.

Soll auf einen dieser besonderen Gerichtsstände die internationale Zuständigkeit gestützt werden, muss der Anleger zwingend die Rechtsnatur der Anspruchsgrundlage kennen.

Zunächst müssen daher die in den Zuständigkeitsregeln enthaltenen unbestimmten Rechtsbegriffe ausgelegt werden. Danach muss bestimmt werden, ob die gefundene Anspruchsgrundlage dem in der Zuständigkeitsnorm enthaltenen unbestimmten Rechtsbegriff zuzuordnen ist. Dies ist vor allem bei einem Auseinanderfallen des Verfahrens- und des anwendbaren Sachrechts problematisch. Denn häufig operieren ausländische Rechtsordnungen mit der deutschen Rechtsordnung unbekannten Rechtsinstituten. Dennoch müssen diese den in den deutschen Zuständigkeitsregeln enthaltenen Anknüpfungsmomenten zugeordnet werden. Dieser gesamte Zuordnungsvorgang, das heißt die Auslegung der Zuständigkeitsregel und die Einordnung der Anspruchsgrundlage zu einer solchen, heißt Qualifikation.[612]

Die Qualifikation der entsprechenden Ansprüche des Anlegers ist zentral für die Bestimmung des Gerichtsstandes und damit der internationalen Zuständigkeit, deren Untersuchung ein Hauptanliegen dieser Arbeit ist. Deshalb werden alle möglichen Anspruchsgrundlagen für Schadensersatzansprüche infolge fehlerhafter öffentlicher Kapitalmarktinformationen qualifiziert. Dies schließt auch Anspruchsgrundlagen ein, denen in Kapitel C dieser Arbeit (S. 25 ff.) die praktische Relevanz für Klagen zur Geltendmachung solcher Ansprüche abgesprochen wurde.

611 *Hüßtege*, in: Thomas/Putzo (Hrsg.), Zivilprozessordnung, 29. Aufl., 2008, § 29 Rn. 3.
612 *Linke*, Internationales Zivilprozessrecht, 4. Aufl., 2006, Rn. 53; vgl. auch: *Kropholler*, Internationales Privatrecht, 6. Aufl., 2006, S. 114 f.

I. Überlagerung durch das Gesellschaftsrecht

Eine Qualifikation der einzelnen möglichen Anspruchsgrundlagen ist allerdings obsolet, wenn die Qualifikation in jedem Fall durch eine einheitliche gesellschaftsrechtliche Qualifikation überlagert würde. Eine gesellschaftsrechtliche Qualifikation ist für die Bereiche, die dem Gesellschaftsstatut zugeordnet sind, vorzunehmen.

Frappierend ist eine solche Überlagerung durch das Gesellschaftsstatut gerade im Bereich der Haftung nach § 823 Abs. 2 BGB i.V.m. einem Schutzgesetz. Eine Haftung nach § 823 Abs. 2 BGB i.V.m. einem Schutzgesetz könnte man aufgrund der systematischen Stellung des § 823 Abs. 2 BGB leicht stets allein dem Deliktsrecht zuordnen.[613] Diese deliktsrechtliche Qualifikation ist im Grundsatz auch richtig.[614]

Allerdings würde dies bei Verstößen gegen typische gesellschaftsrechtliche Pflichten der Rolle des Schutzgesetzes nicht gerecht. Daher ist für die Qualifikation der Haftung die Einordnung des Schutzgesetzes, gegen das verstoßen wurde, maßgeblich.[615] Nur so kann der Funktionszusammenhang, der im Rahmen der Qualifikation, um zu sachgerechten Ergebnissen zu gelangen, eine herausragende Rolle spielt,[616] gewahrt werden. Beruht also die Haftung auf der Verletzung einer spezifisch gesellschaftsrechtlichen Pflicht, ist demnach eine gesellschaftsrechtliche Anknüpfung geboten.[617]

Daher ist zunächst die Reichweite des Gesellschaftsstatuts zu ermitteln. Nach der tradierten Formel des Bundesgerichtshofs bestimmt das Gesellschaftsstatut, unter welchen Voraussetzungen die Gesellschaft „entsteht, lebt und vergeht“.[618] Unstreitig regelt das Gesellschaftsstatut grundsätzlich das gesamte Innenverhältnis der Gesellschaft.[619] Hierzu gehören insbesondere die Errichtung und Auflösung der Gesellschaft,[620] die Rechts- und Handlungsfähigkeit derselben,[621] sowie deren innere Ver-

613 So auch allgemein: *Sprau*, in: Palandt, BGB, 68. Aufl., 2009, Einf. vor § 823 Rn. 39; *Wagner*, in: Münchener Kommentar, Bürgerliches Gesetzbuch, Band 5 – Schuldrecht Besonderer Teil III, 4. Aufl., 2004, vor § 823 Rn. 82.

614 *Sprau*, in: Palandt, BGB, 68. Aufl., 2009, Einf. vor § 823 Rn. 39; *Wagner*, in: Münchener Kommentar, Bürgerliches Gesetzbuch, Band 5 – Schuldrecht Besonderer Teil III, 4. Aufl., 2004, vor § 823 Rn. 82.

615 So zu Recht: *Eidenmüller*, in: Sonnenberger (Hrsg.), Vorschläge und Berichte zur Reform des europäischen und deutschen internationalen Gesellschaftsrechts, 2007, S. 469, 482.

616 *Kropholler*, Internationales Privatrecht, 6. Aufl., 2006, S. 126 f.

617 *Eidenmüller*, in: Sonnenberger (Hrsg.), Vorschläge und Berichte zur Reform des europäischen und deutschen internationalen Gesellschaftsrechts, 2007, S. 469, 482.

618 BGHZ 25, S. 134, 144.

619 *Von Hoffmann*, in: Soergel, Kommentar zum Bürgerlichen Gesetzbuch, Band 10, 12. Aufl., 1996, Art. 37 Rn. 45; *Kindler*, in: Münchener Kommentar, Bürgerliches Gesetzbuch, Band 11 – Internationales Wirtschaftsrecht, 4. Aufl., 2006, IntGesR Rn. 6, 520 ff.

620 *Von Hoffmann*, in: Soergel, Kommentar zum Bürgerlichen Gesetzbuch, Band 10, 12. Aufl., 1996, Art. 37 Rn. 42 f.; *Sandrock*, Spanische Gesellschaften in Deutschland, deutsche Gesellschaften in Spanien: kollisionsrechtliche Probleme, RIW 2006, S. 658, 662; *Thorn*, in: Palandt, BGB, 68. Aufl., 2009, Anh. zu Art. 12 EGBGB Rn. 10, 17; ebenso: Art. 10 Abs. 2 RefE EGBGB.

621 *Sandrock*, Spanische Gesellschaften in Deutschland, deutsche Gesellschaften in Spanien: kollisionsrechtliche Probleme, RIW 2006, S. 658, 662; *Eidenmüller*, in: Sonnenberger (Hrsg.), Vorschläge und Berichte zur Reform des europäischen und deutschen internationalen Gesellschaftsrechts, 2007, S. 469, 478; *Von Hoffmann*, in: Soergel, Kommentar zum Bürgerlichen Gesetzbuch, Band 10, 12. Aufl., 1996, Art. 37 Rn. 44; ebenso: Art. 10 Abs. 2 RefE EGBGB.

fassung.[622] Außerdem wird von dem Gesellschaftsstatut zumindest im Ausgangspunkt die Haftung der Gesellschaft, der Mitglieder ihrer Organe und ihrer Gesellschafter geregelt.[623]

Hinsichtlich des genauen Umfangs des Gesellschaftsstatuts herrscht allerdings Unklarheit. Problematisch und umstritten ist in diesem Zusammenhang vor allem die Einordnung der Durchgriffshaftung sowie der Haftung nach allgemeinen zivilrechtlichen Haftungstatbeständen im Grenzbereich zwischen Gesellschafts-, Delikts-, Vertrags- und Insolvenzrecht.[624]

Dagegen unterfällt die Haftung für fehlerhafte Kapitalmarktinformationen unstreitig nicht dem Gesellschaftsstatut.[625] Denn die Haftung für fehlerhafte Kapitalmarktinformationen stellt eine Haftung nach außen dar, die einer gesonderten Qualifizierung bedarf.[626] Schließlich steht der geprellte Anleger der Gesellschaft als Drittgläubiger gegenüber.[627]

Folglich findet keine Überlagerung durch das Gesellschaftsstatut statt. Vielmehr müssen die einzelnen Anspruchsgrundlagen gesondert qualifiziert werden.

II. Methode der Qualifikation

Die Qualifikation ist letztlich eine besondere Auslegungsmethode.[628] Durch Auslegung wird ermittelt, ob ein auf eine bestimmte Anspruchsgrundlage gestützter Anspruch an dem gewählten besonderen Gerichtsstand geltend gemacht werden kann.

Entscheidend für die Qualifikation ist das Qualifikationsstatut, das heißt das Recht, anhand dessen die entsprechenden Regelungen qualifiziert werden.

622 *Thorn*, in: Palandt, BGB, 68. Aufl., 2009, Anh. zu Art. 12 EGBGB Rn. 12; *Von Hoffmann*, in: Soergel, Kommentar zum Bürgerlichen Gesetzbuch, Band 10, 12. Aufl., 1996, Art. 37 Rn. 45; *Sandrock*, Spanische Gesellschaften in Deutschland, deutsche Gesellschaften in Spanien: kollisionsrechtliche Probleme, RIW 2006, S. 658, 662; ebenso: Art. 10 Abs. 2 RefE EGBGB.

623 *Sandrock*, Spanische Gesellschaften in Deutschland, deutsche Gesellschaften in Spanien: kollisionsrechtliche Probleme, RIW 2006, S. 658, 662; *Eidenmüller*, in: Sonnenberger (Hrsg.), Vorschläge und Berichte zur Reform des europäischen und deutschen internationalen Gesellschaftsrechts, 2007, S. 469, 478; ebenso: Art. 10 Abs. 2 RefE EGBGB.

624 Näher hierzu: *Eidenmüller*, in: Sonnenberger (Hrsg.), Vorschläge und Berichte zur Reform des europäischen und deutschen internationalen Gesellschaftsrechts, 2007, S. 469, 482 ff.

625 *Schnyder*, in: Münchener Kommentar, Bürgerliches Gesetzbuch, Band 11 – Internationales Wirtschaftsrecht, 4. Aufl., 2006, IntKapMarktR Rn. 33, 38; *Eidenmüller*, in: Sonnenberger (Hrsg.), Vorschläge und Berichte zur Reform des europäischen und deutschen internationalen Gesellschaftsrechts, 2007, S. 469, 477.

626 Vgl.: *Schnyder*, in: Münchener Kommentar, Bürgerliches Gesetzbuch, Band 11 – Internationales Wirtschaftsrecht, 4. Aufl., 2006, IntKapMarktR Rn. 33, 38.

627 Statt aller anderen: BGH, ZIP 2005, S. 1270, 1273 („EM.TV“).

628 *Kegel/Schurig*, Internationales Privatrecht, 9. Aufl., 2004, S. 336; *Kropholler*, Internationales Privatrecht, 6. Aufl., 2006, S. 114 f.; *Mankowski*, von Bar/Mankowski (Hrsg.), Internationales Privatrecht, Band I, 2. Aufl., 2003, § 1 Rn. 19.

1. Qualifikation bezüglich Zuständigkeitsregeln der EuGVVO

Gemäß Art. 68 Abs. 1 S. 2 EG ist der Europäische Gerichtshof zur Auslegung der EuGVVO berufenen. Es entspricht seiner ständigen Rechtsprechung diese autonom auszulegen.[629] Der Europäische Gerichtshof stellte in einer seiner frühen Entscheidungen bereits klar, dass das europäische Gemeinschaftsrecht eine selbständige Rechtsordnung sui generis ist.[630] Diese ist losgelöst von dem Recht der Mitgliedstaaten.[631] Daher erfolgt auch die Auslegung gemeinschaftsrechtlicher Rechtsakte nach eigenen autonomen Regeln.

Ziel der autonomen Auslegung ist es, eine möglichst einheitliche Interpretation in allen Mitgliedstaaten zu gewährleisten.[632] Dies ist Ausfluss des in Art. 10 EG normierten „effet utile". Durch diesen „effet utile" soll dem Gemeinschaftsrecht die optimale Wirkungskraft verschafft werden.[633]

2. Qualifikation bezüglich Zuständigkeitsregeln der ZPO

Dagegen bestehen bezüglich der kollisionsrechtlichen Qualifikation auf nationalrechtlicher Ebene in Deutschland unterschiedliche Ansichten, nach welcher Rechtsordnung zu qualifizieren ist. Neben der Qualifikation nach der lex fori[634] wird vor allem eine funktionale Qualifikation,[635] eine rechtsvergleichende Qualifikation[636] oder eine Qualifikation nach der lex causae[637] vertreten.

629 So bereits zu dem EuGVÜ: EuGH, Rs. C-464/01, Slg. 2005, S. I-439 = NJW 2005, S. 653, 654 Rn. 31 ("Gruber"); EuGH, Rs. C-27/02, Slg. 2005, S. I-481 = NJW 2005, S. 811, 812 Rn. 33 („Engler"); EuGH, Rs. 150/77, Slg. 1978, S. 1431 Rn. 14 ff. („Bertrand"); EuGH, Rs. C-89/91, Slg. 1993, S. I-139 = NJW 1993, S. 1251 Rn. 13 ("Shearson Lehman Hutton"); EuGH, Rs. C-269/95, Slg. 1997, S. I-3767 = WM 1997, S. 1549, 1550 Rn. 12 ("Benincasa"); EuGH, Rs. C-96/00, Slg. 2002, S. I-6367 = NJW 2002, S. 2697, 2698 Rn. 37 ("Gabriel").

630 EuGH, Rs. 26/62, Slg. 1963, S. 5, 25 („Van Gend & Loos").

631 EuGH, Rs. 26/62, Slg. 1963, S. 5, 25 („Van Gend & Loos").

632 EuGH, Rs. C-27/02, Slg. 2005, S. I-481 = NJW 2005, S. 811, 812 Rn. 33 („Engler"); EuGH, Rs. 150/77, Slg. 1978, S. 1431 Rn. 14 ff. („Bertrand");EuGH, Rs. C-89/91, Slg. 1993, S. I-139 = NJW 1993, S. 1251 Rn. 13 ("Shearson Lehman Hutton"); EuGH, Rs. C-269/95, Slg. 1997, S. I-3767 = WM 1997, S. 1549, 1550 Rn. 12 ("Benincasa"); *Linke*, Internationales Zivilprozessrecht, 4. Aufl., 2006, Rn. 56; *Kropholler*, Europäisches Zivilprozessrecht, 8. Aufl., 2005, Art. 5 EuGVVO Rn. 5.

633 *Herdegen*, Europarecht, 9. Aufl., 2007, § 9 Rn. 46; *Borchard*, Die rechtlichen Grundlagen der Europäischen Union, 3. Aufl., 2006, Rn. 373; vgl. auch: *Streinz*, Europarecht, 8. Aufl., 2008, Rn. 570 ff.

634 BGHZ 119, S. 392, 394; BGHZ 29, S. 137, 139; BGHZ 44, S. 121, 124; BGHZ 47, S. 324, 332; *Kropholler*, Internationales Privatrecht, 6. Aufl., 2006, S. 121; *Kegel/Schurig*, Internationales Privatrecht, 9. Aufl., 2004, S. 337 ff.

635 *Kegel/Schurig*, Internationales Privatrecht, 9. Aufl., 2004, S. 346 ff; *Kropholler*, Internationales Privatrecht, 6. Aufl., 2006, S. 126 ff.

636 *Rabel*, Das Problem der Qualifikation, RabelsZ 5 (1931), S. 241, 287.

637 *Wolff*, Das Internationale Privatrecht Deutschlands, 3. Aufl., 1954, S. 54 f.

Rechtsprechung und herrschende Lehre gehen zumindest im Grundsatz von einer Qualifikation nach der lex fori aus.[638] Hierbei auftretende Schwierigkeiten bei der Einordnung der deutschen Rechtsordnung unbekannter Rechtsinstitute werden häufig im Wege einer Ergänzung durch eine teleologische Qualifikation überwunden.[639]

Dies hat den Vorteil, dass der Anwendungsbereich einer Norm nach dem Rechtssystem bestimmt wird, dem sie angehört. So wird gewährleistet, dass die deutschen Juristen mit deutschen Rechtsbegriffen arbeiten, die ihnen vertraut sind und die sie daher in der Regel sachgerecht anwenden können.[640]

Hinsichtlich der Zuständigkeitsregeln empfiehlt es sich umso mehr, zumindest im Grundsatz nach der lex fori zu qualifizieren, weil die Zuständigkeitsregeln Teil des Prozessrechts sind. Nach ständiger Rechtsprechung des Bundesgerichtshofs wenden deutsche Gerichte in den vor ihnen anhängigen Verfahren nur deutsches Verfahrensrecht an.[641] Das Prozessrecht ist mithin allein der lex fori zu entnehmen. Daher ist es sinnvoll, bei der Qualifikation deutsche Systembegriffe zu Grunde zu legen. Andernfalls wird eine Subsumtion der deutschen Zuständigkeitsregeln äußerst schwierig.

Allerdings schließt eine Qualifikation nach der lex fori keinesfalls aus, Einflüsse beispielsweise durch das Europarecht, im Rahmen einer Qualifikation nach der lex fori zu berücksichtigen, sofern diese Eingang in die lex fori gefunden haben. Bei der Qualifikation hinsichtlich Gerichtständen der EuGVVO ist eine solche Berücksichtigung sogar zwingend erforderlich, da die lex fori, das deutsche Recht, eine solche autonome Qualifikation infolge des Vorrangs des Europarechts anerkennt.

Bei der Qualifikation ist wegen des Grundsatzes der Einheit der Rechtsordnung möglichst eine einheitliche kollisions- und verfahrensrechtliche Qualifikation vorzunehmen. Folglich kann bezüglich der verfahrensrechtlichen Qualifikation zumindest grundsätzlich die Literatur zur kollisionsrechtlichen Qualifikation der einzelnen Haftungstatbestände herangezogen werden. Nur wenn Besonderheiten des Verfahrensrechts eine Abweichung von der kollisionsrechtlichen Qualifikation erfordern, ist eine solche hinzunehmen.

3. Unterschiedliche Qualifikationsstatute

Infolge der unterschiedlichen Qualifikationsstatute bezüglich der Zuständigkeitsregeln der EuGVVO und autonom nationaler deutscher Zuständigkeitsregeln können sich Unterschiede hinsichtlich der Qualifikation einer Anspruchsgrundlage auf nationaler und gemeinschaftsrechtlicher Ebene ergeben.

638 BGHZ 119, S. 392, 394; BGHZ 29, S. 137, 139; BGHZ 44, S. 121, 124; BGHZ 47, S. 324, 332; *Kropholler*, Internationales Privatrecht, 6. Aufl., 2006, S. 121; *Kegel/Schurig*, Internationales Privatrecht, 9. Aufl., 2004, S. 337 ff.

639 BGHZ 29, S. 137, 139; *Von Hoffmann/Thorn*, Internationales Privatrecht, 9. Aufl., 2007, § 6 Rn. 27; *Hüßtege*, Internationales Privatrecht, 4. Aufl., 2005, S. 13; *Thorn*, in: Palandt, BGB, 68. Aufl., 2009, Einl. Vor Art. 3 EGBGB Rn. 27.

640 *Hüßtege*, Internationales Privatrecht, 4. Aufl., 2005, S. 12.

641 BGH, WM 1977, S. 793, 794; BGH NJW 1985, S. 552, 553; *Kronke*, in: Soergel, Kommentar zum Bürgerlichen Gesetzbuch, Band 10, 12. Aufl., 1996, Anhang IV nach Art. 38 Rn. 124 mwN.

Dem ist durch eine getrennte Darstellung der rein nationalen und der gemeinschaftsrechtlichen Qualifikation Rechnung zu tragen.

III. Qualifikation der einzelnen möglichen Anspruchsgrundlagen

Letztlich kommt hinsichtlich der einzelnen in Kapital I behandelten Haftungsnormen für fehlerhafte Kapitalmarktinformationen lediglich eine Qualifikation als vertraglich oder als deliktisch in Betracht.

Im Folgenden wird nachstehende These untersucht: *„Mit Ausnahme der seltenen Haftung infolge eines Auskunftsvertrages sind alle im Rahmen dieser Arbeit erörterten und für fehlerhafte öffentliche Kapitalmarktinformationen relevanten Haftungsgrundlagen deliktsrechtlich zu qualifizieren."*

1. Haftung aufgrund eines Auskunftsvertrages

Zunächst ist zu untersuchen, wie die Haftung aufgrund eines Auskunftsvertrages hinsichtlich der nationalen Zuständigkeitsregeln und der Zuständigkeitsregelungen der EuGVVO zu qualifizieren ist.

a. Qualifikation bezüglich Zuständigkeitsregeln der ZPO

Die vertragliche Qualifikation einer Haftung aufgrund eines Auskunftsvertrages liegt zumindest auf nationaler Ebene auf der Hand. Schließlich entspringt die Haftung einem durch zwei kongruente Willenserklärungen geschlossenen Vertrag.

b. Qualifikation bezüglich Zuständigkeitsregeln der EuGVVO

Näher zu untersuchen ist dagegen, ob auch hinsichtlich der Zuständigkeitsregeln der EuGVVO die Haftung aufgrund der Verletzung eines Auskunftsvertrages vertraglich zu qualifizieren ist. Voraussetzung für einen „Vertrag" bzw. „Ansprüche aus einem Vertrag" im Sinn des Art. 5 Nr. 1 EuGVVO ist nach ständiger Rechtsprechung des Europäischen Gerichtshofs eine freiwillig eingegangene Verpflichtung.[642]

Maßgeblich ist also, ob zwischen den Parteien bzw. ihren Rechtsvorgängern eine freiwillig eingegangene rechtliche Sonderbeziehung besteht, die über die allgemeinen

642 So bereits zu dem EuGVÜ: EuGH, Rs. C-96/00, Slg. 2002, S. I-6367 = NJW 2002, S. 2697 Rn. 19 ("Gabriel") (in NJW 2002 ist aus redaktionellen Gründen Rn. 19 des Urteils nicht mit abgedruckt); EuGH, Rs. C-27/02, Slg. 2005, S. I-481 = NJW 2005, S. 811, 813 Rn. 50 („Engler"); EuGH, Rs. C-26/91, Slg. 1992, S. I 3967 Rn. 15 („Handte"); EuGH, Rs. C-334/00, Slg. 2002, S. I-7357 = NJW 2002, S. 3159 Rn. 23 ("Tacconi").

Verhaltensgebote des Deliktsrechts hinausgeht.[643] Die Begriffe „Vertrag" bzw. „Ansprüche aus einem Vertrag" sind damit nicht eng auszulegen,[644] denn der Europäische Gerichtshof strebt an, zu einer möglichst lückenlosen Abgrenzung zwischen Art. 5 Nr. 1 EuGVVO und Art. 5 Nr. 3 EuGVVO zu gelangen.[645]

Vertraglich zu qualifizieren sind nicht nur die Primär- sondern auch die Sekundäransprüche aus einem Vertrag.[646] Zu den Sekundäransprüchen gehören vor allem Schadensersatzansprüche wegen einer Verletzung eines Vertrages.[647]

Nach diesen Ausführungen zur Auslegung der Begriffe „Vertrag" und „Ansprüche aus einem Vertrag" kann kein Zweifel an der vertraglichen Qualifikation von Schadensersatzansprüchen aus der Verletzung eines Auskunftsvertrages bezüglich der Zuständigkeitsregeln der EuGVVO bestehen.

c. *Fazit*

Sowohl hinsichtlich der Zuständigkeitsregeln der ZPO als auch der hinsichtlich der EuGVVO ist eine Haftung infolge eines Auskunftsvertrages vertraglich zu qualifizieren.

643 *Geimer*, in: Zöller (Hrsg.), Zivilprozessordnung, 27. Aufl., 2009, Art. 5 EuGVVO Rn. 11; ähnlich: *Hartmann*, in: Baumbach/Lauterbach/Albers/Hartmann, Zivilprozessordnung, 66. Aufl., 2008, Art. 5 EuGVVO Rn. 3 f.; *Kropholler*, Europäisches Zivilprozessrecht, 8. Aufl., 2005, Art. 5 EuGVVO Rn. 9.

644 So bereits zu dem EuGVÜ: EuGH, Rs. C-27/02, Slg. 2005, S. I-481 = NJW 2005, S. 811, 813 Rn. 48 („Engler"); *Kropholler*, Europäisches Zivilprozessrecht, 8. Aufl., 2005, Art. 5 EuGVVO Rn. 6; *Geimer*, in: Zöller (Hrsg.), Zivilprozessordnung, 27. Aufl., 2009, Art. 5 EuGVVO Rn. 11; *Hartmann*, in: Baumbach/Lauterbach/Albers/Hartmann, Zivilprozessordnung, 66. Aufl., 2008, Art. 5 EuGVVO Rn. 3.

645 Vgl.: EuGH, Rs. C-27/02, Slg. 2005, S. I-481 = NJW 2005, S. 811, 813 Rn. 48 („Engler").

646 So bereits zu dem EuGVÜ: EuGH, Rs. 9/87, Slg. 1988, S. 1539 = NJW 1989, S. 1424 Rn. 13 f. („Arcado"); EuGH, Rs. 14/76, Slg. 1976, S. 1497 = NJW 1977, S. 490, 491 Rn. 15 ff. („De Bloos"); *Kropholler*, Europäisches Zivilprozessrecht, 8. Aufl., 2005, Art. 5 EuGVVO Rn. 14; *Hartmann*, in: Baumbach/Lauterbach/Albers/Hartmann, Zivilprozessordnung, 66. Aufl., 2008, Art. 5 EuGVVO Rn. 4.

647 EuGH, Rs. 9/87, Slg. 1988, S. 1539 = NJW 1989, S. 1424 Rn. 13 f. („Arcado"); EuGH, Rs. 14/76, Slg. 1976, S. 1497 = NJW 1977, S. 490, 491 Rn. 15 ff. („De Bloos"); *Kropholler*, Europäisches Zivilprozessrecht, 8. Aufl., 2005, Art. 5 EuGVVO Rn. 14; *Hartmann*, in: Baumbach/Lauterbach/Albers/Hartmann, Zivilprozessordnung, 66. Aufl., 2008, Art. 5 EuGVVO Rn. 4; kritisch: *Mezger*, Anspruch aus Vertrag oder Anspruch aus unerlaubter Handlung im Sinne von Art. 5 Nr. 1 oder Nr. 3 EuGVÜ, IPRax 1989, S. 207, 209.

2. *Eigentliche bürgerlich-rechtliche Prospekthaftung*

Dagegen ist die Qualifikation der eigentlichen bürgerlich-rechtlichen Prospekthaftung seit jeher umstritten.[648] Dieser Streit rührt von der Unsicherheit hinsichtlich der Einordnung der Rechtsnatur der bürgerlich-rechtlichen Prospekthaftung her.

a. *Qualifikation bezüglich Zuständigkeitsregeln der ZPO*

Das Rechtsinstitut der bürgerlich-rechtlichen Prospekthaftung wurde in richterlicher Rechtsfortbildung in Anlehnung an die Rechtsfigur der culpa in contrahendo entwickelt.[649] Hierbei wurde jedoch die Rechtsnatur der eigentlichen bürgerlich-rechtlichen Prospekthaftung nicht verbindlich festgelegt.

Teile der Lehre sehen in der eigentlichen bürgerlich-rechtlichen Prospekthaftung eine besondere Ausformung der deliktischen Haftung.[650]

Die Mehrzahl der ober- und höchstrichterlichen Entscheidungen ordnet dagegen die bürgerlich-rechtliche Prospekthaftung dem Bereich der Vertrauenshaftung zu.[651] Der Bundesgerichtshof betont in seinen Judikaten zur eigentlichen bürgerlich-rechtlichen Prospekthaftung den Aspekt der Haftung für die Inanspruchnahme typisierten Vertrauens.[652]

Die wohl überwiegende Meinung im Schrifttum pflichtet dem Bundesgerichtshof bei und ordnet der bürgerlich-rechtlichen Prospekthaftung die Rechtsnatur einer besonderen Vertrauenshaftung zu.[653]

Diese Rechtsnatur teilt die bürgerlich-rechtliche Prospekthaftung im engeren Sinn mit der Rechtsfigur der culpa in contrahendo. Schließlich wurde die bürgerlich-rechtliche Prospekthaftung im engeren Sinne anhand der Grundsätze zur culpa in contra-

648 Im nationalen deutschen Recht: *Schütze*, in: Assmann/Schütze, Handbuch des Kapitalanlagerechts, 3. Aufl., 2007, § 8 Rn. 13 f.; vgl. auch: *Ellenberger,* Prospekthaftung im Wertpapierhandel, 2001, S. 7; hinsichtlich der Zuständigkeitsregeln der EuGVVO vgl.: *Kreuzer/Wagner*, in: Dauses (Hrsg.) Handbuch des EU-Wirtschaftsrechts, Q Rn. 434; *Mankowski*, Die Qualifikation der culpa in contrahendo – Nagelprobe für den Vertragsbegriff des europäischen IZPR und IPR –, IPRax 2003, S. 127, 128.

649 BGHZ 71, S. 284, 288; BGHZ 77, S. 172, 177 ff.; BGHZ 79, S. 337; vgl. ferner: *Ehricke,* in: Hopt/Voigt (Hrsg.), Prospekt- und Kapitalmarktinformationshaftung, 2005, S. 190; *Medicus,* Bürgerliches Recht, 21. Aufl., 2007, Rn. 200 c; *Emmerich,* in: Münchener Kommentar, Bürgerliches Gesetzbuch, Band 2 – Schuldrecht Allgemeiner Teil, 5. Aufl., 2007, § 311 Rn. 185; für die bürgerlich-rechtliche Prospekthaftung im engeren Sinn: *Haertlein,* Prospektverantwortlichkeit infolge werbender Äußerungen über Kapitalanlagen, ZIP 2008, S. 726, 727.

650 *Schütze*, in: Assmann/Schütze, Handbuch des Kapitalanlagerechts, 3. Aufl., 2007, § 8 Rn. 14; *Roller*, Die Prospekthaftung im Englischen und Deutschen Recht, 1991, S. 167 f.; *von Bar*, Vertrauenshaftung ohne Vertrauen – Zur Prospekthaftung bei der Publikums-KG in der Rechtsprechung des BGH –, ZGR 1983, S. 476, 496 ff., insbesondere 508; *Kiss*, Die Haftung berufsmäßiger Sachkenner gegenüber Dritten- Zugleich Besprechung der Entscheidung des BGH vom 13.11.1997 (WM 1998, 440 ff.) –, WM 1999, S. 117, 123.

651 BGHZ 71, S. 284, 287; BGHZ 72, S. 382, 384 ff., insbesondere 386; BGHZ 74, S. 103, 108 f.; BGH, WM 1978, S. 611.

652 BGHZ 123, S. 106; BGHZ 71, S. 284, 287; BGHZ 74, S. 103, 108 f.

653 Statt aller anderer: *Canaris*, Bankvertragsrecht, Band II, 3. Aufl., 1988, Rn. 2277.

hendo entwickelt. Daher empfiehlt es sich zunächst den Meinungsstand hinsichtlich der Qualifikation der culpa in contrahendo darzustellen, um sodann Rückschlüsse für die Qualifikation der bürgerlich-rechtlichen Prospekthaftung ziehen zu können.

aa. Qualifikation der culpa in contrahendo

Im nationalen deutschen Recht ist bereits die Qualifikation der culpa in contrahendo umstritten.[654] Hintergrund dieses Streits um die Rechtsnatur der culpa in contrahendo ist die Stellung der culpa in contrahendo an der Schnittstelle zwischen Delikt und Vertrag.[655]

Obwohl die culpa in contrahendo in § 284 des Preußischen ALR von 1794 erstmals eine gesetzliche Regelung erfahren hatte, gilt gemeinhin Rudolf von Jhering als Begründer der Lehre der culpa in contrahendo. Die von Jhering behandelten Fallkonstellationen der Haftung des Irrenden nach Anfechtung, der Haftung des Vertreters ohne Vertretungsmacht und der Haftung eines Verkäufers einer nichtexistenten Sache fanden Eingang in das BGB.

Die Schwächen des deutschen Deliktsrechts, namentlich das Fehlen einer deliktsrechtlichen Generalklausel hinsichtlich der Haftung für Vermögensschäden, die Exkulpationsmöglichkeit des § 831 Abs. 1 S. 2 BGB für Handlungen eines Verrichtungsgehilfen, sowie die Beweislastverteilung, nach der der Geschädigte die volle Beweislast trägt, führten rasch dazu, dass die Gerichte die Rechtsfigur der culpa in contrahendo in richterlicher Rechtsfortbildung entwickelten.[656]

Vor diesem rechtshistorischen Hintergrund erklärt sich, warum der Streit über die Rechtsnatur der culpa in contrahendo und damit die Qualifikation derselben bis heute ungeklärt ist.

654 *Heldrich*, in: Palandt, BGB, 67. Aufl., 2008, Art. 32 EGBGB Rn. 8.
655 Vgl.: *Degner*, Kollisionsrechtliche Anknüpfung der Geschäftsführung ohne Auftrag, des Bereicherungsrechts und der culpa in contrahendo, RIW 1983, S. 825, 827.
656 Zur geschichtlichen Entwicklung der culpa in contrahendo statt aller anderen: *Emmerich*, in: Münchener Kommentar, Bürgerliches Gesetzbuch, Band 2 – Schuldrecht Allgemeiner Teil, 5. Aufl., 2007, § 311 Rn. 55 ff.

(1) Vertragliche Qualifikation der culpa in contrahendo

Vertreten wird zum einen eine generelle vertragliche Qualifikation.[657] Eine solche sei zumindest dann, wenn es im Anschluss an die vorvertragliche Pflichtverletzung noch zu einem Vertragsschluss gekommen sei, geboten.[658]

Zur Stützung dieser Ansicht wird in erster Linie der rechtsgeschäftliche Bezug von Erklärungs- und Schutzpflichtverletzungen vorgebracht.[659] Die vorvertraglichen Schutzpflichten, um deren Verletzung es im Rahmen der culpa in contrahendo geht, hätten einen unselbständigen, dienenden Charakter.[660] Dieser dienende Charakter der Schutzpflichten erfordere eine Unterwerfung dieser Ansprüche unter das Hauptstatut. Das Hauptstatut sei das des bezweckten Vertrages, so dass die Ansprüche aus culpa in contrahendo einheitlich vertraglich zu qualifizieren seien.

(2) Deliktsrechtliche Qualifikation der culpa in contrahendo

Demgegenüber werden aber auch gewichtige Argumente für eine rein deliktsrechtliche Qualifikation der culpa in contrahendo vorgebracht.[661]

Zum einen wird mit dem Willen des Gesetzgebers argumentiert.[662] Dieser sah in der culpa in contrahendo ein deliktsrechtliches Rechtsinstitut. Anders lässt sich die deliktsrechtliche Einordnung im Rahmen der RechtsanwVO vom 7.12.1952 nicht erklären.

Für diese deliktsrechtliche Einordnung wird weiterhin vorgetragen, dass die culpa in contrahendo ein gesetzliches Schuldverhältnis darstellt,[663] das lediglich den unzureichenden Schutz der Vermögenssphäre durch die §§ 823 ff. BGB erweitert.[664] Hier-

657 BGH, NJW-RR 2005, S. 206, 208; BGH, NJW 1987, S. 1141; LG Düsseldorf, WM 2000, S. 1191, 1194; LG Braunschweig IPRax 2002, S. 213; *Geimer/Schütze*, Europäisches Zivilverfahrensrecht, 2. Aufl., 2004, Art. 5 EuGVVO Rn. 18; *Magnus,* in: J. von Staudingers Kommentar zum Bürgerlichen Gesetzbuch mit Einführungsgesetz und Nebengesetzen, 13. Aufl., Bearbeitung 2002, Art. 32 EGBGB Rn. 117 ff., insbesondere 120; *Degner*, Kollisionsrechtliche Anknüpfung der Geschäftsführung ohne Auftrag, des Bereicherungsrechts und der culpa in contrahendo, RIW 1983, S. 825, 830; *Ahrens*, Wer haftet statt der zusammengebrochenen Abschreibungsgesellschaft? – Zur Sachwalterhaftung im Kollisionsrecht, IPRax 1986, S. 355, 360; letztendlich infolge einer Analogie zu Art. 31 Abs. 2 EGBGB ähnlich: *Dörner*, Anmerkung zu BGH II ZR 241/85 (JR 1987, S. 198 ff.), JR 1987, S. 201, 203; *Schlosser*, EU-Zivilprozessrecht, 2. Aufl., 2003, Art. 5 EuGVVO Rn. 5.

658 *Heinrich*, in: Musielak (Hrsg.), Kommentar zur Zivilprozessordnung, 6. Aufl., 2008, § 29 Rn. 4.

659 *Martiny*, Internationales Vertragsrecht, 6. Aufl., 2004, Rn. 283.

660 *Bernstein*, Kollisionsrechtliche Fragen der culpa in contrahendo, RablesZ 41 (1977), S. 281.

661 LAG Frankfurt/M., IPRspr. 1950/1951, OLG Frankfurt/M., IPRax 1986, S. 373, 378; OLG München, WM 1983, S. 1093, 1097; Entscheidung Nr. 20, S. 54; *Brödermann/Wegen,* in: Prütting/Wegen/Weinrich (Hrsg.), BGB, 3. Aufl., 2008, Art. 32 EGBGB Rn. 54; *Ferid*, Internationales Privatrecht, 1975, Rn. 6 ff; *Grundmann*, Deutsches Anlegerschutzrecht in internationalen Sachverhalten, RabelsZ 54 (1990), S. 283, 310.

662 *Ferid*, Internationales Privatrecht, 3. Aufl., 1986, § 6 Rn. 71,1.

663 So bereits: BGHZ 6, S. 330, 333.

664 OLG München, WM 1983, S. 1093, 1097.

mit wird auf den Ursprung der culpa in contrahendo und deren Entwicklung zur Ausgleichung der Unzulänglichkeiten des Deliktsrechts angespielt (siehe oben S. 167).

Außerdem wird mit der internationalen Fließrichtung des Rechts argumentiert. Eine nach der Art der verletzten Schutzrichtung differenzierende oder gar eine rein vertragliche Qualifikation der culpa in contrahendo sei ein überholtes deutsch-österreichisches Unikum.[665] Das europäische Ausland qualifiziere mit Ausnahme Österreichs die culpa in contrahendo durchgängig deliktsrechtlich.[666] Im Sinne der europäischen Rechtsvereinheitlichungsbestrebungen solle auch in Deutschland eine einheitliche deliktsrechtliche Qualifikation erfolgen. Dies gelte zumal vor dem Hintergrund der Rom I-Verordnung, die ausweislich Erwägungsgrund 10 die Haftung aus culpa in contrahendo aus dem Anwendungsbereich der Verordnung explizit ausnimmt und somit im Zusammenspiel mit der Rom II-Verordnung eine deliktsrechtliche Qualifikation erzwinge.[667]

(3) Differenzierende Lösung

Demgegenüber treten gewichtige Teile der Rechtslehre vermittelnd für eine differenzierte Lösung ein.[668] Die Qualifikation der culpa in contrahendo soll hiernach nicht einheitlich erfolgen, sondern anhand von Fallgruppen geschehen.

Ausgangspunkt der Argumentation für eine vermittelnde Ansicht ist, dass vorvertragliche Schuldverhältnisse im Einzelnen sehr verschiedene Pflichten mit sich brin-

665 *Brödermann/Wegen,* in: Prütting/Wegen/Weinrich (Hrsg.), BGB, 3. Aufl., 2008, Art. 32 EGBGB Rn. 54.

666 *Mankowski*, Die Qualifikation der culpa in contrahendo – Nagelprobe für den Vertragsbegriff des europäischen IZPR und IPR –, IPRax 2003, S. 127, 132 mwN für Frankreich, Belgien, Niederlande, Italien und England; *Schmidt-Kessel*, Zur culpa in contrahendo im Gemeinschaftsprivatrecht, ZEuP 2004, S. 1017, 1024.

667 Vgl.: *Brödermann/Wegen,* in: Prütting/Wegen/Weinrich (Hrsg.), BGB, 3. Aufl., 2008, Art. 32 EGBGB Rn. 54.

668 *Martiny*, Internationales Vertragsrecht, 6. Aufl., 2004, Rn. 282; *Bernstein*, Kollisionsrechtliche Fragen der culpa in contrahendo, RablesZ 41 (1977), S. 281 ff.; *Lüderitz*, in: Soergel, Kommentar zum Bürgerlichen Gesetzbuch, Band 10, 12. Aufl., 1996, Art. 38 Rn. 85; *Spellenberg*, in: Münchener Kommentar, Bürgerliches Gesetzbuch, Band 10 – Internationales Privatrecht, 4. Aufl., 2006, Art. 32 Rn. 58 f.; *Junker*, in: Münchener Kommentar, Bürgerliches Gesetzbuch, Band 10 – Internationales Privatrecht, 4. Aufl., 2006, Art. 40 Rn. 11; *Ferid*, Internationales Privatrecht, 3. Aufl., 1986, § 6 Rn. 71,1; *Kreuzer/Wagner*, in: Dauses (Hrsg.) Handbuch des EU-Wirtschaftsrechts, Q Rn. 434; *Lorenz*, Internationale Zuständigkeit deutscher Gerichte und Anwendbarkeit von § 661 a BGB bei Gewinnmitteilungen aus dem Ausland: Erweiterung des Verbrauchergerichtsstands durch die „Brüssel I-Verordnung“, IPRax 2002, S. 192, 194; *Kropholler*, Europäisches Zivilprozessrecht, 8. Aufl., 2005, Art. 5 EuGVVO Rn. 18; *Gottwald*, in: Münchener Kommentar zur Zivilprozessordung, Band III, 3. Aufl., 2008, Art. 5 EuGVO Rn. 10; *Schack*, Internationales Zivilverfahrensrecht, 4. Aufl., 2006, Rn. 263; *Mankowski*, Die Qualifikation der culpa in contrahendo – Nagelprobe für den Vertragsbegriff des europäischen IZPR und IPR –, IPRax 2003, S. 127, 135; wohl auch: *Canaris*, Schutzgesetze – Verkehrspflichten – Schutzpflichten, in: Festschrift für Larenz, 1983, S. 27, 109.

gen.[669] Je nach dem welche vorvertragliche Pflicht verletzt wurde, ist eine vertragliche oder eine deliktsrechtliche Qualifikation vorzunehmen.

Bei den Pflichten wird gemeinhin zwischen Beratungs-, Auskunfts- und Aufklärungspflichten auf der einen Seite und Obhuts- und Erhaltungspflichten auf der anderen Seite differenziert.[670]

Die Obhuts- und Erhaltungspflichten seien dadurch gekennzeichnet, dass der eine Verhandlungspartner bestimmte ihm zurechenbare Rechtsgüter einer Gefährdung in der Sphäre des anderen Verhandlungspartners aussetzt. Als diese gefährdeten Rechtsgüter kämen zum einen dem Verhandlungspartner gehörige Sachen und Vermögenswerte, zum anderen aber auch Leib, Leben und Gesundheit des Verhandlungspartners in Betracht.[671]

Diese Obhuts- und Schutzpflichten stünden in keinem inneren Zusammenhang mit dem ins Auge gefassten Vertrag.[672] Schließlich schützten diese Pflichten lediglich die bereits erworbenen Rechtsgüter des Verhandlungspartners. Geschützt werde also allein das Integritätsinteresse. Der Schutz des Integritätsinteresses sei aber ein Merkmal des Deliktsrechts,[673] weshalb eine deliktsrechtliche Qualifikation angezeigt sei.

Des Weiteren wird argumentiert, Beratungs-, Auskunfts- und Aufklärungspflichten würden einen inneren Zusammenhang mit dem bezweckten Vertrag aufweisen.[674] Hinsichtlich dieser Pflichten verfange das Argument des unselbständigen, dienenden Charakters des Rechtsinstituts. Daher sei eine Haftung wegen Verletzung dieser Pflichten vertraglich zu qualifizieren.

(4) Eigene Stellungnahme

Eine einheitliche vertragliche Qualifikation der culpa in contrahendo vermag nicht zu überzeugen. Das Rechtsinstitut der culpa in contrahendo umfasst vielfältige Pflichtverletzungen. Geht es um Pflichtverletzungen, die allein das Integritätsinteresse schützen, dient die culpa in contrahendo lediglich der Erweiterung des deliktsrechtlichen Schutzes. Hinsichtlich dieser Pflichten verfängt das Argument, die vorvertraglichen Pflichten hätten einen unselbständigen, dienenden Charakter, nicht. Vielmehr sind diese Erhaltungs- und Obhutspflichten selbständige deliktsrechtsähnliche Pflichten, welche folglich auch deliktsrechtlich und nicht vertraglich zu qualifizieren sind.

669 *Bernstein*, Kollisionsrechtliche Fragen der culpa in contrahendo, RablesZ 41 (1977), S. 281, 285.
670 *Bernstein*, Kollisionsrechtliche Fragen der culpa in contrahendo, RablesZ 41 (1977), S. 281, 285 f.
671 *Bernstein*, Kollisionsrechtliche Fragen der culpa in contrahendo, RablesZ 41 (1977), S. 281, 285.
672 *Bernstein*, Kollisionsrechtliche Fragen der culpa in contrahendo, RablesZ 41 (1977), S. 281, 286.
673 *Canaris*, Schutzgesetze – Verkehrspflichten – Schutzpflichten, in: Festschrift für Larenz, 1983, S. 27, 109.
674 *Bernstein*, Kollisionsrechtliche Fragen der culpa in contrahendo, RablesZ 41 (1977), S. 281, 285 f.

Daher ist eine einheitliche vertragliche Qualifikation der culpa in contrahendo abzulehnen.

Auf den ersten Blick scheint die letztgenannte differenzierende Qualifikation der culpa in contrahendo zu überzeugen. Das Rechtsinstitut der culpa in contrahendo dient vielfältigen Funktionen, weshalb eine Differenzierung anhand der verletzten Pflicht zunächst überzeugt. Auf diese Weise werden vertragsähnliche Pflichten vertraglich und deliktsrechtsähnliche Pflichten deliktsrechtlich qualifiziert. Dies stellt rein national betrachtet ein sinnvolles und ausgewogenes Ergebnis dar.

Zu beachten ist aber, dass Deutschland Teil des immer weiter zusammenwachsenden Europas ist. Daher ist bei der Qualifikation bezüglich der culpa in contrahendo ein Blick auf die Handhabung im europäischen Ausland nicht nur erlaubt, sondern sogar angezeigt. Anderenfalls wird das Ziel, durch Harmonisierung des Rechts allmählich eine internationale oder wenigstens innereuropäische Vereinheitlichung zu schaffen, konterkariert.[675]

Mit Ausnahme Österreichs ordnen alle Mitgliedstaaten der Europäischen Union die culpa in contrahendo dem Bereich der deliktsrechtlichen Haftung zu (siehe oben S. 169). Daher sprechen Gründe der Rechtssicherheit und der Rechtsvereinheitlichung für eine deliktsrechtliche Qualifikation.

Des Weiteren spricht für eine deliktsrechtliche Qualifikation, dass hinsichtlich der Zuständigkeitsregeln der EuGVVO eine rein deliktsrechtliche Qualifikation der culpa in contrahendo geboten ist (siehe unten S. 175 f.). Es ist aber nicht einzusehen, warum ein und dasselbe Gericht hinsichtlich der von ihm anzuwendenden Zuständigkeitsregeln ein und dasselbe Rechtsinstitut in demselben Lebenssachverhalt einmal deliktsrechtlich und einmal vertraglich qualifizieren sollte. Dieses geschieht aber, wenn man weiterhin der differenzierenden Lösung folgt. Denn steht die Verletzung von Auskunfts- und Aufklärungspflichten im Raum, müsste hinsichtlich der Zuständigkeitsregeln der Zivilprozessordnung eine vertragliche und hinsichtlich der der EuGVVO eine deliktsrechtliche Qualifikation vorgenommen werden. Dieses stellt ein merkwürdiges und letztlich nicht hinnehmbares Ergebnis dar.

Daher wird in dieser Dissertation trotz der genannten Vorzüge einer nach Art der verletzten Pflicht differenzierenden Qualifikation eine rein deliktsrechtliche Qualifikation von Haftungsansprüchen aufgrund vorvertraglicher Pflichtverletzungen vertreten.

bb. Qualifikation der eigentlichen bürgerlich-rechtlichen Prospekthaftung

Es stellt sich nun die Frage, welche Rückschlüsse für die Qualifikation der eigentlichen bürgerlich-rechtlichen Prospekthaftung aus den Ausführungen zu der Qualifikation vorvertraglicher Pflichtverletzungen zu ziehen sind.

Folgt man der hier vertretenen rein deliktsrechtlichen Qualifikation, liegt es nahe auch die eigentliche bürgerlich-rechtliche Prospekthaftung deliktsrechtlich zu quali-

675 Vgl.: *Kropholler*, Internationales Privatrecht, 6. Aufl., 2006, S. 125 f.

fizieren. Eine solche deliktsrechtliche Qualifikation wird auch von gewichtigen Stimmen in der Rechtslehre befürwortet.[676]

Vertritt man dagegen eine rein vertragliche oder die nach der Art der verletzten Pflicht differenzierende Qualifikation der culpa in contrahendo, drängt sich zumindest scheinbar eine vertragliche Qualifikation der eigentlichen bürgerlich-rechtlichen Prospekthaftung auf. Denn die eigentliche bürgerlich-rechtliche Prospekthaftung stellt letztlich eine Verletzung von Aufklärungspflichten dar. Eine solche Verletzung von Aufklärungspflichten ist sowohl nach der Meinung, die die culpa in contrahendo stets vertraglich qualifiziert, als auch nach der vermittelnden Ansicht, die zwischen den verschiedenen verletzten Pflichten differenziert, in den Bereich der vertraglichen Haftung einzuordnen.

Fraglich ist aber, ob für die Qualifikation der eigentlichen bürgerlich-rechtlichen Prospekthaftung Besonderheiten gelten, die in jedem Fall eine deliktsrechtliche Qualifikation rechtfertigen.

Gegen eine vertragliche und für eine deliktsrechtliche Qualifikation der eigentlichen bürgerlich-rechtlichen Prospekthaftung spricht zum einen, dass die Prospektswahrheitspflicht einem unbestimmten Personenkreis gegenüber besteht. Eine letztlich gegenüber jedermann bestehende Pflicht ist ein typisches Merkmal einer deliktsrechtlichen Haftung.[677] Bei einem solchen Haftungskonzept steht auch nicht mehr das persönliche Vertrauen in die Richtigkeit bestimmter Angaben, sondern lediglich ein typisiertes Vertrauen im Vordergrund (siehe oben S. 42). Damit hat sich die eigentliche bürgerlich-rechtliche Prospekthaftung weit von dem herkömmlichen Bild der culpa in contrahendo entfernt. Daher ist eine generelle deliktsrechtliche Qualifikation der eigentlichen bürgerlich-rechtlichen Prospekthaftung gerechtfertigt, auch wenn man hinsichtlich der culpa in contrahendo an sich eine vertragliche Qualifikation vertritt.[678]

Auch der Zweck der eigentlichen bürgerlich-rechtlichen Prospekthaftung, Sanktionierung unlauterer Maßnahmen im Rahmen der Vertragsanbahnung, spricht für eine deliktsrechtliche Qualifikation.[679]

Für eine deliktsrechtliche Qualifikation der eigentlichen bürgerlich-rechtlichen Prospekthaftung streitet weiterhin die nach richtiger Ansicht deliktsrechtlich vorzunehmende Qualifikation der börsengesetzlichen Prospekthaftung (siehe unten S. 183). Durch die analoge Anwendung beispielsweise der Verjährungsvorschriften

676 *Schütze*, in: Assmann/Schütze, Handbuch des Kapitalanlagerechts, 3. Aufl., 2007, § 8 Rn. 14; *Assmann*, Prospekthaftung als Haftung für die Verletzung kapitalmarktbezogener Informationsverkehrspflichten nach deutschem und US-amerikanischem Recht, 1985, S. 377; *von Bar*, Vertrauenshaftung ohne Vertrauen – Zur Prospekthaftung bei der Publikums-KG in der Rechtsprechung des BGH –, ZGR 1983, S. 476, 496 ff., insbesondere 508.

677 *Grundmann*, Deutsches Anlegerschutzrecht in internationalen Sachverhalten, RabelsZ 54 (1990), S. 283, 310; *Roller*, Die Prospekthaftung im Englischen und Deutschen Recht, 1991, S. 162.

678 Ähnlich: *von Bar*, Vertrauenshaftung ohne Vertrauen – Zur Prospekthaftung bei der Publikums-KG in der Rechtsprechung des BGH –, ZGR 1983, S. 476, 499 ff.; *Roller*, Die Prospekthaftung im Englischen und Deutschen Recht, 1991, S. 149 f., 169.

679 Vgl.: *Lorenz*, Internationale Zuständigkeit deutscher Gerichte und Anwendbarkeit von § 661 a BGB bei Gewinnmitteilungen aus dem Ausland: Erweiterung des Verbrauchergerichtsstands durch die „Brüssel I-Verordnung", IPRax 2002, S. 192, 193, der allerdings zu der Qualifikation des § 661 a BGB Stellung nimmt.

der börsengesetzlichen Prospekthaftung auf die eigentliche bürgerlich-rechtliche Prospekthaftung (siehe oben S. 52) wird die beiden Rechtsinstituten zu Grunde liegende gemeinsame Interessenlage verdeutlicht. Die Analogie nähert die eigentliche bürgerlich-rechtliche Prospekthaftung an die börsengesetzliche an. Diese Annäherung der beiden Rechtsinstitute streitet deutlich für eine einheitliche Qualifikation.

Aufgrund dieser aufgezeigten Besonderheiten ist unabhängig davon, welche Meinung bezüglich der Qualifikation der culpa in contrahendo vertreten wird, eine deliktsrechtliche Qualifikation der eigentlichen bürgerlich-rechtlichen Prospekthaftung geboten.

b. Qualifikation bezüglich Zuständigkeitsregeln der EuGVVO

Hinsichtlich der Qualifikation der eigentlichen bürgerlich-rechtlichen Prospekthaftung bezüglich der Zuständigkeitsregeln der EuGGVO empfiehlt sich wie im nationalen deutschen Recht zunächst eine Darstellung der Qualifikation der culpa in contrahendo.

aa. Qualifikation der culpa in contrahendo

Trotz des Urteils des Europäischen Gerichtshofes in der Rechtsache „Tacconi“[680] ist die Qualifikation der culpa in contrahendo hinsichtlich der Zuständigkeitsregeln der EuGGVO weiterhin umstritten. In dieser Entscheidung stellte der Europäische Gerichtshof ausdrücklich klar, dass ein Schadensersatzanspruch, der aus der anerkannten Fallgruppe der culpa in contrahendo „Abbruch von Vertragsverhandlungen“ resultiert, keinen Anspruch aus Vertrag darstellt.[681]

Die Schlussfolgerungen aus diesem Verdikt des Europäischen Gerichtshofs sind mannigfaltig.

Gemeinsamer Ausgangspunkt aller Überlegungen ist, dass der Rechtsprechung des Europäischen Gerichtshofes zufolge der Vertragsschluss keine notwendige Voraussetzung einer vertraglichen Qualifikation ist.[682] Dies begründet der Europäische Gerichtshof mit dem Wortlaut des Art. 5 Nr. 1 EuGVVO. Allerdings kann dieser Hinweis auf den Wortlaut nur hinsichtlich der französischen („matière contractuelle“) und der englischen Fassung („matters relating to a contract“) überzeugen.

680 EuGH, Rs. C-334/00, Slg. 2002, S. I-7357 = NJW 2002, S. 3159 f. ("Tacconi").
681 EuGH, Rs. C-334/00, Slg. 2002, S. I-7357 = NJW 2002, S. 3159 Rn. 25 ("Tacconi").
682 EuGH, Rs. C-334/00, Slg. 2002, S. I-7357 = NJW 2002, S. 3159 Rn. 22 ("Tacconi"); EuGH, Rs. C-27/02, Slg. 2005, S. I-481 = NJW 2005, S. 811, 813 Rn. 45 („Engler“).

Zur Vertragsbegründung bedarf es demnach keiner klassischen Angebot-Annahme-Situation.[683] Ausreichend ist vielmehr, dass der Empfänger der Erklärung dieser vernünftigerweise einen Bindungswillen beimessen kann.[684]

Eindeutig ist allerdings nach der Rechtsprechung des Europäischen Gerichtshofes, dass das entscheidende Merkmal für einen Vertrag eine freiwillig eingegangene Verpflichtung ist.[685] Mit dieser Formulierung ist aber die Reichweite dieses Begriffs der „freiwillig eingegangenen Verpflichtung" noch nicht abschließend festgelegt. Nur wenig präzisierend sind die Ausführungen des Europäischen Gerichtshofes in der Rechtssache „Engler", die klarstellen, dass die Streitigkeit ihre Grundlage in dem Vertrag haben muss.[686]

(1) Differenzierende Lösung

Teile der Rechtslehre schließen aus dem Tacconi-Urteil, Schadensersatzansprüche wegen vorvertraglicher Pflichtverletzungen seien bezüglich der Zuständigkeitsregeln der EuGVVO nicht einheitlich zu qualifizieren. Vielmehr sei – wie von der herrschenden Meinung innerhalb der Rechtslehre zum nationalen deutschen Recht vertreten – eine Differenzierung anhand von Fallgruppen vorzunehmen. Zu unterscheiden sei zwischen Verletzungen von Aufklärungs- und Beratungspflichten einerseits und Obhuts- und Schutzpflichten andererseits. Erstere seien trotz des Urteils in der Rechtssache „Tacconi"[687] vertraglich zu qualifizieren. Schließlich habe der Europäische Gerichtshof lediglich zu der speziellen Fallgruppe des Abbruchs von Vertragsverhandlungen Stellung genommen. Letztgenannte Fallgruppe sei dagegen wegen ihrer Deliktsähnlichkeit deliktsrechtlich einzuordnen (siehe auch oben S. 169 f.).[688]

683 *Mankowski*, Die Qualifikation der culpa in contrahendo – Nagelprobe für den Vertragsbegriff des europäischen IZPR und IPR –, IPRax 2003, S. 127, 129.

684 EuGH, Rs. C-27/02, Slg. 2005, S. I-481 = NJW 2005, S. 811, 813 Rn. 54 („Engler"); ebenso: *Kropholler*, Europäisches Zivilprozessrecht, 8. Aufl., 2005, Art. 5 EuGVVO Rn. 10; *Leible*, Luxemburg locuta – Gewinnmitteilung finita?, NJW 2005, S. 796, 797.

685 So bereits zu dem EuGVÜ: EuGH, Rs. C-96/00, Slg. 2002, S. I-6367 = NJW 2002, S. 2697 Rn. 19 ("Gabriel") (in NJW 2002 ist aus redaktionellen Gründen Rn. 19 des Urteils nicht mit abgedruckt); EuGH, Rs. C-27/02, Slg. 2005, S. I-481 = NJW 2005, S. 811, 813 Rn. 50 („Engler"); EuGH, Rs. C-26/91, Slg. 1992, S. I-3967 Rn. 15 („Handte"); EuGH, Rs. C-334/00, Slg. 2002, S. I-7357 = NJW 2002, S. 3159 Rn. 23 ("Tacconi").

686 EuGH, Rs. C-27/02, Slg. 2005, S. I-481 = NJW 2005, S. 811, 814 Rn. 57 („Engler").

687 EuGH, Rs. C-334/00, Slg. 2002, S. I-7357 = NJW 2002, S. 3159 Rn. 23 ff., insbesondere Rn. 25 ("Tacconi").

688 *Kropholler*, Europäisches Zivilprozessrecht, 8. Aufl., 2005, Art. 5 EuGVVO Rn. 18, 75; *Hartmann*, in: Baumbach/Lauterbach/Albers/Hartmann, Zivilprozessordnung, 66. Aufl., 2008, Art. 5 EuGVVO Rn. 4; *Mankowski*, Die Qualifikation der culpa in contrahendo – Nagelprobe für den Vertragsbegriff des europäischen IZPR und IPR –, IPRax 2003, S. 127, 135.

(2) Deliktsrechtliche Qualifikation

Demgegenüber entnehmen andere Teile der Rechtslehre den Ausführungen des Europäischen Gerichtshofes eine generelle einheitliche deliktsrechtliche Qualifikation der culpa in contrahendo.[689] Die culpa in contrahendo ist nach dieser Ansicht eine Fallgruppe der unerlaubten Handlung im Sinn des Art. 5 Nr. 3 EuGVVO. Zur Begründung wird angeführt, es fehle an einer freiwillig eingegangenen Verpflichtung. Vielmehr resultiere der Schadensersatzanspruch aus einem bloßen Verstoß gegen den Grundsatz aus Treu und Glauben.[690]

Dieser Ansicht liegt die Auslegung des Begriffes unerlaubte Handlung durch den Europäischen Gerichtshof zu Grunde. Wie alle anderen unbestimmten Rechtsbegriffe der EuGVVO ist auch der Begriff der unerlaubten Handlung autonom auszulegen.[691] Maßgebend für diese Auslegung sind in erster Linie Systematik und Zielsetzungen der EuGVVO.[692]

Der Europäische Gerichtshof legt die Begriffe „unerlaubte Handlung“ und „Handlung, die einer unerlaubten Handlung gleichgestellt ist“ durch eine Abgrenzung zu Art. 5 Nr. 1 EuGVVO aus. Der Begriff der unerlaubten Handlung bezieht sich demnach auf alle Klagen, mit denen eine Schadensersatzhaftung des Beklagten geltend gemacht wird, die nicht an einen Vertrag im Sinn des Art. 5 Nr. 1 EuGVVO anknüpft.[693]

Dementsprechend sind Schadensersatzansprüche aus vorvertraglichen Pflichtverletzungen nicht dem Anwendungsbereich des Art. 5 Nr. 1 EuGVVO zuzuordnen, so dass sie zwangsläufig in den Anwendungsbereich des Art. 5 Nr. 3 EuGVVO fallen.

(3) Eigene Stellungnahme

Richtigerweise ist eine Haftung wegen vorvertraglicher Pflichtverletzungen, gleich welcher Fallgruppe der culpa in contrahendo sie zuzuordnen sind, im Rahmen der Zuständigkeitsregelungen der EuGVVO einheitlich deliktsrechtlich zu qualifizieren.

689 *Hüßtege*, in: Thomas/Putzo (Hrsg.), Zivilprozessordnung, 29. Aufl., 2008, Art. 5 EuGVVO Rn. 3; *Geimer*, in: Zöller (Hrsg.), Zivilprozessordnung, 27. Aufl., 2009, Art. 5 EuGVVO Rn. 12; *Lüttringhaus*, Das internationale Privatrecht der culpa in contrahendo nach den EG-Verordnungen „ Rom I“ und „Rom II“, RIW 2008, S. 193, 195; *Bitter*, Auslegungszusammenhang zwischen der Brüssel I-Verordnung und der künftigen Rom I-Verordnung, IPRax 2008, S. 96, 100.

690 Statt aller anderen: *Hüßtege*, in: Thomas/Putzo (Hrsg.), Zivilprozessordnung, 29. Aufl., 2008, Art. 5 EuGVVO Rn. 3.

691 EuGH, Rs. 189/87, Slg. 1988, S. 5565 = NJW 1988, S. 3088, 3089 Rn. 16 (“Kalfelis”); EuGH, Rs. C-334/00, Slg. 2002, S. I-7357 = NJW 2002, S. 3159 Rn. 19 (“Tacconi”); EuGH, Rs. C-167/00, Slg. 2002, S. I-8111 = NJW 2002, S. 3617, 3618 Rn. 35 (“Henkel”); EuGH, Rs. C-27/02, Slg. 2005, S. I-481 = NJW 2005, S. 811, 812 Rn. 33 („Engler“).

692 EuGH, Rs. 189/87, Slg. 1988, S. 5565 = NJW 1988, S. 3088, 3089 Rn. 16 (“Kalfelis”); EuGH, Rs. C-167/00, Slg. 2002, S. I-8111 = NJW 2002, S. 3617, 3618 Rn. 35 (“Henkel”); EuGH, Rs. C-27/02, Slg. 2005, S. I-481 = NJW 2005, S. 811, 812 Rn. 33 („Engler“).

693 EuGH, Rs. 189/87, Slg. 1988, S. 5565 = NJW 1988, S. 3088, 3089 Rn. 17 (“Kalfelis”); EuGH, Rs. C-167/00, Slg. 2002, S. I-8111 = NJW 2002, S. 3617, 3618 Rn. 36 (“Henkel”); EuGH, Rs. C-96/00, Slg. 2002, S. I-6367 = NJW 2002, S. 2697 Rn. 33 (“Gabriel”).

Für diese deliktsrechtliche Qualifikation streitet nicht nur die Entscheidung des Europäischen Gerichtshofes in der Rechtssache „Tacconi",[694] sondern auch die jüngste gemeinschaftsrechtliche Sekundärgesetzgebung.

So ordnet Erwägungsgrund 30 der Rom II-Verordnung Schadensersatzansprüche wegen vorvertraglicher Pflichtverletzungen ausdrücklich dem Anwendungsbereich der Rom II-Verordnung zu. Dies gilt aufgrund des eindeutigen Wortlautes des Erwägungsgrundes 30 der Rom II-Verordnung auch für Schuldverhältnisse, die aus der „... Verletzung der Offenlegungspflicht" resultieren. Damit werden also auch funktional besonders vertragsnahe Fallgruppen der culpa in contrahendo wie beispielsweise die Verletzung vorvertraglicher Informationspflichten dem Anwendungsbereich der Rom II-Verordnung unterstellt.[695]

Da die Rom II-Verordnung ausschließlich das Kollisionsrecht hinsichtlich außervertraglicher Schuldverhältnisse regelt, wird also durch Erwägungsgrund 30 die deliktsrechtliche Einordnung der culpa in contrahendo durch den europäischen Gesetzgeber untermauert. Hieran ändert auch die Regelung des Art. 12 Abs. 1 Rom II-Verordnung nichts, die hinsichtlich des anwendbaren Deliktsrechts auf das Recht verweist, das auf den Vertrag anzuwenden ist, wenn ein solcher Vertrag abgeschlossen worden wäre. Denn Art. 12 Abs. 1 Rom II-Verordnung betrifft lediglich die kollisionsrechtliche Anknüpfung, nicht aber die vorgelagerte Frage der Qualifikation der culpa in contrahendo.

Hintergrund der deliktsrechtlichen Einordnung durch den europäischen Gesetzgeber ist wohl der so genannte „acquis commun".[696] Denn die weit überwiegende Mehrheit der Mitgliedstaaten qualifiziert die culpa in contrahendo deliktsrechtlich (siehe oben S. 169).

Den Einwand, die Regelung des Erwägungsgrundes 30 der Rom II-Verordnung beziehe sich ausschließlich auf den Anwendungsbereich der Rom II-Verordnung, entkräftet die Rom II-Verordnung in Erwägungsgrund 7 selbst. Dort stellt der europäische Gesetzgeber fest, dass die Anwendung der Rom II-Verordnung im Einklang mit der EuGVVO erfolgen soll. Dies ist bereits ein starkes Indiz für eine einheitliche Begriffsbildung für die Rom II-Verordnung und die EuGVVO.

Des Weiteren entspricht es der ständigen Spruchpraxis des Europäischen Gerichtshofes, einen Auslegungszusammenhang zwischen Begriffen, die sowohl im Rahmen des EuGVÜ als auch des EVÜ benutzt werden, herzustellen.[697] Aber auch im Übrigen ist der Europäische Gerichtshof bemüht, einen Auslegungszusammenhang zwischen

694 EuGH, Rs. C-334/00, Slg. 2002, S. I-7357 = NJW 2002, S. 3159 Rn. 25 ("Tacconi").

695 Ähnlich: *von Hein*, Die culpa in contrahendo im europäischen Privatrecht: Wechselwirkungen zwischen IPR und Sachrecht, GPR 2007, S. 54, 58 f.; *Lüttringhaus*, Das internationale Privatrecht der culpa in contrahendo nach den EG-Verordnungen „ Rom I" und „Rom II", RIW 2008, S. 193, 196.

696 Zu dem Begriff: *Zoll*, Die Grundregeln der Acquis-Gruppe im Spannungsverhältnis zwischen acquis commun und acquis communautaire, GPR 2008, S. 106, 107 f.

697 EuGH, Rs. 9/87, Slg. 1988, S. 1539 = NJW 1989, S. 1424 Rn. 15 ("Arcado"), Rückgriff auf Art. 10 EVÜ zur Begründung der vertraglichen Einordnung eines Provisionsanspruchs aus einem Handelsvertretervertrag; EuGH, Rs. 133/81, Slg. 1982, S. 1891 = IPRax 1983, S. 173, 175 f. Rn. 13 ff. ("Schwab"), zur Auslegung des Begriffs „Arbeitsvertrages".

den einzelnen Sekundärrechtsakten herzustellen.[698] Schließlich muss die Begriffsbildung auch gemeinschaftsrechtlich autonom und damit verordnungsübergreifend erfolgen.

Die Einordnung der culpa in contrahendo in den Bereich der deliktsrechtlichen Haftung durch Erwägungsgrund 30 der Rom II-Verordnung gilt aufgrund vorgenannter Gründe auch auf dem Gebiet der Zuständigkeitsregelungen der EuGVVO.

Richtigerweise sind daher Schadensersatzansprüche aufgrund vorvertraglicher Pflichtverletzungen stets deliktsrechtlich zu qualifizieren.

bb. Qualifikation der eigentlichen bürgerlich-rechtlichen Prospekthaftung

Nun gilt es die Erkenntnisse über die Einordnung der culpa in contrahendo in den Bereich der deliktsrechtlichen Haftung auf die Qualifikation der eigentlichen bürgerlich-rechtlichen Prospekthaftung zu übertragen.

Eines der Hauptargumente für die deliktsrechtliche Qualifikation der culpa in contrahendo ist die Aussage des Erwägungsgrundes 30 der Rom II-Verordnung. In diesem Erwägungsgrund ist zu lesen, dass auch für vorvertragliche Schuldverhältnisse, die aus der „... Verletzung der Offenlegungspflicht" hervorgehen, die Rom II-Verordnung anwendbar ist. Übersetzt heißt dies, dass auch Schadensersatzansprüche aufgrund der Verletzung von vorvertraglichen Aufklärungs- und Informationspflichten deliktsrechtlich zu qualifizieren sind.

Die eigentliche bürgerlich-rechtliche Prospekthaftung ist letztlich eine Haftung für die Verletzung von Aufklärungs- und Informationspflichten. Dies legt eine deliktsrechtliche Qualifikation auch der eigentlichen bürgerlich-rechtlichen Prospekthaftung sehr nah.

Weiterhin streitet für die Einordnung in den Bereich der deliktsrechtlichen Prospekthaftung, dass die Haftung im Ergebnis an die Verletzung einer gesetzlichen Pflicht, einer Ausformung des Grundsatzes von Treu und Glauben, anknüpft. Dies genügt nicht, um eine freiwillig eingegangene Verpflichtung zu begründen.[699] Folglich liegt kein vertraglicher Anspruch vor, weshalb eine deliktsrechtliche Einordnung zwingend ist.

Zur Stützung der deliktsrechtlichen Qualifikation der eigentlichen bürgerlich-rechtlichen Prospekthaftung lässt sich noch ein weiterer Aspekt der Rechtsprechung des Europäischen Gerichtshofes anführen. Dieser entschied folgerichtig, dass ein Schadensersatzanspruch des Zweiterwerbers gegen den Hersteller, der nicht Verkäufer ist, nicht dem Bereich der vertraglichen Haftung und damit nicht dem Gerichtsstand nach Art. 5 Nr. 1 EuGVVO zuzuordnen ist.[700] Zur Begründung führt der Gerichtshof an, zwischen Zweiterwerber und Hersteller bestehe keine direkte vertragliche Bezie-

698 EuGH, Rs. C-167/00, Slg. 2002, S. I-8111 = NJW 2002, S. 3617, 3618 Rn. 43 ("Henkel").
699 Allgemeine Meinung: *Hüßtege*, in: Thomas/Putzo (Hrsg.), Zivilprozessordnung, 29. Aufl., 2008, Art. 5 EuGVVO Rn. 3.
700 EuGH, Rs. C-26/91, Slg. 1992, S. I-3967 Rn. 16 ff., insbesondere Rn. 20 („Handte").

hung.[701] Außerdem werde die Haftung des Herstellers gegenüber dem Zweiterwerber trotz der bestehenden Vertragskette in den meisten Mitgliedstaaten nicht als vertragliche Haftung qualifiziert.[702]

Eben diese Voraussetzungen treffen auch auf die eigentliche bürgerlich-rechtliche Prospekthaftung zu. Denn diese stellt eine Haftung für typisiertes Vertrauen dar (siehe oben S. 42). Regelmäßig besteht zwischen den Prospektverantwortlichen und dem Anleger keine direkte vertragliche Beziehung. Außerdem wurde die eigentliche bürgerlich-rechtliche Prospekthaftung anhand der Grundsätze der culpa in contrahendo entwickelt. Die culpa in contrahendo selbst wird in den allermeisten Mitgliedstaaten deliktsrechtlich qualifiziert (siehe oben S. 169). Somit sprechen auch die von dem Europäischen Gerichtshof in der Rechtssache „Handte" entwickelten Grundsätze für eine deliktsrechtliche Qualifikation der eigentlichen bürgerlich-rechtlichen Prospekthaftung.

Im Ergebnis bleibt daher festzuhalten, dass die culpa in contrahendo und erst recht die eigentliche bürgerlich-rechtliche Prospekthaftung in Bezug auf die Zuständigkeitsregeln der EuGVVO deliktsrechtlich zu qualifizieren ist.

c. *Fazit*

Sowohl hinsichtlich der Zuständigkeitsregeln der ZPO als auch bezüglich der der EuGVVO ist die eigentliche bürgerlich-rechtliche Prospekthaftung deliktsrechtlich zu qualifizieren.

3. *Börsengesetzliche Prospekthaftung*

Die Rechtsnatur der börsengesetzlichen Prospekthaftung ist ebenso umstritten wie die der eigentlichen bürgerlich-rechtlichen Prospekthaftung. Der Bundesgerichtshof schweigt sich zu der Rechtsnatur der börsenrechtlichen Prospekthaftung aus. Er bezeichnet sie als eine „auf Leistung von Schadensersatz gerichtete gesetzliche Haftungsbestimmung".[703] In der Rechtslehre reicht die Einordnung der Rechtsnatur von

701 EuGH, Rs. C-26/91, Slg. 1992, S. I-3967 Rn. 16 („Handte").
702 EuGH, Rs. C-26/91, Slg. 1992, S. I-3967 Rn. 20 („Handte").
703 BGH, NJW 2003, S. 2384, 2385.

einer vertraglichen Haftung[704] über eine besondere Art der Vertrauenshaftung[705] bis zu einem rein deliktsrechtlichen Haftungsinstrument.[706]

Die Frage nach der Rechtsnatur der börsengesetzlichen Prospekthaftung lässt sich jedoch für die Qualifikation hinsichtlich der Zuständigkeitsregeln von ZPO und EuGVVO wiederum auf die Unterscheidung zwischen einer vertraglichen und einer deliktsrechtlichen Haftung reduzieren. Denn nur diese Differenzierung findet sich in den jeweiligen Zuständigkeitsregeln.

a. Qualifikation bezüglich Zuständigkeitsregeln der ZPO

Wie bereits erörtert ist schlussendlich allein die Einordnung der börsengesetzlichen Prospekthaftung in den Bereich der vertraglichen bzw. der deliktsrechtlichen Haftung entscheidend. Dennoch empfiehlt es sich, zunächst die verschiedenen Meinungen zu der Rechtsnatur der börsengesetzlichen Prospekthaftung darzustellen, um hiernach umso leichter die entscheidende Differenzierung vornehmen zu können.

aa. Vertragshaftung

Zum Teil wird die börsengesetzliche Prospekthaftung als eine vertraglich einzuordnende Haftung angesehen.[707] Begründet wird dies damit, dass die Prospektangaben in quasivertraglicher Selbstbindungsabsicht abgegebene Qualitätsangaben seien.[708] Dieser vertraglichen Einordnung stehe auch nicht entgegen, dass die Prospektverantwortlichen regelmäßig nicht Vertragspartner des Anlegers sind. Vielmehr ergebe sich aus der ökonomischen Rolle der Prospektverantwortlichen im Rahmen der Vermittlung der Kapitalanlage, dass diese eine eigene rechtsgeschäftliche Erklärung abgäben.[709]

704 *Köndgen*, Zur Theorie der Prospekthaftung, AG 1983, S. 85, 91 f.

705 *Canaris*, Bankvertragsrecht, Band II, 3. Aufl., 1988, Rn. 2277; *Coing*, Haftung für Prospektwerbung für Kapitalanlagen in der neueren Rechtsprechung des Bundesgerichtshofes, WM 1980, S. 206, 211; *Schwark,* in: Schwark (Hrsg.), Kapitalmarktrechtskommentar, 3. Aufl., 2004, § 45 BörsG Rn. 7; *Groß,* Kapitalmarktrecht, 3. Aufl., 2006, §§ 44, 45 BörsG Rn. 9; *Ellenberger,* Prospekthaftung im Wertpapierhandel, 2001, S. 9 f.; wohl auch bereits: *Schwark*, Die Haftung aus dem Prospekt über Kapitalanlagen, BB 1979, S. 897, 903.

706 *Schnyder*, in: Münchener Kommentar, Bürgerliches Gesetzbuch, Band 11 – Internationales Wirtschaftsrecht, 4. Aufl., 2006, IntKapMarktR Rn. 97 f.; *Assmann*, Prospekthaftung als Haftung für die Verletzung kapitalmarktbezogener Informationsverkehrspflichten nach deutschem und US-amerikanischem Recht, 1985, S. 252 ff., 273 ff.; *derselbe*, in: Assmann/Schütze, Handbuch des Kapitalanlagerechts, 3. Aufl., 2007, § 6 Rn. 28; *Schütze*, in: Assmann/Schütze, Handbuch des Kapitalanlagerechts, 3. Aufl., 2007, § 8 Rn. 17; *Kiss*, Die Haftung berufsmäßiger Sachkenner gegenüber Dritten – Zugleich Besprechung der Entscheidung des BGH vom 13.11.1997 (WM 1998, 440 ff.) –, WM 1999, S. 117, 123; *Benicke*, Prospektpflicht und Prospekthaftung bei grenzüberschreitenden Emissionen, in: Festschrift für Erik Jayme, Band I, 2004, S. 25, 33 f.

707 *Köndgen*, Zur Theorie der Prospekthaftung, AG 1983, S. 85, 91 f.

708 *Köndgen*, Zur Theorie der Prospekthaftung, AG 1983, S. 85, 91 ff.

709 *Köndgen*, Zur Theorie der Prospekthaftung, AG 1983, S. 85, 95.

bb. *Vertrauenshaftung*

Demgegenüber sehen weitaus größere Teile der Rechtslehre in der börsenrechtlichen Prospekthaftung eine kraft Gesetzes eintretende, zwischen Vertrag und Delikt stehende Vertrauenshaftung.[710] Dies wird häufig auf historische Gründe gestützt. Schließlich sei Ende des 19. Jahrhunderts die börsenrechtliche Prospekthaftung eingeführt worden, weil typischerweise zwischen Emittenten und Anleger keine vertragliche Beziehung zu Stande komme und der Schutz des Deliktsrechts für unzureichend erachtet wurde.[711] Quasi als eine neue Ebene zwischen Vertrag und Delikt sei die börsenrechtliche Prospekthaftung zur Schließung dieser Haftungslücken eingeführt worden.[712] Außerdem stütze § 45 Abs. 2 Nr. 3 BörsG (= § 46 Abs. 3 BörsG a.F.) dieses dogmatische Verständnis der börsengesetzlichen Prospekthaftung. Denn bei fehlendem Vertrauen auf die Richtigkeit der Prospektangaben werde auch ein Schadensersatzanspruch gemäß §§ 45 ff. BörsG verwehrt.[713]

cc. *Deliktshaftung*

Schließlich wird die börsengesetzliche Prospekthaftung aber auch als deliktsrechtliches Haftungsinstitut begriffen.[714]

Dabei wird zum Teil angenommen, der Verstoß gegen die Prospektpflichten sei eine Verletzung bestimmter Berufspflichten, die deliktsrechtlichen Verkehrssicherungspflichten entsprächen.[715]

710 *Canaris*, Bankvertragsrecht, Band II, 3. Aufl., 1988, Rn. 2277; *Coing*, Haftung für Prospektwerbung für Kapitalanlagen in der neueren Rechtsprechung des Bundesgerichtshofes, WM 1980, S. 206, 211; *Schwark*, in: Schwark (Hrsg.), Kapitalmarktrechtskommentar, 3. Aufl., 2004, § 45 BörsG Rn. 7; *Groß*, Kapitalmarktrecht, 3. Aufl., 2006, §§ 44, 45 BörsG Rn. 9; *Ellenberger*, Prospekthaftung im Wertpapierhandel, 2001, S. 9 f.; wohl auch bereits: *Schwark*, Die Haftung aus dem Prospekt über Kapitalanlagen, BB 1979, S. 897, 903.

711 *Ellenberger*, Prospekthaftung im Wertpapierhandel, 2001, S. 9.

712 *Schwark*, Die Haftung aus dem Prospekt über Kapitalanlagen, BB 1979, S. 897, 903.

713 *Ellenberger*, Prospekthaftung im Wertpapierhandel, 2001, S. 10.

714 *Schnyder*, in: Münchener Kommentar, Bürgerliches Gesetzbuch, Band 11 – Internationales Wirtschaftsrecht, 4. Aufl., 2006, IntKapMarktR Rn. 97 f.; *Assmann*, Prospekthaftung als Haftung für die Verletzung kapitalmarktbezogener Informationsverkehrspflichten nach deutschem und US-amerikanischem Recht, 1985, S. 252 ff., 273 ff.; *derselbe*, in: Assmann/Schütze, Handbuch des Kapitalanlagerechts, 3. Aufl., 2007, § 6 Rn. 28; *Schütze*, in: Assmann/Schütze, Handbuch des Kapitalanlagerechts, 3. Aufl., 2007, § 8 Rn. 17; *Kiss*, Die Haftung berufsmäßiger Sachkenner gegenüber Dritten- Zugleich Besprechung der Entscheidung des BGH vom 13.11.1997 (WM 1998, 440 ff.) –, WM 1999, S. 117, 123; *Benicke*, Prospektpflicht und Prospekthaftung bei grenzüberschreitenden Emissionen, in: Festschrift für Jayme, Band I, 2004, S. 25, 33 f.

715 *Von Bar*, Vertrauenshaftung ohne Vertrauen – Zur Prospekthaftung bei der Publikums-KG in der Rechtsprechung des BGH –, ZGR 1983, S. 476, 496 ff.

Andere Befürworter der deliktsrechtlichen Einordnung sehen dagegen in der börsengesetzlichen Prospekthaftung eine Haftung infolge der Verletzung kapitalmarktbezogener Informationspflichten.[716]

Gemeinsamer Ausgangspunkt dieser Überlegungen ist der Gedanke, durch die stete Weiterentwicklung des Haftungsregimes für fehlerhafte Prospektangaben, die letztlich in der Schaffung der börsengesetzlichen Prospekthaftung gipfelte, werde genuines Deliktsrecht geschaffen. Nach dieser Ansicht stellt die börsengesetzliche Prospekthaftung also ein Sonderdeliktsrecht dar.

Als weiteres Indiz für die Richtigkeit der deliktsrechtlichen Einordnung wird vereinzelt auch darauf hingewiesen, die von den börsengesetzlichen Prospektpflichten verlangte Objektivität und Sachkunde passe weder zu einer quasivertraglichen noch zu einer vertraglichen Haftung. Vielmehr seien solche objektiven Pflichten typisch für Haftungstatbestände des Deliktsrechts.[717]

dd. Eigene Stellungnahme

Die Annahme, die börsengesetzliche Prospekthaftung sei eine vertragliche Haftung lässt sich nur mit Hilfe einer Vielzahl von Modifikationen mit der allgemeinen Rechtsgeschäftslehre vereinen.[718] Vertragliche Beziehungen, die der geltenden Zivilrechtsdogmatik zufolge zwingende Voraussetzung einer vertraglichen Haftung sind, entstehen durch einen rechtsgeschäftlichen Kontakt. Ein solcher setzt zumindest einen potentiellen Rechtsbindungswillen voraus. Ein solcher Rechtsbindungswille fehlt aber typischerweise bei der anonymen Information von Anlegermassen durch einen Verkaufsprospekt (siehe oben S. 32). Damit fehlt es an einem rechtsgeschäftlichen Kontakt, weshalb der Annahme, die börsengesetzliche Prospekthaftung sei vertragsrechtlich zu qualifizieren, die Grundlage entzogen wird. Aus diesem Grund kann die börsenrechtliche Prospekthaftung nicht als vertragliche Haftung angesehen werden.

Für die kollisionsrechtliche Behandlung und die Qualifikation mit Blick auf die Zuständigkeitsregeln von ZPO und EuGVVO ist auch eine Einordnung als besondere, kraft Gesetzes entstehende Vertrauenshaftung abzulehnen. Im Rahmen des materiellen Rechts mag man die börsenrechtliche Prospekthaftung noch als besondere Vertrauenshaftung begreifen können. Allerdings stellt sich auch dort die Frage, warum es eines solchen dogmatischen Verständnisses überhaupt bedarf. Jedenfalls hinsichtlich der Qualifikation bezüglich der Zuständigkeitsregeln von ZPO und EuGVVO ist eine Einordnung als besondere Vertrauenshaftung aber wenig hilfreich und daher abzulehnen. Denn die Zuständigkeitsregeln differenzieren – wie bereits erörtert (siehe oben

716 *Assmann*, Prospekthaftung als Haftung für die Verletzung kapitalmarktbezogener Informationsverkehrspflichten nach deutschem und US-amerikanischem Recht, 1985, S. 252 ff., 273 ff.

717 *Kiss*, Die Haftung berufsmäßiger Sachkenner gegenüber Dritten- Zugleich Besprechung der Entscheidung des BGH vom 13.11.1997 (WM 1998, 440 ff.) –, WM 1999, S. 117, 123.

718 Ebenso: *Schwark*, in: Schwark (Hrsg.), Kapitalmarktrechtskommentar, 3. Aufl., 2004, § 45 BörsG Rn. 7.

S. 179) – lediglich zwischen einer vertraglichen und einer deliktsrechtlichen Qualifikation.

Damit ist die börsengesetzliche Prospekthaftung fast schon zwangsläufig deliktsrechtlich zu qualifizieren. Hierfür streitet zum einen die strukturelle Ähnlichkeit von Prospektpflichten und Verkehrssicherungspflichten. Zum anderen spricht für eine deliktsrechtliche Qualifikation aber auch die Überlegung, dass die Sanktionierung unlauterer Maßnahmen, welches ein wesentliches Regelungsziel der Prospekthaftung nach §§ 44 ff. BörsG ist, eine typische Aufgabe des Deliktsrechts ist.[719]

Des Weiteren entspricht eine deliktsrechtliche Qualifikation der börsengesetzlichen Prospekthaftung auch der europäischen Fließrichtung des Rechts. Denn viele Mitgliedstaaten der Europäischen Union ordnen die Prospekthaftung dem Bereich des Deliktsrechts zu (siehe oben S. 29 Fn. 18).

Der Zuordnung der börsengesetzlichen Prospekthaftung zu dem Bereich der Deliktshaftung kann auch nicht entgegengehalten werden, dass § 47 Abs. 2 BörsG weitergehende Ansprüche aufgrund der Vorschriften des bürgerlichen Rechts über unerlaubte Handlungen ausdrücklich nicht ausschließt.[720] Denn diese Vorschrift regelt nicht die Rechtsnatur der börsengesetzlichen Prospekthaftung, sondern lediglich deren Konkurrenzen.

Letztlich bestätigt § 47 Abs. 2 BörsG nur den Charakter der börsenrechtlichen Prospekthaftung als Anlegerschutzregelung. Ziel aller spezialgesetzlich geregelten Prospekthaftungsansprüche ist die Verbesserung des Schutzes der Anleger. Diese Zielsetzung würde konterkariert, könnte sich der Anleger nicht weiterhin auf neben dem Spezialgesetz eingreifende Anspruchsgrundlagen berufen.

Dies stellt § 47 Abs. 2 BörsG lediglich deklaratorisch fest. Er schließt damit nicht aus, dass die börsenrechtliche Prospekthaftung als Sonderdeliktsrecht aufgefasst wird, neben dem auch die §§ 823 ff. BGB Anwendung finden.

Im Endeffekt ist damit die börsengesetzliche Prospekthaftung in Bezug auf die Zuständigkeitsregeln der ZPO deliktsrechtlich zu qualifizieren.

b. Qualifikation bezüglich Zuständigkeitsregeln der EuGVVO

So umstritten die Qualifikation der börsengesetzlichen Prospekthaftung hinsichtlich der Zuständigkeitsregelungen der ZPO ist, so eindeutig lässt sie sich dem Bereich der deliktsrechtlichen Haftung im Bereich der EuGVVO zuordnen. Letztlich verfangen diesbezüglich wiederum die gleichen Argumente, die bereits im Rahmen der Qualifikation der eigentlichen bürgerlich-rechtlichen Prospekthaftung erörtert wurden (siehe oben S. 177 f.).

719 Vgl.: *Lorenz*, Internationale Zuständigkeit deutscher Gerichte und Anwendbarkeit von § 661 a BGB bei Gewinnmitteilungen aus dem Ausland: Erweiterung des Verbrauchergerichtsstands durch die „Brüssel I-Verordnung“, IPRax 2002, S. 192, 193, der allerdings zu der Qualifikation des § 661 a BGB Stellung nimmt.

720 A.A.: *Ellenberger,* Prospekthaftung im Wertpapierhandel, 2001, S. 9.

Hauptargument für eine deliktsrechtliche Qualifikation ist das Fehlen einer freiwillig eingegangenen Verpflichtung, welche zwingende Voraussetzung einer vertraglichen Haftung ist.[721] Vielmehr stellt die börsengesetzliche Prospekthaftung einen bloßen Verstoß gegen gesetzliche Vorschriften dar, was zur Begründung einer solchen freiwillig eingegangenen Verpflichtung nicht ausreicht.[722]

Des Weiteren bestehen zwischen den Prospektverantwortlichen und dem Anleger typischerweise keine direkten vertraglichen Beziehungen.[723] Daher kann auch wieder auf die Argumentation des Europäischen Gerichtshofes in der Rechtssache „Handte“[724] zurückgegriffen werden (siehe oben S. 177 f.).

Folglich ist die börsenrechtliche Prospekthaftung hinsichtlich der Zuständigkeitsregelungen der EuGVVO dem Bereich des Deliktsrechts zuzuordnen.

c. *Fazit*

Sowohl hinsichtlich der Zuständigkeitsregeln der ZPO als auch bezüglich der der EuGVVO ist die börsengesetzliche Prospekthaftung deliktsrechtlich zu qualifizieren.

4. *Prospekthaftung nach dem VerkProspG*

Die Prospekthaftung nach dem VerkProspG ist weitgehend der börsenrechtlichen Prospekthaftung nachempfunden.[725] Daher stellen sich hinsichtlich der Qualifikation der Prospekthaftung nach dem VerkProspG dieselben Fragen wie hinsichtlich der Einordnung der börsenrechtlichen Prospekthaftung. Folglich gilt die Argumentation auf den S. 179 ff. für die Prospekthaftung nach dem VerkProspG entsprechend.

a. *Qualifikation bezüglich Zuständigkeitsregeln der ZPO*

Folglich ist bezüglich der Zuständigkeitsregelungen der ZPO eine deliktsrechtliche Qualifikation der Prospekthaftung nach dem VerkProspG vorzunehmen (siehe oben S. 181 f.).

721 Statt aller anderer: EuGH, Rs. C-334/00, Slg. 2002, S. I-7357 = NJW 2002, S. 3159 Rn. 23 (“Tacconi”).

722 Statt aller anderen: *Hüßtege*, in: Thomas/Putzo (Hrsg.), Zivilprozessordnung, 29. Aufl., 2008, Art. 5 EuGVVO Rn. 3.

723 *Schwark*, Die Haftung aus dem Prospekt über Kapitalanlagen, BB 1979, S. 897, 902.

724 EuGH, Rs. C-26/91, Slg. 1992, S. I-3967 Rn. 16 ff., insbesondere Rn. 20 („Handte“).

725 Heidelbach, in: Schwark (Hrsg.), Kapitalmarktrechtskommentar, 3. Aufl., 2004, § 13 VerkProspG Rn. 2; *Groß,* Kapitalmarktrecht, 3. Aufl., 2006, § 13 VerkProspG Rn. 5.

b. *Qualifikation bezüglich Zuständigkeitsregeln der EuGVVO*

Gleiches gilt für die Qualifikation hinsichtlich der Zuständigkeitsregelungen der EuGVVO (siehe oben S. 182).

c. *Fazit*

Somit kann als Fazit festgehalten werden, dass auch die Prospekthaftung nach dem VerkProspG stets deliktsrechtlich zu qualifizieren ist.

5. *Investmentrechtliche Prospekthaftung*

Zu der relativ neuen investmentrechtlichen Prospekthaftung ist noch sehr wenig Literatur erschienen. Aber letztlich ist auch diese an den Prototypen der spezialgesetzlich geregelten Prospekthaftung angelehnt.[726] Aus diesem Grund wird wiederum auf die Ausführungen auf S. 179 ff. zur börsengesetzlichen Prospekthaftung verwiesen.

a. *Qualifikation bezüglich Zuständigkeitsregeln der ZPO*

Demzufolge ist die investmentrechtliche Prospekthaftung hinsichtlich der Zuständigkeitsregelungen der ZPO deliktsrechtlich zu qualifizieren (siehe oben S. 181 f.).[727]

b. *Qualifikation bezüglich Zuständigkeitsregeln der EuGVVO*

Hinsichtlich der Zuständigkeitsregeln der EuGVVO gilt dasselbe. Auch hier ist die investmentrechtliche Prospekthaftung in den Bereich der deliktsrechtlichen Haftung einzuordnen. Die Ausführungen zur börsengesetzlichen Prospekthaftung auf S. 182 f. gelten sinngemäß.

c. *Fazit*

Im Ergebnis ist also auch die investmentrechtliche Prospekthaftung sowohl hinsichtlich der Zuständigkeitsregelungen der ZPO als auch der der EuGVVO deliktsrechtlich zu qualifizieren.

726 *Schütze*, in: Assmann/Schütze, Handbuch des Kapitalanlagerechts, 3. Aufl., 2007, § 8 Rn. 17.
727 Ebenso zur kollisionsrechtlichen Qualifikation der investmentrechtlichen Prospekthaftung: *Schütze*, in: Assmann/Schütze, Handbuch des Kapitalanlagerechts, 3. Aufl., 2007, § 8 Rn. 17.

6. §§ 37 b und 37 c WpHG

Die Rechtsnatur der Haftung gemäß §§ 37 b, 37 c WpHG ist umstritten.[728] Ursprung dieses Meinungsstreites ist die aus den Gesetzesmaterialien zu den §§ 37 b, 37 c WpHG hervorgehende Anlehnung an die börsengesetzliche Prospekthaftung.[729] Aufgrund dieser Nähe zu den §§ 44 ff. BörsG setzt sich der Streit um die Rechtsnatur der börsengesetzlichen Prospekthaftung auch hinsichtlich der sekundärmarktrechtlichen Haftung fort.

a. Qualifikation bezüglich Zuständigkeitsregeln der ZPO

Zum besseren Verständnis der zuständigkeitsrechtlichen Qualifikation ist zunächst der Meinungsstand zur Einordnung der Rechtsnatur darzustellen. Entsprechend dem Meinungsbild hinsichtlich der Rechtsnatur der börsengesetzlichen Prospekthaftung werden vor allem eine deliktsrechtliche[730] sowie eine Einordnung als besondere, kraft Gesetzes entstehende Vertrauenshaftung[731] vertreten.

aa. Vertragshaftung

Dagegen ordnet niemand die §§ 37 b, 37 c WpHG dem Bereich der vertraglichen Haftung zu.[732]

Zum einen lässt sich dies dadurch erklären, dass es auf dem Sekundärmarkt regelmäßig nicht zu einem Vertragsschluss zwischen Emittent und Anleger kommt.[733] Da-

728 *Jungmichel*, Haftung und Schadenskompensation bei Verstößen gegen Ad-hoc-Publizitätspflichten, 2007, S. 55; *Sethe*, in: Assmann/Schneider (Hrsg.), Wertpapierhandelsgesetz, 5. Aufl., 2009, §§ 37 b, 37 c Rn. 17; *Zimmer*, in: Schwark (Hrsg.), Kapitalmarktrechtskommentar, 3. Aufl., 2004, § 37 b, 37 c WpHG Rn. 6; *Buck-Heeb*, Kapitalmarktrecht, 2. Aufl., 2007, Rn. 209.

729 Begründung zu dem RegE 4. Finanzmarktförderungsgesetz vom 18.1.2002, BT-Drucks. 14/8017, S. 93 f.

730 *Sethe*, in: Assmann/Schneider (Hrsg.), Wertpapierhandelsgesetz, 5. Aufl., 2009, §§ 37 b, 37 c Rn. 23; *Möllers*, in: Möllers/Rotter (Hrsg.), Ad-hoc- Publizität, 2003, § 13 Rn. 12; *Jungmichel*, Haftung und Schadenskompensation bei Verstößen gegen Ad-hoc-Publizitätspflichten, 2007, S. 56 ff.; vgl. auch: *Baums*, Haftung wegen Falschinformation des Sekundärmarktes, ZHR 167 (2003), S. 139, 165 f.

731 *Zimmer*, in: Schwark (Hrsg.), Kapitalmarktrechtskommentar, 3. Aufl., 2004, § 37 b, 37 c WpHG Rn. 7; *Mülbert/Steup*, Emittentenhaftung für fehlerhafte Kapitalmarktinformation am Beispiel der fehlerhaften Regelpublizität, WM 2005, S. 1633, 1638; *Veil*, Die Haftung des Emittenten für fehlerhafte Information des Kapitalmarkts nach dem geplanten KapInHaG, BKR 2005, S. 91, 93; *Rieckers*, Haftung des Vorstandes für fehlerhafte Ad-hoc-Mitteilungen de lege lata und de lege ferenda, BB 2002, S. 1213, 1220.

732 *Sethe*, in: Assmann/Schneider (Hrsg.), Wertpapierhandelsgesetz, 5. Aufl., 2009, §§ 37 b, 37 c Rn. 18.

733 Statt aller anderen: *Zimmer*, in: Schwark (Hrsg.), Kapitalmarktrechtskommentar, 3. Aufl., 2004, § 37 b, 37 c WpHG Rn. 6.

her scheidet die Annahme einer vertraglichen Beziehung und damit einer vertraglichen Haftung bereits denknotwendig aus.

Hinzu kommen die Gesetzesmaterialien zu dem Gesetz zur Einführung des Kapitalanleger-Musterverfahrens. Diese bestätigen die Zuordnung der §§ 37 b, 37 c WpHG zu dem Bereich der außervertraglichen Ansprüche.[734]

Aus genannten Gründen verbietet sich also eine Einordnung der §§ 37 b, 37 c WpHG in den Bereich der vertraglichen Haftung.

bb. Deliktshaftung

Gewichtige Teile der Rechtslehre sehen in den §§ 37 b, 37 c WpHG eine Sonderdeliktshaftung.[735]

Als Argument für diese Ansicht dient in erster Linie die Aberkennung der Schutzgesetzqualität des § 15 WpHG durch § 15 Abs. 6 S. 1 WpHG. Die allgemeine deliktsrechtliche Haftung gemäß § 823 Abs. 2 BGB i.V.m. § 15 WpHG ist ausgeschlossen und soll durch eine differenzierte Sonderdeliktshaftung gemäß den §§ 37 b, 37 c WpHG ersetzt werden.[736] Die Verletzung der Ad-hoc-Publizitätspflichten sei letztlich nichts anderes als die Verletzung kapitalmarktrechtlicher Verkehrssicherungspflichten. Die Wurzel dieser Verkehrssicherungspflichten sei ausschließlich in deliktsrechtlichen Vorschriften zu suchen.[737] Folglich sei die gesamte Haftung letztlich deliktsrechtlicher Natur.

Des Weiteren wird als Argument für die deliktsrechtliche Einordnung die systematische Stellung des § 32 b ZPO angeführt. Dieser sei ganz bewusst im Dunstkreis der deliktsrechtlichen Zuständigkeitsvorschrift des § 32 ZPO angesiedelt worden. Auch dies belege, dass die Haftung wegen der Verletzung kapitalmarktrechtlicher Vorschriften in den Augen des Gesetzgebers dem Bereich des Deliktsrechts zuzuordnen sei.[738]

734 Begründung zu dem RegE KapMuG vom 14.3.2005, BT-Drucks. 15/5091, S. 33 f.

735 *Jungmichel*, Haftung und Schadenskompensation bei Verstößen gegen Ad-hoc-Publizitätspflichten, 2007, S. 56 ff.; *Sethe*, in: Assmann/Schneider (Hrsg.), Wertpapierhandelsgesetz, 5. Aufl., 2009, §§ 37 b, 37 c Rn. 23; *Möllers*, in: Möllers/Rotter (Hrsg.), Ad-hoc- Publizität, 2003, § 13 Rn. 12; vgl. auch: *Baums*, Haftung wegen Falschinformation des Sekundärmarktes, ZHR 167 (2003), S. 139, 165 f.

736 *Jungmichel*, Haftung und Schadenskompensation bei Verstößen gegen Ad-hoc-Publizitätspflichten, 2007, S. 58; *Buck-Heeb*, Kapitalmarktrecht, 2. Aufl., 2007, Rn. 209;.

737 *Baums*, Haftung wegen Falschinformation des Sekundärmarktes, ZHR 167 (2003), S. 139, 165 f.

738 *Sethe*, in: Assmann/Schneider (Hrsg.), Wertpapierhandelsgesetz, 5. Aufl., 2009, §§ 37 b, 37 c Rn. 23.

cc. *Vertrauenshaftung*

Demgegenüber halten Teile des Schrifttums an der Einordnung als besondere, kraft Gesetzes eintretende Vertrauenshaftung fest.[739] Zwar komme es nicht zu einem Vertragsschluss zwischen Emittent und Anleger, gleichwohl nehme aber der Emittent maßgeblichen Einfluss auf die Entscheidung des Anlegers. Auch die Informationspflichten hinsichtlich des Sekundärmarktes dienten dem Absatz der Kapitalanlage. Sie sei dazu bestimmt, der Vertragsanbahnung zu dienen. Dementsprechend wirkten sie vertrauensbildend. Durch diese Vertrauensbildung entstünde eine Sonderverbindung, was die Einordnung der §§ 37 b, 37 c WpHG als Vertrauenshaftung nahe lege.[740]

Für diese Sichtweise streite auch der Wortlaut von § 37 c Abs. 1 WpHG, nach dem ein Schadensersatz nur bei einem Handeln im Vertrauen auf die Richtigkeit der Insiderinformation gewährt werden kann.[741]

Auch die Regelung der §§ 37 b Abs. 3 und 37 c Abs. 3 WpHG weise in diese Richtung. Schließlich entfalle eine Haftung, wenn der Geschädigte die nicht veröffentlichte Tatsache bzw. die Unrichtigkeit der veröffentlichten Tatsache kannte.[742]

Über dies gewähre das Deliktsrecht des BGB nur unter den engen Voraussetzungen der §§ 823 ff. BGB den Ersatz primärer Vermögensschäden. Mit diesen engen Tatbestandvoraussetzungen sei die Haftung nach den §§ 37 b, 37 c WpHG nicht vergleichbar. Hierfür spreche auch der Ausschluss einer Haftung nach § 823 Abs. 2 BGB i.V.m. § 15 WpHG durch § 15 Abs. 6 S. 1 WpHG.[743]

dd. *Eigene Stellungnahme*

Die kollisions- und zuständigkeitsrechtliche Qualifikation der Haftung nach §§ 37 b, 37 c WpHG ist trotz der umstrittenen Rechtsnatur der Haftung denkbar einfach. Denn letztlich ist lediglich die Differenzierung zwischen einer vertraglichen und einer deliktsrechtlichen Einordnung entscheidend.

Eine vertragliche Einordnung der Haftung nach §§ 37 b, 37 c WpHG wird zu Recht wegen oben genannter Gründe (siehe oben S. 185) nicht vertreten.

739 *Zimmer*, in: Schwark (Hrsg.), Kapitalmarktrechtskommentar, 3. Aufl., 2004, § 37 b, 37 c WpHG Rn. 7; *Mülbert/Steup*, Emittentenhaftung für fehlerhafte Kapitalmarktinformation am Beispiel der fehlerhaften Regelpublizität, WM 2005, S. 1633, 1638; *Veil*, Die Haftung des Emittenten für fehlerhafte Information des Kapitalmarkts nach dem geplanten KapInHaG, BKR 2005, S. 91, 93; *Rieckers,* Haftung des Vorstandes für fehlerhafte Ad-hoc-Mitteilungen de lege lata und de lege ferenda, BB 2002, S. 1213, 1220.

740 *Dogan*, Ad-hoc-Publizitätshaftung, 2005, S. 55.

741 *Mülbert/Steup*, Emittentenhaftung für fehlerhafte Kapitalmarktinformation am Beispiel der fehlerhaften Regelpublizität, WM 2005, S. 1633, 1638; *Zimmer*, in: Schwark (Hrsg.), Kapitalmarktrechtskommentar, 3. Aufl., 2004, § 37 b, 37 c WpHG Rn. 9.

742 *Zimmer*, in: Schwark (Hrsg.), Kapitalmarktrechtskommentar, 3. Aufl., 2004, § 37 b, 37 c WpHG Rn. 9.

743 *Zimmer*, in: Schwark (Hrsg.), Kapitalmarktrechtskommentar, 3. Aufl., 2004, § 37 b, 37 c WpHG Rn. 9.

Somit ergibt sich die deliktsrechtliche Qualifikation der §§ 37b, 37c WpHG fast zwangsläufig. Hierfür sprechen aber auch gewichtige Argumente.

Zum einen sind hier die Positivargumente, die für eine deliktsrechtliche Qualifikation streiten, anzuführen (siehe oben S. 186 f.). In besonderem Maße überzeugend ist insbesondere der Rückschluss auf die deliktsrechtliche Qualifikation aus der systematischen Stellung des § 32b ZPO. Aber auch der Vergleich zwischen den originär deliktsrechtlich einzuordnenden Verkehrssicherungspflichten und den kapitalmarktrechtlichen Informationspflichten spricht deutlich für eine deliktsrechtliche Qualifikation.

Zum anderen vermögen aber auch die Argumente zur Stützung der These, die Haftung nach §§ 37b, 37c WpHG sei eine kraft Gesetzes entstehende, besondere Vertrauenshaftung, nicht zu überzeugen.

Als Hauptargument für diese Ansicht wird angeführt, die laufenden Informationspflichten begründeten durch die Schaffung eines Vertrauenstatbestandes eine Sonderverbindung (siehe oben S. 187). Diese Begründung greift aber zu kurz. Vertreter dieser Meinung gehen zu Unrecht davon aus, jede durch das Aufsichtsrecht aufgestellte Pflicht gegenüber dem Markt begründe zugleich Pflichten gegenüber individuellen Marktteilnehmern.

Eine solche Sichtweise ist der deutschen Rechtsordnung aber fremd. Aufsichtsrechtliche Veröffentlichungspflichten begründen vielmehr regelmäßig keine Sonderverbindung zu den Abnehmern des Produkts.[744] Allein aus dem Faktum, dass Anleger neben anderen rationalen und irrationalen Faktoren Kapitalmarktinformationen zu der Grundlage ihrer Anlageentscheidung machen, wird noch keine Sonderverbindung begründet. Für die Begründung einer solchen Sonderverbindung fehlt nämlich regelmäßig ein entsprechender Rechtsbindungswille seitens des Informationsgebers (siehe oben S. 32).

Auch die Existenz der §§ 122, 179 BGB lässt sich nicht zur Stützung der Ansicht, es entstehe durch die Kapitalmarktinformation eine Sonderverbindung, heranziehen. Denn die §§ 122, 179 BGB setzen gerade die Inanspruchnahme konkreten Vertrauens voraus.[745] An der Begründung eines solchen konkreten Vertrauens fehlt es aber gerade mangels eines rechtsgeschäftlichen Kontaktes zwischen Informationsgeber und Anleger.

§ 311 Abs. 3 BGB hilft über diese Hürde nicht hinweg. Denn für die Anwendbarkeit des § 311 Abs. 3 BGB ist erforderlich, dass der Dritte persönlich in die Vertragsverhandlungen eingeschaltet war und seine Stellung zugunsten der von ihm vertretenen

744 *Sethe*, in: Assmann/Schneider (Hrsg.), Wertpapierhandelsgesetz, 5. Aufl., 2009, §§ 37b, 37c Rn. 19 mwN zu Ansprüchen aus dem Arzneimittelgesetz und dem Geräte- und Produktsicherungsgesetz.

745 Statt aller anderen vgl.: *Ellenberger,* in: Palandt, BGB, 68. Aufl., 2009, § 122 Rn. 1; *Heinrichs,* in: Palandt, BGB, 68. Aufl., 2009, § 179 Rn. 1.

Partei nutzte.[746] An diesen Voraussetzungen fehlt es bei der Abgabe von öffentlichen Kapitalmarktinformationen (siehe oben S. 40).

Zur Begründung einer Sonderverbindung wird teilweise auch angeführt, aus Sicht des Anlegers stellten Ad-hoc-Mitteilungen eine wesentliche Vertragsgrundlage dar. Folglich werde eine Sonderverbindung zwischen Anleger und Informationsgeber begründet. Dies kann aber ebenfalls nicht überzeugen. Machen Vertragsparteien das Verhalten eines Dritten zur Vertragsgrundlage und kommt es hierbei zu einer wesentlichen Abweichung zwischen dem vorgestellten zu dem tatsächlichen Verhalten, so begründet dies regelmäßig einen Anwendungsfall der Störung der Geschäftsgrundlage nach § 313 BGB.[747] Eine Sonderverbindung der Vertragsparteien zu dem Dritten wird hierdurch aber nicht begründet.[748] Eine andere Sichtweise liefe den Prinzipien der Rechtsgeschäftslehre zuwider.

Auch aus dem Wortlaut des § 37 c Abs. 1 WpHG folgt nicht zwingend eine dogmatische Einordnung der §§ 37 b und 37 c WpHG als besondere Vertrauenshaftung. Vielmehr stellt das Vertrauen auf die Richtigkeit lediglich ein Tatbestandsmerkmal der Haftung dar, ohne die dogmatische Einordnung zu beeinflussen. Noch weniger vermag die Regelung der §§ 37 b Abs. 3, 37 c Abs. 3 WpHG eine Qualifikation als Vertrauenshaftung zu begründen. Denn diese stellt eine Konkretisierung des Grundsatzes des Mitverschuldens dar, der im Bereich der allgemeinen Deliktshaftung dem § 254 BGB zu entnehmen ist.[749] Folglich kann hieraus kein Argument für eine Einordnung als Vertrauenshaftung und gegen eine Qualifikation als Deliktsrechthaftung hergeleitet werden.

Überdies ist die Einordnung als besondere Vertrauenshaftung im Bereich der zuständigkeitsrechtlichen Qualifikation wenig zielführend, weil dies eine Kategorie ist, mit der die Zuständigkeitsvorschriften nicht arbeiten.

Daher ist die Haftung nach den §§ 37 b, 37 c WpHG deliktsrechtlich zu qualifizieren.

b. Qualifikation bezüglich Zuständigkeitsregeln der EuGVVO

Sieht man mit der hier vertretenen Meinung bereits die deliktsrechtliche Qualifikation der Haftung nach §§ 37 b, 37 c WpHG hinsichtlich der Zuständigkeitsregelungen der ZPO als zwingend an, so gilt dies umso mehr für die Zuständigkeitsvorschriften der EuGVVO.

746 BGH, NJW 2004, S. 2523, 2525; BGH, NJW-RR 2005, S. 23, 25; *Grüneberg*, in: Palandt, BGB, 68. Aufl., 2009, § 311 Rn. 63; *Emmerich*, in: Münchener Kommentar, Bürgerliches Gesetzbuch, Band 2 Schuldrecht Allgemeiner Teil, 5. Aufl., 2007, § 311 Rn. 209; *Dühn*, Schadensersatzhaftung börsennotierter Aktiengesellschaften für fehlerhafte Kapitalmarktinformation, 2003, S. 113 f.

747 Vgl.: BGH, NJW 1993, S. 1641, 1642, zur Bereitschaft eines Dritten, die zur Vertragsabwicklung erforderliche Löschungsbewilligung zu erteilen.

748 Ebenso: *Sethe*, in: Assmann/Schneider (Hrsg.), Wertpapierhandelsgesetz, 5. Aufl., 2009, §§ 37 b, 37 c Rn. 21.

749 Statt aller: *Sethe*, in: Assmann/Schneider (Hrsg.), Wertpapierhandelsgesetz, 5. Aufl., 2009, §§ 37 b, 37 c Rn. 86.

Die bereits im Rahmen der Qualifikation der eigentlichen bürgerlich-rechtlichen Prospekthaftung erörterten Argumente (siehe oben S. 177 f.) gelten sinngemäß auch für die Haftung nach §§ 37 b, 37 c WpHG.

Das Hauptargument für eine deliktsrechtliche Qualifikation ist letztlich wiederum das Fehlen einer freiwillig eingegangenen Verpflichtung. Eine solche ist notwendige Voraussetzung einer vertraglichen Qualifikation.[750] Die Haftung nach §§ 37 b, 37 c WpHG ist jedoch eine Haftung für einen bloßen Verstoß gegen gesetzliche Vorschriften. Dies genügt trotz der Freiwilligkeit des Verstoßes nicht für die Annahme einer freiwillig eingegangenen Verpflichtung.[751]

Außerdem lässt sich gegen eine vertragliche und für eine deliktsrechtliche Qualifikation anführen, dass zwischen dem Informationsgeber, dem Emittenten, und dem Anleger regelmäßig keine direkten vertraglichen Beziehungen bestehen.[752] Damit ist wiederum ein Rückgriff auf die Argumentation des Europäischen Gerichtshofes in der Rechtssache „Handte"[753] eröffnet (siehe oben S. 177). Nach dieser fehlt es an einer freiwillig eingegangenen Verbindlichkeit immer dann, wenn keine direkte vertragliche Verbindung zwischen dem Schädiger und dem Geschädigten besteht. Eine Vertragskette ist zur Begründung einer solchen freiwillig eingegangenen Verbindlichkeit nicht ausreichend. Mangels einer freiwillig eingegangenen Verbindlichkeit scheidet eine vertragliche Qualifikation damit aus.

Folglich ist die Haftung gemäß §§ 37 b, 37 c WpHG auch hinsichtlich der Zuständigkeitsregelungen der EuGVVO als eine besondere Deliktshaftung zu begreifen.

c. *Fazit*

Damit bleibt als Ergebnis festzuhalten, dass die Haftung gemäß §§ 37 b, 37 c WpHG sowohl hinsichtlich der Zuständigkeitsregelungen der ZPO als auch der der EuGVVO deliktsrechtlich zu qualifizieren ist.

7. *Haftung nach § 823 BGB i.V.m. Schutzgesetz bzw. § 826 BGB*

Des Weiteren ist die Rechtsnatur der Haftung nach § 823 BGB i.V.m. einem Schutzgesetz bzw. § 826 BGB zu untersuchen.

750 Statt aller anderer: EuGH, Rs. C-334/00, Slg. 2002, S. I-7357 = NJW 2002, S. 3159 Rn. 23 ("Tacconi").

751 Statt aller anderen: *Hüßtege*, in: Thomas/Putzo (Hrsg.), Zivilprozessordnung, 29. Aufl., 2008, Art. 5 EuGVVO Rn. 3.

752 *Schwark*, Die Haftung aus dem Prospekt über Kapitalanlagen, BB 1979, S. 897, 902.

753 EuGH, Rs. C-26/91, Slg. 1992, S. I-3967 Rn. 16 ff., insbesondere Rn. 20 („Handte").

a. *Qualifikation bezüglich Zuständigkeitsregeln der ZPO*

Im nationalen deutschen Recht sind diese Schadensersatzansprüche deliktsrechtlich zu qualifizieren.[754] Dies folgt zum einen aus der systematischen Stellung der Normen in Titel 27 des BGB, dem Recht der unerlaubten Handlungen. Zum anderen sind diese Normen aber auch auf den Schutz des Einzelnen gegen widerrechtliche Handlungen, die in seinen Rechtskreis eingreifen, gerichtet. Eben dies ist ein Kennzeichen deliktsrechtlicher Haftungstatbestände.[755]

b. *Qualifikation bezüglich Zuständigkeitsregeln der EuGVVO*

Gleiches gilt hinsichtlich der Zuständigkeitsregelungen der EuGVVO. Die Haftung gemäß § 823 BGB i.V.m. einem Schutzgesetz bzw. § 826 BGB ist eine Haftung aufgrund bestimmter Rechtsnormen. Diese wird nicht durch eine freiwillig eingegangene Verpflichtung vermittelt, so dass eine vertragsrechtliche Qualifikation ausscheidet. Vielmehr ist auch bezüglich der Zuständigkeitsregelungen der EuGVVO eine deliktsrechtliche Qualifikation geboten.[756]

c. *Fazit*

Zusammenfassend lässt sich also festhalten, dass die Haftung gemäß § 823 Abs. 2 BGB i.V.m. Schutzgesetz und § 826 BGB stets deliktsrechtlich zu qualifizieren ist. Dies gilt sowohl hinsichtlich der Zuständigkeitsregeln der ZPO als auch bezüglich der Art. 5 ff. EuGVVO.

754 Für die Haftung nach § 823 Abs. 2 BGB i.V.m. § 264 a StGB: *Schütze*, in: Assmann/Schütze, Handbuch des Kapitalanlagerechts, 3. Aufl., 2007, § 8 Rn. 18; *Ellenberger,* Prospekthaftung im Wertpapierhandel, 2001, S. 9; allgemein: *Patzina*, in: Münchener Kommentar zur Zivilprozessordung, Band 1, 3. Aufl., 2008, § 32 Rn. 5; *Hartmann*, in: Baumbach/Lauterbach/Albers/Hartmann, Zivilprozessordnung, 66. Aufl., 2008, § 32 Rn. 6; *Hüßtege*, in: Thomas/Putzo (Hrsg.), Zivilprozessordnung, 29. Aufl., 2008, § 32 Rn. 1; *Roth*, in: Stein/Jonas (Hrsg.), Kommentar zur Zivilprozessordnung, 22. Aufl., 2003; § 32 Rn. 19.

755 *Sprau*, in: Palandt, BGB, 68. Aufl., 2009, Einf. vor § 823 Rn. 1.

756 *Kropholler*, Europäisches Zivilprozessrecht, 8. Aufl., 2005, Art. 5 EuGVVO Rn. 74; *Leible*, in: Rauscher (Hrsg.), Europäisches Zivilprozeßrecht – Band I, 2. Aufl., 2006, Art. 5 Brüssel I-VO Rn. 79; vgl. auch: *von Hein*, Deliktischer Kapitalanlegerschutz im europäischen Zuständigkeitsrecht, IPRax 2005, S. 17; *Weller,* Zur Handlungsortbestimmung im internationalen Kapitalanlegerprozeß bei arbeitsteiliger Deliktsverwirklichung, IPRax 2000, S. 202.

8. Gesamtfazit

Damit ist auch die Eingangsthese, dass mit Ausnahme der Haftung infolge eines Auskunftsvertrages jegliche Haftung zuständigkeitsrechtlich deliktisch zu qualifizieren ist, bestätigt.

E. Gerichtliche Zuständigkeiten für die einzelnen Ansprüche

In Kapitel E. wird untersucht, nach welchen Normen deutsche Gerichte für Schadensersatzklagen geprellter Anleger aufgrund fehlerhafter öffentlicher Kapitalmarktinformationen international zuständig sind.

Die Untersuchung versucht hierbei folgende These zu belegen: „*Die internationale Zuständigkeit wird aus Sicht deutscher Gerichte regelmäßig entweder durch den allgemeinen Gerichtsstand nach Art. 2 Abs. 1 EuGVVO oder durch den besonderen Gerichtsstand nach Art. 5 Nr. 3 EuGVVO vermittelt. Die anderen Gerichtsstände der EuGVVO spielen ebenso wie Gerichtsstandsvereinbarungen nur eine völlig untergeordnete Rolle.*

Mit Ausnahme des § 32 ZPO vermitteln Gerichtsstände der ZPO lediglich die örtliche Zuständigkeit. Wegen des Anwendungsvorranges der EuGVVO verbleibt kein Raum zur Regelung der internationalen Zuständigkeit im Rahmen eines Erkenntnisverfahrens.“

I. Internationale Zuständigkeit – Begriff und Funktion

Die internationale Zuständigkeit bestimmt, ob ein streitiger Sachverhalt einen so großen Inlandsbezug aufweist, dass es gerechtfertigt ist, den Rechtsstreit vor den deutschen Gerichten zu klären. Die internationale Zuständigkeit dient also dazu, die gerichtliche Zuständigkeit zwischen verschiedenen Staaten abzugrenzen.[757]

Der internationalen Zuständigkeit kommen im Rahmen dieser Abgrenzung zwei wesentliche Funktionen zu. Zum einen dient sie der Bestimmung der Rechtstreitigkeiten, für die der deutsche Staat seine Gerichtsgewalt ausüben will. Diese Funktion wird als Entscheidungszuständigkeit für das Erkenntnisverfahren bezeichnet. Des Weiteren setzt die internationale Zuständigkeit aber auch Maßstäbe für die Anerkennung ausländischer Entscheidungen. So ist nach § 328 Abs. 1 Nr. 1 ZPO eine ausländische Entscheidung in Deutschland nicht anzuerkennen, wenn das ausländische Gericht nach einer spiegelbildlichen Anwendung der in Deutschland geltenden Zuständigkeitsregeln international nicht zuständig war. Dieser Aspekt der internationalen Zuständigkeit wird als Anerkennungszuständigkeit bezeichnet.[758]

Obwohl die Untersuchung der internationalen Zuständigkeit ein zentrales Anliegen dieser Dissertation ist, beschränkt sich diese Arbeit im Wesentlichen auf die Erörterung der Entscheidungszuständigkeit im Erkenntnisverfahren. Denn nur in dem Bereich der Entscheidungszuständigkeit für das Erkenntnisverfahren sind Besonderheiten für Klagen wegen fehlerhafter Kapitalmarktinformationen zu erwarten.

757 BGHZ 44, S. 46 f.; *Schack*, Internationales Zivilverfahrensrecht, 4. Aufl., 2006, Rn. 9, 131; *Von Hoffmann/Thorn*, Internationales Privatrecht, 9. Aufl., 2007, § 3 Rn. 28; *Kropholler*, Internationales Privatrecht, 6. Aufl., 2006, S. 606 f.; *Hüßtege*, Internationales Privatrecht, 4. Aufl., 2005, S. 34; *Linke*, Internationales Zivilprozessrecht, 4. Aufl., 2006, Rn. 102.

758 *Von Hoffmann/Thorn*, Internationales Privatrecht, 9. Aufl., 2007, § 3 Rn. 31.

Die Frage nach der internationalen Zuständigkeit ist eine eigenständige Prozessvoraussetzung,[759] die von der Frage der Gerichtsbarkeit,[760] also der Justiziabilität an sich, und der Frage nach der innerstaatlichen Kompetenzverteilung[761] abzugrenzen ist.

Als echte Zulässigkeitsvoraussetzung ist die internationale Zuständigkeit in jeder Lage des Verfahrens, sogar im Rahmen eines Revisionsverfahrens,[762] von Amts wegen zu prüfen.[763] Fehlt die internationale Zuständigkeit des angerufenen Gerichts, ist die Klage unzulässig und damit abzuweisen. Auch auf Antrag des Klägers ist eine Verweisung an ein international zuständiges Gericht gemäß § 281 Abs. 1 S. 1 ZPO nicht möglich.[764] Dies folgt zum einen aus dem Wortlaut des § 281 Abs. 1 S. 1 ZPO, der nur hinsichtlich örtlich oder sachlich unzuständiger Gerichte Geltung verlangt. Zum anderen endet die Hoheitsgewalt eines jeden Staates grundsätzlich an dessen Staatsgrenze. Eine nach § 281 Abs. 2 S. 4 ZPO bindende Verweisung an ein Gericht eines anderen Staates wäre eine grenzüberschreitende hoheitliche Maßnahme und würde in die Souveränität des betroffenen Staates eingreifen. Eine derartig weitgehende Befugnis kann der deutsche Gesetzgeber seinen Gerichten nicht einräumen, so dass § 281 ZPO bei Fehlen der internationalen Zuständigkeit nicht eingreift.[765]

Ihre Bedeutung bezieht die internationale Zuständigkeit zum einen aus der Festlegung der zuständigen nationalen Gerichtsbarkeit. Allein hierdurch können einer Partei schwerwiegende Nachteile entstehen, denn ein Gerichtsprozess in einem entfernten Land der Erde ist mit einem erheblichen Kosten- und Zeitaufwand verbunden. Häufiges Klägerziel ist daher die Begründung eines Gerichtsstandes möglichst nah am Wohnort des Klägers.[766]

Darüber hinaus beeinflusst die internationale Zuständigkeit aber mittelbar auch das anwendbaren Sachrecht, weil jedes Gericht sein eigenes Kollisionsrecht anwendet.[767] Durch eine günstige Wahl des Gerichtsstandes kann demnach zunächst das anwendbare Kollisionsrecht und damit mittelbar das anwendbare Sachrecht bestimmt werden. Dieses Vorgehen, den Gerichtsstand nach dem Kollisionsrecht und letztlich dem anwendbaren Sachrecht zu wählen, heißt „forum shopping".[768] Dies ist höchst

759 BGH, WM 1976, S. 453, 457; *Linke*, Internationales Zivilprozessrecht, 4. Aufl., 2006, Rn. 104; so bereits: *Riezler*, Internationales Prozessrecht und prozessuales Fremdenrecht, 1949, S. 203; *Matthies*, Die deutsche internationale Zuständigkeit, 1955, S. 63.

760 *Linke*, Internationales Zivilprozessrecht, 4. Aufl., 2006, Rn. 65, 104; *Geimer*, Internationales Zivilprozessrecht, 5. Aufl., 2005, Rn. 371 ff.; *Riezler*, Internationales Prozessrecht und prozessuales Fremdenrecht, 1949, S. 197 ff., 202.

761 KG, RIW 2001, S. 611, 612; *Linke*, Internationales Zivilprozessrecht, 4. Aufl., 2006, Rn. 104.

762 BGHZ 119, S. 392, 393.

763 BGHZ 44, S. 46; *Schack*, Internationales Zivilverfahrensrecht, 4. Aufl., 2006, Rn. 385.

764 OLG Düsseldorf, WM 2000, S. 2192, 2195; *Reichold*, in: Thomas/Putzo (Hrsg.), Zivilprozessordnung, 29. Aufl., 2008, § 281 Rn. 1; *Foerste*, in: Musielak (Hrsg.), Kommentar zur Zivilprozessordnung, 6. Aufl., 2008, § 281 Rn. 2; *Greger*, in: Zöller, Zivilprozessordnung, 27. Aufl., 2009, § 281 Rn. 5.

765 Vgl.: *Greger*, in: Zöller, Zivilprozessordnung, 27. Aufl., 2009, § 281 Rn. 5.

766 BGHZ 44, S. 46, 50.

767 BGHZ 44, S. 46, 50; *Brödermann/Rosengarten/Jenke*, in: Brödermann/Rosengarten (Hrsg.), IPR/IZVR, 2004, S. 161; *Bachmann*, Die internationale Zuständigkeit für Klagen wegen fehlerhafter Kapitalmarktinformationen, IPRax 2007, S. 77, 83.

768 *Kropholler*, Internationales Privatrecht, 6. Aufl., 2006, S. 635 f.

wahrscheinlich der für die anwaltliche Praxis interessanteste Aspekt der internationalen Zuständigkeit.

II. Internationale Zuständigkeit aufgrund Zuständigkeitsregelungen der EuGVVO und der ZPO

Hinsichtlich der Darstellung ist zwischen Sachverhalten die von der EuGVVO geregelt werden und solchen, bei denen die internationale Zuständigkeit dem nationalen autonomen Zuständigkeitsregeln zu entnehmen ist, zu unterscheiden.

Soweit im nationalen Recht keine ausdrückliche Regelung der internationalen Zuständigkeit existiert, folgt diese aus der örtlichen Zuständigkeit. Die örtliche indiziert also die internationale Zuständigkeit.[769] Dieser Vorgang wird als Doppelfunktionalität bezeichnet.[770]

Dagegen regeln die Vorschriften der EuGVVO stets ausdrücklich die internationale Zuständigkeit.[771] Diese Bestimmungen der EuGVVO gehen den autonomen deutschen Bestimmungen vor.[772] Denn die Regelungen des EG-Vertrages und in den Mitgliedstaaten unmittelbar geltendes Sekundärgemeinschaftsrecht genießen einen Anwendungsvorrang vor dem nationalen autonomen Recht.[773] Dieser Anwendungsvorrang des Europarechts folgt aus dem in Art. 10 EG verankerten effet utile.[774]

Die EuGVVO ist eine Verordnung im Sinn des Art. 249 Abs. 2 EG. Verordnungen sind nach Art. 249 Abs. 2 EG in den Mitgliedstaaten unmittelbar geltendes europäisches Sekundärrecht. Damit verdrängt die EuGVVO in ihrem Anwendungsbereich jegliche Zuständigkeitsregel des autonomen Rechts. Den autonomen nationalen Zuständigkeitsnormen verbleibt in diesen Fällen allenfalls die Aufgabe, die örtliche Zuständigkeit zu regeln.

769 BGHZ 44, S. 46; BGH, NJW 1985, S. 2090; BGH, IPRax 1997, S. 434, 435; *Von Hoffmann/Thorn*, Internationales Privatrecht, 9. Aufl., 2007, § 3 Rn. 38; *Linke*, Internationales Zivilprozessrecht, 4. Aufl., 2006, Rn. 115; *Schack*, Internationales Zivilverfahrensrecht, 4. Aufl., 2006, Rn. 236.

770 BGH, IPRax 1997, S. 434, 435; *Von Hoffmann/Thorn*, Internationales Privatrecht, 9. Aufl., 2007, § 3 Rn. 38; *Kropholler*, Internationales Privatrecht, 6. Aufl., 2006, S. 609 f.; *Schack*, Internationales Zivilverfahrensrecht, 4. Aufl., 2006, Rn. 236 f.

771 *Rauscher*, Internationales Privatrecht, 2. Aufl., 2002, S. 339; *Kropholler*, Europäisches Zivilprozessrecht, 8. Aufl., 2005, Einl. Rn. 19.

772 *Kropholler*, Europäisches Zivilprozessrecht, 8. Aufl., 2005, Einl. Rn. 19; *Hess/Michailidou*, Das Gesetz über Musterverfahren zu Schadensersatzklagen von Kapitalanlegern, ZIP 2004, S. 1381, 1385; *Hüßtege*, Internationales Privatrecht, 4. Aufl., 2005, S. 41; *Rauscher*, Internationales Privatrecht, 2. Aufl., 2002, S. 339.

773 Ständige Rechtsprechung des EuGH seit: EuGH, Rs. 6/64, Slg. 1964, S. 1251= NJW 1964, S. 2371, 2372 („Costa/E.N.E.L."); *Oppermann*, Europarecht, 3. Aufl., 2005, Rn. 615 ff.; *Herdegen*, Europarecht, 9. Aufl., 2007, § 11 Rn. 1 ff.; *Borchard*, Die rechtlichen Grundlagen der Europäischen Union, 3. Aufl., 2006, Rn. 156; *Streinz*, Europarecht, 8. Aufl., 2008, Rn. 201, 208.

774 VG Freiburg, Urteil vom 16.4.2008 (1 K 2683/07), Rn. 27 (unveröffentlicht); *Streinz/Herrmann*, Der Anwendungsvorrang des Gemeinschaftsrechts und die „Normverwerfung" durch deutsche Behörden, BayVBl. 2008, S. 1, 4.

Somit kann es je nachdem, ob die EuGVVO oder die autonom nationalen Zuständigkeitsregelungen zur Anwendung gelangen, zu unterschiedlichen Ergebnissen hinsichtlich der internationalen Zuständigkeit kommen.

III. Spezielle Zuständigkeitsregelung für Klagen aufgrund fehlerhafter Kapitalmarktinformationen

Zunächst ist zu untersuchen, ob spezielle Zuständigkeitsregeln für die internationale Zuständigkeit von Klagen aufgrund fehlerhafter Kapitalmarktinformationen existieren. Hierbei ist zwischen Sachverhalten, die durch die EuGVVO geregelt werden und solchen, die durch die rein nationalen Zuständigkeitsregelungen regiert werden, zu unterscheiden.

1. Internationale Zuständigkeit nach der EuGVVO

Für Klagen wegen fehlerhafter Kapitalmarktinformationen sieht die EuGVVO keinen speziellen Gerichtsstand vor.[775] Folglich verbleibt es bei der Bestimmung der internationalen Zuständigkeit anhand der EuGVVO bei den allgemeinen Zuständigkeitsregelungen.

2. Internationale Zuständigkeit nach dem nationalen Recht, § 32 b ZPO

Weniger eindeutig ist die Rechtslage nach dem autonomen deutschen Zuständigkeitsrecht. Im Zuge des KapMuG[776] wurde § 32 b ZPO eingeführt. Dieser enthält unstreitig eine ausschließliche örtliche Zuständigkeit des Gerichts am Sitz des Emittenten, des betroffenen Anlegers sonstiger Vermögensanlagen bzw. der Zielgesellschaft (bzw. die durch Landesrecht bestimmten Zentralgerichte, siehe unten S. 207). Mit § 32 b ZPO korrespondiert § 71 Abs. 2 Nr. 3 GVG, der streitwertunabhängig eine Zuständigkeit der Landgerichte begründet.

Fraglich und umstritten ist allerdings, ob § 32 b ZPO auch eine Regelung hinsichtlich der internationalen Zuständigkeit trifft.[777]

775 *Keller/Kolling,* Das Gesetz zur Einführung von Kapitalanleger-Musterverfahren – Ein Überblick, BKR 2005, S. 399, 402; *Bachmann,* Die internationale Zuständigkeit für Klagen wegen fehlerhafter Kapitalmarktinformationen, IPRax 2007, S. 77, 80.

776 Gesetz zur Einführung von Kapitalanleger-Musterverfahren vom 16.8.2005 (BGBl. I 2005, S. 2437), geändert durch Artikel 12 des Gesetzes vom 5.1.2007 (BGBl. I 2007, S. 10).

777 *Bachmann,* Die internationale Zuständigkeit für Klagen wegen fehlerhafter Kapitalmarktinformationen, IPRax 2007, S. 77, 83.

a. Regelung der internationalen Zuständigkeit durch § 32 b ZPO?

Der Streit über die Frage, ob § 32 b ZPO auch die internationale Zuständigkeit regelt rührt aus der Formulierung des § 32 b Abs. 1 S. 2 ZPO her. Dieser bestimmt, dass die Regelung des § 32 b Abs. 1 S. 1 ZPO nicht für Fälle gilt, in denen sich der Sitz des Emittenten, des betroffenen Anlegers sonstiger Vermögensanlagen bzw. der Zielgesellschaft im Ausland befindet.

aa. Keine Regelung der internationalen Zuständigkeit

Der Wortlaut des § 32 b Abs. 1 S. 2 ZPO legt damit nahe, dass die internationale Zuständigkeit von § 32 b ZPO nicht geregelt werden sollte. Der Anwendungsbereich des § 32 b ZPO wird hierdurch faktisch auf Inlandssachverhalte oder zumindest Sachverhalte, in denen der Beklagte seinen Sitz in Deutschland hat, beschränkt.

Als Argument gegen eine Regelung der internationalen Zuständigkeit durch § 32 b ZPO wird auch die Gesetzgebungsgeschichte der Norm angeführt. Die Norm sei aus einer Diskussion heraus geboren worden, die die internationalen Aspekte einer Zuständigkeitsregelung weitgehend ausblendete.[778] Auch die das Gesetzgebungsverfahren begleitenden Stellungnahmen hätten sich zu diesem Aspekt des KapMuG bedeckt gehalten.[779]

Hinzu kommt, dass die autonomen nationalen Zuständigkeitsvorschriften im Anwendungsbereich der EuGVVO von dieser verdrängt werden (siehe oben S. 195). Die internationale Zuständigkeit grenzüberschreitender Haftungsklagen im europäischen Justizraum könnte daher von § 32 b ZPO nicht geregelt werden. Dies gelte sowohl für Klagen ausländischer Geschädigter gegen inländische Emittenten als auch für Klagen inländischer Anleger gegen Emittenten aus dem EU-Ausland.[780]

Daher wird zum Teil gefolgert, dass § 32 b ZPO keine Regelung zur internationalen Zuständigkeit treffe.[781]

778 *Baums*, Bericht der Regierungskommission „Corporate Governance" vom 10.8.2001, BT-Drucks. 14/7515, S. 81, 86, 89 f.; *Hess*, Sammelklagen im Kapitalmarktrecht, AG 2003, S. 113, 124 f.; *Fleischer*, Gutachten F für den 64. Deutschen Juristentag (2002), F 115 ff.

779 Vgl.: Stellungnahme von DAI, DSW, DAV, BDI, DIHK und GDV (abrufbar unter: www.jura.uni-augsburg.de/prof/moellers/materialien/5_kapitalmarktrecht/kapmug/).

780 *Hüßtege*, in: Thomas/Putzo (Hrsg.), Zivilprozessordnung, 29. Aufl., 2008, § 32 b Rn. 7; *Hess*, Der Regierungsentwurf für ein Kapitalanlegermusterverfahrensgesetz, WM 2004, S. 2329, 2331 f.

781 *Hess*, Der Regierungsentwurf für ein Kapitalanlegermusterverfahrensgesetz, WM 2004, S. 2329, 2331 f.; unklar: *Hüßtege*, in: Thomas/Putzo (Hrsg.), Zivilprozessordnung, 29. Aufl., 2008, § 32 b Rn. 7.

bb. Regelung der internationalen Zuständigkeit

Dagegen vertritt die weit überwiegende Literatur mit dem Verfasser des Entwurfes zu dem KapMuG die Meinung,[782] dass § 32 b ZPO eine Regelung der internationalen Zuständigkeit beinhaltet.[783]

Vertreter dieser Ansicht argumentieren, gerade der Wortlaut des § 32 b Abs. 1 S. 2 ZPO streite für eine Regelung der internationalen Zuständigkeit. Die Beschränkung auf Fälle, in denen der Emittent seinen Sitz im Inland habe, sei letztlich lediglich die Schaffung einer einseitigen Kollisionsnorm. Ein Vergleich mit der Formulierung der Verbundzuständigkeit des Familiengerichts nach § 621 Abs. 2 S. 1 ZPO zeige, dass § 32 b ZPO nicht lediglich die örtliche Zuständigkeit regele. Während § 621 Abs. 2 S. 1 ZPO deutlich die Beschränkung auf die Regelung der örtlichen Zuständigkeit zum Ausdruck bringe, indem er formuliert, „unter den deutschen Gerichten“, fehle eine solche Einschränkung im Wortlaut des § 32 b ZPO. Der Gesetzgeber habe diese Beschränkung im Rahmen des § 32 b ZPO bewusst nicht eingefügt. Daher sei im Umkehrschluss aus dem Wortlaut zu folgern, § 32 b ZPO solle auch die internationale Zuständigkeit regeln.[784]

In dieselbe Richtung würden auch die Gesetzgebungsmaterialien weisen.[785] Zwar sei im allgemeinen Teil der Gesetzesbegründung zu lesen, § 32 b Abs. 1 S. 2 ZPO regele „ insoweit nur die örtliche ausschließliche, nicht die internationale Zuständigkeit“.[786] Gemeint sei mit dieser unglücklichen Formulierung, § 32 b Abs. 1 S. 2 ZPO wolle nur deklaratorisch klarstellen, dass im Ausland gegen ausländische Emittenten erstrittene Urteile gleichwohl grundsätzlich in Deutschland vollstreckbar bleiben.[787]

Deutlicher sei die Detailbegründung in der der Gesetzgeber zum Ausdruck bringt, das „forum shopping“ als Gefahr für den „Börsen- und Justizplatz Deutschland“[788] erkannt zu haben. Ziel des § 32 b ZPO sei es, die Anleger dazu zu veranlassen, „vor deutschen Gerichten zu klagen und nicht im Wege des „forum shoppings“ auf andere

782 *Reuschle*, Ein neuer Weg zur Bündelung und Durchsetzung gleichgerichteter Ansprüche – Zum Entwurf eines Kapitalanleger-Musterverfahrensgesetzes (KapMuG), WM 2004, S. 2334, 2343.

783 *Cuypers*, Gerichtliche Zuständigkeiten bei fehlgeschlagener Kapitalanlage, WM 2007, S. 1446, 1448 ff.; *Heinrich*, in: Musielak (Hrsg.), Kommentar zur Zivilprozessordnung, 6. Aufl., 2008, § 32 b Rn. 7; *Patzina*, in: Münchener Kommentar, Zivilprozessordnung, Band 1, 3. Aufl., 2008, § 32 b Rn. 9; *Vollkommer,* in: Zöller, Zivilprozessordnung, 27. Aufl., 2009, § 32 b Rn. 8; *Haß/Zerr*, Forum Shopping in den USA nach Erlass des KapMuG, RIW 2005, S. 721, 727; *von Hein*, Der ausschließliche Gerichtsstand für Kapitalanleger-Musterverfahren – eine Lex Anti-Americana?, RIW 2004, S. 602, 608; *Bachmann*, Die internationale Zuständigkeit für Klagen wegen fehlerhafter Kapitalmarktinformationen, IPRax 2007, S. 77, 84; *Schneider*, Auf dem Weg zu Securities Class Actions in Deutschland? – Auswirkungen des KapMuG auf die Praxis kapitalmarktrechtlicher Streitigkeiten, BB 2005, S. 2249, 2251.

784 Vgl.: *von Hein*, Der ausschließliche Gerichtsstand für Kapitalanleger-Musterverfahren – eine Lex Anti-Americana?, RIW 2004, S. 602, 606.

785 *Von Hein*, Der ausschließliche Gerichtsstand für Kapitalanleger-Musterverfahren – eine Lex Anti-Americana?, RIW 2004, S. 602, 606; *Bachmann*, Die internationale Zuständigkeit für Klagen wegen fehlerhafter Kapitalmarktinformationen, IPRax 2007, S. 77, 83 f.

786 Begründung zu dem RegE KapMuG vom 14. 03. 2005, BT-Drucksache 15/5091, S. 34.

787 *Bachmann*, Die internationale Zuständigkeit für Klagen wegen fehlerhafter Kapitalmarktinformationen, IPRax 2007, S. 77, 83 f.

788 Begründung zu dem RegE KapMuG vom 14. 03. 2005, BT-Drucksache 15/5091, S. 17.

Staaten auszuweichen".[789] Daneben verfolge § 32 b ZPO das Ziel, einer „Zersplitterung der örtlichen Zuständigkeiten auf Grund verschiedener Gerichtsstände" entgegenzuwirken, „die sich aus den ansonsten in Betracht kommenden Gerichtsständen des Sitzes des Beklagten, der unerlaubten Handlung oder des Vermögens nach internationalem Zivilprozessrecht ergeben könnten".[790] Diese Gesetzesbegründung bringe deutlich zum Ausdruck, dass § 32 b ZPO als eine Regelung der internationalen Zuständigkeit konzipiert sei.[791]

Zudem verweisen die Vertreter dieser Ansicht teilweise darauf, im Rahmen der Entstehungsgeschichte des § 32 b ZPO sei nicht nur die unmittelbar vor Entwurf der Norm geführte Diskussion zu berücksichtigen. Vielmehr müsse bereits das Referat von Frau *Stadler* auf dem 62. Deutschen Juristentag in Bremen berücksichtigt werden. Die Referentin habe explizit darauf aufmerksam gemacht, dass mit einem ausschließlichen Gerichtsstand für ein Gruppenverfahren auch die internationale Zuständigkeit geregelt werde.[792] Somit sei in der Diskussion um den Entwurf des § 32 b ZPO keineswegs der Aspekt der internationalen Zuständigkeit ausgeblendet gewesen.[793]

Des Weiteren sei zu berücksichtigen, dass Vorbild für § 32 b ZPO der Gerichtsstand für Umwelteinwirkungen nach § 32 a ZPO sei. Satz 2 des § 32 a ZPO sei entsprechend dem des § 32 b Abs. 1 S. 2 ZPO formuliert. Dennoch sehe die weitaus herrschende Ansicht in § 32 a ZPO eine Regelung der internationalen Zuständigkeit.[794] Dies streite für eine Regelung der internationalen Zuständigkeit durch § 32 b ZPO.[795]

Kein Argument gegen eine Regelung der internationalen Zuständigkeit sei der schmale Anwendungsbereich, der dem § 32 b ZPO verbleibe, um die internationale Zuständigkeit zu regeln. Zwar werde § 32 b ZPO von den Regelungen der EuGVVO in deren Regelungsbereich verdrängt, so dass er in diesen Fällen allenfalls die örtliche Zuständigkeit regeln könne.[796] Außerhalb des Anwendungsbereichs der EuGVVO regele § 32 b ZPO gleichwohl die internationale Zuständigkeit. Aus einem engen An-

789 Begründung zu dem RegE KapMuG vom 14. 03. 2005, BT-Drucksache 15/5091, S. 17.

790 Begründung zu dem RegE KapMuG vom 14. 03. 2005, BT-Drucksache 15/5091, S. 33.

791 *Bachmann*, Die internationale Zuständigkeit für Klagen wegen fehlerhafter Kapitalmarktinformationen, IPRax 2007, S. 77, 84.

792 *Stadler*, in: Verhandlungen des zweiundsechzigsten Deutschen Juristentages Bremen 1998, Band II/1, S. I-35, 59.

793 *Von Hein*, Der ausschließliche Gerichtsstand für Kapitalanleger-Musterverfahren – eine Lex Anti-Americana?, RIW 2004, S. 602, 607.

794 *Pfeiffer*, Der Umweltgerichtsstand als zuständigkeitsrechtlicher Störfall – Bemerkungen zu § 32 a ZPO, ZPP 106 (1993), S. 159, 165 ff., insbesondere 167; *Geimer*, Internationales Zivilprozessrecht, 5. Aufl., 2005, Rn. 942; *Kegel/Schurig*, Internationales Privatrecht, 9. Aufl., 2004, S. 1134; *Vollkommer*, in: Zöller, Zivilprozessordnung, 27. Aufl., 2009, § 32 a Rn. 3; *Klug*, Neue Regelungen im Bereich der Gerichtsstände der ZPO, 1998, S. 48 ff.; *Heinrich*, in: Musielak (Hrsg.), Kommentar zur Zivilprozessordnung, 6. Aufl., 2008, § 32 a Rn. 10; *Hausmann*, in: Wieczorek/Schütze (Hrsg.), Zivilprozessordnung, Band I, 3. Aufl., 1994, § 32 a Rn. 24.

795 *Von Hein*, Der ausschließliche Gerichtsstand für Kapitalanleger-Musterverfahren – eine Lex Anti-Americana?, RIW 2004, S. 602, 605.

796 *Schneider*, Auf dem Weg zu Securities Class Actions in Deutschland? – Auswirkungen des KapMuG auf die Praxis kapitalmarktrechtlicher Streitigkeiten, BB 2005, S. 2249, 2251; *von Hein*, Der ausschließliche Gerichtsstand für Kapitalanleger-Musterverfahren – eine Lex Anti-Americana?, RIW 2004, S. 602, 608; *Haß/Zerr*, Forum Shopping in den USA nach Erlass des KapMuG, RIW 2005, S. 721, 727.

wendungsbereich könne nicht auf einen gänzlich fehlenden Anwendungsbereich geschlossen werden. Für § 29 c ZPO verbleibe neben den Art. 15 ff. EuGVVO ebenfalls nur ein kleiner Anwendungsbereich. Dennoch werde hieraus nicht der Schluss gezogen, die Vorschrift erfasse die internationale Zuständigkeit nicht.[797]

Schließlich spreche auch der allgemeine Grundsatz der Doppelfunktionalität für eine Regelung der internationalen Zuständigkeit durch § 32 b ZPO.[798] Allgemeiner Meinung zufolge regeln die Vorschriften über die örtliche Zuständigkeit grundsätzlich implizit die internationale Zuständigkeit mit (siehe oben S. 195). Eine Ausnahme von diesem Grundsatz greife im Fall des § 32 b ZPO nicht ein. Folglich spreche auch dieser allgemeine Grundsatz für eine Regelung auch der internationalen Zuständigkeit durch § 32 b ZPO.

cc. Eigene Stellungnahme

Eine Streitentscheidung wäre entbehrlich, wenn § 32 b ZPO ohnehin keinen Anwendungsbereich hätte bzw. stets durch die Regelungen der EuGVVO verdrängt würde.

(1) Erkenntnisverfahren

Für das Erkenntnisverfahren ist der Streit um die Frage, ob § 32 b ZPO auch eine Regelung zur internationalen Zuständigkeit trifft, rein akademischer Natur. Denn in jeglicher von § 32 b ZPO erfassten Konstellation wird die Vorschrift durch die Regelungen der EuGVVO verdrängt.

Die EuGVVO ist nämlich richtiger Ansicht zufolge nicht nur dann anwendbar, wenn der Streitfall ausschließlich Bezug zu Mitgliedstaaten der EU hat, sondern sie gilt auch, wenn die Klage außer dem deutschen Wohnsitz des Beklagten keinen weiteren mitgliedstaatlichen Bezug aufweist.[799] Mit anderen Worten ist der räumlich-persönliche Anwendungsbereich der EuGVVO in wortlautgetreuer Anwendung des Art. 2 Abs. 1 EuGVVO stets eröffnet, wenn der Beklagte seinen Wohnsitz in einem

797 *Von Hein*, Der ausschließliche Gerichtsstand für Kapitalanleger-Musterverfahren – eine Lex Anti-Americana?, RIW 2004, S. 602, 606 f.

798 *Haß/Zerr*, Forum Shopping in den USA nach Erlass des KapMuG, RIW 2005, S. 721, 727; *von Hein*, Der ausschließliche Gerichtsstand für Kapitalanleger-Musterverfahren – eine Lex Anti-Americana?, RIW 2004, S. 602, 606.

799 EuGH, Rs. C-412/98, Slg. 2000, S. I-5925 = NJW 2000, S. 3621, 3623 Rn. 61 ("Group Josi"); *Geimer*, Internationales Zivilprozessrecht, 5. Aufl., 2005, Rn. 1264; *Kropholler*, Europäisches Zivilprozessrecht, 8. Aufl., 2005, vor Art. 2 EuGVVO Rn. 8; *Mankowski*, in: Rauscher (Hrsg.), Europäisches Zivilprozeßrecht – Band I, 2. Aufl., 2006, Vorbm. Art. 2 Brüssel I-VO Rn. 11 f.; a.A.: *Roth*, in: Stein/Jonas (Hrsg.), Kommentar zur Zivilprozessordnung, 22. Aufl., 2003; vor § 12 Rn. 32; *Schack*, Wechselwirkungen wie zwischen europäischem und nationalem Zivilprozeßrecht, ZZP 107 (1994), S. 279, 288 ff.

Mitgliedstaat hat.[800] Für diese Sichtweise streitet auch Erwägungsgrund 8 der EuGV-VO, der lediglich einen Anknüpfungspunkt zu einem Mitgliedstaat fordert.

Daher verbleibt für § 32 b ZPO im Rahmen des Erkenntnisverfahrens kein Raum zur Bestimmung der internationalen Zuständigkeit. Denn § 32 b ZPO regelt ohnehin nur die internationale Zuständigkeit für Klagen gegen Emittenten mit Sitz in Deutschland. Zur Lokalisierung des Emittentensitzes verweist die Gesetzesbegründung auf § 17 Abs. 1 S. 2 ZPO.[801] Als Sitz des Emittenten gilt damit grundsätzlich der Ort, an dem die Verwaltung geführt wird. Dies entspricht der Sitzbestimmung in Art. 60 Abs. 1 lit. b EuGVVO. Allerdings gilt dies ausweislich des Wortlauts des § 17 Abs. 1 S. 2 ZPO nur soweit sich nichts anderes ergibt. Insbesondere das Gesellschaftsstatut kann eine anderweitige Lokalisierung des Emittentensitzes nahe legen.[802] So bestimmt beispielsweise § 5 Abs. 1 AktG, dass für Gesellschaften, die dem deutschen Aktiengesetz unterliegen, der Satzungs- und nicht der Verwaltungssitz maßgeblich ist. Aber auch der Satzungssitz wird zur Eröffnung des Anwendungsbereichs der EuGVVO nach Art. 2 Abs. 1 i.V.m. Art. 60 Abs. 1 lit. a EuGVVO herangezogen. Damit hat eine Gesellschaft, die ihren Sitz im Sinn des § 32 b Abs. 1 S. 2 ZPO in Deutschland hat, stets auch einen Wohnsitz in einem EU-Mitgliedsstaat gemäß Art. 2 Abs. 1 i.V.m. Art. 60 EuGVVO.

Folglich ist in den von § 32 b ZPO geregelten Fällen stets der räumlich-persönliche Anwendungsbereich der EuGVVO eröffnet. Die von § 32 b ZPO erfassten Streitigkeiten gehören dem Zivil- und Handelsrecht im Sinn des Art. 1 Abs. 1 S. 1 EuGVVO an, so dass der sachliche Anwendungsbereich ebenfalls eröffnet ist. Gleiches gilt für den zeitlichen Anwendungsbereich nach Art. 66 Abs. 1 EuGVVO. Somit ist in diesen Fällen wegen des Beklagtenwohnsitzes in Deutschland und damit in einem Mitgliedstaat der EU die EuGVVO anzuwenden. Diese verdrängt die nationalen Zuständigkeitsvorschriften, so dass die internationale Zuständigkeit für das Erkenntnisverfahren auch hinsichtlich Klagen US-amerikanischer Anleger gegen Emittenten mit Sitz in Deutschland den Regelungen der EuGVVO zu entnehmen ist.

800 EuGH, Rs. C-412/98, Slg. 2000, S. I-5925 = NJW 2000, S. 3621, 3623 Rn. 61 ("Group Josi").
801 Begründung zu dem RegE KapMuG vom 14. 03. 2005, BT-Drucksache 15/5091, S. 33.
802 Begründung zu dem RegE KapMuG vom 14. 03. 2005, BT-Drucksache 15/5091, S. 33.

(2) Anerkennung und Vollstreckung

Praktische Relevanz erlangt der Streit um die Regelung der internationalen Zuständigkeit durch § 32 b ZPO allerdings im Rahmen der Anerkennung und Vollstreckung von Urteilen aus Drittstaaten.[803]

Die EuGVVO regelt lediglich die Anerkennung und Vollstreckung von Urteilen mitgliedstaatlicher Gerichte in anderen Mitgliedstaaten, Art. 33 Abs. 1, 38 Abs. 1 EuGVVO. Sie gilt nicht hinsichtlich Urteilen aus Drittstaaten. Deren Anerkennung und Vollstreckbarkeit richtet sich in Deutschland nach den §§ 328, 722, 723 ZPO. Zentrale Vorschrift ist hierbei § 328 ZPO, der verschiedene Anerkennungshindernisse nennt. Diese finden über die Verweisung in § 723 Abs. 2 S. 2 ZPO auch im Rahmen des Exequaturverfahrens Anwendung.

Problematisch ist hierbei, dass § 328 Abs. 1 Nr. 1 ZPO die Anerkennung ausländischer Urteile versagt, wenn „die Gerichte des Staates, dem das ausländische Gericht angehört, nach den deutschen Gesetzen nicht zuständig sind". Im Rahmen des Anerkennungsverfahrens nach § 328 Abs. 1 Nr. 1 ZPO wird also überprüft, ob das ausländische Gericht nach den deutschen Vorschriften, die die internationale Zuständigkeit regeln, zuständig gewesen wäre.[804] Die deutschen Vorschriften werden spiegelbildlich auf das ausländische Verfahren übertragen.

Hinsichtlich § 328 Abs. 1 Nr. 1 ZPO ist nun umstritten, ob mit den „deutschen Gesetzen" auch die Regelungen der EuGVVO gemeint sind oder ob sich diese Formulierung allein auf autonom nationales Recht bezieht.[805]

Für eine Anwendung zumindest der ausschließlichen Gerichtsstände der EuGVVO streitet der telos des § 328 Abs. 1 Nr. 1 ZPO. Sinn und Zweck der Vorschrift ist nämlich der Schutz des Beklagten vor unzumutbaren Gerichtsständen.[806] Die Regelungen der EuGVVO können jedoch nicht als unzumutbare Gerichtsstände angesehen werden. Denn diese wurden von dem europäischen Gesetzgeber unter deutscher Beteiligung eingeführt. Außerdem sind sie gemäß Art. 249 Abs. 2 EG in den Mitgliedstaaten unmittelbar anwendbares Recht, so dass sie den autonomen nationalen Regelungen weitgehend gleichgestellt sind.

Die besseren Argumente sprechen aber gegen eine Anwendung der Zuständigkeitsregeln der EuGVVO im Rahmen des § 328 Abs. 1 Nr. 1 ZPO. Denn die Vorschriften der EuGVVO hinsichtlich der Anerkennung und Vollstreckung greifen anders als die Zuständigkeitsregelungen bezüglich des Erkenntnisverfahrens nur im Verhältnis zwi-

803 *Haß/Zerr*, Forum Shopping in den USA nach Erlass des KapMuG, RIW 2005, S. 721, 727; *von Hein*, Der ausschließliche Gerichtsstand für Kapitalanleger-Musterverfahren – eine Lex Anti-Americana?, RIW 2004, S. 602, 603, der eine Verschärfung des schwelenden Justizkonflikts zwischen Deutschland und den USA durch die Einführung des § 32 b ZPO befürchtet; a.A.: *Stadler*, in: Musielak (Hrsg.), Kommentar zur Zivilprozessordnung, 6. Aufl., 2008, § 328 Rn. 10, die eine Anwendung der Zuständigkeitsregeln im Rahmen des § 328 Nr. 1 ZPO befürwortet.

804 Statt aller: BGH, NJW 1993, S. 1073.

805 *Schärtel,* Bezieht sich das „Spiegelbildprinzip" des § 328 I Nr. 1 ZPO auch auf die Zuständigkeitsvorschriften der EuGVO?, IPRax 2006, S. 438; *Stadler*, in: Musielak (Hrsg.), Kommentar zur Zivilprozessordnung, 6. Aufl., 2008, § 328 Rn. 10.

806 *Stadler*, in: Musielak (Hrsg.), Kommentar zur Zivilprozessordnung, 6. Aufl., 2008, § 328 Rn. 10.

schen zwei Mitgliedstaaten ein (siehe oben S. 202). Damit wurde inzident eine Grundsatzentscheidung getroffen, dass es den einzelnen Mitgliedstaaten selbst obliegt, die Anerkennung und Vollstreckung von Urteilen aus Drittstaaten zu regeln. Hinsichtlich der Anerkennung von Urteilen aus Drittstaaten sind die Mitgliedstaaten damit frei, eigene Erfordernisse aufzustellen. Dies hat der deutsche Gesetzgeber mit § 328 ZPO getan. Es bedeutete eine Konterkarierung dieser Grundsatzentscheidung würde man dem deutschen Gesetzgeber nun in diesem Bereich vorschreiben, im Rahmen des § 328 Abs. 1 Nr. 1 ZPO die Zuständigkeitsregeln der EuGVVO spiegelbildlich anwenden zu müssen. Der deutsche Gesetzgeber hätte selbstverständlich freiwillig eine spiegelbildliche Anwendung auch der Zuständigkeitsregeln der EuGVVO anordnen können. Dies hat er aber bewusst nicht getan. § 328 Abs. 1 Nr. 1 ZPO hebt vielmehr klar auf die deutschen Gesetze ab. Gemeint sind hiermit Vorschriften, die auf autonome Wertentscheidungen des deutschen Gesetzgebers zurückgehen.[807] Dies folgt bereits aus dem Wortlaut des § 328 Abs. 1 Nr. 1 ZPO. Daher sind im Rahmen des § 328 Abs. 1 Nr. 1 ZPO lediglich autonom deutsche Regelungen zur internationalen Zuständigkeit anzuwenden.[808]

Für die hier vertretene Sichtweise, dass im Rahmen des § 328 Abs. 1 Nr. 1 ZPO lediglich die autonomen deutschen Zuständigkeitsregelungen Anwendung finden, spricht auch die Begründung des KapMuG. Denn Ziel der Schaffung des § 32 b ZPO war die Eindämmung des „forum shopping". Dieses Ziel kann der deutsche Gesetzgeber nur durch die Schaffung einer ausschließlichen Regelung der internationalen Zuständigkeit erreichen. § 32 b ZPO kann die internationale Zuständigkeit nur dann ausschließlich regeln, wenn er nicht durch die vorrangigen Zuständigkeitsregelungen der EuGVVO verdrängt wird.[809]

Im Ergebnis bleibt also mit der ganz herrschenden Auffassung in der Literatur festzuhalten, dass im Rahmen des § 328 Abs. 1 Nr. 1 ZPO nur die autonomen deutschen Zuständigkeitsregeln spiegelbildlich anzuwenden sind.

Hieraus resultiert ein erhebliches Bedürfnis zur Klärung der Frage, ob § 32 b ZPO auch die internationale Zuständigkeit regelt. Denn – vorausgesetzt § 32 b ZPO stellt eine solche Regelung der internationalen Zuständigkeit dar – bedeutete dies, dass gegen Emittenten mit Sitz im Inland im Nicht-EU-Ausland erworbene Titel wegen fehlerhafter öffentlicher Kapitalmarktinformationen per se weder anerkennungs- noch vollstreckungsfähig wären. Daher ist eine Streitentscheidung vorzunehmen.

807 *Roth*, in: Stein/Jonas (Hrsg.), Kommentar zur Zivilprozessordnung, 22. Aufl., 2003; § 328 Rn. 74.

808 *Hüßtege*, in: Thomas/Putzo (Hrsg.), Zivilprozessordnung, 29. Aufl., 2008, § 328 Rn. 8 a; *Roth*, in: Stein/Jonas (Hrsg.), Kommentar zur Zivilprozessordnung, 22. Aufl., 2006; § 328 Rn. 74; *Hartmann*, in: Baumbach/Lauterbach/Albers/Hartmann, Zivilprozessordnung, 66. Aufl., 2008, § 328 Rn. 16; *Geimer*, in: Zöller (Hrsg.), Zivilprozessordnung, 27. Aufl., 2009, § 328 Rn. 102; *Schärtel,* Bezieht sich das „Spiegelbildprinzip" des § 328 I Nr. 1 ZPO auch auf die Zuständigkeitsvorschriften der EuGVO?, IPRax 2006, S. 438, 442.

809 Ähnlich: *Von Hein*, Der ausschließliche Gerichtsstand für Kapitalanleger-Musterverfahren – eine Lex Anti-Americana?, RIW 2004, S. 602, 608.

(3) Regelung der internationalen Zuständigkeit

Wortlaut und Gesetzgebungsgeschichte sind wichtige Hinweise auf den Regelungsgehalt einer Norm. Allerdings weisen beide nur vordergründig darauf hin, § 32 b ZPO wolle nicht die internationale Zuständigkeit regeln.

Der Wortlaut des § 32 b Abs. 1 S. 2 ZPO erklärt sich vor dem Hintergrund, dass dem Gesetzgeber durchaus bewusst war, dass einer autonom nationalen Norm nur ein kleiner Anwendungsbereich bezüglich der Regelung der internationalen Zuständigkeit verbleibt. Im Bereich der Entscheidungszuständigkeit für das Erkenntnisverfahren geht auch der deutsche Gesetzgeber von einer Verdrängung durch die Regelungen der EuGVVO aus.[810]

Allerdings schreibt der Gesetzgeber § 32 b Abs. 1 S. 1 ZPO hinsichtlich des Anerkennungs- und Vollstreckungsverfahrens eine wichtige Rolle zu. Er soll das von der Politik als Problem erkannte „forum shopping" eindämmen.[811] Das einzige dem autonomen deutschen Gesetzgeber zur Verfügung stehende Mittel, um dieses Ziel zu erreichen, ist die Einführung eines ausschließlichen Gerichtsstandes. Denn über die spiegelbildliche Anwendung der autonom deutschen Zuständigkeitsregelungen kann der deutsche Gesetzgeber Anleger zwingen, in Deutschland oder zumindest innerhalb der Europäischen Union gegen Emittenten mit Sitz in Deutschland zu klagen. Denn gegen Emittenten mit Sitz in Deutschland ergangene Urteile aus Drittstaaten sind weder anerkennungs- noch vollstreckungsfähig (siehe oben S. 202 ff.).

Vor diesem Hintergrund und im Zusammenspiel mit der Gesetzesbegründung erklärt sich die Formulierung des § 32 b Abs. 1 S. 2 ZPO – auch wenn der Gesetzgeber durchaus einen klareren Wortlaut hätte wählen können. Somit streitet der Wortlaut des § 32 b Abs. 1 S. 2 ZPO nicht gegen, sondern sogar für eine Regelung der internationalen Zuständigkeit durch § 32 b Abs. 1 ZPO.

Auch die Gesetzgebungsgeschichte spricht nicht zwingend gegen eine Regelung der internationalen Zuständigkeit durch § 32 b ZPO. Zwar ist richtig, dass der letztendliche Anstoß zur Schaffung des § 32 b ZPO von dem 64. Deutschen Juristentag ausging.[812] Allerdings reicht die Diskussion bis zu einem Referat von Frau *Stadler* auf dem 62. Deutschen Juristentag zurück.[813] In diesem spielte der Aspekt der internationalen Zuständigkeit eines speziellen Gerichtsstandes für Klagen wegen fehlerhafter öffentlicher Kapitalmarktinformationen eine zentrale Rolle.[814] Somit spricht auch die Gesetzgebungsgeschichte zumindest nicht gegen den Willen des Gesetzgebers, mit § 32 b ZPO eine Regelung der internationalen Zuständigkeit zu schaffen.

810 Begründung zu dem RegE KapMuG vom 14. 03. 2005, BT-Drucksache 15/5091, S. 17, 34.

811 Begründung zu dem RegE KapMuG vom 14. 03. 2005, BT-Drucksache 15/5091, S. 17.

812 *Reuschle*, Das Kapitalanleger-Musterverfahrensgesetz – KapMuG, Bundesanzeiger Jahrgang 57, 2005, S. 23; *Bachmann*, Die internationale Zuständigkeit für Klagen wegen fehlerhafter Kapitalmarktinformationen, IPRax 2007, S. 77, 83 Fußnote 102.

813 *Reuschle*, Das Kapitalanleger-Musterverfahrensgesetz – KapMuG, Bundesanzeiger Jahrgang 57, 2005, S. 21.

814 *Stadler*, in: Verhandlungen des zweiundsechzigsten Deutschen Juristentages Bremen 1998, Band II/1, S. I-35, 59.

In der Gesetzesbegründung kommt vielmehr in dem Willen, das „forum shopping" einzudämmen, deutlich das Gegenteil zum Ausdruck (siehe oben S. 198 f.). Hintergrund dieser gesetzgeberischen Entscheidung dürfte das Bestreben sein, den Finanz- und Kapitalstandort Deutschland noch attraktiver zu machen. Durch den Schutz vor Urteilen aus Drittstaaten, insbesondere Urteilen aus den USA, die häufig zur Zusprechung deutlich höherer Schadensersatzansprüche als deutsche Gerichte neigen, wird ein Anreiz für Emittenten, sich in Deutschland anzusiedeln, geschaffen.

Das Argument des fehlenden Anwendungsbereichs einer Regelung der internationalen Zuständigkeit durch § 32 b ZPO verfängt ebenfalls nicht. Denn nach den vorstehenden Ausführungen verbleibt für § 32 b ZPO die wichtige Aufgabe, im Rahmen des § 328 Abs. 1 Nr. 1 ZPO eine ausschließliche internationale Zuständigkeit zu begründen.

Daher überwiegen die Argumente, die für eine Regelung der internationalen Zuständigkeit durch § 32 b ZPO streiten.

dd. Fazit

Im Ergebnis bleibt damit festzuhalten, dass § 32 b ZPO eine ausschließliche Regelung der internationalen Zuständigkeit darstellt.[815] Stimmen in der Literatur, die in § 32 b ZPO zwar eine Regelung der internationalen Zuständigkeit sehen, der Norm aber den Charakter der Ausschließlichkeit absprechen,[816] sind inkonsequent. Bei einer derartigen Anwendung der Norm würde die von dem Gesetzgeber bezweckte Eindämmung des „forum shopping" nicht erreicht. Spricht man § 32 b ZPO den Ausschließlichkeitscharakter ab, verneint man indirekt auch die Regelung der internationalen Zuständigkeit durch § 32 b ZPO. Denn dann verbliebe für eine Regelung der internationalen Zuständigkeit durch § 32 b ZPO in der Tat kein Anwendungsbereich. Schließlich wird die Norm im Rahmen des Erkenntnisverfahrens stets durch die Zuständigkeitsregelungen der EuGVVO verdrängt (siehe oben S. 200 f.). Aber auch hinsichtlich der Anerkennung und Vollstreckung käme § 32 b ZPO kein eigenständiger Regelungsgehalt zu. Ein Gerichtsstand am Sitz des Beklagten wird nämlich bereits durch den allgemeinen Gerichtsstand nach §§ 12, 13 bzw. 12, 17 ZPO begründet.

Konsequenterweise muss man also in § 32 b ZPO eine ausschließliche Regelung der internationalen Zuständigkeit sehen. Dies mag vor dem Hintergrund der Diskriminierung ausländischer Emittenten, die auch außerhalb ihres Sitzes gerichtspflichtig sind,

815 *Vollkommer,* in: Zöller, Zivilprozessordnung, 27. Aufl., 2009, § 32 b Rn. 8; *Bachmann*, Die internationale Zuständigkeit für Klagen wegen fehlerhafter Kapitalmarktinformationen, IPRax 2007, S. 77, 84; *von Hein*, Der ausschließliche Gerichtsstand für Kapitalanleger-Musterverfahren – eine Lex Anti-Americana?, RIW 2004, S. 602, 608; *Haß/Zerr*, Forum Shopping in den USA nach Erlass des KapMuG, RIW 2005, S. 721, 727.

816 *Reuschle*, Das Kapitalanleger-Musterverfahrensgesetz, NZG 2004, S. 590, 591; *Heinrich*, in: Musielak (Hrsg.), Kommentar zur Zivilprozessordnung, 6. Aufl., 2008, § 32 b Rn. 7; wohl auch: *Hüßtege*, in: Thomas/Putzo (Hrsg.), Zivilprozessordnung, 29. Aufl., 2008, § 32 b Rn. 3, der § 32 b ZPO jedenfalls nicht im Rahmen des § 328 Abs. 1 Nr. 1 ZPO anwenden möchte.

bedenklich erscheinen, ist aber von dem Gesetzgeber gewollt und mit dem Wortlaut der Norm vereinbar.

b. *Tatbestandsvoraussetzungen des § 32 b ZPO*

§ 32 b ZPO ist nicht anwendbar, soweit eine Regelung der internationalen Zuständigkeit durch die Zuständigkeitsvorschriften der EuGVVO erfolgt (siehe oben S. 200 ff.). Wird allerdings die internationale Zuständigkeit durch autonome nationale Vorschriften geregelt, stellt § 32 b ZPO eine ausschließliche Zuständigkeitsregelung dar (siehe oben S. 205).

An diesem Gerichtsstand kann nicht nur der Emittent verklagt werden. Vielmehr können hier auch Klagen gegen Emissionsbegleiter, Organe des Emittenten, Prospektverantwortliche und die Anbieter sonstiger Vermögensanlagen geführt werden.[817] Dies folgt aus der Formulierung des § 32 b Abs. 1 S. 1 ZPO, der keine Einschränkungen hinsichtlich der möglichen Beklagten enthält. Allerdings sind Klagen gegen individuelle Anlegeberater nicht an dem Gerichtsstand nach § 32 b ZPO möglich.[818] Begründet wird dies damit, dass in einem individuellen Beratungsgespräch keine öffentlichen Kapitalmarktinformationen gegeben werden können. Denn eine öffentliche Kapitalmarktinformation richtet sich gemäß der Legaldefinition in § 1 Abs. 1 S. 3 KapMuG an eine Vielzahl von Empfängern. Dies ist bei einem individuellen Beratungsgespräch nicht der Fall. Hierüber hilft auch nicht hinweg, wenn der Berater sich eine öffentliche Kapitalmarktinformation in diesem Gespräch zu Eigen macht.[819] Denn auch in diesen Fällen richtet sich die von ihm gegebene Information lediglich an den oder die von ihm beratenen Anleger. Es fehlt somit an einer Tatbestandsvoraussetzung des § 32 b ZPO.[820]

Hinsichtlich der Anwendbarkeit des § 32 b ZPO war umstritten, ob dieser auch die Zuständigkeit für Anlagen des grauen Kapitalmarktes regelt.[821] Der Bundesgerichtshof hat diese Streitfrage nun höchstrichterlich geklärt. Ausgehend von dem Wortlaut des § 1 Abs. 1 S. 3 KapMuG stellt der Bundesgerichtshof fest, dass der Definition einer öffentlichen Kapitalmarktinformation keine Beschränkung auf den geregelten Kapi-

817 *Hartmann*, in: Baumbach/Lauterbach/Albers/Hartmann, Zivilprozessordnung, 66. Aufl., 2008, § 32 b Rn. 3; *Vollkommer,* in: Zöller, Zivilprozessordnung, 27. Aufl., 2009, § 32 b Rn. 6; *Heinrich*, in: Musielak (Hrsg.), Kommentar zur Zivilprozessordnung, 6. Aufl., 2008, § 32 b Rn. 5.

818 BGH, NJW 2007, S. 1364; *Vollkommer,* in: Zöller, Zivilprozessordnung, 27. Aufl., 2009, § 32 b Rn. 6; *Hartmann*, in: Baumbach/Lauterbach/Albers/Hartmann, Zivilprozessordnung, 66. Aufl., 2008, § 32 b Rn. 3.

819 BGH, NJW 2007, S. 1364; BGH, NJW 2007, S. 1365 f.; a.A. noch: OLG Koblenz, NJW 2006, S. 3723, 3724.

820 BGH, NJW 2007, S. 1364; OLG Nürnberg, WM 2006, S. 2079, 2080.

821 Für eine solche Regelung: OLG Nürnberg, WM 2006, S. 2079, 2080; OLG Koblenz, NJW 2006, S. 3723, 3724; *Schneider*, Auf dem Weg zu Securities Class Actions in Deutschland? – Auswirkungen des KapMuG auf die Praxis kapitalmarktrechtlicher Streitigkeiten, BB 2005, S. 2249, 2250; Stöber, Anmerkung zu OLG Koblenz, NJW 2006, S. 3723 ff., NJW 2006, S. 3724, 3725; gegen eine solche Anwendung auf den grauen Kapitalmarkt: OLG München, NJW 2007, S. 163, 164.

talmarkt zu entnehmen ist.[822] Auch Sinn und Zweck des § 32 b ZPO stünden einer Anwendung auf den grauen Kapitalmarkt nicht entgegen. § 32 b ZPO gelte vielmehr für „falsche, irreführende oder unterlassene Kapitalmarktinformationen aller Art“.[823]

Die Anwendung des § 32 b ZPO auch auf den grauen Kapitalmarkt ist zu begrüßen. Die hiergegen vorgebrachten Bedenken, insbesondere dass § 32 b ZPO nur für Kapitalanlagen gelte, die der Prospektpflicht unterlägen,[824] entbehren jeglicher Stütze im Gesetzeswortlaut. Daher ist § 32 b ZPO richtiger Ansicht zufolge auch auf dem Gebiet des grauen Kapitalmarktes anwendbar.

Wichtigste Voraussetzung für die Anwendbarkeit des § 32 b ZPO ist das Vorliegen einer Klage wegen falscher, irreführender oder unterlassener öffentlicher Kapitalmarktinformationen. Bezüglich des Begriffs der öffentlichen Kapitalmarktinformation verweist die Gesetzesbegründung auf die Legaldefinition in § 1 Abs. 1 S. 3 KapMuG[825] (hinsichtlich der Einzelheiten der Definition siehe oben S. 27). Hiernach ist die Schriftlichkeit der Kapitalmarktinformation nicht Voraussetzung.[826]

Weiterhin muss der Sitz des Emittenten in Deutschland liegen. Zur Bestimmung des Emittentensitzes im Sinn des § 32 b ZPO verweist die Gesetzesbegründung auf § 17 Abs. 1 S. 2 ZPO, wonach als Sitz grundsätzlich der Verwaltungssitz gilt.[827] Allerdings kann sich zum Beispiel aus dem Gesellschaftsstatut ergeben, dass anstelle des Verwaltungs- der Satzungssitz maßgeblich ist.[828] Dies ist beispielsweise im Anwendungsbereich der § 5 Abs. 1 AktG und § 4 a Abs. 1 GmbHG der Fall.

Liegen die vorbeschriebenen Voraussetzungen kumulativ vor, begründet § 32 b Abs. 1 ZPO einen ausschließlichen Gerichtsstand. Dieser wird allerdings entgegen dem Wortlaut des § 32 b Abs. 1 S. 1 ZPO nicht notwendigerweise an dem Landgericht, in dessen Bezirk der Sitz des Emittenten, der Zielgesellschaft bzw. des Anbieters sonstiger Vermögensanlagen liegt, begründet. Denn einige Landesregierungen haben von der Ermächtigung nach § 32 b Abs. 2 S. 1 ZPO Gebrauch gemacht. Bayern, Hessen, Nordrhein-Westfalen und Thüringen haben durch Rechtsverordnung ein oder mehrere zentrale Landgerichte zur Erledigung dieser Prozesse ernannt (§ 24 a ZustGVJu: LG München I für ganz Bayern; § 1 VO über die Zuständigkeit in Kapitalmarktstreitsachen nach § 32 b I 1 vom 13.1.2006, GVBl. S. 26: LG Frankfurt/M für ganz Hessen; § 1 VO über die Konzentration der Verfahren nach dem Gesetz zur Einführung von Kapitalanleger-Musterverfahren – KonzentrationsVO – § 32 b ZPO, § 4 KapMuG, vom 23.11.2005, GVBl. S. 920: LG Düsseldorf, LG Dortmund, LG Köln jeweils für den gesamten OLG-Bezirk; § 5 III VO über gerichtliche Zuständigkeiten in der ordentlichen Gerichtsbarkeit in der Fassung des Art. 9 Nr. 1 Haushaltsbegleitungsgesetz vom 23.12.2005, GVBl. S. 446: LG Gera für ganz Thüringen).

822 BGH, NJW 2007, S. 1364; BGH, NJW 2007, S. 1365.
823 BGH, NJW 2007, S. 1365.
824 OLG München, NJW 2007, S. 163, 165.
825 Begründung zu dem RegE KapMuG vom 14. 3. 2005, BT-Drucksache 15/5091, S. 33.
826 OLG Koblenz, NJW 2006, S. 3723, 3724.
827 Begründung zu dem RegE KapMuG vom 14. 3. 2005, BT-Drucksache 15/5091, S. 33.
828 Begründung zu dem RegE KapMuG vom 14. 3. 2005, BT-Drucksache 15/5091, S. 33; hinsichtlich § 17 ZPO statt aller anderer: *Vollkommer,* in: Zöller, Zivilprozessordnung, 27. Aufl., 2009, § 17 Rn. 9 f.

Soweit nun zentrale Gerichte zur Erledigung der Kapitalanlegerprozesse bestimmt wurden, treten diese Gerichte an die Stelle des Landgerichts, in dessen Bezirk der Sitz des Emittenten liegt. Gemäß § 32 b Abs. 1, Abs. 2 ZPO wird ein ausschließlicher Gerichtsstand an diesen Landgerichten begründet.

c. *Regelung der internationalen Zuständigkeit durch das KapMuG?*

Das KapMuG eröffnet Anlegern die Möglichkeit einen Pilotprozess zu führen. Die Vorschriften des KapMuG stellen besondere verfahrensrechtliche Regelung dar.[829] Diese sind als deutsches Verfahrensrecht vor den deutschen Gerichten anwendbar. Denn diese wenden nach ständiger Rechtsprechung des Bundesgerichtshofs in den vor ihnen anhängigen Verfahren nur deutsches Verfahrensrecht an.[830] Für die Anwendbarkeit des KapMuG spielt es daher keine Rolle, ob die internationale Zuständigkeit des deutschen Gerichts über die Zuständigkeitsregelungen der ZPO oder der EuGVVO begründet wurde. Entscheidend ist allein, dass ein oder mehrere deutsche Gerichte international zuständig sind.[831]

Bislang ist die praktische Relevanz dieses Musterfeststellungsantrages allerdings relativ gering. Schlagzeilen erregten lediglich die Verfahren gegen Daimler-Chrysler[832] und gegen die Telekom AG.[833] Auf dem Gebiet des grauen Kapitalmarktes ist die praktische Relevanz sogar noch geringer. Bis Mai 2008 gab es bei dem LG München nur zwei solche Musterverfahren.[834]

Weiterhin bleibt festzuhalten, dass das KapMuG selbst keine Regelung hinsichtlich der internationalen Zuständigkeit trifft. Dies bleibt dem im Rahmen des KapMuG in die ZPO eingefügten § 32 b ZPO vorbehalten (siehe oben S. 205).

d. *Gerichtsstand der Vermögensverwaltung nach § 31 ZPO*

Für Streitigkeiten hinsichtlich der Vermögensverwaltung hält die ZPO mit § 31 ZPO einen weiteren besonderen Gerichtsstand bereit.

829 Stellvertretend für alle anderen: *Kilian*, Ausgewählte Probleme des Musterverfahrens nach dem KapMuG, 2006, S. 21; *Schneider*, Auf dem Weg zu Securities Class Actions in Deutschland? – Auswirkungen des KapMuG auf die Praxis kapitalmarktrechtlicher Streitigkeiten, BB 2005, S. 2249, 2251.

830 BGH, WM 1977, S. 793, 794; NJW 1985, S. 552, 553; *Kronke*, in: Soergel, Kommentar zum Bürgerlichen Gesetzbuch, Band 10, 12. Aufl., 1996, Anhang IV nach Art. 38 Rn. 124 mwN.

831 *Bachmann*, Die internationale Zuständigkeit für Klagen wegen fehlerhafter Kapitalmarktinformationen, IPRax 2007, S. 77, 80, 84.

832 OLG Stuttgart, ZIP 2007, S. 481 ff.; BGH, ZIP 2008, S. 639 ff.

833 LG Frankfurt/M., ZIP 2006, S. 1730 ff.

834 *Stackmann*, Grundsatzprobleme im Anlegerschutzprozess, NJW 2008, S. 1345.

aa. Anwendbarkeit

Grundvoraussetzung dafür, dass § 31 ZPO die internationale Zuständigkeit regelt, ist die Anwendbarkeit der Vorschriften der ZPO. Hierzu ergeben sich keine Besonderheiten, so dass auf die Ausführungen auf S. 213 verwiesen wird.

bb. Tatbestandsvoraussetzungen

Weiterhin ist Voraussetzung für das Eingreifen dieses Gerichtsstandes die tatsächliche Verwaltung eines Vermögens. Hierbei kommt es nicht darauf an, ob diese Verwaltung durch Vertrag oder Gesetz begründet wurde. Sogar Streitigkeiten aus einer ohne Rechtsgrund vorgenommenen Vermögensverwaltung können an diesem besonderen Gerichtsstand geltend gemacht werden.

Allerdings setzt die Vermögensverwaltung eine auf Dauer angelegte Mehrheit zu besorgender Angelegenheiten voraus. Die Abwicklung einzelner Anlagegeschäfte genügt hierzu nicht.[835] Hieran fehlt es in den im Rahmen dieser Arbeit untersuchten Fällen regelmäßig. Denn Kapitalanlageentscheidungen aufgrund fehlerhafter Kapitalmarktinformationen sind zumeist singuläre Entscheidungen. Der Anleger überlegt nur, bei wem und in welcher Form sein Geld angelegt werden soll. Daher liegt in diesen Fällen keine Vermögensverwaltung vor.[836]

In seinem Anwendungsbereich wird § 31 ZPO darüber hinaus durch den ausschließlichen Gerichtsstand nach § 32 b ZPO verdrängt.

cc. Fazit

Aus diesen Gründen spielt § 31 ZPO hinsichtlich der Untersuchung der internationalen Zuständigkeit für Klagen aufgrund fehlerhafter Kapitalmarktinformationen keine Rolle.

835 *Hüßtege*, in: Thomas/Putzo (Hrsg.), Zivilprozessordnung, 29. Aufl., 2008, § 31 Rn. 1; *Heinrich*, in: Musielak (Hrsg.), Kommentar zur Zivilprozessordnung, 6. Aufl., 2008, § 31 Rn. 4; *Vollkommer,* in: Zöller, Zivilprozessordnung, 27. Aufl., 2009, § 31 Rn. 1; *Cuypers*, Gerichtliche Zuständigkeiten bei fehlgeschlagener Kapitalanlage, WM 2007, S. 1446, 1447; ähnlich: *Hartmann*, in: Baumbach/Lauterbach/Albers/Hartmann, Zivilprozessordnung, 66. Aufl., 2008, § 31 Rn. 3.

836 Ebenso: *Cuypers*, Gerichtliche Zuständigkeiten bei fehlgeschlagener Kapitalanlage, WM 2007, S. 1446, 1447.

3. *Fazit zu speziellen Zuständigkeitsregelungen für Klagen wegen fehlerhafter öffentlicher Kapitalmarktinformationen*

Spezielle Zuständigkeitsregelungen für Klagen wegen fehlerhafter öffentlicher Kapitalmarktinformationen spielen für die Vermittlung der internationalen Zuständigkeit im Rahmen des Erkenntnisverfahrens aus Sicht deutscher Gerichte keine Rolle.

Die EuGVVO kennt solche speziellen Zuständigkeitsregelungen gar nicht (siehe oben S. 196). Dagegen normiert die ZPO in § 32 b ZPO zwar eine solche Zuständigkeitsnorm (siehe oben S. 205), allerdings wird diese in Erkenntnisverfahren stets durch die vorrangigen Gerichtsstände der EuGVVO verdrängt (siehe oben S. 200 f.). Lediglich im Rahmen der Anerkennung und Vollstreckung erlangt § 32 b ZPO Bedeutung hinsichtlich der Regelung der internationalen Zuständigkeit (siehe oben S. 200 ff.)

IV. Allgemeiner Gerichtsstand

Als nächstes wird die Bedeutung der allgemeinen Gerichtsstände für Klagen aufgrund fehlerhafter öffentlicher Kapitalmarktinformationen untersucht. An allgemeinen Gerichtsständen können im Gegensatz zu einem besonderen Gerichtsstand grundsätzlich alle Ansprüche geltend gemacht werden. Ein besonderer oder ein ausschließlicher Gerichtsstand wird dagegen nur für jeweils spezifische Ansprüche eröffnet.[837]

Gemäß den allgemeinen Prinzipien des deutschen und europäischen Zivilprozessrechts kommen allgemeine und besondere Gerichtstände allerdings nur dann zur Anwendung, soweit kein ausschließlicher Gerichtsstand eingreift.[838] Als ein solcher ausschließlicher Gerichtsstand kommt für Klagen aufgrund fehlerhafter Kapitalmarktinformationen lediglich § 32 b ZPO in Betracht. Dieser ist aber zur Regelung der internationalen Zuständigkeit nur dann berufen, wenn der Anwendungsbereich der EuGVVO nicht eröffnet ist. Ist die EuGVVO anwendbar, wird § 32 b ZPO durch jeglichen Gerichtsstand der EuGVVO verdrängt.

1. *Internationale Zuständigkeit nach der EuGVVO*

Zunächst ist kurz darzustellen, wann der allgemeine Gerichtstand nach Art. 2 Abs. 1 EuGVVO eingreift.

837 Statt aller anderen: *Musielak*, Grundkurs ZPO, 9. Aufl., 2007, Rn. 43.

838 Dies folgt für die EuGVVO aus dem Regelungsgehlt des Einleitungssatzes des Art. 22 EuGVVO; hinsichtlich der ZPO statt aller anderen: *Musielak*, Grundkurs ZPO, 9. Aufl., 2007, Rn. 44.

a. Anwendbarkeit der EuGVVO

Grundvoraussetzung hierfür ist die Anwendbarkeit der EuGVVO. Hierzu muss der zeitliche, sachliche und räumlich-persönliche Anwendungsbereich der EuGVVO eröffnet sein.

Gemäß Art. 66 Abs. 1, 76 EuGVVO bestimmt sich die Entscheidungszuständigkeit nach der EuGVVO, wenn die Klage nach Inkrafttreten der Verordnung am 1.3.2002 erhoben wurde. Die Eröffnung des zeitlichen Anwendungsbereiches wird demnach typischerweise kein Problem darstellen.

Ausweislich Art. 1 S. 1 EuGVVO erstreckt sich der sachliche Anwendungsbereich der EuGVVO auf Zivil- und Handelssachen. Der Begriff Zivil- und Handelssache ist wiederum autonom auszulegen.[839] Ob eine Zivil- oder Handelssache vorliegt, bestimmt sich in erster Linie nach der Natur der zwischen den Parteien bestehenden Rechtsbeziehungen oder dem Gegenstand des Rechtsstreits.[840] Unerheblich ist, vor welchem Gericht der Rechtsstreit geführt wird. Die EuGVVO gilt daher auch zur Bestimmung der internationalen Zuständigkeit für Verfahren vor Arbeits-, Straf- und Verwaltungsgerichten, sofern der Klagegegenstand eine Zivil- oder Handelssache ist.[841]

Von dem Begriff Zivil- und Handelssache werden grundsätzlich alle zivilrechtlichen Streitigkeiten, mit Ausnahme der in Art. 1 Abs. 2 EuGVVO aufgezählten Bereichsausnahmen umfasst.[842] Schadensersatzklagen aufgrund fehlerhafter Kapitalmarktinformationen gehören nicht zu diesen Ausnahmetatbeständen. Vielmehr stellen diese eine Zivil- und Handelssache im Sinn des Art. 1 S. 1 EuGVVO dar.[843] Damit ist für Schadensersatzklagen aufgrund fehlerhafter Kapitalmarktinformationen der sachliche Anwendungsbereich der EuGVVO stets eröffnet.

Gemäß Art. 2 Abs. 1 EuGVVO ist der räumlich-persönliche Anwendungsbereich der Verordnung eröffnet, wenn der Beklagte seinen Wohnsitz in einem Mitgliedstaat hat. Dies entspricht der wortlautgetreuen Anwendung des Art. 2 Abs. 1 EuGVVO und

839 EuGH, Rs. C-343/04, Slg. 2006, S. I-4557 = EuZW 2006, S. 435 Rn. 22 („Land Oberösterreich/CEZ“); EuGH, Rs. C-172/91, Slg. 1993, S. I-1963 = NJW 1993, S. 2091, 2092 Rn. 18 („Sonntag/Waidmann“).

840 Vgl.: EuGH, Rs. 814/79, Slg. 1980, S. 3807 Rn. 7, 14 ("Rüffer"); EuGH, Rs. C-343/04, Slg. 2006, S. I-4557 = EuZW 2006, S. 435 Rn. 22 („Land Oberösterreich/CEZ“).

841 *Mankowski*, in: Rauscher (Hrsg.), Europäisches Zivilprozeßrecht – Band I, 2. Aufl., 2006, Art. 1 Brüssel I-VO Rn. 1; *Geimer*, in: Zöller (Hrsg.), Zivilprozessordnung, 27. Aufl., 2009, Art. 1 EuGVVO Rn. 20; *Hüßtege*, in: Thomas/Putzo (Hrsg.), Zivilprozessordnung, 29. Aufl., 2008, Art. 1 EuGVVO Rn. 2; *Kropholler*, Europäisches Zivilprozessrecht, 8. Aufl., 2005, Art. 1 EuGVVO Rn. 11 ff.

842 *Hartmann*, in: Baumbach/Lauterbach/Albers/Hartmann, Zivilprozessordnung, 66. Aufl., 2008, Art. 1 EuGVVO Rn. 2.

843 BGH, RIW 2008, S. 399, 400, der das Vorliegen einer Zivil- und Handelssache für die Eröffnung des Art. 5 Nr. 3 LugÜ in diesem Fall ohne Diskussion voraussetzt; ebenso zu Art. 5 Nr. 3 LugÜ: OLG Köln, IPRax 2006, S. 479, 480 f.; *Hüßtege*, in: Thomas/Putzo (Hrsg.), Zivilprozessordnung, 29. Aufl., 2008, Art. 5 EuGVVO Rn. 17; *Leible*, in: Rauscher (Hrsg.), Europäisches Zivilprozeßrecht – Band I, 2. Aufl., 2006, Art. 5 Brüssel I-VO Rn. 79; *Kropholler*, Europäisches Zivilprozessrecht, 8. Aufl., 2005, Art. 5 EuGVVO Rn. 74.

der Auslegung durch den Europäischen Gerichtshof.[844] Ein ausschließlicher Bezug zu dem Gebiet der Europäischen Union ist nicht erforderlich.[845] Für diese Sichtweise streitet auch Erwägungsgrund 8 der EuGVVO, der lediglich einen Anknüpfungspunkt zu einem Mitgliedstaat fordert.

Ausweislich Art. 59 Abs. 1 EuGVVO bestimmt für natürliche Personen die lex fori, vor deutschen Gerichten also die §§ 7 ff. BGB, was unter einem Wohnsitz zu verstehen ist. Als Sitz juristischer Personen gilt nach Art. 60 Abs. 1 EuGVVO alternativ der satzungsmäßige Sitz, der Sitz der Hauptverwaltung oder der Sitz der Hauptniederlassung. Der satzungsmäßige Sitz ergibt sich aus dem jeweiligen Gesellschaftsvertrag, der Sitz der Hauptverwaltung ist der Ort, an dem die eigentliche unternehmerische Leitung erfolgt und der Sitz der Hauptniederlassung ist der Ort, an dem der tatsächliche Geschäftsschwerpunkt angesiedelt ist.[846] Ausreichend für die Anwendbarkeit der EuGVVO ist, dass eines dieser Anknüpfungsmomente in einem Mitgliedstaat belegen ist.

Zusammenfassend lässt sich sagen, dass der räumlich-persönliche Anwendungsbereich der EuGVVO eröffnet ist, wenn der Beklagte seinen Wohnsitz in einem Mitgliedstaat hat, sofern nicht die in Art. 4, 9 Abs. 2, 15 Abs. 2 EuGVVO geregelten Ausnahmen auf ihn zutreffen.

Außerdem ist ein grenzüberschreitender Bezug der Klage notwendig, da die EuGVVO nach überwiegender Ansicht nicht für reine Inlandssachverhalte gilt.[847]

b. Tatbestandsvoraussetzungen des allgemeinen Gerichtsstandes nach Art. 2 Abs. 1 EuGVVO

Ist der Anwendungsbereich der EuGVVO kumulativ in sachlicher, zeitlicher und räumlich-persönlicher Hinsicht eröffnet, besteht vor Gerichten des Staates, in dem der Beklagte seinen Wohnsitz hat, gemäß Art. 2 Abs. 1 EuGVVO der allgemeine Gerichtsstand. Art. 2 Abs. 1 EuGVVO normiert über die Anwendungsvoraussetzungen der EuGVVO hinaus keine weiteren Tatbestandsvoraussetzungen für das Eingreifen des allgemeinen Gerichtsstandes nach der EuGVVO.

844 EuGH, Rs. C-412/98, Slg. 2000, S. I-5925 = NJW 2000, S. 3621, 3623 Rn. 61 ("Group Josi").

845 *Geimer*, Internationales Zivilprozessrecht, 5. Aufl., 2005, Rn. 1264; *Kropholler*, Europäisches Zivilprozessrecht, 8. Aufl., 2005, vor Art. 2 EuGVVO Rn. 8; *Mankowski*, in: Rauscher (Hrsg.), Europäisches Zivilprozeßrecht – Band I, 2. Aufl., 2006, Vorbm. Art. 2 Brüssel I-VO Rn. 11 f.; a.A.: *Roth*, in: Stein/Jonas (Hrsg.), Kommentar zur Zivilprozessordnung, 22. Aufl., 2003; vor § 12 Rn. 32; *Schack*, Wechselwirkungen wie zwischen europäischem und nationalem Zivilprozeßrecht, ZZP 107 (1994), S. 279, 288 ff.

846 Statt aller anderer: *Kropholler*, Europäisches Zivilprozessrecht, 8. Aufl., 2005, Art. 60 EuGVVO Rn. 2.

847 EuGH, Rs. C-281/02, Slg. 2005, S. I-1383 =EuZW 2005, S. 345, 347 Rn. 25 = NJW 2005, S. 2979 („Owusu"), noch zu dem EuGVÜ; *Kropholler*, Europäisches Zivilprozessrecht, 8. Aufl., 2005, vor Art. 2 EuGVVO Rn. 6; *Hartmann*, in: Baumbach/Lauterbach/Albers/Hartmann, Zivilprozessordnung, 66. Aufl., 2008, Art. 1 EuGVVO Rn. 1; *Hüßtege*, in: Thomas/Putzo (Hrsg.), Zivilprozessordnung, 29. Aufl., 2008, vor Art. 1 EuGVVO Rn. 11; a.A.: *Geimer*, in: Zöller (Hrsg.), Zivilprozessordnung, 27. Aufl., 2009, Art. 2 EuGVVO Rn. 14.

Vorbehaltlich der Vereinbarung eines ausschließlichen Gerichtsstandes nach Art. 23 EuGVVO kann der Kläger den Beklagten in diesen Fällen an dem allgemeinen Gerichtsstand nach Art. 2 Abs. 1 EuGVVO verklagen. Denn ein den allgemeinen Gerichtsstand verdrängender ausschließlicher Gerichtsstand nach Art. 22 EuGVVO wird für Schadensersatzklagen aufgrund fehlerhafter Kapitalmarktinformationen nicht eröffnet.

c. Örtliche Zuständigkeit

Die örtliche Zuständigkeit ist hierbei den nationalen Zuständigkeitsvorschriften, also den §§ 12 ff. ZPO, zu entnehmen.[848] Hierbei wird regelmäßig eine ausschließliche örtliche Zuständigkeit am Sitz des Beklagten nach § 32 b ZPO begründet werden.

d. Fazit

Art. 2 Abs. 1 EuGVVO vermittelt mangels einer ausschließlichen Zuständigkeit im System der EuGVVO auch für Klagen aufgrund fehlerhafter öffentlicher Kapitalmarktinformationen häufig die internationale Zuständigkeit.

2. Internationale Zuständigkeit nach der ZPO

Weiterhin ist zu untersuchen, in welchen Fällen die internationale Zuständigkeit durch den allgemeinen Gerichtsstand der ZPO bestimmt wird.

a. Anwendbarkeit der §§ 12, 13 bzw. 12, 17 ZPO

Voraussetzung ist zunächst einmal, dass die ZPO zur Ermittlung der internationalen Zuständigkeit überhaupt berufen ist. Mit anderen Worten darf der Anwendungsbereich der EuGVVO (siehe oben S. 211) nicht eröffnet sein.

Außerdem darf kein ausschließlicher Gerichtsstand die internationale Zuständigkeit regeln. Als ein solcher ausschließlicher Gerichtsstand kommt allenfalls § 32 b ZPO in Betracht. Im Rahmen des Erkenntnisverfahrens verbleibt für § 32 b ZPO aber kein Anwendungsbereich. Sind die Tatbestandsvoraussetzungen des § 32 b ZPO erfüllt, ist auch der Anwendungsbereich der EuGVVO eröffnet, so dass § 32 b ZPO im Rahmen des Erkenntnisverfahrens nicht zur Regelung der internationalen Zuständigkeit her-

848 *Hartmann*, in: Baumbach/Lauterbach/Albers/Hartmann, Zivilprozessordnung, 66. Aufl., 2008, vor Art. 2 EuGVVO Rn. 1; *Geimer/Schütze*, Europäisches Zivilverfahrensrecht, 2. Aufl., 2004, Art. 2 EuGVVO Rn. 181; *Hüßtege*, in: Thomas/Putzo (Hrsg.), Zivilprozessordnung, 29. Aufl., 2008, Art. 2 EuGVVO Rn. 3.

angezogen werden kann. Ihm verbleibt neben den Zuständigkeitsregelungen der EuGVVO allenfalls die Regelung der örtlichen Zuständigkeit (siehe oben S. 200 f.).

Insofern stellt die Anwendungsvoraussetzung, dass kein ausschließlicher Gerichtsstand eröffnet sein darf, keine zusätzliche Einschränkung des Anwendungsbereiches des allgemeinen Gerichtsstandes der ZPO dar.

b. Tatbestandsvoraussetzungen des allgemeinen Gerichtsstandes nach §§ 12, 13 bzw. 12, 17 ZPO

Gemäß dem Grundsatz der Doppelfunktionalität indiziert die örtliche Zuständigkeit im Bereich der Zuständigkeitsvorschriften der ZPO die internationale Zuständigkeit (siehe oben S. 195). Daher sind zur Bestimmung der internationalen Zuständigkeit die Vorschriften über die örtliche Zuständigkeit nach den §§ 12 ff. ZPO heranzuziehen.

Nach §§ 12, 13 ZPO wird der allgemeine Gerichtsstand einer natürlichen Person durch ihren Wohnsitz bestimmt. Wo sich der Wohnsitz der betreffenden Person befindet, richtet sich nach den §§ 7 ff. BGB.

Ausweislich der §§ 12, 17 Abs. 1 S. 1 ZPO wird der allgemeine Gerichtsstand von parteifähigen Gesellschaften durch deren Sitz festgelegt. Gemäß § 17 Abs. 1 S. 2 ZPO ist grundsätzlich der Ort, an dem sich die Hauptverwaltung der Gesellschaft befindet der Gesellschaftssitz. Dies gilt allerdings nicht, wenn sich etwas anderes aus den konkreten Umständen ergibt.

Konkrete Umstände, die zu einem von dem Verwaltungssitz abweichenden Gesellschaftssitz führen, können sich insbesondere aus dem Gesellschaftsvertrag ergeben.[849] Gemäß §§ 5 Abs. 1 AktG, 4 a Abs. 1 GmbHG ist beispielsweise der Gesellschaftssitz deutscher Kapitalgesellschaften der satzungsmäßige Sitz. Dies führt dazu, dass für deutsche Kapitalgesellschaften der Gesellschaftssitz vornehmlich durch den satzungsmäßigen Sitz bestimmt wird. Lediglich hilfsweise wird ein allgemeiner Gerichtsstand an dem Ort, an dem die Verwaltung geführt wird, begründet.[850]

c. Fazit

Eine nähere Untersuchung des allgemeinen Gerichtsstandes nach §§ 12, 13 bzw. 12, 17 ZPO erübrigt sich allerdings. Denn für den allgemeinen Gerichtsstand nach der ZPO verbleibt neben den Zuständigkeitsregelungen der EuGVVO und § 32 b ZPO letztlich so gut wie kein Anwendungsbereich zur Regelung der internationalen Zuständigkeit.

Schließlich besteht der allgemeine Gerichtsstand nach §§ 12, 13 bzw. 12, 17 ZPO nur bei einem Beklagtenwohnsitz in Deutschland. Die Anwendbarkeit der EuGVVO

849 OLG Brandenburg, NJW-RR 2006, S. 1193; *Vollkommer,* in: Zöller, Zivilprozessordnung, 27. Aufl., 2009, § 17 Rn. 9 f.; *Roth*, in: Stein/Jonas (Hrsg.), Kommentar zur Zivilprozessordnung, 22. Aufl., 2003; § 17 Rn. 10.

850 Statt aller anderen: *Hüßtege*, in: Thomas/Putzo (Hrsg.), Zivilprozessordnung, 29. Aufl., 2008, § 17 Rn. 3.

setzt richtiger Ansicht zufolge aber lediglich den Bezug zu einem Mitgliedstaat voraus (siehe S. 211 f.). Dieser Bezugspunkt zu einem Mitgliedstaat wird durch den Beklagtenwohnsitz in Deutschland vermittelt. Somit regelt die EuGVVO auch die internationale Zuständigkeit für Klagen von Anlegern aus Drittstaaten gegen deutsche Beklagte. Auch die Klage US-amerikanischer Anleger, die vor deutschen Gerichten deutsche Emittenten verklagen möchten, fällt damit in den Anwendungsbereich der EuGVVO.

Da die übrigen Anwendungsvoraussetzungen der EuGVVO für Klagen aufgrund fehlerhafter Kapitalmarktinformationen ebenfalls erfüllt sind (siehe oben S. 211 f.), verbleibt für die §§ 12, 13 bzw. 12, 17 ZPO kein Anwendungsbereich zur Regelung der internationalen Zuständigkeit im Erkenntnisverfahren.

Ähnliches gilt hinsichtlich der internationalen Zuständigkeit im Rahmen des Anerkennungsverfahrens nach § 328 Abs. 1 Nr. 1 ZPO. Eine spiegelbildliche Anwendung der §§ 12, 13 bzw. 12, 17 ZPO scheitert in dem hier untersuchten Bereich der fehlerhaften öffentlichen Kapitalmarktinformationen an der ausschließlichen Zuständigkeit nach § 32 b Abs. 1 ZPO.

3. *Fazit allgemeine Gerichtsstände*

Der allgemeine Gerichtstand nach Art. 2 Abs. 1 EuGVVO spielt für die Bestimmung der internationalen Zuständigkeit für Klagen aufgrund fehlerhafter öffentlicher Kapitalmarktinformationen eine nicht bloß untergeordnete Rolle.

Demgegenüber wird der allgemeine Gerichtsstand nach § 12, 13 bzw. 12, 17 ZPO hinsichtlich der Bestimmung der internationalen Zuständigkeit im Rahmen des Erkenntnisverfahrens stets von den Regelungen der EuGVVO verdrängt (siehe oben S. 214). Daher ist er in diesem Zusammenhang ohne Bedeutung.

V. Besondere vertragliche Gerichtsstände

Als nächstes widmet sich die Untersuchung den Gerichtsständen für vertragliche Ansprüche. Sowohl die EuGVVO als auch die ZPO halten besondere Gerichtsstände für diese bereit. Vertraglich zu qualifizieren ist nach EuGVVO und ZPO gleichermaßen lediglich eine Haftung aufgrund der Verletzung eines Auskunftsvertrages (siehe oben S. 192). Damit kommen diese besonderen Gerichtsstände nur für solche Fälle in Betracht, in denen ausnahmsweise mit der Veröffentlichung der öffentlichen Kapitalmarktinformation ein Auskunftsvertrag geschlossen wurde.

Kennzeichen der besonderen Gerichtsstände ist, dass Gerichte, deren internationale Zuständigkeit durch einen besonderen Gerichtsstand begründet wurde, ausschließlich über diese besonderen Ansprüche entscheiden dürfen. Bei Eröffnung eines besonderen vertraglichen Gerichtsstandes kann das Gericht also nur und ausschließlich über vertragliche Anspruchsgrundlagen entscheiden. Konkurrierende deliktsrechtliche Anspruchsgrundlagen bleiben demgegenüber außer Betracht.[851] Die Gerichte haben also nur eine eingeschränkte Kognitionsbefugnis.

Die internationale Zuständigkeit folgt diesbezüglich wegen ihrer Bedeutung für das Verfahren (siehe oben S. 194) anderen Regeln als die örtliche Zuständigkeit.[852] Hinsichtlich der örtlichen Zuständigkeit führte die Änderung des § 17 Abs. 2 S. 1 GVG zu einer umfassenden Entscheidungskompetenz des angerufenen Gerichts. Schließlich gibt § 17 Abs. 2 S. 1 GVG dem Gericht des zulässigen Rechtswegs die Kompetenz „den Rechtsstreit unter allen in Betracht kommenden rechtlichen Gesichtspunkten zu entscheiden". Aufgrund dieses Wortlauts entspricht es der allgemeinen Meinung, dass ein aufgrund eines besonderen Gerichtsstandes angerufenes Gericht den Rechtsstreit umfassend entscheiden kann. Dies schließt auch eine Entscheidung über konkurrierende Ansprüche mit ein.[853]

Die eingeschränkte Kognitionsbefugnis der Gerichte gilt auch, wenn die internationale Zuständigkeit nicht durch die nationalen Zuständigkeitsvorschriften, sondern durch die EuGVVO vermittelt wird. Denn zwischen den Gerichtsständen des Art. 5 Nr. 1 EuGVVO und Art. 5 Nr. 3 EuGVVO herrscht ein Exklusivitätsverhältnis.[854]

Der Europäische Gerichtshof begründet dies mit der Ausnahmestellung der in Art. 5 und 6 EuGVVO geregelten Gerichtsstände im Verhältnis zu dem allgemeinen Gerichtsstand nach Art. 2 Abs. 1 EuGVVO. Als Ausnahmen von dem Grundsatz der Wohnsitzzuständigkeit seien diese einschränkend auszulegen.[855]

1. Internationale Zuständigkeit nach der EuGVVO

Zunächst sind die besonderen vertraglichen Gerichtsstände der EuGVVO zu untersuchen. Diese Untersuchung beginnt mit dem Erfüllungsortgerichtsstand gemäß Art. 5 Nr. 1 EuGVVO. Danach wird die Anwendbarkeit des Verbrauchergerichtsstandes nach Art. 16 Abs. 1 EuGVVO überprüft.

851 BGHZ 132, S. 105, 114; hinsichtlich einer internationalen Annexzuständigkeit im Deliktsgerichtsstand für vertragliche Ansprüche: BGH, NJW-RR 2005, S. 581, 583; *Vollkommer,* in: Zöller, Zivilprozessordnung, 27. Aufl., 2009, § 12 Rn. 21; a.A. wohl: OLG Köln, OLGR Köln 2005, S. 443, 444 f.

852 BGHZ 132, S. 105, 114; BGHZ 153, S. 173, 180.

853 BGHZ 153, S. 173, 175 ff.; *Kiethe*, Umfassende Prüfungskompetenz der Gerichte im Gerichtsstand des § 32 ZPO, NJW 2003, S. 1294; *Roth*, in: Stein/Jonas (Hrsg.), Kommentar zur Zivilprozessordnung, 22. Aufl., 2003; § 32 Rn. 16; *Vollkommer,* in: Zöller, Zivilprozessordnung, 27. Aufl., 2009, § 32 Rn. 20.

854 EuGH, Rs. 189/87, Slg. 1988, S. 5565 = NJW 1988, S. 3088, 3089 Rn. 19 ("Kalfelis"); Schlussanträge des Generalanwaltes am EuGH Geelhoed in der Rechtssache Tacconi Rs. C-334/00 Rn. 71; BGH, NJW-RR 2005, S. 581, 583; *Hüßtege*, in: Thomas/Putzo (Hrsg.), Zivilprozessordnung, 29. Aufl., 2008, Art. 5 EuGVVO Rn. 3; *Hartmann*, in: Baumbach/Lauterbach/Albers/Hartmann, Zivilprozessordnung, 66. Aufl., 2008, Art. 5 EuGVVO Rn. 2; *Schmidt-Kessel*, Zur culpa in contrahendo im Gemeinschaftsprivatrecht, ZEuP 2004, S. 1017, 1028; *Kropholler*, Europäisches Zivilprozessrecht, 8. Aufl., 2005, Art. 5 EuGVVO Rn. 79; a.A.: *Geimer*, in: Zöller (Hrsg.), Zivilprozessordnung, 27. Aufl., 2009, Art. 5 EuGVVO Rn. 10 a, 34.

855 EuGH, Rs. 189/87, Slg. 1988, S. 5565 = NJW 1988, S. 3088, 3089 Rn. 19 ("Kalfelis").

a. Erfüllungsortgerichtsstand nach Art. 5 Nr. 1 EuGVVO

Zunächst soll überprüft werden, ob und wenn ja, in welchen Fällen der Erfüllungsortgerichtsstand nach Art. 5 Nr. 1 EuGVVO die internationale Zuständigkeit für Klagen wegen fehlerhafter öffentlicher Kapitalmarktinformationen vermittelt.

aa. Anwendbarkeit der EuGVVO

Grundvoraussetzung für die Anwendbarkeit des Erfüllungsgerichtsstandes nach Art. 5 Nr. 1 EuGVVO ist die Anwendbarkeit der EuGVVO (siehe oben S. 211 f.).

dd. Tatbestandsvoraussetzungen des Art. 5 Nr. 1 EuGVVO

Ist der Anwendungsbereich der EuGVVO eröffnet, müssen für ein Eingreifen des Art. 5 Nr. 1 EuGVVO zunächst dessen Tatbestandsvoraussetzungen vorliegen.

(1) Vertraglicher Anspruch

Hierzu muss der geltend gemachte Anspruch auf eine vertraglich zu qualifizierende Anspruchsgrundlage gestützt werden. Denn Art. 5 Nr. 1 EuGVVO gilt nach seinem klaren Wortlaut nur, wenn „ein Vertrag oder ein Anspruch aus einem Vertrag den Gegenstand des Verfahrens bilden".

Als vertraglicher Anspruch im Sinn des Art. 5 Nr. 1 EuGVVO sind nur solche Ansprüche, die aus der Verletzung eines mit der Verbreitung der öffentlichen Kapitalmarktinformation geschlossenen Auskunftsvertrages resultieren, zu qualifizieren (siehe oben S. 192).

Zu beachten ist in diesen Fällen aber, dass bereits Streitigkeiten über die Wirksamkeit eines Vertrages vertraglich zu qualifizieren sind.[856] Anderenfalls könnten die Parteien durch die Behauptung des Nichtbestehens eines Vertrages die Zuständigkeit nach Art. 5 Nr. 1 EuGVVO ausschließen. Dies ließe den Gerichtsstand nach Art. 5 Nr. 1 EuGVVO bedeutungslos werden, was nicht akzeptabel ist.

Für Ansprüche aus der Verletzung eines Auskunftsvertrages bzw. für Streitigkeiten über die Wirksamkeit eines solchen Vertrages eröffnet Art. 5 Nr. 1 lit. a EuGVVO daher an dem Erfüllungsort der freiwillig eingegangenen Verpflichtung einen besonderen Gerichtsstand.

856 EuGH, Rs. C-38/81, Slg. 1982, S. 825 Rn. 7 („Effer").

(2) Erfüllungsort

Es fragt sich allerdings, wo der Erfüllungsort dieses Auskunftsvertrages belegen ist. Art. 5 Nr. 1 lit. b EuGVVO enthält eine autonome, für alle aus dem Vertrag erwachsenden Streitigkeiten einheitliche Bestimmung des Erfüllungsortes.[857] Diese gilt aber nur für Verträge, die den Verkauf beweglicher Sachen oder die Erbringung von Dienstleistungen zum Gegenstand haben.

Ein Auskunftsvertrag ist sicherlich kein Vertrag über den Verkauf beweglicher Sachen. Näher zu untersuchen ist aber, ob ein solcher Auskunftsvertrag nicht ein Vertrag über die Erbringung von Dienstleistungen im Sinn des Art. 5 Nr. 1 lit. b 2. Spiegelstrich EuGVVO ist.

Der Begriff der Dienstleistung ist weit auszulegen.[858] Erfasst werden Dienstleitungen aller Art,[859] wobei allerdings spezialgesetzlich geregelte Materien wie Versicherungsverträge nach Art. 8 ff. EuGVVO, Verbraucherverträge gemäß Art. 15 ff. EuGVVO und individuelle Arbeitsverträge gemäß Art. 18 ff. EuGVVO auszuklammern sind.[860]

Soweit der Auskunftsvertrag also kein Verbrauchervertrag ist, stellen auch Verträge über die Vermittelung von Kapitalanlagen bzw. über die Information bezüglich bestimmter Kapitalanlagen eine Dienstleistung im Sinn des Art. 5 Nr. 1 lit. b 2. Spiegelstrich EuGVVO dar.[861] Folglich ist der Erfüllungsort nach Art. 5 Nr. 1 lit. b 2. Spiegelstrich EuGVVO dort belegen, wo die Dienstleitung nach dem Vertrag zu erbringen ist.

Regelmäßig wird eine ausdrückliche Vereinbarung des Erfüllungsortes fehlen. Wenn Informationsgeber einer öffentlichen Kapitalmarktinformation überhaupt eine

857 KOM 1999, S. 348; *Hager/Bentele*, Der Lieferort als Gerichtsstand – zur Auslegung des Art. 5 Nr. 1 lit. b EuGVO, IPRax 2004, S. 73; *Geimer*, in: Zöller (Hrsg.), Zivilprozessordnung, 27. Aufl., 2009, Art. 5 EuGVVO Rn. 4; *Kienle*, Eine ökonomische Momentaufnahme zu Art. 5 Nr. 1 lit. b) EuGVVO, IPRax 2005, S. 113; *Geimer/Schütze*, Europäisches Zivilverfahrensrecht, 2. Aufl., 2004, Art. 5 EuGVVO Rn. 87; *Hüßtege*, in: Thomas/Putzo (Hrsg.), Zivilprozessordnung, 29. Aufl., 2008, Art. 5 EuGVVO Rn. 4.

858 *Hüßtege*, in: Thomas/Putzo (Hrsg.), Zivilprozessordnung, 29. Aufl., 2008, Art. 5 EuGVVO Rn. 8; *Geimer*, in: Zöller (Hrsg.), Zivilprozessordnung, 27. Aufl., 2009, Art. 5 EuGVVO Rn. 3; *Geimer/Schütze*, Europäisches Zivilverfahrensrecht, 2. Aufl., 2004, Art. 5 EuGVVO Rn. 89.

859 *Geimer/Schütze*, Europäisches Zivilverfahrensrecht, 2. Aufl., 2004, Art. 5 EuGVVO Rn. 90; *Geimer*, in: Zöller (Hrsg.), Zivilprozessordnung, 27. Aufl., 2009, Art. 5 EuGVVO Rn. 3; *Hüßtege*, in: Thomas/Putzo (Hrsg.), Zivilprozessordnung, 29. Aufl., 2008, Art. 5 EuGVVO Rn. 8; *Mankowski*, in: Rauscher (Hrsg.), Europäisches Zivilprozeßrecht – Band I, 2. Aufl., 2006, Art. 5 Brüssel I-VO Rn. 59.

860 *Geimer/Schütze*, Europäisches Zivilverfahrensrecht, 2. Aufl., 2004, Art. 5 EuGVVO Rn. 91; *Hüßtege*, in: Thomas/Putzo (Hrsg.), Zivilprozessordnung, 29. Aufl., 2008, Art. 5 EuGVVO Rn. 8.

861 Vgl.: *Geimer/Schütze*, Europäisches Zivilverfahrensrecht, 2. Aufl., 2004, Art. 5 EuGVVO Rn. 91; *Looschelders*, Internationale Zuständigkeit für Ansprüche aus Darlehen nach dem EuGVÜ, IPRax 2006, S. 14; *Mankowski*, in: Rauscher (Hrsg.), Europäisches Zivilprozeßrecht – Band I, 2. Aufl., 2006, Art. 5 Brüssel I-VO Rn. 50.

Regelung treffen, wird es sich typischerweise um eine Gerichtsstandsvereinbarung und nicht um eine Festlegung des Erfüllungsortes handeln.

Wo der Erfüllungsort belegen ist, ist damit durch Vertragsauslegung zu ermitteln. Eine solche Auslegung wird regelmäßig zu dem Ergebnis kommen, dass der Erfüllungsort der Informationspflichten aus einem infolge der Verbreitung öffentlicher Kapitalmarktinformationen geschlossenen Auskunftsvertrag der Sitz des Informationsgebers ist. Zu demselben Ergebnis kommt auch das dispositive deutsche Sachrecht. § 269 Abs. 1, 2 BGB bestimmt als Erfüllungsort den Sitz des Schuldners, also des Informationsgebers.

Diese Bestimmung des Erfüllungsortes ist auch sachgerecht. Denn anders als der individuelle Anlageberater, von dem durchaus eine Beratung an dem Wohnsitz des Anlegers erwartet werden kann, richtet sich der Informationsgeber öffentlicher Kapitalmarktinformationen an eine unbestimmte Vielzahl von Personen, deren Wohnsitz und Adresse er häufig gar nicht kennt. Zu denken ist hierbei beispielsweise an die Verbreitung von Ad-hoc-Mitteilungen auf der Homepage des Emittenten. Bereits aus rein faktischen Gründen kann daher der Erfüllungsort des Auskunftsvertrages nur der Sitz des Emittenten sein.

Folglich wird grundsätzlich an dem Sitz des Informationsgebers der besondere Gerichtsstand des Erfüllungsortes nach Art. 5 Nr. 1 EuGVVO begründet. An diesem können gemäß dem Wortlaut des Art. 5 Nr. 1 lit. a EuGVVO ausschließlich vertragliche Ansprüche geltend gemacht werden.

ee. *Fazit*

In den typischen Fällen, in denen kein von dem Sitz des Emittenten abweichender Erfüllungsort vereinbart wird, begründet Art. 5 Nr. 1 EuGVVO demnach keinen neuen Gerichtsstand neben dem allgemeinen Gerichtsstand.

Folglich ist Art. 5 Nr. 1 EuGVVO in aller Regel nicht anwendbar. Denn nach dem Einleitungssatz des Art. 5 EuGVVO dient dieser dazu einen anderen Gerichtsstand als den am Wohnsitz des Beklagten zu schaffen. Art. 5 Nr. 1 EuGVVO setzt also voraus, dass der Wohnsitz des Beklagten in einem anderen Mitgliedstaat liegt, als der Gerichtsstand des Erfüllungsortes.[862] Dies ist aber regelmäßig nicht der Fall.

Demnach ist Art. 5 Nr. 1 EuGVVO in aller Regel nicht auf Klagen geprellter Anleger anwendbar.

b. *Verbrauchergerichtsstand nach Art. 16 Abs. 1 EuGVVO*

Es fragt sich aber, ob über Art. 16 Abs. 1 (2. Alt.) EuGVVO ein besonderer Gerichtsstand an dem Wohnsitz des Verbrauchers begründet werden kann. Art. 16 Abs. 1

862 Statt aller anderer: *Hüßtege*, in: Thomas/Putzo (Hrsg.), Zivilprozessordnung, 29. Aufl., 2008, Art. 5 EuGVVO Rn. 1.

(2. Alt.) EuGVVO stellt eine verdrängende Spezialregelung zu Art. 5 Nr. 1 EuGVVO dar.[863]

Liegen die Voraussetzungen des Art. 16 Abs. 1 EuGVVO vor, hat der Verbraucher ein Wahlrecht zwischen dem Gerichtsstand an seinem Wohnsitz und dem vor einem Gericht in dem Mitgliedstaat, in dem der Beklagte seinen Wohnsitz bzw. eine Niederlassung hat.[864]

aa. Anwendbarkeit der EuGVVO

Grundvoraussetzung für die Vermittlung der internationalen Zuständigkeit durch Art. 16 Abs. 1 (2. Alt.) EuGVVO ist wie stets die Anwendbarkeit der EuGVVO (siehe oben S. 211 f.). Als Besonderheit genügt hier nach Art. 15 Abs. 2 EuGVVO allerdings, dass der beklagte Vertragspartner des Verbrauchers in einem Mitgliedstaat eine Zweigniederlassung, Agentur oder sonstige Niederlassung hat.[865] Somit muss sich der Wohnsitz bzw. der Sitz des Emittenten nicht notwendigerweise in einem Mitgliedstaat befinden.

bb. Tatbestandsvoraussetzungen des Art. 16 Abs. 1 (2. Alt.) EuGVVO

Ist die EuGVVO anwendbar, muss weiter geprüft werden, ob bei Klagen aufgrund eines Auskunftsvertrages, der im Zuge der Verbreitung der fehlerhaften öffentlichen Kapitalmarktinformation geschlossen wurde, die Tatbestandsvoraussetzungen des Art. 16 Abs. 1 (2. Alt.) EuGVVO erfüllt sind.

(1) Anleger als Verbraucher

Erforderlich ist hierfür zunächst, dass der Auskunftsvertrag einen Verbrauchervertrag im Sinn des Art. 15 Abs. 1 EuGVVO darstellt. Der Begriff des Verbrauchervertrages

863 EuGH, Rs. C-27/02, Slg. 2005, S. I-481 = NJW 2005, S. 811, 812 Rn. 32 („Engler“).

864 Statt aller anderer: *Hartmann*, in: Baumbach/Lauterbach/Albers/Hartmann, Zivilprozessordnung, 66. Aufl., 2008, Art. 16 EuGVVO Rn. 1.

865 Näher zu den Begriffen „Zweigniederlassung, Agentur oder sonstige Niederlassung“: EuGH, Rs. 218/86, Slg. 1987, S. 4905 = NJW 1988, S. 625 Rn. 10 („SAR Schotte GmbH“); *Benicke*, Internationale Zuständigkeit deutscher Gerichte nach Art. 13, 14 EuGVÜ für Schadensersatzklagen geschädigter Anleger, WM 1997, S. 945, 949 f.; *Geimer*, in: Zöller (Hrsg.), Zivilprozessordnung, 27. Aufl., 2009, Art. 5 EuGVVO Rn. 40 f.; *Leible*, in: Rauscher (Hrsg.), Europäisches Zivilprozeßrecht – Band I, 2. Aufl., 2006, Art. 5 Brüssel I-VO Rn. 103 ff.; *Hartmann*, in: Baumbach/Lauterbach/Albers/Hartmann, Zivilprozessordnung, 66. Aufl., 2008, Art. 5 EuGVVO Rn. 26.

ist autonom[866] und eng auszulegen.[867] Verbraucherverträge im Sinn des Art. 15 Abs. 1 EuGVVO sind lediglich Verträge zwischen einem Unternehmer und einem nicht berufs- oder gewerbsmäßig handelnden privaten Endverbraucher,[868] der einen der in Art. 15 Abs. 1 EuGVVO aufgeführten Verträge abgeschlossen hat.

Der typische private Anleger erfüllt – anders als gewerbliche Anleger wie beispielsweise Banken und Kreditinstitute – diese Definition des Verbrauchers.[869] Er handelt bei der Kapitalanlage weder berufs- noch gewerbsmäßig. Der bloße Umstand, dass er durch die Kapitalanlage einen Gewinn erzielen möchte, steht dem nicht entgegen.[870] Schließlich ist nach ständiger Rechtsprechung des Europäischen Gerichtshofes allein ausschlaggebend, dass der Verbraucher zu einem Zweck tätig wird, der weder seiner beruflichen noch seiner gewerblichen Tätigkeit zugerechnet wird.[871] Außerdem steht der Kapitalanleger in Bezug auf seine Schutzwürdigkeit einem Verbraucher, der Waren kauft, gleich. Denn sowohl der Anleger als auch der Verbraucher bei einem Versendungskauf oder einem Haustürgeschäft sind Informationsasymmetrien ausgesetzt.[872]

Eine Ausnahme von dem hier dargestellten Grundsatz ist jedoch zu machen, wenn der Anleger die private Geldanlage quasi als Surrogat einer beruflichen Tätigkeit nutzt. Dies ist etwa dann der Fall, wenn er sein persönliches Schicksal nach außen erkennbar untrennbar mit einer Investition in eine juristische Person verbindet, indem er ein En-

866 EuGH, Rs. C-27/02, Slg. 2005, S. I-481 = NJW 2005, S. 811, 812 Rn. 33 („Engler"); EuGH, Rs. C-464/01, Slg. 2005, S. I-439 = NJW 2005, S. 653, 654 Rn. 31 ("Gruber"); EuGH, Rs. C-89/91, Slg. 1993, S. I-139 = NJW 1993, S. 1251 Rn. 13 ("Shearson Lehman Hutton").

867 EuGH, Rs. C-464/01, Slg. 2005, S. I-439 = NJW 2005, S. 653, 654 Rn. 32 ff., insbesondere Rn. 36 ("Gruber"); EuGH, Rs. C-269/95, Slg. 1997, S. I-3767 = WM 1997, S. 1549, 1550 Rn. 16 ff. ("Benincasa"); EuGH, Rs. 150/77, Slg. 1978, S. 1431 Rn. 17 („Bertrand"); EuGH, Rs. C-27/02, Slg. 2005, S. I-481 = NJW 2005, S. 811, 813 Rn. 43 („Engler").

868 EuGH, Rs. C-89/91, Slg. 1993, S. I-139 = NJW 1993, S. 1251 Rn. 22 ("Shearson Lehman Hutton"); EuGH, Rs. C-27/02, Slg. 2005, S. I-481 = NJW 2005, S. 811, 812 Rn. 34 („Engler"); EuGH, Rs. C-464/01, Slg. 2005, S. I-439 = NJW 2005, S. 653, 654 Rn. 35 ("Gruber").

869 OLG Dresden, IPRax 2006, S. 44, 45; OLG Köln, ZIP 1989, S. 838, 839; LG Darmstadt, ZIP 2004, S. 1924, 1925; *Bachmann*, Die internationale Zuständigkeit für Klagen wegen fehlerhafter Kapitalmarktinformationen, IPRax 2007, S. 77, 80; *Wach/Weberpals*, Inländischer Gerichtsstand für Bereicherungsklagen gegen ausländische Brokerfirmen aus unverbindlichen Termin- und Differenzgeschäften, AG 1989, S. 193, 196.

870 LG Darmstadt, ZIP 2004, S. 1924, 1925; *Benicke*, Internationale Zuständigkeit deutscher Gerichte nach Art. 13, 14 EuGVÜ für Schadensersatzklagen geschädigter Anleger, WM 1997, S. 945, 950; *Thorn*, Grenzüberschreitende Gerichtsstandsvereinbarungen in Kreditverträgen zur Finanzierung von Börsenspekulationen, IPRax 1995, S. 294, 296; stillschweigend vorausgesetzt: OLG Dresden, IPRax 2006, S. 44, 45; OLG Köln, ZIP 1989, S. 838, 839; a.A.: *Schütze*, Kurzkommentar zu OLG Köln, Urteil vom 16.3.1989 – 12 U 197/88, EWiR 1989, S. 681, 682; *Triebel/Peglow*, Positive Funktion des ordre public bei Termingeschäften?, ZIP 1987, S. 613, 616.

871 EuGH, Rs. C-89/91, Slg. 1993, S. I-139 = NJW 1993, S. 1251 Rn. 22 ("Shearson Lehman Hutton"); EuGH, Rs. C-27/02, Slg. 2005, S. I-481 = NJW 2005, S. 811, 812 Rn. 34 („Engler"); EuGH, Rs. C-464/01, Slg. 2005, S. I-439 = NJW 2005, S. 653, 654 Rn. 35 ("Gruber").

872 *Grundmann*, Europäisches Gesellschaftsrecht, 2004, Rn. 629; *Hopt*, Die Verantwortlichkeit von Banken bei Emissionen, 1991, S. 124; vgl. auch: BGH, WM 1987, S. 1153, 1154 f., der allerdings nur die Wertungen des Art. 29 EGBGB anwendet, jedoch offen lässt, ob der Anleger ein Verbraucher ist.

gagement als Franchisenehmer bei der Investitionsgesellschaft eingeht, das mit einem umfangreichen Pflichtenkatalog verbunden ist.[873]

In der Regel ist der private Anleger aber ein Verbraucher im Sinn des Art. 15 Abs. 1 EuGVVO.

(2) Situative Voraussetzungen des Art. 15 Abs. 1 lit. C EuGVVO

Hinsichtlich der situativen Voraussetzungen des Art. 15 Abs. 1 EuGVVO kommen letztlich nur die „anderen Fälle“ in Art. 15 Abs. 1 lit. c EuGVVO in Betracht.

Art. 15 Abs. 1 lit. c EuGVVO ist ein Auffangtatbestand, der grundsätzlich alle Vertragsarten erfasst.[874] In den Anwendungsbereich sind beispielsweise Verträge über die Vermittlung von verschiedenen Kapitalanlagen einbezogen.[875] Der Wortlaut des Art. 15 Abs. 1 lit. c EuGVVO enthält keine Einschränkung bezüglich des Vertragstyps. Folglich sind auch Auskunftsverträge nicht per se aus dem Anwendungsbereich des Art. 15 Abs. 1 lit. c EuGVVO ausgenommen.

Allerdings ergibt sich aus dem systematischen Zusammenhang zwischen Art. 15 Abs. 1 lit. c EuGVVO und Art. 15 Abs. 1 lit. a und lit. b EuGVVO, dass Art. 15 Abs. 1 lit. c EuGVVO lediglich einen Auffangtatbestand für entgeltliche Verträge darstellt.[876] Solche entgeltlichen Verträge sind durch eine rechtliche Verknüpfung von Leistung und Gegenleistung gekennzeichnet.[877] Sie zielen auf einen Austausch von Leistungen ab.[878]

Auch wenn dem Wortlaut des Art. 15 Abs. 1 lit. c EuGVVO diese Einschränkung nicht zu entnehmen ist, folgt diese nicht nur aus dem systematischen Zusammenhang, sondern auch aus Sinn und Zweck der Vorschrift. Zweck des Art. 15 Abs. 1 lit. c EuGVVO ist nämlich der Schutz des als schwächere Partei angesehenen Verbrauchers durch die Einräumung von Wahlgerichtsständen und die Beschränkung der Zulässig-

873 OLG Nürnberg, IPRax 2005, S. 248, 250.

874 *Hüßtege*, in: Thomas/Putzo (Hrsg.), Zivilprozessordnung, 29. Aufl., 2008, Art. 15 EuGVVO Rn. 5; vgl. auch: *Staudinger*, in: Rauscher (Hrsg.), Europäisches Zivilprozeßrecht – Band I, 2. Aufl., 2006, Art. 5 Brüssel I-VO Rn. 7; *Kropholler*, Europäisches Zivilprozessrecht, 8. Aufl., 2005, Art. 15 EuGVVO Rn. 20.

875 *Staudinger*, in: Rauscher (Hrsg.), Europäisches Zivilprozeßrecht – Band I, 2. Aufl., 2006, Art. 5 Brüssel I-VO Rn. 8; vgl. auch: *Kropholler*, Europäisches Zivilprozessrecht, 8. Aufl., 2005, Art. 15 EuGVVO Rn. 20; *Geimer/Schütze*, Europäisches Zivilverfahrensrecht, 2. Aufl., 2004, Art. 15 EuGVVO Rn. 43.

876 EuGH, Rs. C-27/02, Slg. 2005, S. I-481 = NJW 2005, S. 811, 812 Rn. 34 („Engler“), allerdings zu der Vorgängervorschrift Art. 13 EuGVÜ; *Schlosser*, EU-Zivilprozessrecht, 3. Aufl., 2009, Art. 15 EuGVVO Rn. 8; *Hüßtege*, in: Thomas/Putzo (Hrsg.), Zivilprozessordnung, 29. Aufl., 2008, Art. 15 EuGVVO Rn. 5; *Piekenbrock/Schulze*, Internationale Zuständigkeit im Rechtsmittelverfahren und Gerichtsstand der Gewinnzusage, IPRax 2003, S. 328, 330; a.A. ohne Begründung: *Lorenz*, Gewinnmitteilungen als „geschäftsähnliche Handlungen“: Anwendbares Recht, internationale Zuständigkeit, Erfüllungsort, NJW 2006, S. 472, 475; kritisch: *Reich*, Anmerkung zu EuGH, Urteil vom 20.1.2005, Rs. C-464/01(Gruber/BayWa AG), EuZW 2005, S. 244 f.

877 OLG München, NJW 1983, S. 759.

878 Statt aller anderer: *Grüneberg*, in: Palandt, BGB, 68. Aufl., 2009, vor § 311 Rn. 8.

keit von Gerichtsstandsvereinbarungen.[879] Durch eine einseitige Verpflichtung seitens des Unternehmers wird aber keine Gefährdungssituation für den Verbraucher geschaffen.[880] Folglich bedürfen Verbraucher in dieser Situation nicht eines besonderen Schutzes. Die Einbeziehung solcher Verträge in den Anwendungsbereich des Art. 15 Abs. 1 lit. c EuGVVO würde demzufolge das gewünschte Maß an Verbraucherschutz übersteigen. Damit bleibt festzuhalten, dass Art. 15 Abs. 1 lit. c EuGVVO lediglich für entgeltliche Verträge gilt.

Der infolge der Verbreitung einer öffentlichen Kapitalmarktinformation geschlossene Auskunftsvertrag ist aber kein entgeltlicher Vertrag. Lediglich der Informationsgeber wird durch diesen Vertrag verpflichtet. Dagegen erwachsen für den Anleger keinerlei Primärpflichten aus diesem Vertrag. Insbesondere kann von ihm nicht der Abschluss einer bestimmten Kapitalanlage erwartet werden. Folglich stellt ein solcher Auskunftsvertrag einen einseitig verpflichtenden Vertrag dar.

cc. Fazit

Auskunftsverträge aufgrund fehlerhafter öffentlicher Kapitalmarktinformationen stellen einseitig verpflichtende Verträge dar. Die Art. 15 ff. EuGVVO sind richtiger Ansicht zufolge aber nur auf entgeltliche Verträge anwendbar (siehe oben S. 222). Mangels Vorliegens der situativen Anwendungsvoraussetzungen des Art. 15 Abs. 1 lit. c EuGVVO ist Art. 16 Abs. 1 (2. Alt.) EuGVVO damit nicht auf Klagen wegen Verletzung dieser Auskunftsverträge anwendbar.

2. Internationale Zuständigkeit nach dem nationalen Recht

Des Weiteren sind die besonderen vertragsrechtlichen Gerichtsstände nach dem nationalen deutschen Recht zu untersuchen. Die ZPO hält mit § 29 ZPO ebenfalls einen Erfüllungsortgerichtsstand bereit.

Dagegen kennt sie keinen besonderen Verbrauchergerichtsstand. Lediglich § 29 c ZPO normiert einen Gerichtsstand, der an bestimmte Verbraucherverträge anknüpft. Im Folgenden ist nun die Relevanz dieser Gerichtsstände für die Klagen geprellter Anleger zu untersuchen.

879 Bericht Schlosser Nr. 153; EuGH, Rs. C-464/01, Slg. 2005, S. I-439 = NJW 2005, S. 653, 654 Rn. 34 ("Gruber"), zu der Vorgängerregelung Art. 13 EuGVÜ.

880 Zu der Parallelproblematik im Rahmen des deutschen materiellen Rechts: *Masuch*, in: Münchener Kommentar, Bürgerliches Gesetzbuch, Band 2 – Schuldrecht Allgemeiner Teil I, 5. Aufl., 2007, § 312 Rn. 27.

a. *Erfüllungsortgerichtsstand nach § 29 ZPO*

Die Untersuchung widmet sich zunächst der Bedeutung des Erfüllungsortsgerichtsstand nach § 29 ZPO für Klagen aufgrund fehlerhafter öffentlicher Kapitalmarktinformationen.

aa. *Anwendbarkeit*

Grundvoraussetzung für das Eingreifen des Gerichtsstandes nach § 29 ZPO ist zunächst, dass die Regelungen der ZPO zur Bestimmung der internationalen Zuständigkeit berufen sind. Dies ist allerdings nur dann der Fall, wenn sie nicht durch die vorrangigen Zuständigkeitsvorschriften der EuGVVO verdrängt werden (zu deren Anwendbarkeit siehe oben S. 211 f.).

Außerdem darf der ausschließliche Gerichtstand des § 32 b ZPO nicht anwendbar sein. Dies stellt neben der Nichtanwendbarkeit der EuGVVO aber keine zusätzliche Einschränkung des Anwendungsbereichs der besonderen Gerichtstände dar. Denn § 32 b ZPO wird im Rahmen des Erkenntnisverfahrens stets von den Zuständigkeitsregeln der EuGVVO verdrängt (siehe oben S. 200 f.).

bb. *Tatbestandsvoraussetzungen des § 29 ZPO*

Bestimmt sich die internationale Zuständigkeit nach den Regelungen der ZPO, müssen für ein Eingreifen des Erfüllungsortsgerichtsstandes nach § 29 ZPO dessen Voraussetzungen erfüllt sein.

(1) *Vertraglicher Anspruch*

Die erste Voraussetzung für das Eingreifen des § 29 ZPO ist das Vorliegen einer Streitigkeit aus einem Vertragsverhältnis. Auch auf Ebene des nationalen Rechts ist die einzige vertraglich zu qualifizierende Anspruchsgrundlage für Klagen aufgrund fehlerhafter oder unterlassener öffentlicher Kapitalmarktinformationen die Verletzung eines Auskunftsvertrages (siehe oben S. 192).

Eine Streitigkeit aus diesem Vertragsverhältnis kann sich auf das Bestehen oder Nichtbestehen des gesamten Vertrages, dessen ordnungsgemäße Erfüllung oder aber Schadensersatz wegen Nicht- oder Schlechterfüllung des Vertrages beziehen.[881]

881 *Hüßtege*, in: Thomas/Putzo (Hrsg.), Zivilprozessordnung, 29. Aufl., 2008, § 29 Rn. 4.

(2) Erfüllungsort

Der Erfüllungsort, an dem nach § 29 ZPO der besondere Gerichtsstand eröffnet wird, ist für die jeweilige streitige Verpflichtung getrennt[882] nach der lex causae zu bestimmen.[883] Mit dem missverständlichen Begriff Erfüllungsort ist der Leistungsort im Sinn des § 269 BGB gemeint. Der Erfüllungsort im Sinn des § 29 ZPO ist demnach der Ort der Vornahme der Leistungshandlung.[884]

Die im Folgenden zu untersuchende streitige Verpflichtung ist die Verpflichtung des Informationsgebers vollständige und richtige Auskünfte zu geben. Ebenso wie im Rahmen des Art. 5 Nr. 1 EuGVVO stellt sich auch hier die Frage, wo dieser Erfüllungsort belegen ist.

Eine ausdrückliche Vereinbarung des Erfüllungsortes wird regelmäßig nicht getroffen, obwohl die zuständigkeitsrechtliche Bedeutsamkeit einer solchen Vereinbarung nicht mit einem pauschalen Hinweis auf § 29 Abs. 2 ZPO verneint werden kann. Denn § 29 Abs. 2 BGB erklärt lediglich ausschließlich auf den Gerichtsstand bezogene, abstrakte Vereinbarungen des Erfüllungsortes, die materiell-rechtlich keine Wirkung entfalten sollen, für unwirksam.[885] Sinn und Zweck des § 29 Abs. 2 ZPO ist nämlich der Schutz von Privatpersonen vor der Umgehung der Wirksamkeitsvoraussetzungen von Gerichtsstandsvereinbarungen nach § 38 ZPO.[886] Dagegen sollen nicht auch materiell-rechtlich bedeutsame Vereinbarungen des Erfüllungsortes verhindert werden.

Aber sowohl die Natur des Rechtsverhältnisses als auch die dispositive Bestimmung des § 269 Abs. 1, 2 BGB führen zu dem Sitz des Informationsgebers als Erfüllungsort. Wiederum verfangen die bei der Bestimmung des Erfüllungsortes im Rahmen des Art. 5 Nr. 1 EuGVVO vorgebrachten Argumente (siehe oben S. 219). Überzeugend ist insbesondere, dass der Erfüllungsort der Auskunftspflicht bei öffentlichen Kapitalmarktinformationen bereits aus faktischen Gründen nur der Sitz des Informationsgebers sein kann. Dieser kennt nämlich oftmals die Adresse der Anleger, die die öffentliche Kapitalmarktinformation erhalten, nicht.

Damit kann § 29 Abs. 1 ZPO die Zuständigkeit zugunsten deutscher Gerichte nur dann vermitteln, wenn der Sitz des Informationsgebers sich in Deutschland befindet.

882 BGH, NJW 2004, S. 54; *Stöber*, Der Gerichtsstand des Erfüllungsortes nach Rücktritt des Käufers vom Kaufvertrag, NJW 2006, S. 2661, 2665; *Einsiedler*, Der besondere Gerichtsstand des Erfüllungsortes nach § 29 ZPO: Ein Klägergerichtsstand?, NJW 2001, S. 1549; *Heinrich*, in: Musielak (Hrsg.), Kommentar zur Zivilprozessordnung, 6. Aufl., 2008, § 29 Rn. 14.

883 BAG, IPRax 2006, S. 254 f.; BGHZ 120, S. 334, 347; *Geimer*, Internationales Zivilprozessrecht, 5. Aufl., 2005, Rn. 1482; *Linke*, Internationales Zivilprozessrecht, 4. Aufl., 2006, Rn. 153.

884 *Roth*, in: Stein/Jonas (Hrsg.), Kommentar zur Zivilprozessordnung, 22. Aufl., 2003; § 29 Rn. 3; vgl. auch: *Heinrich*, in: Musielak (Hrsg.), Kommentar zur Zivilprozessordnung, 6. Aufl., 2008, § 29 Rn. 19; *Hüßtege*, in: Thomas/Putzo (Hrsg.), Zivilprozessordnung, 29. Aufl., 2008, § 29 Rn. 5.

885 *Roth*, in: Stein/Jonas (Hrsg.), Kommentar zur Zivilprozessordnung, 22. Aufl., 2003; § 29 Rn. 35; *Vollkommer,* in: Zöller, Zivilprozessordnung, 27. Aufl., 2009, § 29 Rn. 26; vgl. auch: *Hartmann*, in: Baumbach/Lauterbach/Albers/Hartmann, Zivilprozessordnung, 66. Aufl., 2008, § 29 Rn. 17.

886 *Hüßtege*, in: Thomas/Putzo (Hrsg.), Zivilprozessordnung, 29. Aufl., 2008, § 29 Rn. 10; *Heinrich*, in: Musielak (Hrsg.), Kommentar zur Zivilprozessordnung, 6. Aufl., 2008, § 29 Rn. 42; *Vollkommer,* in: Zöller, Zivilprozessordnung, 27. Aufl., 2009, § 29 Rn. 26.

cc. Fazit

Hieraus folgt, dass für § 29 ZPO bezüglich der internationalen Zuständigkeit für das Erkenntnisverfahren kein Anwendungsbereich verbleibt. Denn wenn der Sitz des beklagten Informationsgebers sich in Deutschland und somit in einem Mitgliedstaat der Europäischen Union befindet, wird die internationale Zuständigkeit durch die vorrangigen Regelungen der EuGVVO bestimmt. Die Vorschriften der ZPO finden in diesen Fällen allenfalls hinsichtlich der örtlichen Zuständigkeit Anwendung (siehe oben S. 195).

b. Verbrauchergerichtstand

Einen für grundsätzlich alle Arten von Verbraucherverträgen geltenden Gerichtsstand kennt die ZPO nicht. Allerdings besteht in § 29 c ZPO ein besonderer Gerichtsstand für Haustürgeschäfte.

aa. Anwendbarkeit

Wie bei allen Zuständigkeitsregelungen der ZPO ist die Grundvoraussetzung für eine Regelung der internationalen Zuständigkeit durch § 29 c ZPO, dass die Regelungen der ZPO nicht durch die Gerichtsstände der EuGVVO verdrängt werden. Diesbezüglich ergeben sich keine Besonderheiten, so dass auf die Ausführungen auf S. 213 f. Bezug genommen wird.

bb. Tatbestandsvoraussetzungen

Weitere Voraussetzung ist das Vorliegen aller Tatbestandvoraussetzungen. § 29 c ZPO greift nur ein, wenn der in Streit stehende Vertrag ein Haustürgeschäft darstellt. Haustürgeschäfte sind in § 312 Abs. 1 S. 1 BGB legal definiert. Hiernach ist neben einem entgeltlichen Vertrag zwischen einem Verbraucher und einem Unternehmer vor allem erforderlich, dass bestimmte situative Voraussetzungen erfüllt sind. Diese situativen Voraussetzungen stellen allesamt auf eine Überrumpelungssituation bei dem Verbraucher ab.[887]

An einer solchen Überrumpelungssituation fehlt es aber bei der Verbreitung öffentlicher Kapitalmarktinformationen. Denn bei Verbreitung dieser Informationen werden die Verbraucher nicht individuell und damit möglicherweise mit einem Überrumpelungseffekt angesprochen. Vielmehr richten sich die öffentlichen Kapitalmarktinformationen an eine Vielzahl von Anlegern. Diese können sich nach Erhalt der In-

887 Statt aller anderer: *Grüneberg*, in: Palandt, BGB, 68. Aufl., 2009, § 312 Rn. 11.

formation in Ruhe und ohne Druck durch einen Dritten überlegen, ob sie eine bestimmte Kapitalanlage eingehen möchten oder nicht.

cc. Fazit

Damit entstehen durch die Verbreitung öffentlicher Kapitalmarktinformationen keine Haustürgeschäfte. Der Gerichtsstand nach § 29 c ZPO ist folglich für infolge öffentlicher Kapitalmarktinformationen geprellte Anleger ohne Bedeutung.

3. Fazit besondere vertragliche Gerichtsstände

Die besonderen vertragsrechtlichen Gerichtsstände sowohl der EuGVVO als auch der ZPO spielen für die Bestimmung der internationalen Zuständigkeit wegen Klagen aufgrund fehlerhafter oder unterlassener öffentlicher Kapitalmarktinformationen regelmäßig keine Rolle.

Da der Erfüllungsort des Auskunftsvertrages über die richtige und vollständige Kapitalmarktinformation regelmäßig am Wohnsitz bzw. Sitz des Informationsgebers belegen ist, eröffnet Art. 5 Nr. 1 EuGVVO keinen von Art. 2 Abs. 1 EuGVVO abweichend Gerichtsstand. Daher ist Art. 5 Nr. 1 EuGVVO in aller Regel nicht anwendbar (siehe oben S. 219).

Der Verbrauchergerichtsstand nach Art. 16 Abs. 1 (2. Alt.) EuGVVO ist mangels Vorliegens der situativen Voraussetzungen von vornherein nicht eröffnet (siehe oben S. 223). Daher wird die internationale Zuständigkeit für die Klage eines aufgrund einer öffentlichen Kapitalmarktinformation geprellten Anlegers nicht durch einen besonderen vertragsrechtlichen Gerichtsstand der EuGVVO vermittelt.

Der Erfüllungsortgerichtsstand nach § 29 ZPO wird stets von den Zuständigkeitsregelungen der EuGVVO verdrängt (siehe oben S. 226) und der Verbrauchergerichtsstand nach § 29 c ZPO ist mangels Vorliegens der Tatbestandsvoraussetzungen nicht anwendbar (siehe oben S. 227). Folglich sind auch die besonderen vertragsrechtlichen Zuständigkeitsnormen der ZPO nicht zur Regelung der internationalen Zuständigkeit berufen.

VI. Deliktsrechtliche Ansprüche

Im Folgenden werden die besonderen Gerichtsstände für deliktische Anspruchsgrundlagen untersucht. Richtiger Ansicht zufolge sind mit Ausnahme der Haftung wegen der Verletzung von Auskunftsverträgen alle im Rahmen dieser Arbeit untersuchten Anspruchsgrundlagen deliktsrechtlich zu qualifizieren (siehe oben S. 192).

Für diese Anspruchsgrundlagen finden sich in Art. 5 Nr. 3 EuGVVO und § 32 ZPO besondere Gerichtsstände. An diesen können aber nur solche Ansprüche geltend gemacht werden, die ausschließlich auf deliktsrechtliche Anspruchsgrundlagen gestützt werden[888] (siehe zu der Parallelproblematik hinsichtlich der besonderen vertragsrechtlichen Gerichtsstände oben S. 215).

1. Besonderer deliktsrechtlicher Gerichtsstand nach Art. 5 Nr. 3 EuGVVO

Zunächst sind der Anwendungsbereich und die Tatbestandsvoraussetzungen des besonderen deliktsrechtlichen Gerichtsstandes nach Art. 5 Nr. 3 EuGVVO zu untersuchen. Diesen hält auch der deutsche Gesetzgeber für den wichtigsten Gerichtsstand für Klagen wegen fehlerhafter öffentlicher Kapitalmarktinformationen.[889]

a. Anwendbarkeit

Grundvoraussetzung für die Anwendbarkeit des Erfüllungsgerichtsstandes nach Art. 5 Nr. 3 EuGVVO ist, dass der Beklagte seinen Wohnsitz in einem Mitgliedstaat der Europäischen Union hat. Denn nur dann ist die EuGVVO anwendbar (siehe oben S. 211 f.).

b. Tatbestandsvoraussetzungen

Als nächstes ist zu untersuchen, wann die Tatbestandsvoraussetzungen des Art. 5 Nr. 3 EuGVVO vorliegen.

aa. Deliktsrechtlicher Anspruch

Hierfür ist von Nöten, dass die Klage ausschließlich auf einen deliktsrechtlichen Anspruch gestützt wird. Die eigentliche bürgerlich-rechtliche Prospekthaftung, alle spezialgesetzlich geregelten Prospekthaftungsansprüche und die Ansprüche nach §§ 37 b, 37 c WpHG sind ebenso deliktsrechtlich zu qualifizieren wie eine Haftung aufgrund § 823 Abs. 2 BGB i.V.m. einem Schutzgesetz bzw. § 826 BGB (siehe oben S. 164 ff., 192).

Wird die Klage auf eine dieser Anspruchsgrundlagen gestützt, ist die erste Tatbestandsvoraussetzung des Art. 5 Nr. 3 EuGVVO erfüllt. Eine Beschränkung auf be-

888 Hinsichtlich Art. 5 EuGVVO: EuGH, Rs. 189/87, Slg. 1988, S. 5565 = NJW 1988, S. 3088, 3089 Rn. 19 ("Kalfelis"); Schlussanträge des Generalanwaltes am EuGH Geelhoed in der Rechtssache Tacconi Rs. C-334/00 Rn. 71; BGH, NJW-RR 2005, S. 581, 583; hinsichtlich der Zuständigkeitsvorschriften der ZPO: BGHZ 132, S. 105, 114; BGH, NJW 2003, S. 828, 830.

889 Begründung zu dem RegE KapMuG vom 14. 03. 2005, BT-Drucksache 15/5091, S. 17.

stimmte Klagearten enthält Art. 5 Nr. 3 EuGVVO nicht.[890] Voraussetzung für das Eingreifen des Art. 5 Nr. 3 EuGVVO ist lediglich, dass eine Klage zur Geltendmachung einer Schadenshaftung, die nicht an einen Vertrag im Sinn des Art. 5 Nr. 1 EuGVVO anknüpft, vorliegt.[891]

dd. Ort, an dem das schädigende Ereignis eingetreten ist oder einzutreten droht

Des Weiteren muss die Klage nach Art. 5 Nr. 3 EuGVVO an dem Ort, an dem das schädigende Ereignis eingetreten ist oder einzutreten droht, erhoben worden sein.

Der Europäische Gerichtshof legt diese Formulierung autonom aus.[892] Seiner Rechtsprechung zufolge meint diese Formulierung sowohl den Ort des tatsächlichen Geschehens als auch den Ort, an dem sich der Schadenserfolg verwirklicht.[893] Der Kläger hat mit anderen Worten ein Wahlrecht zwischen dem Handlungs- und dem Erfolgsort.[894]

Der Europäische Gerichtshof begründet dieses Wahlrecht mit dem Sinn und Zweck der besonderen Zuständigkeiten nach Art. 5 EuGVVO. Die besonderen Gerichtsstände nach Art. 5 EuGVVO werden eröffnet, weil eine besonders enge Beziehung zwischen der Streitigkeit und dem zur Entscheidung berufenen Gericht besteht.[895] Diese Beziehung muss so eng sein, dass sie aus Gründen einer geordneten Rechtspflege und einer sachgerechten Gestaltung des Prozesses eine Zuständigkeit dieser Gerichte rechtfertigt.[896]

Im Fall der unerlaubten Handlungen kann eine solche besonders enge Beziehung sowohl zu Gerichten an dem Handlungs- also auch Gerichten an dem Erfolgsort be-

890 *Geimer/Schütze*, Europäisches Zivilverfahrensrecht, 2. Aufl., 2004, Art. 5 EuGVVO Rn. 234; vgl. auch: *Stadler*, in: Musielak (Hrsg.), Kommentar zur Zivilprozessordnung, 6. Aufl., 2008, Art. 5 EuGVVO Rn. 21; *Hüßtege*, in: Thomas/Putzo (Hrsg.), Zivilprozessordnung, 29. Aufl., 2008, Art. 5 Rn. 17.

891 EuGH, Rs. 189/87, Slg. 1988, S. 5565 = NJW 1988, S. 3088, 3089 Rn. 17 ("Kalfelis"); EuGH, Rs. C-167/00, Slg. 2002, S. I-8111 = NJW 2002, S. 3617, 3618 Rn. 36 ("Henkel"); EuGH, Rs. C-96/00, Slg. 2002, S. I-6367 = NJW 2002, S. 2697 Rn. 33 ("Gabriel").

892 Vgl.: EuGH, Rs. 21/76, Slg. 1976, S. 1735 = NJW 1977, S. 493 Rn. 8 ff. ("Mines de Potasse"); *Kropholler*, Europäisches Zivilprozessrecht, 8. Aufl., 2005, Art. 5 EuGVVO Rn. 81; *Leible*, in: Rauscher (Hrsg.), Europäisches Zivilprozeßrecht – Band I, 2. Aufl., 2006, Art. 5 Brüssel I-VO Rn. 85.

893 Ständige Rechtsprechung des EuGH seit: EuGH, Rs. 21/76, Slg. 1976, S. 1735 = NJW 1977, S. 493 Rn. 15 ff. ("Mines de Potasse").

894 EuGH, Rs. 21/76, Slg. 1976, S. 1735 = NJW 1977, S. 493 Rn. 19 ("Mines de Potasse"); *Kropholler*, Europäisches Zivilprozessrecht, 8. Aufl., 2005, Art. 5 EuGVVO Rn. 81; *Leible*, in: Rauscher (Hrsg.), Europäisches Zivilprozeßrecht – Band I, 2. Aufl., 2006, Art. 5 Brüssel I-VO Rn. 85; *Stadler*, in: Musielak (Hrsg.), Kommentar zur Zivilprozessordnung, 6. Aufl., 2008, Art. 5 EuGVVO Rn. 24.

895 EuGH, Rs. C-167/00, Slg. 2002, S. I-8111 = NJW 2002, S. 3617, 3618 f. Rn. 46 ("Henkel"); EuGH, Rs. C-168/02, Slg. 2004, S. I-6009 = NJW 2004, S. 2441, 2442 Rn. 15 ("Kronhofer").

896 EuGH, Rs. 21/76, Slg. 1976, S. 1735 = NJW 1977, S. 493 Rn. 11, 17 ("Mines de Potasse"); EuGH, Rs. C-220/88, Slg. 1990, S. I-49 = NJW 1991, S. 631, 632 Rn. 17 ("Dumez France"); EuGH, Rs. C-68/93, Slg. 1995, S. I-415 = NJW 1995, S. 1881 f. Rn. 19 ("Shevill"); EuGH, Rs. C-167/00, Slg. 2002, S. I-8111 = NJW 2002, S. 3617, 3618 f. Rn. 46 ("Henkel").

stehen, so dass sowohl an dem einen wie an dem anderen die Eröffnung des Gerichtsstandes nach Art. 5 Nr. 3 EuGVVO gerechtfertigt ist. Jeder dieser Gerichtsstände könne „je nach Lage des Falles für die Beweiserhebung und für die Gestaltung des Prozesses in eine besonders sachgerechte Richtung weisen".[897]

Dagegen kann weder an dem Ort eines weiteren Schadenseintritts[898] noch an dem Ort der Schadensfeststellung[899] eine internationale Zuständigkeit über Art. 5 Nr. 3 EuGVVO begründet werden. Anderenfalls würde die Deliktszuständigkeit auf Kosten des allgemeinen Gerichtsstandes nach Art. 2 Abs. 1 EuGVVO zu stark ausgedehnt.[900] An diesen – häufig zufällig auftretenden – Orten besteht nämlich keine besonders enge Beziehung zwischen dem Streitgegenstand und dem Gericht.[901]

Nach der Feststellung, dass Gerichte sowohl des Handlungs- als auch des Erfolgsortes nach Art. 5 Nr. 3 EuGVVO je nach Wahl des Klägers international zuständig sein können, müssen diese Orte lokalisiert werden.

(1) Handlungsort

Es stellt sich also zunächst die Frage, wo der Handlungsort für Delikte belegen ist, die an die Verbreitung öffentlicher fehlerhafter Kapitalmarktinformationen bzw. an die pflichtwidrige Unterlassung der Verbreitung derselben anknüpfen.

Der Handlungsort ist der Ort des ursächlichen Geschehens,[902] also der Ort, an dem das schadensbegründende Geschehen seinen Ausgang nahm.[903] Dies ist der Ort, an dem die deliktsrechtliche oder quasideliktsrechtliche Handlung ganz oder teilweise ausgeführt wurde oder ausgeführt werden soll.[904] In Fällen der Verwirklichung von

897 EuGH, Rs. 21/76, Slg. 1976, S. 1735 = NJW 1977, S. 493 Rn. 15 ff. ("Mines de Potasse").

898 EuGH, Rs. C-364/93, Slg. 1995, S. I-2719 = IPRax 1997, S. 331, 332 Rn. 15 ("Marinari"); EuGH, Rs. C-168/02, Slg. 2004, S. I-6009 = NJW 2004, S. 2441, 2442 Rn. 19 ("Kronhofer").

899 EuGH, Rs. C-51/97, Slg. 1998, S. I-6511 = IPRax 2000, S. 210, 213 Rn. 37 ("Réunion européene").

900 Hinsichtlich des Ortes des weiteren Schadenseintritts: EuGH, Rs. C-364/93, Slg. 1995, S. I-2719 = IPRax 1997, S. 331, 332 Rn. 13 ("Marinari"); *Stoll*, Gutachten für die Beklagte Röchling Bank in dem Verfahren EuGH vom 11.1.1990, Rs. C-220/88, Slg. 1990, S. I-53 f.; hinsichtlich des Ortes der Schadensfeststellung: EuGH, Rs. C-51/97, Slg. 1998, S. I-6511 = IPRax 2000, S. 210, 213 Rn. 33 ff. ("Réunion europeéne").

901 Vgl.: EuGH, Rs. C-364/93, Slg. 1995, S. I-2719 = IPRax 1997, S. 331, 332 Rn. 13 ("Marinari"); EuGH, Rs. C-51/97, Slg. 1998, S. I-6511 = IPRax 2000, S. 210, 213 Rn. 33 ff. ("Réunion européene").

902 EuGH, Rs. C-68/93, Slg. 1995, S. I-415 = NJW 1995, S. 1881, 1882 Rn. 21 ("Shevill").

903 *Leible*, in: Rauscher (Hrsg.), Europäisches Zivilprozeßrecht – Band I, 2. Aufl., 2006, Art. 5 Brüssel I-VO Rn. 87; ähnlich: *Hartmann*, in: Baumbach/Lauterbach/Albers/Hartmann, Zivilprozessordnung, 66. Aufl., 2008, Art. 5 EuGVVO Rn. 22; *Gaudemet-Tallon*, Compètence et exécution des jugements en Europe, 3. Aufl., 2002, S. 172 ff.

904 *Geimer/Schütze*, Europäisches Zivilverfahrensrecht, 2. Aufl., 2004, Art. 5 EuGVVO Rn. 248; *Gaudemet-Tallon*, Compètence et exécution des jugements en Europe, 3. Aufl., 2002, S. 172 ff.; *Schack*, Internationales Zivilverfahrensrecht, 4. Aufl., 2006, Rn. 300; *Weller*, Zur Handlungsortbestimmung im internationalen Kapitalanlegerprozeß bei arbeitsteiliger Deliktsverwirklichung, IPRax 2000, S. 205.

Deliktstatbeständen durch pflichtwidrige Unterlassung ist der Handlungsort der Ort, an dem zu handeln gewesen wäre.[905]

Bloße Vorbereitungshandlungen bleiben aber außer Betracht.[906] Denn Art. 5 Nr. 3 EuGVVO knüpft an die Verwirklichung eines deliktsrechtlich zu qualifizierenden Tatbestandes, nicht an dessen Vorbereitung an. Die Eröffnung eines Deliktsgerichtsstandes an dem Ort der Vorbereitungshandlung würde den Gerichtsstand nach Art. 5 Nr. 3 EuGVVO in ungerechtfertigter Weise auf Kosten des allgemeinen Gerichtsstandes gemäß Art. 2 Abs. 1 EuGVVO erweitern.

Die Handlung, an die die Haftung für fehlerhafte bzw. pflichtwidrig unterlassene Kapitalmarktinformationen anknüpft, ist die Verbreitung derselben bzw. das pflichtwidrige Unterlassen ihrer Verbreitung. Regelmäßig wird der Ort, von dem aus die Kapitalmarktinformation verbreitet wurde bzw. hätte verbreitet werden müssen, der Ort der Niederlassung des Informationsgebers sein. Dieser wird typischerweise mit dem Wohnsitz bzw. Sitz des Informationsgebers übereinstimmen, weil es unüblich ist eine eigene Niederlassung für die Verbreitung von Kapitalmarktinformationen zu schaffen.[907]

Für diese Lokalisation des Handlungsortes spricht weiterhin das Bestreben der EuGVVO, Rechtssicherheit zu schaffen. Sowohl einem verständigen Kläger als auch einem informierten, verständigen Beklagten soll es ohne Schwierigkeiten möglich sein, das zuständige Gericht herauszufinden.[908]

Dem Anleger ist es aber regelmäßig nicht möglich, einen von dem Ort der Niederlassung abweichenden Handlungsort zu bestimmen. Er hat keinen Einblick in die internen Abläufe bei dem Informationsgeber.

Ließe man zu, dass der Beklagte durch die Verbreitung der Kapitalmarktinformation von einem mit seiner Niederlassung nicht identischen Ort aus den Handlungsort beeinflussen könnte, würde eine erhebliche Rechtsunsicherheit zu Lasten des klagenden Anlegers geschaffen. Dies ist vor dem Hintergrund der Zielsetzung der EuGVVO, Rechtssicherheit zu schaffen, nicht hinnehmbar.

Dem Kläger würde faktisch die Möglichkeit genommen, an dem Handlungsort zu klagen. Dies würde nach Ansicht einiger deutscher Autoren zu der kuriosen Situation führen, dass der Gerichtsstand nach Art. 5 Nr. 3 EuGVVO für Kapitalanlagedelikte faktisch nicht anwendbar wäre. Denn diese wollen bei reinen Vermögensdelikten lediglich eine Klage an dem Handlungsort zulassen. Eine Klage an dem Erfolgsort soll wegen der Gefahr des „forum shopping“ nicht zulässig sein (siehe unten S. 233).

905 *Leible*, in: Rauscher (Hrsg.), Europäisches Zivilprozeßrecht – Band I, 2. Aufl., 2006, Art. 5 Brüssel I-VO Rn. 87.

906 *Schack*, Internationales Zivilverfahrensrecht, 4. Aufl., 2006, Rn. 300; *Leible*, in: Rauscher (Hrsg.), Europäisches Zivilprozeßrecht – Band I, 2. Aufl., 2006, Art. 5 Brüssel I-VO Rn. 87; *Hohloch*, Erfolgsort und Schadensort – Abgrenzung bei Ansprüchen auf Ersatz von (primären und sonstigen) Vermögensschäden, IPRax 1997, S. 312.

907 Vgl.: *Weller*, Zur Handlungsortbestimmung im internationalen Kapitalanlegerprozeß bei arbeitsteiliger Deliktsverwirklichung, IPRax 2000, S. 202, 207.

908 EuGH, Rs. C-256/00, Slg. 2002, S. I-1699 = NJW 2002, S. 1407, 1408 Rn. 25 f. ("Besix SA"); EuGH, Rs. C-168/02, Slg. 2004, S. I-6009 = NJW 2004, S. 2441, 2442 Rn. 20 ("Kronhofer"); EuGH, Rs. C-26/91, Slg. 1992, S. I 3967 Rn. 18 („Handte").

In die Richtung, dass der Handlungsort der Ort ist, an dem sich der Informationsgeber niedergelassen hat, weist auch ein Vergleich mit der Rechtsprechung des Europäischen Gerichtshofes bezüglich Pressedelikten. Der Europäische Gerichtshof bestimmt als alleinigen Handlungsort für die Veröffentlichung ehrverletzender Presseberichte den Ort der Niederlassung des Herausgebers.[909]

Die Interessenlage hinsichtlich der Bestimmung des Handlungsortes für die Verbreitung fehlerhafter Kapitalmarktinformationen und die Verbreitung ehrverletzender Presseberichte ist vergleichbar. In beiden Fällen werden Informationen verbreitet, durch die ein Deliktstatbestand verwirklicht wird. Darüber hinaus haben weder derjenige, dessen Ehre durch die Veröffentlichung verletzt wurde, noch der Anleger einen Einblick in die interne Organisation des Beklagten. Beide können den Handlungsort also nur durch eine Lokalisierung der Niederlassung des Beklagten bestimmen.

Diese Vergleichbarkeit der Interessenlage rechtfertigt eine Anlehnung der Bestimmung des Handlungsortes im Fall von Kapitalanlagedelikten an die Ergebnisse des Europäischen Gerichtshofes hinsichtlich der Festlegung des Handlungsortes von Pressedelikten.

Außerdem entstehen dem Informationsgeber durch die Lokalisierung des Handlungsortes an dem Ort der Niederlassung, von der aus die Kapitalmarktinformation verbreitet wurde, keine Nachteile. Denn in den typischen Fällen sind der Ort dieser Niederlassung und der Ort, an dem er seinen Wohnsitz oder Sitz hat, identisch. Vor den Gerichten des Mitgliedstaats, in dem der Informationsgeber seinen Sitz hat, kann er aber auch aufgrund des allgemeinen Gerichtsstandes nach Art. 2 Abs. 1 EuGVVO verklagt werden, so dass durch die Festlegung des Ortes der Niederlassung als dem Handlungsort im Sinn des Art. 5 Nr. 3 EuGVVO kein weiterer Gerichtsstand begründet wird.

Im Ergebnis bleibt danach festzuhalten, dass der Handlungsort für Kapitalanlagedelikte wegen fehlerhafter oder pflichtwidrig unterlassener Kapitalmarktinformationen der Ort der Niederlassung ist, von der aus die Information verbreitet wurde bzw. hätte verbreitet werden müssen.[910]

(2) Erfolgsort

Noch problematischer als die Bestimmung des Handlungsortes ist die Festlegung des Erfolgsortes bei Kapitalanlagedelikten.[911] Der Europäische Gerichtshof definiert den Erfolgsort als den Ort, an dem das haftungsauslösende Ereignis den unmittelbar Be-

909 EuGH, Rs. C-68/93, Slg. 1995, S. I-415 = NJW 1995, S. 1881, 1882 Rn. 32 ("Shevill").

910 Ebenfalls zu diesem Ergebnis tendierend: *Weller,* Zur Handlungsortbestimmung im internationalen Kapitalanlegerprozeß bei arbeitsteiliger Deliktsverwirklichung, IPRax 2000, S. 202, 207; a.A.: *von Hein*, Der ausschließliche Gerichtsstand für Kapitalanleger-Musterverfahren – eine Lex Anti-Americana?, RIW 2004, S. 602, 604, der ohne nähere Begründung den Staat, in dem die Kapitalmarktinformation verbreitet wurde als Handlungsort annimmt. Hierbei muss er sich allerdings nach dem Unterschied zwischen dem Handlungs- und dem Erfolgsort fragen lassen.

911 *Von Hein*, Internationale Zuständigkeit und anwendbares Recht bei grenzüberschreitendem Kapitalanlagebetrug, IPRax 2006, S. 460, 461.

troffenen direkt geschädigt hat.[912] Diese Formulierung gibt allerdings noch keinen Aufschluss darüber, wo der Erfolgsort von Kapitalanlagedelikten zu suchen ist.

(a) Maßgeblichkeit des Erfolgsortes für die internationale Zuständigkeit

Bevor sich die Untersuchung jedoch der Lokalisation des Erfolgsortes widmet, muss zunächst geklärt werden, ob der Erfolgsort überhaupt Anknüpfungspunkt der internationalen Zuständigkeit für Kapitalanlagedelikte sein kann. Denn Kapitalmarktdelikte führen in aller Regel zu reinen Vermögensschäden.

Bezüglich solcher Delikte wird zum Teil vertreten, der Ort, an dem der Vermögensschaden eintritt, sei für die Bestimmung der internationalen Zuständigkeit irrelevant.[913] Denn der Erfolgsort falle mit dem Ort des weiteren Schadenseintritts zusammen. Schließlich sind bei reinen Vermögensdelikten der Ort des weiteren Schadenseintritts und der Ort, an dem der primäre Schaden eintritt, identisch. Denn bei dem Geschädigten wird ein primärer Vermögensschaden produziert, ohne ein anderes konkretes Rechtsgut zu verletzen.[914] Eine Gerichtszuständigkeit an dem Ort des weiteren Schadenseintritts gebe es nicht. Denn es „gibt keine „money pocket rule" nach dem Motto: „the damage was suffered in my pocket".[915]

Hieraus schließen die Vertreter dieser Ansicht, bei reinen Vermögensschäden sei die internationale Zuständigkeit nach Art. 5 Nr. 3 EuGVVO ausnahmsweise allein an den Handlungsort anzuknüpfen.[916] Zur Begründung führen sie weiter aus, dass anderenfalls dem Kläger ein grenzenloses „forum shopping" zugunsten eines Klägergerichtsstandes ermöglicht werde. Daher seien bloße Schadensorte, auch wenn diese den Erfolgsort bildeten, in autonomer Auslegung der EuGVVO als Gerichtsstand auszuschalten.[917]

Demgegenüber befürwortet die in Deutschland herrschende Lehre auch in diesen Fällen eine internationale Zuständigkeit gemäß Art. 5 Nr. 3 EuGVVO an dem Erfolgs-

912 EuGH, Rs. C-220/88, Slg. 1990, S. I-49 = NJW 1991, S. 631, 632 Rn. 20 ("Dumez France").

913 *Schack*, Internationales Zivilverfahrensrecht, 4. Aufl., 2006, Rn. 305; *Schwarz*, Gerichtsstand der unerlaubten Handlung nach deutschem und europäischem Zivilprozessrecht, 1991, S. 160 f.

914 *Hohloch*, Erfolgsort und Schadensort – Abgrenzung bei Ansprüchen auf Ersatz von (primären und sonstigen) Vermögensschäden, IPRax 1997, S. 312, 314; *Kiethe*, Internationale Tatortzuständigkeit bei unerlaubter Handlung – die Problematik des Vermögensschadens, NJW 1994, S. 222, 226; wohl auch: *Weller*, Zur Handlungsortbestimmung im internationalen Kapitalanlegerprozeß bei arbeitsteiliger Deliktsverwirklichung, IPRax 2000, S. 202, 207.

915 *Geimer*, Anmerkung zu EuGH, Urteil vom 19.9.1995, Rs. C-364/93 – Marinari, JZ 1995, S. 1108.

916 *Schack*, Internationales Zivilverfahrensrecht, 4. Aufl., 2006, Rn. 305; *Schwarz*, Gerichtsstand der unerlaubten Handlung nach deutschem und europäischem Zivilprozessrecht, 1991, S. 160 f.

917 *Schack*, Internationales Zivilverfahrensrecht, 4. Aufl., 2006, Rn. 305.

ort.[918] Sie kann sich zur Begründung dieses Ergebnisses auf die Spruchpraxis des Europäischen Gerichtshofes berufen. Dieser lehnt lediglich eine Zuständigkeitsbegründung an dem Ort eines weiteren Schadenseintritts ab, wenn alleiniges Anknüpfungsmerkmal für diesen Ort die Tatsache ist, dass dort ein weiterer Schaden eingetreten ist.[919] Dagegen hat der Europäische Gerichtshof nie entschieden, generell nicht an dem Ort eines weiteren Schadenseintritts eine Zuständigkeit nach Art. 5 Nr. 3 EuGVVO zu begründen. Der Europäische Gerichtshof bejaht vielmehr in ständiger Rechtsprechung einen Gerichtsstand gemäß Art. 5 Nr. 3 EuGVVO an dem Erfolgsort des Delikts.[920]

Es ist auch kein Grund ersichtlich, per se Kläger, die durch primäre Vermögensschäden verletzt werden, schlechter zu stellen als andere Geschädigte, bei denen ein konkretes, von dem Vermögen als solchem abgrenzbares Rechtsgut verletzt wird.

Die Ablehnung des Ortes, an dem ein weiterer Vermögensschaden eingetreten ist, als Anknüpfungspunkt im Rahmen des Art. 5 Nr. 3 EuGVVO dient lediglich der Eindämmung eines Ausuferns des Gerichtsstandes gemäß Art. 5 Nr. 3 EuGVVO auf Kosten des allgemeinen Gerichtsstandes. Würde man den Ort eines weiteren Schadenseintritts als tauglichen Anknüpfungspunkt eines Gerichtsstandes nach Art. 5 Nr. 3 EuGVVO akzeptieren, hätte man einen verdeckten Klägergerichtsstand geschaffen. Schließlich wirkt sich im Endeffekt jede Rechtsgutsverletzung auf das gesamte Vermögen aus, was der Geschädigte an seinem Wohnsitz, der Vermögenszentrale, spürt.

Diese Gefahr besteht bei primären Vermögensverletzungen aber nicht. Durch die Eröffnung des Gerichtsstandes an dem Erfolgsort ist nicht per se ein Klägergerichtsstand eröffnet. Es ist vielmehr eine Frage der Festlegung des Erfolgsortes für solche Delikte, ob ein Klägergerichtsstand eröffnet wird (hinsichtlich der Einzelheiten der Bestimmung des Erfolgsortes siehe unten S. 235 ff.).

Darüber hinaus eröffnet Art. 5 Nr. 3 EuGVVO unbestritten einen Klägergerichtsstand, wenn das konkrete Rechtsgut an dem Wohnsitz des Klägers verletzt wird. Es ist kein Grund ersichtlich, warum dieser Klägergerichtsstand per se einem geprellten Anleger versagt werden sollte.

Daher ist auch in Fällen reiner Vermögensdelikte der Gerichtsstand nach Art. 5 Nr. 3 EuGVVO an dem Erfolgsort eröffnet. Eine hiervon getrennt zu beantwortende Frage ist allerdings die Belegenheit dieses Erfolgsortes.

918 *Hohloch*, Erfolgsort und Schadensort – Abgrenzung bei Ansprüchen auf Ersatz von (primären und sonstigen) Vermögensschäden, IPRax 1997, S. 312, 314; *Kiethe*, Internationale Tatortzuständigkeit bei unerlaubter Handlung – die Problematik des Vermögensschadens, NJW 1994, S. 222, 226; *Geimer/Schütze*, Europäisches Zivilverfahrensrecht, 2. Aufl., 2004, Art. 5 EuGVVO Rn. 258; *Leible*, in: Rauscher (Hrsg.), Europäisches Zivilprozeßrecht – Band I, 2. Aufl., 2006, Art. 5 Brüssel I-VO Rn. 86 b.

919 EuGH, Rs. C-364/93, Slg. 1995, S. I-2719 = IPRax 1997, S. 331, 332 Rn. 15 (“Marinari”); EuGH, Rs. C-168/02, Slg. 2004, S. I-6009 = NJW 2004, S. 2441, 2442 Rn. 19 (“Kronhofer”).

920 Ständige Rechtsprechung des EuGH seit: EuGH, Rs. 21/76, Slg. 1976, S. 1735 = NJW 1977, S. 493 Rn. 15 ff. (“Mines de Potasse”).

(b) Bestimmung des Erfolgsortes

Richtiger Ansicht zufolge stellt also auch der Erfolgsort ein taugliches Anknüpfungskriterium zur Bestimmung der internationalen Zuständigkeit nach Art. 5 Nr. 3 EuGVVO dar. Daher stellt sich die Frage, wo sich der Erfolgsort für Kapitalanlagedelikte infolge fehlerhafter öffentlicher Kapitalmarktinformationen befindet.

Hierzu werden verschiedene Lösungen vorgetragen.[921] Teile der Rechtslehre plädieren dafür, den Erfolgsort an dem Wohnort des Anlegers als der Vermögenszentrale des Anlegers zu lokalisieren.[922] Andere Stimmen in der Literatur sehen dagegen den Ort, an dem der Anleger die Kapitalmarktinformation entgegennimmt und die schädigende Vermögensverfügung getroffen hat, als den Erfolgsort an.[923] Wiederum andere sehen zumindest in Fällen, in denen sich eine Schädigung eines abgrenzbaren Vermögensteils ausmachen lässt, in dem Belegenheitsort dieser abgrenzbaren Vermögensteile den Erfolgsort von reinen Vermögensdelikten.[924] Bei Wertpapieren ist dies der Ort der Depotführung.[925] Demgegenüber wird in der Rechtslehre neuerdings dafür plädiert, den Ort, der Zulassung der Wertpapiere, als den maßgeblichen Erfolgsort im Sinn des Art. 5 Nr. 3 EuGVVO anzusehen.[926]

(aa) Wohnort des Anlegers als Vermögenszentrale

Vertreter der Ansicht, dass der Erfolgsort bei reinen Vermögensdelikten stets an dem Wohnort des Anlegers belegen ist, führen als Begründung an, dass sich ein reiner Vermögensschaden immer an der Vermögenszentrale auswirkt.[927] Nach der Rechtsprechung des Europäischen Gerichtshofes soll gerade an dem Ort der primären Rechtsgutsverletzung der Erfolgsort im Sinn des Art. 5 Nr. 3 EuGVVO liegen.[928] Der

921 Eingehend hierzu: *Girsberger*, Erfolg mit dem Erfolgsort bei Vermögensdelikten?, in: Festschrift für Siehr, 2001, S. 219, 220.

922 *Weller,* Zur Handlungsortbestimmung im internationalen Kapitalanlegerprozeß bei arbeitsteiliger Deliktsverwirklichung, IPRax 2000, S. 202, 203 Fußnote 4, 207.

923 *Von Hein*, Der ausschließliche Gerichtsstand für Kapitalanleger-Musterverfahren – eine Lex Anti-Americana?, RIW 2004, S. 602, 604; wohl auch: *Davì*, Der italienische Kassationshof und der Gerichtsstand des Ortes des schädigenden Ereignisses nach Art. 5 Nr. 3 EuGVÜ bei reinen Vermögensschäden, IPRax 1999, S. 484, 489.

924 *Reuschle*, Möglichkeiten und Grenzen kollektiver Rechtsverfolgung – Zu den Defiziten im deutschen Prozessrecht, der Übertragbarkeit ausländischer Lösungen und den Grundzügen eines kollektiven Musterverfahrens –, WM 2004, S. 966, 975; *Kiethe*, Internationale Tatortzuständigkeit bei unerlaubter Handlung – die Problematik des Vermögensschadens, NJW 1994, S. 222, 226; *Schlosser*, EU-Zivilprozessrecht, 3. Aufl., 2009, Art. 5 EuGVVO Rn. 19 a; *Hohloch*, Erfolgsort und Schadensort – Abgrenzung bei Ansprüchen auf Ersatz von (primären und sonstigen) Vermögensschäden, IPRax 1997, S. 312, 314.

925 *Von Hein*, Der ausschließliche Gerichtsstand für Kapitalanleger-Musterverfahren – eine Lex Anti-Americana?, RIW 2004, S. 602, 604;.

926 *Bachmann*, Die internationale Zuständigkeit für Klagen wegen fehlerhafter Kapitalmarktinformationen, IPRax 2007, S. 77, 82.

927 *Weller,* Zur Handlungsortbestimmung im internationalen Kapitalanlegerprozeß bei arbeitsteiliger Deliktsverwirklichung, IPRax 2000, S. 205, 207.

928 EuGH, Rs. C-220/88, Slg. 1990, S. I-49 = NJW 1991, S. 631, 632 Rn. 20 ("Dumez France").

Ort der primären Rechtsverletzung bei reinen Vermögensdelikten sei die Vermögenszentrale. Diese sei an dem Wohnsitz des Anlegers belegen.[929]

(bb) Ort der schädigenden Vermögensverfügung

Für eine Lokalisierung des Erfolgsortes an dem Ort, an dem der Anleger die Kapitalmarktinformation empfängt und schließlich die schädigende Vermögensverfügung trifft, führen Vertreter dieser Ansicht vor allem den Gesichtspunkt der Beweisnähe an. Solle nämlich beispielsweise über den Inhalt eines Telelefongesprächs Beweis erhoben werden, würde der geschädigte Kapitalanleger häufig versuchen, Zeugen zu benennen, die bei dem Gespräch anwesend waren, oder Tonmitschnitte des Telefonats als Beweis anbieten. Diese Beweise ließen sich an dem Ort, an dem die schädigende Vermögensverfügung vorgenommen worden sei, besonders einfach führen.[930]

(cc) Belegenheitsort des konkret geschädigten, abgrenzbaren Vermögensteils

Die in Deutschland wohl überwiegende Auffassung sieht den Belegenheitsort des konkret geschädigten, abgrenzbaren Vermögensteils als den Erfolgsort von reinen Vermögensdelikten an.[931] Zur Begründung führen Vertreter dieser Auffassung an, die Eröffnung eines Gerichtsstandes an dem Ort des Schadenseintritts erleichtere in Fällen der primären Vermögensverletzung die Rechtsverfolgung. Häufig seien in Fällen primärer Vermögensschädigungen Ausmaß und Höhe des Schadens streitig. Hierüber lasse sich einfacher an dem Ort des Schadenseintritts an dem konkret geschädigten Vermögensteil Beweis erheben.[932]

Weiterhin sei der Erfolg reiner Vermögensdelikte der Eintritt des Vermögensnachteils. Dieser realisiere sich an dem Belegenheitsort des konkret geschädigten Vermögensteils. Diese Konsequenz habe bereits der Europäische Gerichtshof in der Rechtssache „Dumez France“ gezogen. Obwohl in dieser Rechtssache der primäre Vermögensschaden nicht als Anknüpfungspunkt für die internationale Zuständigkeit nach Art. 5 Nr. 3 EuGVVO herangezogen wurde, weil dort der Schaden von lediglich mittelbar Geschädigten geltend gemacht wurde, entspreche die Heranziehung des Bele-

929 *Weller,* Zur Handlungsortbestimmung im internationalen Kapitalanlegerprozeß bei arbeitsteiliger Deliktsverwirklichung, IPRax 2000, S. 205, 203 Fußnote 4.

930 *Von Hein*, Deliktischer Kapitalanlegerschutz im europäischen Zuständigkeitsrecht, IPRax 2005, S. 17, 21.

931 *Kiethe*, Internationale Tatortzuständigkeit bei unerlaubter Handlung – die Problematik des Vermögensschadens, NJW 1994, S. 222, 226; *Hohloch*, Erfolgsort und Schadensort – Abgrenzung bei Ansprüchen auf Ersatz von (primären und sonstigen) Vermögensschäden, IPRax 1997, S. 312, 314.

932 *Kiethe*, Internationale Tatortzuständigkeit bei unerlaubter Handlung – die Problematik des Vermögensschadens, NJW 1994, S. 222, 226.

genheitsortes des konkret geschädigten Vermögensteils der Rechtsprechung des Europäischen Gerichtshofes.[933]

(dd) Ort der Zulassung der Kapitalanlage

Die Lokalisierung des Erfolgsortes an dem Ort der Zulassung der Kapitalanlage begründen Vertreter dieser Ansicht in erster Linie mit der hierdurch gewonnenen Rechtssicherheit. Der Ort der Zulassung der einzelnen Kapitalanlage sei unschwer für Kläger und Beklagten ausfindig zu machen, so dass informierte und verständige Parteien den Gerichtsstand voraussehen könnten.[934] Des Weiteren streite die Beweisnähe und damit die besonders enge Beziehung zwischen dem Rechtsstreit und dem angerufenen Gericht für den Ort der Zulassung der Kapitalanlage.[935]

(ee) Eigene Stellungnahme

Der Europäische Gerichtshof hat sich bislang noch nicht in abschließender Weise rechtsverbindlich über den Erfolgsort bei reinen Vermögensdelikten geäußert. Eine dauerhaft tragfähige und damit im Einklang mit der Rechtsprechung des Europäischen Gerichtshofes stehende Lösung muss sich allerdings innerhalb der durch die Rechtsprechung gesetzten Grenzen bewegen. Aus diesem Grund ist es sinnvoll, die Lösung entlang der bislang durch den Europäischen Gerichtshof aufgestellten Eckpfeiler zu Art. 5 Nr. 3 EuGVVO zu entwickeln.

Ausgangspunkt aller Lösungsansätze muss der Wortlaut der durch den Europäischen Gerichtshof gefundenen, kryptischen Definition des Erfolgsortes sein. Hiernach ist der Erfolgsort der Ort, an dem das haftungsauslösende Ereignis den unmittelbar Betroffenen direkt geschädigt hat.[936]

Bereits anhand dieser Definition lässt sich der Ort der Zulassung der Kapitalanlage als Erfolgsort im Sinn des Art. 5 Nr. 3 EuGVVO ausscheiden. Denn mit der Zulassung einer Kapitalanlage allein tritt noch keine Vermögensschädigung ein. Dies kann also denknotwendig nicht der Ort sein, an dem das haftungsauslösende Ereignis den unmittelbar Betroffenen direkt geschädigt hat. Schließlich muss der Anleger vor der Vermögensschädigung noch seine Anlageentscheidung treffen. Diese hängt von einem Konglomerat von rationalen und irrationalen Faktoren ab.

Außerdem benötigt nicht jede Kapitalanlage eine Zulassung. Daher taugt der Ort, an dem die Zulassung der Kapitalanlage vorgenommen wurde, von vornherein nicht

933 *Hohloch*, Erfolgsort und Schadensort – Abgrenzung bei Ansprüchen auf Ersatz von (primären und sonstigen) Vermögensschäden, IPRax 1997, S. 312, 314.

934 *Bachmann*, Die internationale Zuständigkeit für Klagen wegen fehlerhafter Kapitalmarktinformationen, IPRax 2007, S. 77, 82.

935 *Bachmann*, Die internationale Zuständigkeit für Klagen wegen fehlerhafter Kapitalmarktinformationen, IPRax 2007, S. 77, 82.

936 EuGH, Rs. C-220/88, Slg. 1990, S. I-49 = NJW 1991, S. 631, 632 Rn. 20 ("Dumez France").

in Fällen, in denen die Kapitalanlage nicht zugelassen wurde. Daher ist der Ort der Zulassung als Erfolgsort im Sinn des Art. 5 Nr. 3 EuGVVO abzulehnen.

Weitergehend hat der Europäische Gerichtshof klargestellt, dass der konkrete Lageort des konkret geschädigten Rechtsgutes zum Zeitpunkt der Deliktsbegehung maßgeblich ist.[937] Dagegen ist der Ort, an dem weitere Schäden eintreten unbeachtlich.[938]

Der Sinn und Zweck der Eröffnung der besonderen Gerichtsstände nach Art. 5 Nr. 3 EuGVVO ist die besonders enge Beziehung zwischen dem angerufenen Gericht und dem Rechtsstreit. Diese Gerichtsstände sind lediglich aus Gründen der Beweisnähe und dem Bedürfnis nach einer sachgerechten Prozessführung gerechtfertigt.[939] Daher darf nach den Feststellungen des Europäischen Gerichtshofs der besondere Gerichtsstand nicht vorschnell auf Kosten des allgemeinen Gerichtsstandes nach Art. 2 Abs. 1 EuGVVO zu einem Klägergerichtsstand mutieren.[940]

Insbesondere letztgenannte Begründungen stehen der Annahme entgegen, der Erfolgsort bei reinen Vermögensdelikten sei stets an dem Wohnort des Anlegers als der Vermögenszentrale zu lokalisieren. Der Erfolgsort liegt nicht an dem Wohnsitz des geprellten Anlegers, wenn das im Ausland investierte Geld zu einem auch am Wohnsitz des Anlegers spürbaren Vermögensverlust hinsichtlich des Gesamtvermögens führt.[941] Der Europäische Gerichtshof hat damit einer strikten Lokalisierung des Erfolgsortes an dem Wohnsitz des Anlegers zu Recht eine Absage erteilt. Daher ist die generelle Lokalisierung des Erfolgsortes an dem Wohnsitz des Anlegers abzulehnen.

Allerdings schließt der Europäische Gerichtshof nicht kategorisch aus, den Erfolgsort an dem Wohnsitz des Anlegers zu suchen. Er erklärt lediglich, der Erfolgsort im Sinn des Art. 5 Nr. 3 EuGVVO liege „nicht schon deshalb“ an dem Wohnsitz des Anlegers, weil diesem dort „durch den Verlust in einem anderen Vertragsstaat belegener Vermögensbestandteile ein finanzieller Schaden entstanden sei“.[942]

Positiv formuliert liegt hierin ein klares Bekenntnis des Europäischen Gerichtshofes zu dem Belegenheitsort des konkret verletzten Rechtsguts.[943] Sollte dieses an dem Wohnsitz des Anlegers belegen sein, ist nach diesen Ausführungen zu erwarten, dass der Europäische Gerichtshof den Erfolgsort an dem Wohnsitz des Klägers eröffnet.

Gegen den Belegenheitsort des konkret geschädigten Vermögensteils wird vorgebracht, einem geschickten Schädiger würden Manipulationsmöglichkeiten eingeräumt werden. Denn der Vermögensverwalter schlage typischerweise das Einzahlungskonto vor und organisiere das Anlagemodell. Hierbei könne er durch geschickte Wahl des

937 Vgl.: EuGH, Rs. C-168/02, Slg. 2004, S. I-6009 = NJW 2004, S. 2441 f. ("Kronhofer").

938 EuGH, Rs. C-364/93, Slg. 1995, S. I-2719 = IPRax 1997, S. 331, 332 Rn. 15 ("Marinari"); EuGH, Rs. C-168/02, Slg. 2004, S. I-6009 = NJW 2004, S. 2441, 2442 Rn. 19 ("Kronhofer").

939 EuGH, Rs. 21/76, Slg. 1976, S. 1735 = NJW 1977, S. 493 Rn. 11, 17 ("Mines de Potasse"); EuGH, Rs. C-220/88, Slg. 1990, S. I-49 = NJW 1991, S. 631, 632 Rn. 17 ("Dumez France"); EuGH, Rs. C-68/93, Slg. 1995, S. I-415 = NJW 1995, S. 1881 f. Rn. 19 ("Shevill"); EuGH, Rs. C-167/00, Slg. 2002, S. I-8111 = NJW 2002, S. 3617, 3618 f. Rn. 46 ("Henkel").

940 EuGH, Rs. C-168/02, Slg. 2004, S. I-6009 = NJW 2004, S. 2441, 2442 Rn. 15 ("Kronhofer").

941 EuGH, Rs. C-168/02, Slg. 2004, S. I-6009 = NJW 2004, S. 2441, 2442 Rn. 19 ("Kronhofer").

942 EuGH, Rs. C-168/02, Slg. 2004, S. I-6009 = NJW 2004, S. 2441, 2442 Rn. 21 ("Kronhofer").

943 Ebenso: *Mäsch*, Vitamine für Kartellopfer – Forum shopping im europäischen Kartellrecht, IPRax 2005, S. 509, 515.

Ortes, an dem er das Einzahlungskonto für die Kapitalanlage errichtet, einen ihm möglichst günstigen Gerichtsstand schaffen.[944]

Diese Gefahr ist vor allem in Fällen individueller Anlagebetreuung nicht von der Hand zu weisen. Bei der Verbreitung öffentlicher Kapitalmarktinformationen kann der Informationsgeber allerdings in der Regel keinen oder einen nur beschränkten Einfluss auf das Anlagekonto nehmen. Denn regelmäßig sind Kapitalanlagegeschäfte Kommissionsgeschäfte, die der Anleger mit dem Finanzdienstleister seines Vertrauens tätigt (siehe oben S. 33). Bei diesen Geschäften bestimmt der Kommissionär, das heißt das Finanzdienstleitungsunternehmen, das Anlagekonto. Daher verfängt dieses Argument bei öffentlichen Kapitalmarktinformationen nicht.

Ferner wird als Argument gegen das Abstellen auf abgrenzbare Vermögensbestandteile vorgetragen, dieses könne eine Zersplitterung der Zuständigkeit nach Art. 5 Nr. 3 EuGVVO bewirken, wenn der Geschädigte Geld auf verschiedene Konten transferiert habe. Dieses könne letztlich den Kläger von der Geltendmachung seiner Ansprüche abhalten.[945]

Dem lässt sich allerdings entgegenhalten, dass dies ein generelles Problem von Streudelikten ist. Möchte der Kläger den gesamten Schaden an einem Gerichtsstand einklagen, steht ihm der allgemeine Gerichtsstand nach Art. 2 Abs. 1 EuGVVO bzw. der Gerichtsstand an dem Handlungsort gemäß Art. 5 Nr. 3 EuGVVO zur Verfügung.

Auch der Aspekt der Rechtsunsicherheit wegen der Unvorhersehbarkeit des Erfolgsortes durch den Informationsgeber stellt kein unüberwindliches Hindernis dar. Denn typischerweise wird sich der Anleger bei seiner Anlageentscheidung aufgrund fehlerhafter öffentlicher Kapitalmarktinformationen eines der großen Kreditinstitute in seiner Nähe bedienen. Diese konzentrieren häufig an zentralen Stellen ihre Konten. Diese zentralen Stellen kann der Informationsgeber ausfindig machen.

Hierdurch wird jedenfalls deutlich weniger Rechtsunsicherheit geschaffen als durch ein generelles Anknüpfen an den Wohnsitz des Anlegers oder ein Anknüpfen an den Verfügungsort, der regelmäßig mit dem Wohnsitz des Anlegers zusammenfällt.

Durchgreifende Bedenken gegen den Ort, an dem das konkret geschädigte Vermögen liegt, lassen sich demnach nicht finden.

Zu untersuchen ist allerdings weiterhin, ob nicht der Verfügungsort einen noch besser geeigneten Anknüpfungspunkt für die internationale Zuständigkeit gemäß Art. 5 Nr. 3 EuGVVO darstellt.

Bei der Publikation öffentlicher Kapitalmarktinformationen beispielsweise im Internet kann der Erfolgsort überall dort liegen, wo der Anleger auf die Information

944 *Mankowski*, Kurzkommentar zu OLG Stuttgart, Urteil vom 5.7.1998 – 5 U 22/98, RIW 1998, 809 (rechtskräftig), EwiR 1998, S. 1085, 1086; *derselbe*, Entwicklungen im Internationalen Privat- und Prozessrecht 2004/2005 (Teil 2), RIW 2005, S. 561, 562.

945 *Von Hein*, Deliktischer Kapitalanlegerschutz im europäischen Zuständigkeitsrecht, IPRax 2005, S. 17, 21.

zugreift und auf deren Grundlage seine Investmententscheidung trifft.[946] Damit kann der Erfolgsort hierfür überall auf der Welt liegen.

Praktisch gesehen wird hierdurch jedoch ein Klägergerichtsstand für Anlegerprozesse geschaffen. Denn der Anleger wird regelmäßig Anlageentscheidungen an seinem Wohnsitz treffen.[947]

Der Schaffung eines solchen Klägergerichtsstandes ist der Europäische Gerichtshof bereits inzident entgegengetreten. In der Kronhofer-Entscheidung hätte er die Möglichkeit gehabt, einen Klägergerichtsstand mit der Argumentation zu schaffen, an dem Wohnsitz des Anlegers sei die Vermögensverfügung getroffen worden. Dennoch hat sich der Europäische Gerichtshof für eine Anknüpfung an den Belegenheitsort des konkret geschädigten Rechtsguts entschieden (siehe oben S. 238). Es ist seiner bisherigen Rechtsprechungslinie zufolge nicht zu erwarten, dass er den Verfügungsort, der für den Schädiger nicht voraussehbar ist und somit für Rechtsunsicherheit sorgt, als Erfolgsort im Sinn des Art. 5 Nr. 3 EuGVVO akzeptieren wird.

Daher ist richtiger Ansicht zufolge der Belegenheitsort des konkret geschädigten Vermögensbestandteils zum Zeitpunkt der Deliktsbegehung der Erfolgsort im Sinn des Art. 5 Nr. 3 EuGVVO.

c. *Umfang der Kognitionsbefugnis*

Hinsichtlich Pressedelikten entschied der Europäische Gerichtshof, dass lediglich das Gericht an dem Handlungsort eine umfassende Kognitionsbefugnis hat. Nur dort kann der gesamte Schaden geltend gemacht werden.[948]

Dagegen kann vor Gerichten an dem jeweiligen Ort der Schadensverwirklichung nur der Teil des Gesamtschadens geltend gemacht werden, der in dem Staat des angerufenen Gerichts verwirklicht wurde.[949] Dies nennt man Mosaikbetrachtung.[950]

Der Europäische Gerichtshof hat diese Grundsätze nur für Pressedelikte ausdrücklich aufgestellt. Aber es spricht – zumindest bei Akzeptanz dieser Rechtsprechung auf dem Gebiet der Pressedelikte[951] – nichts dagegen diese Grundsätze auch auf andere

946 *Bachmann*, Die internationale Zuständigkeit für Klagen wegen fehlerhafter Kapitalmarktinformationen, IPRax 2007, S. 77, 82; *von Hoffmann*, in: J. von Staudingers Kommentar zum Bürgerlichen Gesetzbuch mit Einführungsgesetz und Nebengesetzen, 13. Aufl., Bearbeitung 2001, Vorbem. zu Art. 40 EGBGB Rn. 101.

947 *Bachmann*, Die internationale Zuständigkeit für Klagen wegen fehlerhafter Kapitalmarktinformationen, IPRax 2007, S. 77, 82.

948 EuGH, Rs. C-68/93, Slg. 1995, S. I-415 = NJW 1995, S. 1881, 1882 Rn. 25 ("Shevill").

949 EuGH, Rs. C-68/93, Slg. 1995, S. I-415 = NJW 1995, S. 1881, 1882 Rn. 30 ("Shevill").

950 Statt aller anderer: *Kropholler*, Europäisches Zivilprozessrecht, 8. Aufl., 2005, Art. 5 EuGVVO Rn. 84.

951 Kritisch: *Fricke*, Der Unterlassungsanspruch gegen Presseunternehmen zum Schutze des Persönlichkeitsrechts im Internationalen Privatrecht, 2003, S. 312 ff.; *Kreuzer/Klötgen*, Die Shevill-Entscheidung des EuGH: Abschaffung des Deliktsortsgerichtsstands des Art. 5 Nr. 3 EuGVÜ für ehrverletzende Streudelikte, IPRax 1997, S. 90, 93 ff.; *Schack*, Internationales Zivilverfahrensrecht, 4. Aufl., 2006, Rn. 306.

Streudelikte zu übertragen.[952] Folglich ist in Fällen, in denen durch die fehlerhafte öffentliche Kapitalmarktinformation ein Streuschaden aufgetreten ist – beispielsweise weil der Anleger auf in verschiedenen Staaten belegene Anlagekonten das anzulegende Geld einzahlte – die Mosaikbetrachtung des Europäischen Gerichtshofes anwendbar. Allerdings sind solche Fälle wegen der Ausgestaltung des typischen Anlagegeschäfts als Kommissionsgeschäft sehr selten (siehe oben S. 33 f.).

d. Örtliche Zuständigkeit

Art. 5 Nr. 3 EuGVVO enthält neben der Regelung der internationalen Zuständigkeit auch eine Bestimmung der örtlichen Zuständigkeit.[953] Dies folgt aus der Formulierung „das Gericht“. Hiernach ist das Gericht, in dessen Gerichtsbezirk sich entweder der Handlungs- oder der Erfolgsort befindet, international und örtlich zuständig.

e. Fazit

Art. 5 Nr. 3 EuGVVO eröffnet den Gerichtstand der unerlaubten Handlung sowohl an dem Handlungs- als auch an dem Erfolgsort des Kapitalanlagedelikts (siehe oben S. 229).

Der Handlungsort für Kapitalanlagedelikte infolge öffentlicher Kapitalmarktinformationen ist stets der Ort der Niederlassung des Informationsgebers, von dem aus die Information verbreitet wurde oder hätte verbreitet werden müssen (siehe oben S. 230 ff.). Hierdurch wird in den typischen Fallkonstellationen kein neuer Gerichtsstand geschaffen. Denn in aller Regel wird der Ort der entsprechenden Niederlassung mit dem Wohnsitz bzw. Sitz des Informationsgebers übereinstimmen (siehe oben S. 232). Daher erlangt der Gerichtsstand des Handlungsorts nach Art. 5 Nr. 3 EuGVVO neben dem allgemeinen Gerichtsstand nach Art. 2 Abs. 1 EuGVVO keine herausragende Bedeutung.

Dagegen ist der Gerichtsstand an dem Erfolgsort im Sinn des Art. 5 Nr. 3 EuGVVO richtiger Ansicht zufolge dort belegen, wo sich der konkret geschädigte Vermögensbestandteil zum Zeitpunkt der Deliktsverwirklichung befindet (siehe oben S. 237 ff.). Dies wird häufig einen Gerichtsstand zumindest nahe dem Klägerwohnsitz begründen, weil sich Anleger typischerweise einem nahe gelegenen Kreditinstitut als Kommissionär für ihre Anlagegeschäfte bedienen.

952 Ebenso: *Kropholler*, Europäisches Zivilprozessrecht, 8. Aufl., 2005, Art. 5 EuGVVO Rn. 85; *Leible*, in: Rauscher (Hrsg.), Europäisches Zivilprozeßrecht – Band I, 2. Aufl., 2006, Art. 5 Brüssel I-VO Rn. 91 f.

953 *Stadler*, in: Musielak (Hrsg.), Kommentar zur Zivilprozessordnung, 6. Aufl., 2008, Art. 5 EuGVVO Rn. 21; *Leible*, in: Rauscher (Hrsg.), Europäisches Zivilprozeßrecht – Band I, 2. Aufl., 2006, Art. 5 Brüssel I-VO Rn. 75; wohl auch: *Hüßtege*, in: Thomas/Putzo (Hrsg.), Zivilprozessordnung, 29. Aufl., 2008, Art. 5 EuGVVO Rn. 19.

Folglich ist die Klageerhebung insbesondere an dem Erfolgsort für Kläger, die aufgrund fehlerhafter öffentlicher Kapitalmarktinformationen geschädigt wurden, attraktiv.

2. *Besonderer deliktsrechtlicher Gerichtsstand nach § 32 ZPO*

Als nächstes ist der besondere deliktsrechtliche Gerichtsstand nach § 32 ZPO und seine Bedeutung für Klagen wegen fehlerhafter öffentlicher Kapitalmarktinformationen zu untersuchen.

a. *Anwendbarkeit*

§ 32 ZPO ist zur Bestimmung der internationalen Zuständigkeit nur dann berufen, wenn er nicht durch die vorrangigen Regelungen der EuGVVO oder durch den ausschließlichen Gerichtsstand nach § 32 b ZPO verdräng wird. Damit scheidet eine Anwendbarkeit des § 32 ZPO von vornherein aus, wenn der Informationsgeber seinen Wohnsitz oder Sitz in Deutschland hat (siehe oben S. 195).

Im Gegensatz zu dem allgemeinen Gerichtsstand nach §§ 12, 13 bzw. 12, 17 ZPO verbleibt für § 32 ZPO aber ein Anwendungsbereich, wenn sich der Sitz des Informationsgebers im Nicht-EU-Ausland befindet, jedoch Handlungs- oder Erfolgsort in Deutschland zu lokalisieren ist.

b. *Tatbestandsvoraussetzungen*

Sind die Regelungen der ZPO zur Festlegung der internationalen Zuständigkeit berufen, müssen weiterhin die Tatbestandsvoraussetzungen des § 32 ZPO vorliegen.

aa. *Unerlaubte Handlung*

Grundvoraussetzung hierfür ist nach dem Wortlaut der Vorschrift, dass der geltend gemachte Anspruch auf eine unerlaubte Handlung gestützt wird.

Unerlaubte Handlungen sind alle in nach der lex fori deliktsrechtlich zu qualifizierenden Anspruchsgrundlagen.[954] Dies sind mit Ausnahme der Haftung infolge der Verletzung eines Auskunftsvertrages alle im Rahmen dieser Dissertation untersuchten Anspruchsgrundlagen (siehe oben S. 164 ff.).

954 *Roth*, in: Stein/Jonas (Hrsg.), Kommentar zur Zivilprozessordnung, 22. Aufl., 2003; § 32 Rn. 17, 19.

bb. Begehungsort

Weiterhin muss das Gericht am Begehungsort angerufen worden sein. Der Begehungsort ist ein prozessualer Begriff[955] und daher nach der lex fori zu qualifizieren.[956]

Begehungsort ist jeder Ort, an dem auch nur eines der wesentlichen Tatbestandsmerkmale einer unerlaubten Handlung verwirklicht worden ist.[957] Verwirklichen sich bei Begehungsdelikten die Tatbestandsmerkmale an verschiedenen Orten, ist der Begehungsort nach der ganz herrschenden Lehre sowohl der Ort, an dem der Täter gehandelt hat, als auch der Ort, an dem in das geschützte Rechtsgut eingegriffen wurde.[958] Der Kläger hat in diesen Fällen also ein Wahlrecht zwischen einer Klage an dem Handlungs- und einer Klage an dem Erfolgsort.[959]

(1) Handlungsort

Der Handlungsort ist der Ort, an dem mindestens ein wesentliches Tatbestandsmerkmal der unerlaubten Handlung verwirklicht worden ist.[960] Der Handlungsort für Unterlassungen ist der Ort, an dem die unterbliebene Handlung hätte vorgenommen werden müssen.[961]

Dieser Ort ist der Sitz des Informationsgebers. Denn von diesem Ort aus werden die fehlerhaften öffentlichen Kapitalmarktinformationen verbreitet bzw. hätten verbreitet werden müssen.

Dies entspricht auch der herrschenden Ansicht zu der Verbreitung von Masseninformationen. In diesem Bereich entspricht es der herrschenden Meinung in Rechtsprechung und Literatur, den Handlungsort an dem Ort zu lokalisieren, an dem der Absender die Information in den Verkehr gebracht hat.[962]

Die Verbreitung öffentlicher fehlerhafter Kapitalmarktinformationen und die Verbreitung von Masseninformationen unterscheiden sich hinsichtlich des Handlungsortes nicht. Die Verbreitung öffentlicher Kapitalmarktinformationen ist vielmehr ein Unterfall der Verbreitung von Masseninformationen.

955 *Schack*, Internationales Zivilverfahrensrecht, 4. Aufl., 2006, Rn. 299; *Roth*, in: Stein/Jonas (Hrsg.), Kommentar zur Zivilprozessordnung, 22. Aufl., 2003; § 32 Rn. 26.

956 BGH, WM 1977, S. 793, 794; NJW 1985, S. 552, 553; *Kronke*, in: Soergel, Kommentar zum Bürgerlichen Gesetzbuch, Band 10, 12. Aufl., 1996, Anhang IV nach Art. 38 Rn. 124 mwN.

957 BGHZ 124, S. 237, 245.

958 BGHZ 124, S. 237, 245; BGHZ 132, S. 105, 110 f.; BGH, NJW 1990, S. 1533; BGH, NJW 1980, S. 1224, 1225; RGZ 72, S. 41, 42; OLG Koblenz, WM 1989, S. 622.

959 *Roth*, in: Stein/Jonas (Hrsg.), Kommentar zur Zivilprozessordnung, 22. Aufl., 2003; § 32 Rn. 26; wohl auch: *Hüßtege*, in: Thomas/Putzo (Hrsg.), Zivilprozessordnung, 29. Aufl., 2008, § 32 Rn. 7.

960 BGHZ 124, S. 237, 245; BGHZ 132, S. 105, 110 f.

961 *Roth*, in: Stein/Jonas (Hrsg.), Kommentar zur Zivilprozessordnung, 22. Aufl., 2003; § 32 Rn. 27.

962 Vgl.: RGZ 27, S. 418, 419 f.; BGH, NJW 1977, S. 1590 f.; BGHZ 89, S. 198, 201; *Heinrich*, in: Musielak (Hrsg.), Kommentar zur Zivilprozessordnung, 6. Aufl., 2008, § 32 Rn. 16 f.; *Roth*, in: Stein/Jonas (Hrsg.), Kommentar zur Zivilprozessordnung, 22. Aufl., 2003; § 32 Rn. 34.

(2) Erfolgsort

Der Erfolgsort ist der Ort, an dem in das geschützte Rechtsgut eingegriffen wird.[963]

Das geschützte Rechtsgut bezüglich der hier untersuchten Anspruchsgrundlagen ist das Vermögen als solches. Daher liegt der Erfolgsort dort, wo sich die geschädigten Vermögenswerte befinden.[964]

c. Fazit

Der besondere Gerichtsstand nach § 32 ZPO kann für die Bestimmung der internationalen Zuständigkeit eine wichtige Rolle spielen, wenn der Sitz des Informationsgebers sich im Nicht-EU-Ausland befindet.

Ist der Sitz des beklagten Informationsgebers dagegen innerhalb der EU belegen, wird § 32 ZPO – wie alle anderen nationalen Zuständigkeitsregelungen auch – von den Bestimmungen der EuGVVO, insbesondere Art. 5 Nr. 3 EuGVVO verdrängt.

Hinsichtlich eines Anerkennungs- und Vollstreckungsverfahrens mit der entsprechenden Prüfung der Anerkennungs- bzw. Vollstreckungshindernisse nach § 328 ZPO konkurriert § 32 ZPO mit § 32 b ZPO. § 32 b ZPO stellt eine ausschließliche internationale Zuständigkeit dar (siehe oben S. 205). Folglich wird § 32 ZPO in dem Anwendungsbereich des § 32 b ZPO verdrängt. Hieraus folgt, dass in Hinblick auf § 328 Abs. 1 Nr. 1 ZPO die Zuständigkeitsregelung des § 32 ZPO nur dann Anwendung findet, wenn der Sitz des Emittenten sich nicht in Deutschland befindet.

3. Fazit besondere deliktsrechtliche Gerichtsstände

Die besonderen deliktsrechtlichen Gerichtsstände haben eine herausragende Bedeutung für die Bestimmung der internationalen Zuständigkeit für Klagen aufgrund fehlerhafter öffentlicher Kapitalmarktinformationen.

Insbesondere die Gerichtszuständigkeit an dem Erfolgsort nach Art. 5 Nr. 3 EuGVVO nimmt eine exponierte Stellung bei der Bestimmung der internationalen Zuständigkeit ein. Hierdurch kann nämlich häufig sogar ein Klägergerichtsstand begründet werden. Dies ist dann der Fall, wenn kein von dem gesamten Vermögen abgrenzbarer Teil des Vermögens geschädigt wird (siehe oben S. 237).

Dagegen spielt der Gerichtsstand an dem Handlungsort nach Art. 5 Nr. 3 EuGVVO regelmäßig keine Rolle, weil der Sitz des Informationsgebers und der Handlungsort typischerweise identisch sind (siehe oben S. 232).

963 BGHZ 124, S. 237, 245; BGHZ 132, S. 105, 110 f.

964 BGH, WM 1989, S. 1047, 1049; *Girsberger*, Erfolg mit dem Erfolgsort bei Vermögensdelikten?, in: Festschrift für Siehr, 2001, S. 219, 227.

Bei Informationsgebern mit Sitz im Nicht-EU-Ausland spielt der Gerichtsstand an dem Erfolgsort nach § 32 ZPO eine gewichtige Rolle bei der Bestimmung der internationalen Zuständigkeit (siehe oben S. 244).

VII. Gerichtsstandsvereinbarungen

In dem folgenden Abschnitt wird die Anwendbarkeit und Bedeutung von Gerichtsstandsvereinbarungen für Klagen aufgrund fehlerhafter öffentlicher Kapitalmarktinformationen untersucht.

1. Gerichtsstandsvereinbarungen nach Art. 23 EuGVVO

Die Untersuchung beginnt mit Gerichtsstandsvereinbarungen nach Art. 23 EuGVVO. Dieser verankert auf EU-Ebene den Grundsatz der Prorogationsfreiheit.[965]

a. Anwendbarkeit

Hinsichtlich der Eröffnung des zeitlichen und des sachlichen Anwendungsbereichs der EuGVVO ergeben sich im Rahmen des Art. 23 EuGVVO keine Besonderheiten. Daher wird auf die Ausführungen hierzu auf S. 211 f. Bezug genommen. Abweichendes gilt allerdings hinsichtlich der Eröffnung des räumlich-persönlichen Anwendungsbereichs. Nach dem klaren Wortlaut des Art. 23 Abs. 1 S. 1 EuGVVO genügt nämlich, dass eine der Parteien ihren Wohnsitz oder Sitz in einem Mitgliedstaat der Europäischen Union hat. Welche Partei dies ist, spielt keine Rolle. Denn die Anwendbarkeit des Art. 23 EuGVVO soll nicht von der jeweiligen Parteirolle abhängen.[966]

Demnach sind die autonomen nationalen Regelungen zu Gerichtsstandsvereinbarungen nur dann anwendbar, wenn keine der Parteien in einem Mitgliedstaat der Europäischen Union ihren Wohnsitz oder Sitz hat.[967]

965 Vgl.: *Hüßtege*, in: Thomas/Putzo (Hrsg.), Zivilprozessordnung, 29. Aufl., 2008, Art. 23 EuGVVO Rn. 1.

966 So bereits zu dem EuGVÜ: EuGH, Rs. C-412/98, Slg. 2000, S. I-5925 = NJW 2000, S. 3621, 3622 Rn. 42 ("Group Josi"); *Mayss/Reed*, European Business Litigation, 1998, S. 188; *Kropholler*, Europäisches Zivilprozessrecht, 8. Aufl., 2005, Art. 23 EuGVVO Rn. 1.

967 *Geimer/Schütze*, Europäisches Zivilverfahrensrecht, 2. Aufl., 2004, Art. 23 EuGVVO Rn. 17; vgl. auch: *Mankowski*, in: Rauscher (Hrsg.), Europäisches Zivilprozeßrecht – Band I, 2. Aufl., 2006, Art. 23 Brüssel I-VO Rn. 2 ff.; *Kropholler*, Europäisches Zivilprozessrecht, 8. Aufl., 2005, Art. 23 EuGVVO Rn. 1.

Entsprechend der Formulierung des Erwägungsgrundes 8 zu der EuGVVO setzt Art. 23 EuGVVO nicht voraus, dass eine Berührung zu mehreren Mitgliedstaaten vorliegt.[968]

b. Tatbestandsvoraussetzungen

Des Weiteren müssen die Tatbestandsvoraussetzungen des Art. 23 EuGVVO vorliegen. Hierzu ist zunächst notwendig, dass die Zuständigkeit eines oder mehrerer Gerichte eines Mitgliedstaates der Europäischen Union vereinbart wurde. Ist hingegen ein Gerichtsstand in einem Drittstaat vereinbart, ist Art. 23 EuGVVO seinem insoweit klaren Wortlaut nach nicht anwendbar.[969] Die EuGVVO kann und will die internationale Entscheidungszuständigkeit in Drittstaaten auch nicht regeln.[970]

Weiterhin ist eine Willenseinigung von zwei oder mehr Parteien über die Zuständigkeitsbegründung erforderlich.[971] Diese Tatbestandsvoraussetzung wird dem Wort „vereinbart" in Art. 23 EuGVVO entnommen.[972] Die Einigung kann ausdrücklich oder auch konkludent erfolgen.[973]

Außerdem muss die Zuständigkeitsvereinbarung den Formerfordernissen des Art. 23 Abs. 1 S. 3 lit. a-c EuGVVO genügen. Die Einhaltung der Formvorschriften ist eine echte Wirksamkeitsvoraussetzung der Zuständigkeitsvereinbarung.[974]

Von diesen Formerfordernissen kommt für eine Gerichtsstandsvereinbarung im Zuge der Verbreitung fehlerhafter öffentlicher Kapitalmarktinformationen nur Art. 23 Abs. 1 S. 3 lit. a EuGVVO in Betracht.

Denn Art. 23 Abs. 1 S. 3 lit. b EuGVVO setzt eine laufende Geschäftsbeziehung zwischen den Parteien voraus.[975] In aller Regel besteht aber zwischen dem Informationsgeber und dem Anleger keine laufende Geschäftsbeziehung. Typischerweise kommt zwischen ihnen mangels eines entsprechenden Rechtsbindungswillens nicht einmal ein Vertrag zu Stande (siehe oben S. 31).

968 *Aull*, Zur isolierten Prorogation nach Art. 17 Abs. 1 LugÜ, IPRax 1999, S. 226; *Geimer*, Anmerkung zu BGH, Urteil vom20.1.1986 – II ZR 56/85, NJW 1986, S. 1439 f.; *Kropholler*, Europäisches Zivilprozessrecht, 8. Aufl., 2005, Art. 23 EuGVVO Rn. 4 ff.

969 *Martiny*, Internationales Vertragsrecht, 6. Aufl., 2004, Rn. 2115; *Geimer/Schütze*, Europäisches Zivilverfahrensrecht, 2. Aufl., 2004, Art. 23 EuGVVO Rn. 40; *Kowalke*, Die Zulässigkeit von internationalen Gerichtsstands-, Schiedsgerichts- und Rechtswahlklauseln bei Börsentermingeschäften, 2002, S. 129.

970 *Geimer/Schütze*, Europäisches Zivilverfahrensrecht, 2. Aufl., 2004, Art. 23 EuGVVO Rn. 40.

971 EuGH, Rs. 71/83, Slg. 1984, S. 2417 Rn. 14 („Russ/Nova").

972 *Stadler*, in: Musielak (Hrsg.), Kommentar zur Zivilprozessordnung, 6. Aufl., 2008, Art. 23 EuGVVO Rn. 3; *Kropholler*, Europäisches Zivilprozessrecht, 8. Aufl., 2005, Art. 23 EuGVVO Rn. 23; *Geimer/Schütze*, Europäisches Zivilverfahrensrecht, 2. Aufl., 2004, Art. 23 EuGVVO Rn. 75.

973 *Geimer/Schütze*, Europäisches Zivilverfahrensrecht, 2. Aufl., 2004, Art. 23 EuGVVO Rn. 78 ff.

974 Obiter dictum: EuGH, Rs. 24/76, Slg. 1976, S. 1831 = NJW 1977, S. 494 („Colzani/Rüwa").

975 *Kropholler*, Europäisches Zivilprozessrecht, 8. Aufl., 2005, Art. 23 EuGVVO Rn. 50; *Geimer/Schütze*, Europäisches Zivilverfahrensrecht, 2. Aufl., 2004, Art. 23 EuGVVO Rn. 117; *Stadler*, in: Musielak (Hrsg.), Kommentar zur Zivilprozessordnung, 6. Aufl., 2008, Art. 23 EuGVVO Rn. 10.

Art. 23 Abs. 1 S. 3 lit. c EuGVVO kommt lediglich im Bereich des internationalen Handels zur Anwendung, wenn der Vertrag auf Basis internationaler Handelsbräuche abgeschlossen wird. Auch dies ist bei Kapitalanlagegeschäften nicht der Fall.

Art. 23 Abs. 1 S. 3 lit. a EuGVVO enthält zwei Tatbestandsalternativen. Nach der ersten Alternative muss die Gerichtsstandsvereinbarung schriftlich geschlossen werden. Voraussetzung hierfür ist, dass die Erklärungen aller an der Zuständigkeitsvereinbarung beteiligter Parteien schriftlich vorliegen.[976]

Grundsätzlich kann das Schriftformerfordernis auch durch AGB erfüllt werden.[977] Hierzu genügt es aber nicht, wenn eine Gerichtsstandsklausel im Rahmen der AGB auf der Rückseite des Geschäftspapiers einer Partei abgedruckt ist und die Parteien den Vertrag auf diesem Papier unterzeichnen. Vielmehr muss in dem von den Parteien unterzeichneten Vertragstext ausdrücklich auf die Geltung dieser AGB Bezug genommen werden.[978]

Schriftliche Erklärungen werden jedoch typischerweise zwischen dem Informationsgeber und dem Anleger nicht ausgetauscht. Nach den obigen Ausführungen zu Gerichtsstandsklauseln in AGB ist auch eindeutig, dass das formularmäßige Bestimmen eines Gerichtsstandes durch einen Prospektherausgeber nicht ausreicht, um wirksam einen Gerichtsstand nach Art. 23 Abs. 1 S. 3 lit. a (1. Alt.) EuGVVO zu vereinbaren. In aller Regel kommt überhaupt keine Willenseinigung zwischen dem Anleger und dem Informationsgeber zu Stande.

Ebenso wenig ist ausreichend, wenn in der Satzung des Informationsgebers eine Gerichtsstandsvereinbarung enthalten ist. Der Europäische Gerichtshof hat zwar entschieden, dass solche Gerichtsstandsvereinbarungen in der Satzung grundsätzlich zulässig sind.[979] Allerdings kann sich diese Gerichtsstandsvereinbarung allenfalls auf mitgliedschaftliche Streitigkeiten beziehen.[980]

Ansprüche aufgrund fehlerhafter Kapitalmarktinformationen sind aber keine mitgliedschaftlichen, sondern schuldrechtliche Ansprüche.[981] Der geprellte Anleger tritt dem Informationsgeber wie ein unbeteiligter Dritter gegenüber (siehe oben zu der Parallelproblematik hinsichtlich der Reichweite des Gesellschaftsstatuts S. 160 f.). Daher kann eine in der Satzung des Informationsgebers niedergelegte Gerichtsstandsvereinbarung auch dann keine Wirkung hinsichtlich der im Rahmen dieser Arbeit un-

976 *Kropholler*, Europäisches Zivilprozessrecht, 8. Aufl., 2005, Art. 23 EuGVVO Rn. 33; *Stadler*, in: Musielak (Hrsg.), Kommentar zur Zivilprozessordnung, 6. Aufl., 2008, Art. 23 EuGVVO Rn. 7; *Geimer/Schütze*, Europäisches Zivilverfahrensrecht, 2. Aufl., 2004, Art. 23 EuGVVO Rn. 104.

977 *Mankowski*, in: Rauscher (Hrsg.), Europäisches Zivilprozeßrecht – Band I, 2. Aufl., 2006, Art. 23 Brüssel I-VO Rn. 16; *Geimer/Schütze*, Europäisches Zivilverfahrensrecht, 2. Aufl., 2004, Art. 23 EuGVVO Rn. 85; *Kropholler*, Europäisches Zivilprozessrecht, 8. Aufl., 2005, Art. 23 EuGVVO Rn. 34.

978 EuGH, Rs. 24/76, Slg. 1976, S. 1831 = NJW 1977, S. 494 („Colzani/Rüwa"); OLG Dresden, RIW 1999, S. 968, 969; OLG Düsseldorf, RIW 2001, S. 63, 64; OLG Karlsruhe, RIW 2001, S. 621, 622.

979 EuGH, Rs. C-214/89, Slg. 1992, S. I-1745 = NJW 1992, S. 1671, 1672 Rn. 31 ("Petereit").

980 BGHZ 123, S. 347, 349 ff.

981 Statt aller anderer: *Bachmann*, Die internationale Zuständigkeit für Klagen wegen fehlerhafter Kapitalmarktinformationen, IPRax 2007, S. 77, 83.

tersuchten Anspruchsgrundlagen entfalten, wenn Informationsgeber und Emittent personenidentisch sind.

Ebenso wenig kann typischerweise ein Gerichtsstand wirksam in der Form des Art. 23 Abs. 1 S. 3 lit. a (2. Alt.) EuGVVO im Rahmen der Verbreitung öffentlicher Kapitalmarktinformationen vereinbart werden. Denn der Informationsgeber und der Anleger kennen sich in den typischen Fällen überhaupt nicht gegenseitig. Sie erzielen daher auch keine Willenseinigung über den Gerichtsstand. Darüber hinaus wird auch keine der Parteien gegenüber der anderen eine solche Willensübereinkunft schriftlich bestätigen.

Möglich ist aber stets eine nachträgliche, das heißt nach Anzeige des Schadens und Entstehen der Streitigkeit getroffene Gerichtsstandsvereinbarung nach Art. 23 Abs. 1 S. 3 lit. a EuGVVO. Eine solche muss entweder schriftlich oder mündlich mit schriftlicher Bestätigung geschlossen werden. Anderenfalls ist sie formunwirksam.

Regelmäßig werden sich die Anleger aber auf eine solche Gerichtsstandsvereinbarung nicht mehr einlassen. Infolge der (vermeintlich) fehlerhaften Kapitalmarktinformation ist das Vertrauensverhältnis zwischen dem Anleger und dem Informationsgeber zerstört, so dass Einigungen regelmäßig nicht mehr erzielt werden können.

c. *Fazit*

Typischerweise wird zwischen dem Anleger und dem Informationsgeber bei Veröffentlichung der Kapitalmarktinformation keine Willenseinigung über die Festlegung eines Gerichtsstandes erzielt werden. Eine solche ist aber zwingende Voraussetzung für eine wirksame Gerichtsstandsvereinbarung nach Art. 23 EuGVVO.

Außerdem werden in aller Regel auch die Formerfordernisse des Art. 23 Abs. 1 S. 3 lit. a EuGVVO nicht vorliegen.

Theoretisch denkbar sind allerdings Gerichtsstandsvereinbarungen nach Entstehen und Anzeige eines Schadens. Allerdings werden solche Vereinbarungen auch im anwaltlichen Verkehr eher die Ausnahme darstellen. Denn der geprellte Anleger hat sein Vertrauen zu dem Informationsgeber verloren, so dass er nur schwer von der Sinnhaftigkeit einer Gerichtsstandsvereinbarung zu überzeugen sein wird.

Folglich spielen Gerichtsstandsvereinbarungen in dem Bereich der Klagen wegen fehlerhafter öffentlicher Kapitalmarktinformationen regelmäßig keine Rolle.

2. *Gerichtsstandsvereinbarungen nach § 38 ZPO*

Des Weiteren ist zu untersuchen, ob gemäß § 38 ZPO eine wirksame Gerichtsstandsvereinbarung für Klagen aufgrund fehlerhafter öffentlicher Kapitalmarktinformationen geschlossen werden kann. § 38 ZPO ist ein grundsätzliches Verbot von Gerichtsstandsvereinbarungen zu entnehmen, weil nach dem Wortlaut des § 38 ZPO Gerichtsstandsvereinbarungen nur in beschränktem Umfang möglich sind.[982]

a. *Anwendbarkeit*

Die Wirksamkeit einer Gerichtsstandsvereinbarung ist nur dann an § 38 ZPO zu messen, wenn keine der Parteien in einem Mitgliedstaat der Europäischen Union ihren Wohnsitz oder Sitz hat.[983] Anderenfalls ist der vorrangige Art. 23 EuGVVO anzuwenden (siehe oben S. 245).

b. *Tatbestandsvoraussetzungen*

Eine Gerichtsstandsvereinbarung nach § 38 Abs. 1 ZPO kann nur zwischen juristischen Personen des öffentlichen Rechts, Kaufleuten oder öffentlich-rechtlichen Sondervermögen geschlossen werden.

Abgesehen von Banken, Kreditinstituten und anderen Finanzdienstleistern sind Anleger aber typischerweise Verbraucher (siehe oben S. 220 f.). Daher kann zwischen ihnen und dem Informationsgeber regelmäßig keine wirksame Gerichtsstandsvereinbarung nach § 38 Abs. 1 ZPO getroffen werden.

Handelt es sich bei dem Anleger aber um eine Bank, ein Kreditinstitut oder einen anderen Finanzdienstleister, ist der Anleger regelmäßig in Form einer Kapitalgesellschaft organisiert, so dass er gemäß § 6 Abs. 1 HGB i.V.m. § 3 Abs. 1 AktG bzw. § 13 Abs. 3 GmbHG Formkaufmann ist. In diesen Fällen kann unproblematisch bereits vor Entstehen der Streitigkeit eine Gerichtsstandsvereinbarung gemäß § 38 Abs. 1 ZPO getroffen werden.

Demgegenüber kommt der Abschluss von wirksamen Gerichtsstandsvereinbarungen nach § 38 Abs. 2 ZPO letztlich nicht in Betracht. Denn gemäß § 38 Abs. 2 S. 2 ZPO müssen solche Vereinbarungen schriftlich abgeschlossen werden oder mündlich abgeschlossen und schriftlich bestätigt werden. Typischerweise wird es aber weder zu einer Vereinbarung über den Gerichtsstand zwischen Anleger und Informationsgeber kommen noch werden diese Formerfordernisse eingehalten werden. Siehe zu der Parallelproblematik oben S. 246.

Theoretisch möglich, aber in der Praxis wohl kaum bedeutsam, ist der Abschluss einer wirksamen Gerichtsstandsvereinbarung nach § 38 Abs. 3 Nr. 1 ZPO. Eine solche kann allerdings gemäß § 38 Abs. 3 Nr. 1 ZPO erst nach Entstehen und Anzeige des Schadens geschlossen werden. Die Vereinbarung einer Gerichtsstandsvereinbarung im

982 BGH, NJW 1983, S. 159, 162; *Bork*, in: Stein/Jonas (Hrsg.), Kommentar zur Zivilprozessordnung, 22. Aufl., 2003; § 38 Rn. 4; *Hüßtege*, in: Thomas/Putzo (Hrsg.), Zivilprozessordnung, 29. Aufl., 2008, § 38 Rn. 1; *Heinrich*, in: Musielak (Hrsg.), Kommentar zur Zivilprozessordnung, 6. Aufl., 2008, § 38 Rn. 1.

983 Statt aller anderer: *Geimer/Schütze*, Europäisches Zivilverfahrensrecht, 2. Aufl., 2004, Art. 23 EuGVVO Rn. 17.

Zusammenhang mit der Verbreitung der Kapitalmarktinformation ist nach § 38 Abs. 3 Nr. 1 ZPO daher nicht möglich.

Der Abschluss einer solchen Gerichtsstandsvereinbarung durch einen Anleger ist aber eher unwahrscheinlich. Infolge der zumindest vermeintlich fehlerhaften Kapitalmarktinformation hat der Anleger regelmäßig kein Vertrauen mehr zu dem Informationsgeber. Daher wird er in aller Regel den Abschluss einer Gerichtsstandsvereinbarung gemäß § 38 Abs. 3 Nr. 1 ZPO ablehnen.

Darüber hinaus ist im Anwendungsbereich des § 32 b ZPO der Abschluss einer Gerichtsstandsvereinbarung gemäß § 40 Abs. 2 S. 1 Nr. 2 ZPO ausgeschlossen. Schließlich stellt § 32 b ZPO nach richtiger Ansicht einen ausschließlichen Gerichtsstand dar (siehe oben S. 205). Daher ist der wirksame Abschluss einer Gerichtsstandsvereinbarung ausgeschlossen, wenn der Emittent seinen Sitz in Deutschland hat.

Damit bleibt festzuhalten, dass Gerichtsstandsvereinbarungen nach § 38 Abs. 3 Nr. 3 ZPO für den Bereich der Haftung wegen fehlerhafter Kapitalmarktinformationen zwar denkbar, aber sehr selten sind.

Dagegen scheidet der Abschluss wirksamer Gerichtsstandsvereinbarungen gemäß § 38 Abs. 3 Nr. 2 ZPO von vornherein aus. Hiernach kann bereits vor Entstehen der Streitigkeit eine wirksame Gerichtsstandsvereinbarung für den Fall getroffen werden, dass der Beklagte nach Abschluss der Gerichtsstandsvereinbarung seinen Wohnsitz bzw. gewöhnlichen Aufenthalt aus dem Anwendungsbereich der ZPO herausverlegt. Voraussetzung einer wirksamen Gerichtstandsvereinbarung nach § 38 Abs. 3 Nr. 2 ZPO ist allerdings, dass diese ausdrücklich und schriftlich geschlossen wird.

Ausdrücklich bedeutet, dass die Gerichtsstandsvereinbarung die Wirkungen derselben so deutlich umschreibt, dass ein Laie diese unmittelbar überschauen kann.[984] An diesem Punkt wird der wirksame Abschluss einer Gerichtsstandsvereinbarung beispielsweise in einem Verkaufsprospekt nicht scheitern.

Allerdings ist weitere Voraussetzung, dass die Gerichtsstandsvereinbarung schriftlich geschlossen wird. Hierbei ist umstritten, ob damit die Schriftform nach § 126 BGB gemeint ist oder ob auch eine Unterzeichnung der Parteien auf getrennten Urkunden möglich ist.[985] Diese Streitfrage kann hier offen bleiben. Denn jedenfalls ist von allen an der Gerichtsstandsvereinbarung beteiligten Parteien eine unterzeichnete Erklärung, mit der Gerichtsstandsvereinbarung einverstanden zu sein, erforderlich.

Hieran wird es regelmäßig fehlen. Denn zwischen Anleger und Informationsgeber kommt typischerweise keine vertragliche Beziehung zu Stande (siehe oben S. 31). Daher besteht keine Veranlassung für den Anleger, an den Informationsgeber eine Einverständniserklärung mit dessen Gerichtsstandsvereinbarungsangebot zu senden. Folglich scheitert eine Gerichtsstandsvereinbarung nach § 38 Abs. 3 Nr. 2 ZPO regelmäßig an der Nichteinhaltung der Formvorschriften des § 38 Abs. 3 ZPO (siehe zu der Parallelproblematik im Rahmen des Art. 23 EuGVVO S. 247).

984 *Vollkommer,* in: Zöller, Zivilprozessordnung, 27. Aufl., 2009, § 38 Rn. 34; *Hüßtege*, in: Thomas/Putzo (Hrsg.), Zivilprozessordnung, 29. Aufl., 2008, § 38 Rn. 27; *Bork*, in: Stein/Jonas (Hrsg.), Kommentar zur Zivilprozessordnung, 22. Aufl., 2003; § 38 Rn. 37; *Heinrich*, in: Musielak (Hrsg.), Kommentar zur Zivilprozessordnung, 6. Aufl., 2008, § 38 Rn. 22.

985 *Hüßtege*, in: Thomas/Putzo (Hrsg.), Zivilprozessordnung, 29. Aufl., 2008, § 38 Rn. 27; *Vollkommer,* in: Zöller, Zivilprozessordnung, 27. Aufl., 2009, § 38 Rn. 34.

c. *Fazit*

Damit scheidet in aller Regel eine wirksame Gerichtsstandsvereinbarung nach § 38 ZPO im Rahmen der Verbreitung öffentlicher Kapitalmarktinformationen aus. Regelmäßig wird es bereits keinen übereinstimmenden Willen der Parteien bezüglich der Gerichtsstandsvereinbarung geben. Darüber hinaus werden aber auch die Formerfordernisse, die § 38 Abs. 2 S. 2 bzw. Abs. 3 ZPO aufstellt, nicht erfüllt werden.

Möglich ist aber der Abschluss einer Gerichtsstandsvereinbarung bei Verbreitung der Kapitalmarktinformation gemäß § 38 Abs. 1 ZPO mit Anlegern, die Kaufleute sind. Diese Fälle sind zwar selten, da Privatanleger regelmäßig Verbraucher sind (siehe oben S. 220 f.), sie können aber auftreten.

Daneben besteht stets die Möglichkeit, nachträgliche Gerichtsstandsvereinbarungen nach § 38 Abs. 3 Nr. 1 ZPO abzuschließen. Allerdings wird es regelmäßig an dem erforderlichen Vertrauen zwischen Anleger und Informationsgeber zum Abschluss einer solchen Gerichtsstandsvereinbarung fehlen.

Der wirksame Abschluss einer Gerichtsstandsvereinbarung, auch einer nachträglichen, scheitert aber gemäß § 40 Abs. 2 S. 1 Nr. 2 ZPO stets in dem Anwendungsbereich des § 32 b ZPO, da dieser eine ausschließliche Zuständigkeit begründet (siehe oben S. 250).

3. *Fazit zu den Gerichtsstandsvereinbarungen*

Damit kann zusammenfassend festgehalten werden, dass Gerichtsstandsvereinbarungen für die Festlegung der internationalen Zuständigkeit für Klagen wegen fehlerhafter Kapitalmarktinformationen praktisch so gut wie keine Bedeutung haben. Denn bei Verbreitung von Kapitalmarktinformationen abgeschlossene Gerichtsstandvereinbarungen erfüllen regelmäßig weder die Voraussetzungen des Art. 23 EuGVVO (siehe oben S. 248) noch die des § 38 ZPO (siehe oben S. 251).

Bei Verbreitung der Kapitalmarktinformation kann jedoch in Fällen, in denen auch der Anleger ein Kaufmann ist, eine wirksame Gerichtsstandsvereinbarung gemäß § 38 Abs. 1 ZPO getroffen werden (siehe oben S. 249).

Theoretisch denkbar ist weiterhin der Abschluss von nachträglichen Gerichtsstandsvereinbarungen gemäß Art. 23 Abs. 1 S. 3 lit. a EuGVVO bzw. § 38 Abs. 3 Nr. 1 ZPO. Allerdings wird sich der Anleger nach dem Vertrauensverlust wegen der (vermeintlich) fehlerhaften Kapitalmarktinformation in aller Regel nicht auf den Abschluss einer solchen nachträglichen Gerichtsstandsvereinbarung einlassen.

VIII. Gesamtfazit bezüglich der Gerichtsstände

Damit konnte die Untersuchung die Eingangsthese, dass die internationale Zuständigkeit im Rahmen des Erkenntnisverfahrens im Wesentlichen durch Art. 2 Abs. 1 EuGVVO und Art. 5 Nr. 3 EuGVVO bestimmt wird (siehe oben S. 193), belegen. Besondere vertragsrechtliche Gerichtsstände haben für Klagen infolge fehlerhafter öffentlicher Kapitalmarktinformationen geprellter Anleger keine Bedeutung.

Gerichtsstandsvereinbarungen erlangen in Zusammenhang mit der Verbreitung öffentlicher Kapitalmarktinformationen keine praktische Bedeutung. Im Zuge mit der Verbreitung öffentlicher Kapitalmarktinformationen geschlossene Gerichtsstandsvereinbarungen erfüllen regelmäßig weder die Wirksamkeitsvoraussetzungen des Art. 23 EuGVVO noch die des § 38 ZPO. Hiervon ausgenommen sind nachträgliche Gerichtsstandsvereinbarungen, deren Abschluss allerdings einen in praxi kaum vorkommenden Ausnahmefall darstellt.

Die Gerichtsstände der ZPO regeln im Rahmen des Erkenntnisverfahrens mit Ausnahme des § 32 ZPO ausschließlich die örtliche Zuständigkeit. Der Regelungsgehalt des neu eingeführten § 32 b ZPO bezüglich der internationalen Zuständigkeit beschränkt sich auf die wichtige Rolle der Versagung der Anerkennung von Urteilen aus Drittstaaten gegen Emittenten mit Sitz in Deutschland. Für die Bestimmung der internationalen Erkenntniszuständigkeit ist er dagegen bedeutungslos.

F. Zusammenfassung der Ergebnisse dieser Dissertation

Zusammenfassend werden im Folgenden die wichtigsten Ergebnisse dieser Arbeit dargestellt. Hierbei wird auf die Herleitung des Ergebnisses verzichtet. Diese ist in den jeweiligen Abschnitten nachzulesen. Die Reihenfolge, in der die Ergebnisse präsentiert werden, orientiert sich an dem Verlauf der Dissertation.

I. Mögliche Ansprüche geschädigter Anleger

Als vertragliche Haftungsnormen kommen allenfalls im Zuge der Verbreitung öffentlicher Kapitalmarktinformationen abgeschlossene Auskunftsverträge in Betracht. Doch solche Auskunftsverträge sind äußerst selten, weil der Informationsgeber regelmäßig keinen entsprechenden Rechtsbindungswillen hat (siehe oben S. 32). Über die Mängelrechte nach §§ 434 ff. BGB kann dagegen von vornherein keine Haftung begründet werden (siehe oben S. 39).

Von den quasivertraglichen Haftungsgrundlagen kann lediglich die eigentliche bürgerlich-rechtliche Prospekthaftung zu einer Haftung wegen fehlerhafter oder pflichtwidrig unterlassener öffentlicher Kapitalmarktinformationen führen. Diese Haftung greift sowohl auf dem Primär- als auch auf dem Sekundärmarkt ein (siehe oben S. 55).

Die spezialgesetzlich geregelten Prospekthaftungsansprüche sind weitgehend parallel aufgebaut (siehe oben S. 55). Dieser Aufbau orientiert sich an dem der börsengesetzlichen Prospekthaftung, die den Prototypen der spezialgesetzlichen Prospekthaftung darstellt (siehe oben S. 56). Die spezialgesetzliche Prospekthaftung kommt jeweils sowohl auf dem Primär- als auch auf dem Sekundärmarkt zur Anwendung (bezüglich der börsengesetzlichen Prospekthaftung siehe oben S. 63; bezüglich der Prospekthaftung nach dem VerkProspG siehe oben S. 74; bezüglich der investmentrechtlichen Prospekthaftung siehe oben S. 82).

Für Ad-hoc-Publizitätsverletzungen halten die §§ 37 b und 37 c WpHG spezielle Haftungstatbestände bereit. Diese kommen aber ausschließlich auf dem Sekundärmarkt zum Tragen (siehe oben S. 96).

Von großer Bedeutung für die Haftung aufgrund fehlerhafter öffentlicher Kapitalmarktinformationen sind die deliktsrechtlichen Anspruchsgrundlagen. Zwar kommt eine Haftung gemäß § 823 Abs. 1 BGB nicht in Betracht (siehe oben S. 97). Allerdings ist eine Haftung gemäß § 823 Abs. 2 BGB i.V.m. § 331 Nr. 1 und Nr. 2 HGB, § 400 Abs. 1 Nr. 1 AktG oder § 264 a StGB denkbar.

Die wohl wichtigste Anspruchsgrundlage in diesem Zusammenhang ist aber § 826 BGB (siehe oben S. 114 ff.). Häufig scheitert jedoch ein Anspruch des Anlegers gemäß § 826 BGB an dem Beweis der haftungsbegründenden Kausalität (siehe oben S. 121 ff.).

II. Rechtsfolgen und Schadensumfang

Die Rechtsfolgen dieser Anspruchsgrundlagen sind verschieden. So ist die Haftung gemäß der bürgerlich-rechtlichen Prospekthaftung in erster Linie auf Vertragsaufhebung und Rückzahlung des Anlagebetrags nebst Zinsen gerichtet ist (siehe oben S. 130).

Dagegen ist im Rahmen der spezialgesetzlich geregelten Prospekthaftung zwischen Fällen, in denen der Anleger noch Inhaber der Kapitalanlage ist, und solchen, in denen er sich der Kapitalanlage bereits entledigt hat, zu unterscheiden.

Ist er noch immer Inhaber der Kapitalanlage ist die Haftung auf Übernahme der Vermögensanlage gegen Erstattung des Erwerbspreises und der mit dem Erwerb verbundenen üblichen Kosten gerichtet (bezüglich der börsengesetzlichen Prospekthaftung siehe oben S. 131; bezüglich der Prospekthaftung nach dem VerkProspG siehe oben S. 132; bezüglich der investmentrechtlichen Prospekthaftung siehe oben S. 134).

Hat sich der Anleger dagegen der Kapitalanlage begeben, kann er grundsätzlich Zahlung des Unterschiedsbetrages verlangen, um den der von ihm gezahlte Kaufpreis den Rücknahmepreis der Kapitalanlage im Zeitpunkt der Veräußerung übersteigt (bezüglich der börsengesetzlichen Prospekthaftung siehe oben S. 131; bezüglich der Prospekthaftung nach dem VerkProspG siehe oben S. 133 f.; bezüglich der investmentrechtlichen Prospekthaftung siehe oben S. 135). Dieser Unterschiedsbetrag ist jedoch bei der börsengesetzlichen und der Prospekthaftung nach dem VerkProspG auf den ursprünglichen Ausgabepreis der Kapitalanlage begrenzt (bezüglich der börsengesetzlichen Prospekthaftung siehe oben S. 131; bezüglich der Prospekthaftung nach dem VerkProspG siehe oben S. 134).

Stützt der geprellte Anleger seine Ansprüche auf die Verletzung von Ad-hoc-Publizitätspflichten gemäß §§ 37 b und 37 c WpHG kann er lediglich den Kursdifferenzschaden ersetzt bekommen (siehe oben S. 135 ff., 138).

Wählt er dagegen die deliktsrechtlichen Anspruchsgrundlagen § 826 BGB bzw. § 823 Abs. 2 BGB i.V.m. Schutzgesetz hat er ein Wahlrecht zwischen dem Ersatz des Differenzschadens und der Naturalrestitution in Form der Erstattung des Kaufpreises (siehe oben S. 138 ff.).

Hieraus folgt, dass der Anleger vor Einreichung der Klage „von der Rechtsfolge her denken muss". Er muss sich zunächst fragen, in welchem Umfang er seinen Schaden ersetzt haben möchte. Erst dann kann er die hierfür günstigste Anspruchsgrundlage bestimmen.

III. Qualifikation der Anspruchsgrundlagen

Die im Rahmen dieser Arbeit untersuchten Anspruchsgrundlagen sind allesamt mit Ausnahme einer Haftung wegen Verletzung eines Auskunftsvertrages sowohl hinsichtlich der Zuständigkeitsregelungen der ZPO als auch denen der EuGVVO deliktsrechtlich zu qualifizieren. Damit konnte die Eingangsthese von S. 164 bestätigt werden (siehe oben S. 192).

IV. Gerichtliche Zuständigkeiten für die einzelnen Ansprüche

Hinsichtlich der Bedeutung der einzelnen Gerichtsstände von EuGVVO und ZPO konnte die Dissertation ebenfalls die Eingangsthese, die sich auf S. 193 findet, bestätigen. Die internationale Zuständigkeit für Klagen von Anlegern, die durch fehlerhafte öffentliche Kapitalmarktinformationen geschädigt wurden, bestimmt sich aus Sicht deutscher Gerichte in erster Linie nach Art. 2 Abs. 1 EuGVVO bzw. Art. 5 Nr. 3 EuGVVO. Nur wenn der beklagte Informationsgeber seinen Sitz oder Wohnsitz nicht in einem Mitgliedstaat der Europäischen Union hat, kann § 32 ZPO die internationale Zuständigkeit zugunsten der deutschen Gerichte vermitteln. Alle anderen Gerichtsstände der ZPO regeln lediglich die örtliche Zuständigkeit (siehe oben S. 251).

Besondere vertragsrechtliche Gerichtsstände (siehe oben S. 227 f.) und Gerichtsstandsvereinbarungen (siehe oben S. 251) spielen für die Bestimmung der internationalen Zuständigkeit für Klagen geprellter Anleger infolge öffentlicher Kapitalmarktinformationen keine oder lediglich eine untergeordnete Rolle.

G. Literaturverzeichnis

Abram, Nils, Ansprüche von Anlegern wegen Verstoßes gegen § 161 AktG oder den Deutschen Corporate Governance Kodex – ein Literaturbericht, ZBB 2003, S. 41 ff.

Abram, Nils, Ansprüche von Anlegern wegen Verstoßes gegen Publizitätspflichten oder den Deutschen Corporate Governance Kodex?, NZG 2003, S. 307 ff.

Ahrens, Hans-Jürgen, Wer haftet statt der zusammengebrochenen Abschreibungsgesellschaft? – Zur Sachwalterhaftung im Kollisionsrecht, IPRax 1986, S. 355 ff.

Assmann, Heinz-Dieter/Schütze, Rolf A. (Hrsg.), Handbuch des Kapitalanlagerechts, 3. Aufl., München 2007; sowie Vorauflage München 1997.

Assmann, Heinz-Dieter/Schneider, Uwe H. (Hrsg.), Wertpapierhandelsgesetz Kommentar, 5. Aufl., Köln 2009.

Assmann, Heinz-Dieter, Das neue deutsche Insiderrecht, ZGR 1994, S. 494 ff.

Assmann, Heinz-Dieter, Die Befreiung von der Pflicht zur Veröffentlichung eines Börsenzulassungsprospektes nach § 45 Nr. 1 BörsZulVO und die Prospekthaftung: Eine Lücke im Anlegerschutz?, AG 1996, S. 508 ff.

Assmann, Heinz-Dieter, Prospekthaftung beruflicher Sachkenner de lege lata und de lege ferenda, AG 2004, S. 435 ff.

Assmann, Heinz-Dieter, Prospekthaftung als Haftung für die Verletzung kapitalmarktbezogener Informationsverkehrspflichten nach deutschem und US-amerikanischem Recht, Köln, Berlin, Bonn, München 1985.

Aull, Matthias, Zur isolierten Prorogation nach Art. 17 Abs. 1 LugÜ (zu OLG Hamm, 18.9.1997 – 5 U 89/97, ...), IPRax 1999, S. 226 ff.

Bachmann, Gregor, Die internationale Zuständigkeit für Klagen wegen fehlerhafter Kapitalmarktinformationen, IPRax 2007, S. 77 ff.

Bachmann, Gregor, in: Bachmann/Casper/Schäfer/Veil (Hrsg.), Steuerungsfunktion des Haftungsrechts im Gesellschafts- und Kapitalmarktrecht, Schriften zum Gesellschafts-, Bank- und Kapitalmarktrecht, Band 1, 1. Aufl., Baden-Baden 2007.

Bamberger, Heinz Georg/Roth, Herbert (Hrsg.), BGB, Band 2, 2. Aufl., München 2008.

Bar, Christian von /Mankowski, Peter (Hrsg.), Internationales Privatrecht, Band I – Allgemeine Lehren, 2. Aufl., München 2003.

Bar, Christian von, Vertrauenshaftung ohne Vertrauen – Zur Prospekthaftung bei der Publikums-KG in der Rechtsprechung des BGH –, ZGR 1983, S. 476 ff.

Barta, Sebastian, Der Prospektbegriff in der neuen Verkaufprospekthaftung, NZG 2005, S. 305 ff.

Baumbach, Adolf/Hopt, Klaus, Handelsgesetzbuch mit GmbH & Co., Handelsklauseln, Bank- und Börsenrecht, Transportrecht (ohne Seerecht), 33. Aufl., München 2008.

Baumbach, Adolf/Lauterbach, Wolfgang/Albers, Jan Albers/Hartmann, Peter, Zivilprozessordnung mit Gerichtsverfassungsgesetz und anderen Nebengesetzen, 66. Aufl., München 2008.

Baums, Theodor, Anlegerschutz und Neuer Markt, ZHR 166 (2002), S. 375 ff.

Baums, Theodor, Bericht der Regierungskommission „Corporate Governance" vom 10.8.2001, BT-Drucks. 14/7515.

Baums, Theodor, Haftung wegen Falschinformation des Sekundärmarktes, ZHR 167 (2003), S. 139 ff.

Baur, Jürgen, Investmentgesetze – Kommentar zum Gesetz über Kapitalanlagegesellschaften (KAGG) und zum Gesetz über den Vertrieb ausländischer Investmentanteile und die Besteuerung der Erträge aus ausländischen Investmentanteilen (Auslandinvestment-Gesetz – AuslInvestmG) Band I, Köln 1997.

Benecke, Martina, Haftung für Inanspruchnahme von Vertrauen – Aktuelle Fragen zum neuen Verkaufsprospektgesetz, BB 2006, S. 2597 ff.

Benicke, Christoph, Internationale Zuständigkeit deutscher Gerichte nach Art. 13, 14 EuGVÜ für Schadensersatzklagen geschädigter Anleger, WM 1997, S. 945 ff.

Benicke, Christoph, Prospektpflicht und Prospekthaftung bei grenzüberschreitenden Emissionen, in: Festschrift für Erik Jayme, Band I, München 2004, S. 25 ff.

Bernreuther, Friedrich, Sachmangel und Werbung, MDR 2003, S. 63 ff.

Bernstein, Herbert, Kollisionsrechtliche Fragen der culpa in contrahendo, RablesZ 41 (1977), S. 281 ff.

Bitter, Anna-Kristina, Auslegungszusammenhang zwischen der Brüssel I-Verordnung und der künftigen Rom I-Verordnung, IPRax 2008, S. 96 ff.

Bohlken, Lars/Lange, Meik, Die Prospekthaftung im Bereich geschlossener Fonds nach §§ 13 Abs. 1 Nr. 3, 13 a Verkaufsprospektgesetz n.F. – Weiterhin Anwendung der von der Rechtsprechung entwickelten Prospekthaftung? –, DB 2005, S. 1259 ff.

Borchard, Klaus-Dieter, Die rechtlichen Grundlagen der Europäischen Union, 3. Aufl., Heidelberg 2006.

Bosch, Ulrich, Expertenhaftung gegenüber Dritten – Überlegungen aus Sicht der Bankpraxis, ZHR 163 (1999), S. 274 ff.

Brinkhaus, Josef/Scherer, Peter, Gesetz über Kapitalanlagegesellschaften (KAGG), Auslandsinvestmentgesetz (AuslInvestmG), München 2003.

Brödermann, Eckart/Rosengarten, Joachim (Hrsg.), IPR/IZVR Anleitung zur systematischen Fallbearbeitung im internationalen Privat- und Zivilverfahrensrecht, Hamburg 2004.

Brondics, Klaus/Mark, Jürgen, Die Verletzung von Informationspflichten im amtlichen Markt nach der Reform des Börsengesetzes, AG 1989, S. 339 ff.

Brox, Hans, Allgemeiner Teil des BGB, 23. Aufl., Köln 1999.

Buck-Heeb, Petra, Kapitalmarktrecht, 3. Aufl., Heidelberg 2007; sowie Vorauflage Heidelberg 2007.

Cahn, Andreas/Götz, Jürgen, Ad-hoc-Publizität und Regelberichterstattung, AG 2007, S. 221 ff.

Canaris, Claus-Wilhelm, Bankvertragsrecht, Band II, 3. Aufl., München 1988.

Canaris, Claus-Wilhelm, Die Feststellung von Lücken im Gesetz – eine methodologische Studie über Voraussetzungen und Grenzen der richterlichen Rechtsfortbildung praeter legem, 2. Aufl., Berlin 1983.

Canaris, Claus-Wilhelm, Schutzgesetze – Verkehrspflichten – Schutzpflichten, in: Festschrift für Larenz, München 1983, S. 27 ff.

Claussen, Carsten P./Florian, Ulrich, Der Emittentenleitfaden, AG 2005, S. 745 ff.

Coing, Helmut, Haftung für Prospektwerbung für Kapitalanlagen in der neueren Rechtsprechung des Bundesgerichtshofes, WM 1980, S. 206 ff.

Cuypers, Manfred, Gerichtliche Zuständigkeiten bei fehlgeschlagener Kapitalanlage, WM 2007, S. 1446 ff.

Dauses, Manfred A. (Hrsg.) Handbuch des EU-Wirtschaftsrechts, München (Loseblattsammlung).

Davì, Angelo, Der italienische Kassationshof und der Gerichtsstand des Ortes des schädigenden Ereignisses nach Art. 5 Nr. 3 EuGVÜ bei reinen Vermögensschäden, IPRax 1999, S. 484 ff.

Degner, Egbert P., Kollisionsrechtliche Anknüpfung der Geschäftsführung ohne Auftrag, des Bereicherungsrechts und der culpa in contrahendo, RIW 1983, S. 825 ff.

Diekmann, Hans/Sustmann, Marco, Gesetz zur Verbesserung des Anlegerschutzes (Anlegerschutzverbesserungsgesetz – AnSVG), NZG 2004, S. 929 ff.

Dogan, Sezer, Ad-hoc-Publizitätshaftung – zivilrechtliche Haftung wegen Verletzung von Ad-hoc-Publizitätspflichten nach dem vierten Finanzmarktförderungsgesetz, Baden-Baden 2005.

Dörner, H., Anmerkung zu BGH II ZR 241/85 (JR 1987, S. 198 ff.), JR 1987, S. 201 ff.

Drinkuth, Henrik, in: Gregor Bachmann/Mathias Casper/ Carsten Schäfer/Rüdiger Veil (Hrsg.), Schadensersatzhaftung für fehlerhafte Finanzanalysen, Schriften zum Gesellschafts-, Bank- und Kapitalmarktrecht, Band 1, 1. Aufl., Baden-Baden 2007.

Dühn, Matthias, Schadensersatzhaftung börsennotierter Aktiengesellschaften für fehlerhafte Kapitalmarktinformation – de lege lata und de lege ferenda, Frankfurt am Main 2003.

Edelmann, Hervé, Haftung von Vorstandsmitgliedern für fehlerhafte Ad-hoc-Mitteilungen – Besprechung der Infomatec-Urteile des BGH, BB 2004, S. 2031 ff.

Eidenmüller, Horst, in: Sonnenberger (Hrsg.), Vorschläge und Berichte zur Reform des europäischen und deutschen internationalen Gesellschaftsrechts vorgelegt im Auftrag der zweiten Kommission des Deutschen Rates für Internationales Privatrecht, Spezialkommission Internationales Gesellschaftsrecht, Tübingen 2007, S. 469 ff.

Einsiedler, Mark, Der besondere Gerichtsstand des Erfüllungsortes nach § 29 ZPO: Ein Klägergerichtsstand?, NJW 2001, S. 1549 ff.

Ekkenga, Jens, Fragen der deliktischen Haftungsbegründung bei Kursmanipulationen und Insidergeschäften, ZIP 2004, S. 781 ff.

Ellenberger, Jürgen, Prospekthaftung im Wertpapierhandel, Schriftenreihe der Bankenrechtlichen Vereinigung, Band 17, Berlin 2001.

Engels, Wolfram (Hrsg.), Anlegerschutz und Vertrauensbildung an Finanzmärkten, Frankfurt am Main 1992.

Erman, Walter (Hrsg.), BGB, 12. Aufl., Münster 2008.

Ferid, Murad, Internationales Privatrecht, 3. Aufl., München 1986; sowie Vorauflage München 1975.

Findeisen, Maximilian, Die Bedeutung der haftungsbegründenden Kausalität einer fehlerhaften Ad-hoc-Mitteilung für die Anlageentscheidung des Schadensersatzklägers, NZG 2007, S. 692 ff.

Fleischer, Holger, Buchführungsverantwortung des Vorstands und Haftung der Vorstandsmitglieder für fehlerhafte Buchführung, WM 2006, S. 2021 ff.

Fleischer, Holger, Das Vierte Finanzmarktförderungsgesetz, NJW 2002, S. 2977 ff.

Fleischer, Holger, Der Inhalt des Schadensersatzanspruchs wegen unwahrer oder unterlassener unverzüglicher Ad-hoc-Mitteilungen, BB 2002, S. 1869 ff.

Fleischer, Holger, Empfiehlt es sich, im Interesse des Anlegerschutzes und zur Förderung des Finanzplatzes Deutschland das Kapitalmarkt- und Börsenrecht neu zu regeln? – Gutachten F G für den 64. Deutschen Juristentag (2002).

Fleischer, Holger/Kalss, Susanne, Kapitalmarktrechtliche Schadensersatzhaftung und Kurseinbrüche an der Börse, AG 2002, S. 329 ff.

Fleischer, Holger, Prospektpflicht und Prospekthaftung für Vermögensanlagen des Grauen Kapitalmarkts nach dem Anlegerschutzverbesserungsgesetz, BKR 2004, S. 339 ff.

Fleischer, Holger, Zur deliktsrechtlichen Haftung der Vorstandsmitglieder für falsche Ad-hoc-Mitteilungen, DB 2004, S. 2031 ff.

Fricke, Verena, Der Unterlassungsanspruch gegen Presseunternehmen zum Schutze des Persönlichkeitsrechts im Internationalen Privatrecht, Tübingen 2003.

Fuchs, Andreas/Dühn, Matthias, Deliktische Schadensersatzhaftung für falsche Ad-hoc-Mitteilungen – Zugleich Besprechung des Urteils des OLG München, BKR 2002, 1096 –, BKR 2002, S. 1063 ff.

Geßler, Ernst/Hefermehl, Wolfgang/Eckardt, Ulrich/Kropff, Bruno (Hrsg.), Aktiengesetz, Band VI, München 1994.

Gaudemet-Tallon, Hélène, Compètence et exécution des jugements en Europe – Règlement no 44/2001 Conventions de Bruxelles et de Lugano, 3.Aufl., Paris 2002.

Gebauer, Stefan, Börsenprospekthaftung und Kapitalerhaltungsgrundsatz in der Aktiengesellschaft, Frankfurt am Main 1999.

Geimer, Reinhold/Schütze, Rolf A., Europäisches Zivilverfahrensrecht – Kommentar zur EuGVVO, EuEheVO, EuZustellungsVO, zum Lugano-Übereinkommen und zum nationalen Kompetenz- und Anerkennungsrecht, 2. Aufl., München 2004.

Geimer, Reinhold, Anmerkung zu EuGH, Urteil vom 19.9.1995, Rs. C-364/93 – Marinari, JZ 1995, S. 1108.

Geimer, Reinhold, Anmerkung zu BGH, Urteil vom 20.1.1986 – II ZR 56/85, NJW 1986, S. 1439 f.

Geimer, Reinhold, Internationales Zivilprozessrecht, 5. Aufl., Köln 2005.

Gerber, Olaf, Die Prospekthaftung bei Wertpapieremissionen nach dem Dritten Finanzmarktförderungsgesetz – eine Untersuchung der Vorschriften des Börsengesetzes und des Verkaufsprospektgesetzes im Vergleich zur US-amerikanischen Regelung, Hamburg/Frankfurt am Main 2001.

Girsberger, Daniel, Erfolg mit dem Erfolgsort bei Vermögensdelikten?, in: Festschrift für Siehr, Zürich 2001, S. 219 ff.

Gottschalk, Eckart, Die deliktische Haftung für fehlerhafte Ad-hoc-Mitteilungen – Zugleich eine Besprechung der BGH-Entscheidung vom 9. 5. 2005 – EM.TV, DStR 2005, S. 1648 ff.

Gottschalk, Eckart, Die persönliche Haftung der Organmitglieder für fehlerhafte Kapitalmarktinformationen de lege lata und de lege ferenda, Der Konzern 2005, S. 274 ff.

Grigoleit, Hans Christoph, Vorvertragliche Informationshaftung – Vorsatzdogma, Rechtsfolgen, Schranken, München 1997.

Groß, Wolfgang, Die börsengesetzliche Prospekthaftung, AG 1999, S. 199 ff.

Groß, Wolfgang, Haftung für fehlerhafte oder fehlende Regel- oder ad-hoc-Publizität, WM 2002, S. 477 ff.

Groß, Wolfgang, Kapitalmarktrecht, Kommentar zum Börsengesetz, zur Börsenzulassungs-Verordnung, zum Wertpapierprospektgesetz und zum Verkaufsprospektgesetz, 4. Aufl., München 2009; sowie Vorauflage München 2006.

Grundmann, Stefan, Deutsches Anlegerschutzrecht in internationalen Sachverhalten – Vom internationalen Schuld- und Gesellschaftsrecht zum internationalen Marktrecht, RabelsZ 54 (1990), S. 283 ff.

Grundmann, Stefan, Europäisches Gesellschaftsrecht – Eine systematische Darstellung unter Einbeziehung des Europäischen Kapitalmarktrechts, Heidelberg 2004.

Grunewald, Barbara, Gesellschaftsrecht, 7. Aufl., Tübingen 2008; sowie Vorauflage Tübingen 2005.

Habersack, Mathias/Mülbert, Peter O./Schlitt, Michael (Hrsg.), Unternehmensfinanzierung am Kapitalmarkt, 2. Aufl., Köln 2008; sowie Vorauflage Köln 2005.

Haertlein, Lutz, Prospektverantwortlichkeit infolge werbender Äußerungen über Kapitalanlagen – Zugleich Besprechung LG Mosbach v. 15.8.2007 – 1 O 135/06, ZIP 2008, S. 726 ff.

Hager, Günter/Bentele, Florian, Der Lieferort als Gerichtsstand – zur Auslegung des Art. 5 Nr. 1 lit. b EuGVO, IPRax 2004, S. 73 ff.

Harbarth, Stephan, Ad-hoc-Publizität beim Unternehmenskauf, ZIP 2005, S. 1898 ff.

Haß, Detlef/Zerr, Christian, Forum Shopping in den USA nach Erlass des KapMuG, RIW 2005, S. 721 ff.

Heidelbach, Anna, in: Schwark (Hrsg.), Kapitalmarktrechtskommentar – BörsenG, VerkaufsprospektG, WertpapierhandelsG, Wertatpiererwerbs- und ÜbernahmeG, 3. Aufl., 2004.

Hein, Jan von, Deliktischer Kapitalanlegerschutz im europäischen Zuständigkeitsrecht, IPRax 2005, S. 17 ff.

Hein, Jan von, Der ausschließliche Gerichtsstand für Kapitalanleger-Musterverfahren – eine Lex Anti-Americana?, RIW 2004, S. 602 ff.

Hein, Jan von, Die culpa in contrahendo im europäischen Privatrecht: Wechselwirkungen zwischen IPR und Sachrecht, GPR 2007, S. 54 ff.

Hein, Jan von, Internationale Zuständigkeit und anwendbares Recht bei grenzüberschreitendem Kapitalanlagebetrug, IPRax 2006, S. 460 ff.

Hennrichs, Joachim, Haftung für falsche Ad-hoc-Mitteilungen und Bilanzen, in: Festschrift für Kollhosser, Band II, Karlsruhe 2004, S. 201 ff.

Herdegen, Matthias, Europarecht, 11. Auflage, München 2009; sowie 9. Aufl., München 2007.

Herrmann, Harald, Die Sachwalterhaftung vermögenssorgender Berufe, JZ 1983, S. 422 ff.

Hess, Burkhard/Michailidou, Chrisoula, Das Gesetz über Musterverfahren zu Schadensersatzklagen von Kapitalanlegern, ZIP 2004, S. 1381 ff.

Hess, Burkhard, Der Regierungsentwurf für ein Kapitalanlegermusterverfahrensgesetz, WM 2004, S. 2329 ff.

Hess, Burkhard, Sammelklagen im Kapitalmarktrecht, AG 2003, S. 113 ff.

Hindl, Gisela, Zivil- und spezialgesetzliche Haftung für wahrheitswidrige und unterlassene Prospektangaben, in: Jahrbuch Junger Zivilrechtswissenschaftler – Verantwortung und Haftung, Stuttgart 2006, S. 391 ff.

Hirte, Heribert, Berufshaftung – Ein Beitrag zur Entwicklung eines einheitlichen Haftungsmodells für Dienstleistungen, München 1996.

Hoffmann, Bernd von/Thorn, Karsten, Internationales Privatrecht einschließlich der Grundzüge des internationalen Zivilverfahrensrechts, 9. Aufl., München 2007.

Hohloch, Gerhard, Erfolgsort und Schadensort – Abgrenzung bei Ansprüchen auf Ersatz von (primären und sonstigen) Vermögensschäden, IPRax 1997, S. 312 ff.

Holzborn, Timo/Foelsch, Martin Eberhard, Schadensersatzpflichten von Aktiengesellschaften und deren Management bei Anlegerverlusten – Ein Überblick, NJW 2003, S. 932 ff.

Hopt, Klaus J./Voigt, Hans Christoph (Hrsg.), Prospekt- und Kapitalmarktinformationshaftung, Tübingen 2005.

Hopt, Klaus J., Die Verantwortlichkeit von Banken bei Emissionen – Recht und Praxis in der EG, in Deutschland und in der Schweiz, München 1991.

Hopt, Klaus J., Europäisches und deutsches Insiderrecht, ZGR 1991, S. 17 ff.

Hopt, Klaus J./Voigt, Hans-Christoph, Prospekt- und Kapitalmarktinformationshaftung – Recht und Reform in der Europäischen Union, der Schweiz und den USA –, WM 2004, S. 1801 ff.

Huber, Herwart, Anmerkung zu LG Frankfurt/M., Urteil vom 7.10.1997 – 3/11 O 44/96, ZIP 1998, S. 645 f.

Hüffer, Jens, Das Wertpapier-Verkaufsprospektgesetz – Prospektpflicht und Anlegerschutz, Bonn 1996.

Hüffer, Uwe, Aktiengesetz, 8. Aufl., München 2008; sowie Vorauflage München 2006.

Hüßtege, Rainer, Internationales Privatrecht, 4. Aufl., München 2005.

Hutter, Stephan/Stürwald, Florian, EM.TV und die Haftung für fehlerhafte Ad-hoc-Mitteilungen, NJW 2005, S. 2428 ff.

Jungmichel, Tim, Haftung und Schadenskompensation bei Verstößen gegen Ad-hoc-Publizitätspflichten unter besonderer Berücksichtigung der §§ 37 b, 37 c WpHG, Hamburg 2007.

Kegel, Gerhard/Schurig, Klaus, Internationales Privatrecht, 9. Aufl., München 2004.

Keller, Christoph/Kolling, Annabella, Das Gesetz zur Einführung von Kapitalanleger-Musterverfahren – Ein Überblick, BKR 2005, S. 399 ff.

Keunecke, Ulrich, Prospekte im Kapitalmarkt – Anforderungen, Prospekthaftung bei geschlossenen Fonds, Investmentfonds, Wertpapieren und Übernahmeangeboten, Berlin 2005.

Keusch, Sven/Wankerl, Kerstin, Die Haftung der Aktiengesellschaft für fehlerhafte Kapitalmarktinformationen im Spannungsfeld zum Gebot der Kapitalerhaltung, BKR 2003, S. 744 ff.

Kienle, Florian, Eine ökonomische Momentaufnahme zu Art. 5 Nr. 1 lit. b) EuGVVO (zu LG München II, 23.3.2004 – 1 O 6972/02 ...), IPRax 2005, S. 113 ff.

Kiethe, Kurt, Internationale Tatortzuständigkeit bei unerlaubter Handlung – die Problematik des Vermögensschadens, NJW 1994, S. 222 ff.

Kiethe, Kurt, Prospekthaftung und grauer Kapitalmarkt, ZIP 2000, S. 216 ff.

Kiethe, Kurt, Umfassende Prüfungskompetenz der Gerichte im Gerichtsstand des § 32 ZPO, NJW 2003, S. 1294 ff.

Kilian, Thomas, Ausgewählte Probleme des Musterverfahrens nach dem KapMuG, Baden-Baden 2007.

Kindler, Peter, Grundkurs Handels- und Gesellschaftsrecht, 4. Aufl., München 2009, sowie 2. Aufl., München 2007.

Kiss, Henning, Die Haftung berufsmäßiger Sachkenner gegenüber Dritten – Zugleich Besprechung der Entscheidung des BGH vom 13.11.1997 (WM 1998, 440 ff.) –, WM 1999, S. 117 ff.

Klug, Andrea, Neue Regelungen im Bereich der Gerichtsstände der ZPO, Berlin 1998.

Koch, Stefan, Neuerungen im Insiderrecht und der Ad-hoc-Publizität, DB 2005, S. 267 ff.

Kölner Kommentar zum WpHG, Köln, Berlin, München 2007.

Köndgen, Johannes, Zur Theorie der Prospekthaftung, AG 1983, S. 85 ff.

Kort, Michael, Die Haftung von Vorstandsmitgliedern für falsche Ad-hoc-Mitteilungen, AG 2005, S. 21 ff.

Kort, Michael, Neuere Entwicklungen im Recht der Börsenprospekthaftung (§§ 45 ff. BörsG) und der Unternehmensberichtshaftung (§ 77 BörsG), AG 1999, S. 9 ff.

Krause, Rüdiger, Ad-hoc-Publizität und haftungsrechtlicher Anlegerschutz, ZGR 2002, S. 799 ff.

Krämer, Lutz/Baudisch, Matthias, Neues zur Börsenprospekthaftung und zu den Sorgfaltsanforderungen beim Unternehmenskauf – Zugleich eine Anmerkung zum Urteil des LG Frankfurt a. M. vom 7. Oktober 1997 (WM 1998, 1181) –, WM 1998, S. 1161 ff.

Kreuzer, Karl/Klötgen, Paul, Die Shevill-Entscheidung des EuGH: Abschaffung des Deliktsortsgerichtsstands des Art. 5 Nr. 3 EuGVÜ für ehrverletzende Streudelikte, IPRax 1997, S. 90 ff.

Kropff, Bruno, Aktiengesetz 1965, Düsseldorf 1965.

Kropholler, Jan, Europäisches Zivilprozessrecht – Kommentar zu EuGVO, Lugano-Übereinkommen und Europäischem Vollstreckungstitel, 8. Aufl., Frankfurt am Main 2005.

Kropholler, Jan, Internationales Privatrecht einschließlich der Grundbegriffe des Internationalen Zivilverfahrensrechts, 6. Aufl., Tübingen 2006.

Kuthe, Thorsten, Änderungen des Kapitalmarktrechts durch das Anlegerschutzverbesserungsgesetz, ZIP 2004, S. 883 ff.

Kümpel, Siegfried, Bank- und Kapitalmarktrecht, 3. Aufl., Köln 2004.

Langenbucher, Katja, Kapitalerhaltung uns Kapitalmarkthaftung, ZIP 2005, S. 239 ff.

Larenz, Karl/Wolf, Manfred, Allgemeiner Teil des Bürgerlichen Rechts, 9. Aufl., München 2004.

Leible, Stefan, Luxemburg locuta – Gewinnmitteilung finita?, NJW 2005, S. 796 ff.

Leipziger Kommentar zum Strafgesetzbuch, Band 7, 11. Aufl., Berlin, New York 1997.

Leisch, Franz Clemens, Vorstandshaftung für falsche Ad-hoc-Mitteilungen – ein höchstrichterlicher Beitrag zur Stärkung des Finanzplatzes Deutschland, ZIP 2004, S. 1573 ff.

Lenenbach, Markus, Kapital- und Börsenrecht, 2. Aufl., Köln 2005.

Linke, Hartmut, Internationales Zivilprozessrecht, 4. Aufl., Köln 2006.

Lorenz, Stefan, Internationale Zuständigkeit deutscher Gerichte und Anwendbarkeit von § 661 a BGB bei Gewinnmitteilungen aus dem Ausland: Erweiterung des Verbrauchergerichtsstands durch die „Brüssel I-Verordnung" (zu LG Braunschweig, 10.1.2002 – 10 O 2753/00 ...), IPRax 2002, S. 192 ff.

Lorenz, Stefan, Gewinnmitteilungen als „geschäftsähnliche Handlungen": Anwendbares Recht, internationale Zuständigkeit, Erfüllungsort, NJW 2006, S. 472 ff.

Looschelders, Dirk, Internationale Zuständigkeit für Ansprüche aus Darlehen nach dem EuGVÜ – Ausweitung der besonderen Gerichtsstände kraft Sachzusammenhangs?, IPRax 2006, S. 14 ff.

Lüttringhaus, Jan D., Das internationale Privatrecht der culpa in contrahendo nach den EG-Verordnungen „Rom I" und „Rom II", RIW 2008, S. 193 ff.

Mäsch, Gerald, Vitamine für Kartellopfer – Forum shopping im europäischen Kartellrecht (zu Provimi Ltd../.Roche Products Ltd. And other actions, 6.6.2003 EWHC 961 (Comm) [2003], 2 All ER (Comm) 683, und LG Dortmund, 1.4.2004 – 13 O 55/02, ...), IPRax 2005, S. 509 ff.

Maier-Reimer, Georg/Webering, Anabel, Ad-hoc-Publizität und Schadensersatzhaftung – Die neuen Haftungsvorschriften des Wertpapierhandelsgesetzes –, WM 2002, S. 1857 ff.

Mankowski, Peter, Die Qualifikation der culpa in contrahendo – Nagelprobe für den Vertragsbegriff des europäischen IZPR und IPR –, IPRax 2003, S. 127 ff.

Mankowski, Peter, Entwicklungen im Internationalen Privat- und Prozessrecht 2004/2005 (Teil 2), RIW 2005, S. 561, 562.

Mankowski, Peter, Kurzkommentar zu OLG Stuttgart, Urteil vom 5.7.1998 – 5 U 22/98, RIW 1998, 809 (rechtskräftig), EwiR 1998, S. 1085 f.

Marsch-Barner, Reinhard/Schäfer, Frank A. (Hrsg.), Handbuch börsennotierte AG – Aktien- und Kapitalmarktrecht, 2. Aufl., Köln 2009.

Martiny, Dieter, Internationales Vertragsrecht – Das internationale Privatrecht der Schuldverträge, 6. Aufl., Köln 2004.

Matthies, Heinrich, Die deutsche internationale Zuständigkeit, Frankfurt am Main 1955.

Mayss, Abla J./Reed, Alan, European Business Litigation, Vol. 3, Dartmouth 1998.

Medicus, Dieter, Allgemeiner Teil des BGB, 7. Aufl., München 1997.

Medicus, Dieter, Bürgerliches Recht, 21. Aufl., München 2007.

Meyer, Andreas, Haftung für Research Reports und Wohlverhaltensregeln für Analysten, AG 2003, S. 610 ff.

Mezger, E., Anspruch aus Vertrag oder Anspruch aus unerlaubter Handlung im Sinne von Art. 5 Nr. 1 oder Nr. 3 EuGVÜ, IPRax 1989, S. 207 ff.

Möllers, Thomas M. J./Rotter, Klaus (Hrsg.), Ad-hoc- Publizität – Handbuch der Rechte und Pflichten von börsennotierten Unternehmen und Kapitalanlegern, München 2003.

Möllers, Thomas M. J., Effizienz als Maßstab des Kapitalmarktrechts – Die Verwendung empirischer und ökonomischer Argumente zur Begründung zivil-, straf- und öffentlich-rechtlicher Sanktionen –, AcP 208 (2008), S. 1 ff.

Möllers, Thomas M. J., Das europäische Kapitalmarktrecht im Umbruch – Ein Zwischenbericht zu den kapitalmarktrechtlichen Informationspflichten unter rechtsvergleichender Perspektive –, ZBB 2003, S. 390 ff.

Möllers, Thomas M. J., Der Weg zu einer Haftung für Kapitalmarktinformationen, JZ 2005, S. 75 ff.

Möllers, Thomas M. J., Die unterlassene Ad-hoc-Mitteilung als sittenwidrige Schädigung gem. § 826 BGB, WM 2003, S. 2393 ff.

Möllers, Thomas M. J., Insiderinformation und Befreiung von der Ad-hoc-Publizität nach § 15 Abs. 3 WpHG – Zur Neubeurteilung von mehrstufigen Entscheidungsprozessen durch das Anlegerschutzverbesserungsgesetz –, WM 2005, S. 1393 ff.

Möllers, M. J./Leisch, Franz Clemens, Offene Fragen zum Anwendungsbereich der §§ 37 b und 37 c WpHG, NZG 2003, S. 112 ff.

Möllers, M. J./Leisch, Franz Clemens, Schaden und Kausalität im Rahmen der neu geschaffenen §§ 37 b und 37 c WpHG, BKR 2002, S. 1071 ff.

Moritz, Hans/Grimm, Paul, Licht im Dunkel des „Grauen Marktes“? – Aktuelle Bestrebungen zur Novellierung des Verkaufsprospektgesetzes, BB 2004, S. 1352 ff.

Mülbert, Peter O./Steup, Steffen, Emittentenhaftung für fehlerhafte Kapitalmarktinformation am Beispiel der fehlerhaften Regelpublizität – das System der Kapitalmarktinformationshaftung nach AnSVG und WpPG mit Ausblick auf die Transparenzrichtlinie –, WM 2005, S. 1633 ff.

Münchener Kommentar zum Aktiengesetz, Band 2, 3. Aufl., München 2008; Band 5/1, 2. Aufl., München 2003; Band 9/2, 2. Aufl., München, 2006.

Münchener Kommentar, Bürgerliches Gesetzbuch, Band 2 – Schuldrecht Allgemeiner Teil, 5. Aufl., München 2007; Band 3 – Schuldrecht Besonderer Teil I, 5. Aufl., München 2008; Band 4 – Schuldrecht Besonderer Teil II, 4. Aufl., München 2005; Band 5 – Schuldrecht Besonderer Teil III, 4. Aufl., München 2004; Band 10 – Internationales Privatrecht – Einführungsgesetz zum Bürgerlichen Gesetzbuche Art. 1-46, 4. Aufl., München 2006; Band 11 – Internationales Wirtschaftsrecht Einführungsgesetz zum Bürgerlichen Gesetzbuche (Art. 50 – 245 EGBGB), 4. Aufl., München 2006.

Münchener Kommentar zum Handelsgesetzbuch, Band 4, 2. Aufl., München 2008.

Münchener Kommentar zum Strafgesetzbuch, Band 4, München 2006.

Münchener Kommentar zur Zivilprozessordung, Band I, 3. Aufl., 2008; Band III – §§ 803-1048, EGZPO, GVG, EGGVG, Internationales Zivilprozessrecht –, 3. Aufl., München 2008.

Musielak, Hans-Joachim (Hrsg.), Kommentar zur Zivilprozessordnung mit Gerichtsverfassungsgesetz, 6. Aufl., München 2008.

Musielak, Hans-Joachim, Grundkurs ZPO, 9. Aufl., München 2007.

Nietsch, Michael, Schadensersatzhaftung wegen Verstoßes gegen Ad-hoc-Publizitätspflichten nach dem Anlegerschutzverbesserungsgesetz, BB 2005, S. 785 ff.

Oetker, Hartmut/Maultzsch, Felix, Vertragliche Schuldverhältnisse, 3. Aufl., Berlin 2007; sowie Vorauflage Berlin 2004.

Oppermann, Thomas, Europarecht – ein Studienbuch mit EU-Ost-Erweiterung und Verfassungsentwurf, 3. Aufl., Tübingen 2005.

Palandt, Otto (Hrsg.), BGB, 68. Aufl., München 2009, sowie 65. Aufl., München 2006.

Piekenbrock, Andreas/Schulze, Götz, Internationale Zuständigkeit im Rechtsmittelverfahren und Gerichtsstand der Gewinnzusage (zu BGH 28.11.2002 – III ZR 102/02 – …), IPRax 2003, S. 328 ff.

Pfeiffer, Thomas, Der Umweltgerichtsstand als zuständigkeitsrechtlicher Störfall – Bemerkungen zu § 32 a ZPO, ZPP 106 (1993), S. 159 ff.

Pleyer, Klemens/Hegel, Thomas, Die Bedeutung des neuen § 264 a StGB für die zivilrechtliche Prospekthaftung bei der Publikums-KG, ZIP 1987, S. 79 ff.

Pleyer, Klemens/Hegel, Thomas, Die Prospekthaftung bei der Publikums-KG – Detailfragen anhand der Rechtsprechung des BGH, ZIP 1985, S. 1370 ff.

Prütting/Wegen/Weinrich (Hrsg.), BGB, 3. Aufl., Köln 2008.

Rabel, Ernst, Das Problem der Qualifikation, RabelsZ 5 (1931), S. 241 ff.

Rauscher, Thomas (Hrsg.), Europäisches Zivilprozeßrecht – Band I, 2. Aufl., München 2006.

Reich, Norbert, Anmerkung zu EuGH, Urteil vom 20.1.2005, Rs. C-464/01 (Gruber/BayWa AG), EuZW 2005, S. 244 f.

Reichert, Jochem/Weller, Marc-Philippe, Haftung von Kontrollorganen – Die Reform der aktienrechtlichen und kapitalmarktrechtlichen Haftung, ZRP 2002, S. 49 ff.

Reinicke, Dietrich/Tiedtke, Klaus (Hrsg.), Kaufrecht einschließlich Abzahlungsgeschäfte, Allgemeine Geschäftsbedingungen, Eigentumsvorbehalt, Factoring, Fernabsatzverträge und elektronischer Geschäftsverkehr, finanzierte Kaufverträge, Haustürgeschäft, Leasing, Pool-Vereinbarungen, Produzentenhaftung, Teilzeit-Wohnrechteverträge (Time-sharing), UN-Kaufrecht und Verbrauchsgüterkaufverträge, 8. Aufl., Köln 2008; sowie Vorauflage München 2004.

Renzenbrink, Ulf/Holzner, Nelson, Das Verhältnis von Kapitalerhaltung und Ad-Hoc-Haftung, BKR 2002, 434 ff.

Reuschle, Fabian, Das Kapitalanleger-Musterverfahrensgesetz, NZG 2004, S. 590 ff.

Reuschle, Fabian, Das Kapitalanleger-Musterverfahrensgesetz – KapMuG, Bundesanzeiger Jahrgang 57, 2005.

Reuschle, Fabain, Möglichkeiten und Grenzen kollektiver Rechtsverfolgung – Zu den Defiziten im deutschen Prozessrecht, der Übertragbarkeit ausländischer Lösungen und den Grundzügen eines kollektiven Musterverfahrens –, WM 2004, S. 966 ff.

Reuschle, Fabian, Viertes Finanzmarktförderungsgesetz, Berlin 2002.

Rieckers, Oliver, Haftung des Vorstandes für fehlerhafte Ad-hoc-Mitteilungen de lege lata und de lege ferenda, BB 2002, S. 1213 ff.

Riezler, Erwin, Internationales Prozessrecht und prozessuales Fremdenrecht, Berlin/Tübingen 1949.

Rodewald, Jörg/Siems, Mathias, Haftung für die „frohe Botschaft" – Rechtsfolgen falscher Ad-hoc-Mitteilungen, BB 2001, S. 2437 ff.

Roller, Horst, Die Prospekthaftung im Englischen und Deutschen Recht, Berlin 1991.

Rössner, Michael-Christian/Bolkart, Johannes, Schadensersatz bei Verstoß gegen Ad-hoc-Publizitätspflichten nach dem 4. Finanzmarktförderungsgesetz, ZIP 2002, S. 1471 ff.

Rützel, Stefan, Der aktuelle Stand der Rechtsprechung zur Haftung bei Ad-hoc-Mitteilungen, AG 2003, S. 69 ff.

Sandrock, Otto, Spanische Gesellschaften in Deutschland, deutsche Gesellschaften in Spanien: kollisionsrechtliche Probleme, RIW 2006, S. 658 ff.

Sauer, Knut, Kausalität und Schaden bei der Haftung für falsche Kapitalmarktinformation, ZBB 2005, S. 24 ff.

Schack, Haimo, Internationales Zivilverfahrensrecht, 4. Aufl., München 2006.

Schack, Haimo, Wechselwirkungen wie zwischen europäischem und nationalem Zivilprozeßrecht, ZZP 107 (1994), S. 279 ff.

Schäfer, Carsten, Effektivere Vorstandshaftung für Fehlinformationen des Kapitalmarktes?, NZG 2005, S. 985 ff.

Schäfer, Carsten/Weber, Martin/Wolf, Peter, Berechnung und Pauschalierung des Kursdifferenzschadens bei fehlerhafter Kapitalmarktinformation, ZIP 2008, S. 197 ff.

Schäfer, Frank A. (Hrsg.), Wertpapierhandelsgesetz, Börsengesetz mit BörsZulV, Verkaufsprospektgesetz mit VerkProspV, Stuttgart 1999.

Schäfer, Frank A., Stand und Entwicklungstendenzen der spezialgesetzlich geregelten Prospekthaftung, ZGR 2006, S. 40 ff.

Schärtel, Christoph, Bezieht sich das „Spiegelbildprinzip" des § 328 I Nr. 1 ZPO auch auf die Zuständigkeitsvorschriften der EuGVO?, IPRax 2006, S. 438 ff.

Schimansky, Herbert/Bunte, Hermann-Josef/Lwowski, Hans-Jürgen (Hrsg.), Bankrechts-Handbuch Band I, 3. Aufl., Stuttgart 2007; Band II, 3. Aufl., Stuttgart 2007; Band III, 3. Aufl., Stuttgart 2007; sowie die Vorauflage Stuttgart 2001.

Schlosser, Peter, EU-Zivilprozessrecht – EuGVVO, EuEheVO, EuBVO, EuZVO, 3. Aufl., München 2009; sowie Vorauflage München 2003.

Schmidt, Karsten, Gesellschaftsrecht, 4. Aufl., Köln 2002.

Schmidt-Kessel, Martin, Zur culpa in contrahendo im Gemeinschaftsprivatrecht – Entscheidung des Europäischen Gerichtshofs vom 17. September 2002, ZEuP 2004, S. 1017 ff.

Schneider, Burkhard, Auf dem Weg zu Securities Class Actions in Deutschland? – Auswirkungen des KapMuG auf die Praxis kapitalmarktrechtlicher Streitigkeiten, BB 2005, S. 2249 ff.

Schneider, Sven H., Selbstbefreiung von der Pflicht zur Ad-hoc-Publizität, BB 2005, S. 897 ff.

Schnorr, Randolf, Geschäftsleiteraußenhaftung für fehlerhafte Buchführung, ZHR 170 (2006), S. 9 ff.

Schönke, Adolf/Schröder, Horst (Hrsg.), Strafgesetzbuch Kommentar, 27. Aufl., München 2006.

Schulz, Wolfgang, Das deutsche Börsengesetz – die Entstehungsgeschichte und wirtschaftlichen Auswirkungen des Börsengesetzes von 1896 –, Frankfurt am Main1994.

Schütze, Rolf A., Kurzkommentar zu OLG Köln, Urteil vom 16.3.1989 – 12 U 197/88, EWiR 1989, S. 681 f.

Schwark, Eberhard (Hrsg.), Kapitalmarktrechtskommentar – BörsenG, VerkaufsprospektG, WertpapierhandelsG, Wertpapiererwerbs- und ÜbernahmeG, 4. Aufl., 2008; sowie Vorauflage 2004.

Schwark, Eberhard, Die Haftung aus dem Prospekt über Kapitalanlagen, BB 1979, S. 897 ff.

Schwarz, Matthias, Gerichtsstand der unerlaubten Handlung nach deutschem und europäischem Zivilprozessrecht, Frankfurt am Main 1991.

Seibt, Christoph H., Deutscher Corporate Governance Kodex und Entsprechens-Erklärung (§ 161 AktG-E), AG 2002, S. 249 ff.

Sester, Peter, Gläubiger- und Anlegerschutz bei evidenten Fairnessverstößen über eine deliktsrechtliche Haftung der handelnden Personen – Plädoyer für eine zurückhaltende richterliche Regulierung und gegen ein Eingreifen des Gesetzgebers, ZGR 2006, S. 1 ff.

Siebel, Ulf R./Gebauer, Stefan, Prognosen im Aktien- und Kapitalmarktrecht – Lagebericht, Zwischenbericht, Verschmelzungsbericht, Prospekt usw. – Teil II, WM 2001, S. 173 ff.

Simon, Stefan, Die neue Ad-hoc-Publizität, Der Konzern 2005, S. 13 ff.

Sittmann, Jörg W., Die Prospekthaftung nach dem Dritten Finanzmarktförderungsgesetz, NZG 1998, S. 490 ff.

Soergel, Hans Theodor (Hrsg.) Kommentar zum Bürgerlichen Gesetzbuch – Allgemeiner Teil, Band 1, 13. Aufl., Stuttgart 2000; Band 3, 12. Aufl., Stuttgart 1991; Band 10, 13. Aufl., Stuttgart 2005; sowie Vorauflage 12. Aufl., Stuttgart 1996.

Spindler, Gerald, Kapitalmarktreform in Permanenz – Das Anlegerschutzverbesserungsgesetz, NJW 2004, S. 3449 ff.

Spindler, Gerald, Persönliche Haftung der Organmitglieder für Falschinformationen des Kapitalmarktes – de lege lata und de lege ferenda –, WM 2004, S. 2089 ff.

Stackmann, Nikolaus, Grundsatzprobleme im Anlegerschutzprozess, NJW 2008, S. 1345 ff., in: Musielak (Hrsg.), Kommentar zur Zivilprozessordnung, 6. Aufl., 2008.

Stadler, Astrid, in: Verhandlungen des zweiundsechzigsten Deutschen Juristentages Bremen 1998, Band II/1, München 1998.

Staudinger, J. von (Hrsg.), Kommentar zum Bürgerlichen Gesetzbuch mit Einführungsgesetz und Nebengesetzen, Buch 2 Recht der Schuldverhältnisse, §§ 823 – 825, 13. Aufl., Berlin Bearbeitung 1999; Buch 2 Recht der Schuldverhältnisse, §§ 826 – 829, Produkthaftungsgesetz, 13. Aufl., Berlin Bearbeitung 2003; EGBGB/IPR Art. 27-37 EGBGB, 13. Aufl., Berlin Bearbeitung 2002.

Stein/Jonas (Hrsg.), Kommentar zur Zivilprozessordnung, Band 1, 22. Aufl., Tübingen 2003; Band 6, 22. Aufl., Tübingen 2003.

Stöber, Michael, Der Gerichtsstand des Erfüllungsortes nach Rücktritt des Käufers vom Kaufvertrag, NJW 2006, S. 2661 ff.

Streinz, Rudolf, Europarecht, 8. Aufl., München 2008.

Streinz, Rudolf/Herrmann, Christoph, Der Anwendungsvorrang des Gemeinschaftsrechts und die „Normverwerfung“ durch deutsche Behörden, BayVBl. 2008, S. 1 ff.

Thorn, Karsten, Grenzüberschreitende Gerichtsstandsvereinbarungen in Kreditverträgen zur Finanzierung von Börsenspekulationen (zu LG Darmstadt, 2.12.1993 – 13 O 438/92 ...), IPRax 1995, S. 294 ff.

Thomas, Heinz/Putzo, Hans (Hrsg.), Zivilprozessordnung mit GVG, den Einführungsgesetzen und europarechtlichen Vorschriften, 29. Aufl., München 2008.

Tilp, Andreas W., Anmerkung zu OLG München 30 U 1021/01 (ZIP 2002, S. 1727 ff.), ZIP 2002, S. 1729 f.

Tippach, Stefan, Marktdaten im künftigen Insiderrecht?, WM 1993, S. 1269 ff.

Thümmel, Roderich C., Haftung für geschönte Ad-hoc-Mitteilungen: Neues Risikofeld für Vorstände oder ergebnisorientierte Einzelfallrechtsprechung? – Zugleich Besprechung des Urteils des LG Augsburg vom 24.9.2001 – 3 O 4995/00 „Infomatec"...–, DB 2001, S. 2331 ff.

Triebel, Volker/Peglow, Michael, Positive Funktion des ordre public bei Termingeschäften? – Zugleich Kritik an OLG Frankfurt 16 U 134/85 und 16 U 40/85, ZIP 1987, S. 613 ff.

Tröndle, Herbert/Fischer, Thomas (Hrsg.), Strafgesetzbuch und Nebengesetze, 56. Aufl., München 2009.

Ulmer, Peter (Hrsg.), Großkommentar Bilanzrecht, 2. Teilband, Berlin 2002.

Ulmer, Peter, Der Deutsche Corporate Governance Kodex – ein neues Regulierungsinstrument für börsennotierte Aktiengesellschaften, ZHR 166 (2002), S. 150 ff.

Ulmer, Peter/Dopfer, Jürgen, Anlegerschutz und Gesellschaftsrecht, BB 1978, S. 461 ff.

Veil, Rüdiger, Die Ad-hoc-Publizitätshaftung im System kapitalmarktrechtlicher Informationshaftung, ZHR 167 (2003), S. 365 ff.

Veil, Rüdiger, Die Haftung des Emittenten für fehlerhafte Information des Kapitalmarkts nach dem geplanten KapInHaG, BKR 2005, S. 91 ff.

Veith, Alexander, Die Befreiung von der Ad-hoc-Publizitätspflicht nach § 15 III WpHG, NZG 2005, S. 254 ff.

Vortmann, Jürgen (Hrsg.), Prospekthaftung und Anlageberatung, Stuttgart 2000.

Wach, Karl J. T./Weberpals, Thomas, Inländischer Gerichtsstand für Bereicherungsklagen gegen ausländische Brokerfirmen aus unverbindlichen Termin- und Differenzgeschäften, AG 1989, S. 193 ff.

Waldeck, Michael/Süßmann, Rainer, Die Anwendung des Wertpapier-Verkaufsprospektgesetzes, WM 1993, S. 361 ff.

Wandt, Manfred/Schwarz, Christian (Hrsg.), Gesetzliche Schuldverhältnisse – Deliktsrecht-Schadensrecht-Bereicherungsrecht-GoA –, 2. Aufl., Frankfurt am Main 2006.

Weller, Matthias, Zur Handlungsortbestimmung im internationalen Kapitalanlegerprozeß bei arbeitsteiliger Deliktsverwirklichung, IPRax 2000, S. 202 ff.

Wieczorek, Bernhard/Schütze, Rolf A. (Hrsg.), Zivilprozessordnung mit Nebengesetzen, Großkommentar, Band I, 3. Aufl., Berlin, New York 1994.

Wittmann, Arno, Zivilrechtliche Prospekthaftung beim Vertrieb von steuerbegünstigten Kapitalanlagen, DB 1980, 1579 ff.

Wolff, Martin, Das Internationale Privatrecht Deutschlands, 3. Aufl., Berlin 1954.

Zacher, Thomas/Stöcker, Claudia, Die Haftung von Wirtschaftsprüfern bei steuerorientierten Kapitalanlagen – Überblick und aktuelle Tendenzen (Teil I), DStR 2004, S. 1494 ff.

Ziegler, Ole, Die Prospekthaftung am nicht-organisierten Kapitalmarkt im Spannungsverhältnis zu personengesellschaftlichen Grundsätzen, DStR 2005, S. 30 ff.

Ziegler, Ole, Die Rechtsfolgen der §§ 13, 13 a VerkProspG n.F. und der Kapitalerhaltungsgrundsatz, NZG 2005, S. 301 ff.

Zimmer, Daniel/Binder, Christian, Prospekthaftung von Experten? Kritik eines Gesetzentwurfs, WM 2005, S. 577 ff.

Zimmer, Daniel/Cloppenburg, Matthias, Haftung für falsche Informationen des Sekundärmarktes auch bei Kapitalanlagen des nicht geregelten Kapitalmarktes?, ZHR 171 (2007).

Zoll, Fryderyk, Die Grundregeln der Acquis-Gruppe im Spannungsverhältnis zwischen acquis commun und acquis communautaire, GPR 2008, S. 106 ff.

Zöller, Richard (Hrsg.), Zivilprozessordnung mit Gerichtsverfassungsgesetz und den Einführungsgesetzen, mit internationalem Zivilprozessrecht, EG-Verordnungen, Kostenanmerkungen, 27. Aufl., Köln 2009.

H. Sachregister